大学赤本シリーズ

257

慶應義塾大学

理工学部

JN060883

教学社

は　　し　　が　　き

　おかげさまで，大学入試の「赤本」は，今年で創刊70周年を迎えました。

　これまで，入試問題や資料をご提供いただいた大学関係者各位，掲載許可をいただいた著作権者の皆様，各科目の解答や対策の執筆にあたられた先生方，そして，赤本を使用してくださったすべての読者の皆様に，厚く御礼を申し上げます。

　以下に，創刊初期の「赤本」のはしがきを引用します。これからも引き続き，受験生の目標の達成や，夢の実現を応援してまいります。

　本書を活用して，入試本番では持てる力を存分に発揮されることを心より願っています。

編者しるす

＊　　　＊　　　＊

　学問の塔にあこがれのまなざしをもって，それぞれの志望する大学の門をたたかんとしている受験生諸君！　人間として生まれてきた私たちは，自己の欲するままに，美しく，強く，そして何よりも人間らしく生きることをねがっている。しかし，一朝一夕にして，この純粋なのぞみが達せられることはない。私たちの行く手には，絶えずさまざまな試練がまちかまえている。この試練を克服していくところに，私たちのねがう真に人間的な世界がはじめて開かれてくるのである。

　人生最初の最大の試練として，諸君の眼前に大学入試がある。この大学入試は，精神的にも身体的にも，大きな苦痛を感ぜしめるであろう。あるスポーツに熟達するには，たゆみなき，はげしい練習を積み重ねることが必要であるように，私たちは，計画的・持続的な努力を払うことによって，この試練を克服し，次の一歩を踏みだすことができる。厳しい試練を経たのちに，はじめて満足すべき成果を獲得できるのである。

　本書は最近の入学試験の問題に，それぞれ解答を付し，さらに問題をふかく分析することによって，その大学独特の傾向や対策をさぐろうとした。本書を一般の参考書とあわせて使用し，まとはずれのない，効果的な受験勉強をされるよう期待したい。

（昭和35年版「赤本」はしがきより）

挑む人の、いちばんの味方

赤本創刊70周年

　1954年に大学入試の過去問題集を刊行してから70年。赤本は大学に入りたいと思う受験生を応援しつづけてきました。これからも，苦しいとき落ち込むときにそばで支える存在でいたいと思います。

　そして，勉強をすること，自分で道を決めること，努力が実ること，これらの喜びを読者の皆さんが感じることができるよう，伴走をつづけます。

そもそも赤本とは…

受験生のための大学入試の過去問題集！

70年の歴史を誇る赤本は，500点を超える刊行点数で全都道府県の370大学以上を網羅しており，過去問の代名詞として受験生の必須アイテムとなっています。

………… なぜ受験に過去問が必要なのか？ …………

大学入試は大学によって問題形式や頻出分野が大きく異なるからです。

赤本の掲載内容

傾向と対策

これまでの出題内容から，問題の「**傾向**」を分析し，来年度の入試に向けて
具体的な「**対策**」の方法を紹介しています。

問題編・解答編

- 年度ごとに問題とその解答を掲載しています。

- 「**問題編**」ではその年度の試験概要を確認したうえで，実際に出題された
過去問に取り組むことができます。

- 「**解答編**」には高校・予備校の先生方による解答が載っています。

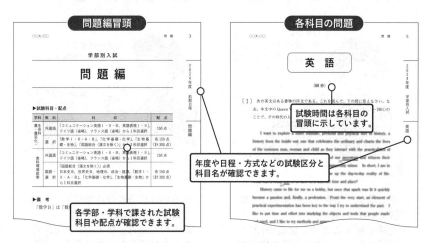

【問題編冒頭】

○○大·□□　　問題　3

学部別入試

問 題 編

▶試験科目・配点

学部	教科	科 目	配 点
生命環境化・	外国語	「コミュニケーション英語Ⅰ・Ⅱ・Ⅲ，英語表現Ⅰ・Ⅱ」，ドイツ語（省略），フランス語（省略）から1科目選択	150点
理科	選 択	「数学Ⅰ・Ⅱ・A・B」，「化学基礎・化学」，「生物基礎・生物」，「国語総合（漢文を除く）」から2科目選択	各150点（計300点）
食料環境政策	外国語	「コミュニケーション英語Ⅰ・Ⅱ・Ⅲ，英語表現Ⅰ・Ⅱ」，ドイツ語（省略），フランス語（省略）から1科目選択	150点
	国語選 択	「国語総合（漢文を除く）」必須　日本史B，世界史B，地理B，政治・経済，「数学Ⅰ・Ⅱ・A・B」，「化学基礎・化学」，「生物基礎・生物」から1科目選択	各150点（計300点）

▶備考
「数学B」は「数……

年度や日程・方式などの試験区分と
科目名が確認できます。

各学部・学科で課された試験
科目や配点が確認できます。

【各科目の問題】

○○大·□□　　問題　5

英 語

(60分)

〔Ⅰ〕 次の英文はある書物の序文である。これを読んで，下の問に答えなさい。な
お，本文中の Queen ……

I want to explore a more intimate, personal and physical sort of history, a
history from the inside out: one that celebrates the ordinary and charts the lives
of the ordinary man, woman and child as they interact with the practical side of
......

History came to life for me as a hobby, but once that spark was lit it quickly
became a passion and, finally, a profession. From the very start, an element of
practical experimentation has been key to the way I try to understand the past. I
like to put time and effort into studying the objects and tools that people made
......

試験時間は各科目の
冒頭に示しています。

他にも，大学の基本情報や，先輩受験生の合格体験記，
在学生からのメッセージなどが載っていることがあります。

2024年度から
見やすい
デザインに！

NEW

受験勉強は

過去問に始まり,

STEP 1 なにはともあれ

まずは
解いてみる

しずかに…
今，自分の心と
向き合ってるんだから

ムーン

それは
問題を解いて
からだホン!

過去問は，**できるだけ早いうちに
解くのがオススメ!**
実際に解くことで，**出題の傾向,
問題のレベル，今の自分の実力が**
つかめます。

STEP 2 じっくり具体的に

弱点を
分析する

分析の結果だけど
英・数・国が苦手みたい

スリー

必須科目だホン
頑張るホン

間違いは自分の弱点を教えてくれ
る**貴重な情報源。**
弱点から自己分析することで，**今
の自分に足りない力や苦手な分野**
が見えてくるはず!

合格者があかす
赤本の使い方

傾向と対策を熟読
（Fさん／国立大合格）

大学の出題傾向を調べる
ために，赤本に載ってい
る「傾向と対策」を熟読
しました。

繰り返し解く
（Tさん／国立大合格）

1周目は問題のレベル確認，2周
目は苦手や頻出分野の確認に，3
周目は合格点を目指して，と過去
問は繰り返し解くことが大切です。

過去問に終わる。

STEP 3

志望校に
あわせて

苦手分野の
重点対策

明日からはみんなで頑張るよ！
参考書も！ 問題集も！
よろしくね！

呼んだ？

なにを!?
どこから!?

グッ　　　グッ

参考書や問題集を活用して，苦手分野の**重点対策**をしていきます。**過去問を指針**に，合格へ向けた具体的な学習計画を立てましょう！

STEP 1 ▶ 2 ▶ 3

サイクル
が大事！

実践を
繰り返す

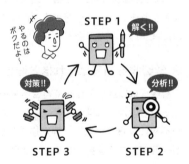

やるのは
ボクだよ～

STEP 1
解く!!

対策!!

分析!!

STEP 3　　　　　STEP 2

STEP 1～3を繰り返し，実力アップにつなげましょう！
出題形式に慣れることや，**時間配分を考える**ことも大切です。

目標点を決める
（Yさん／私立大合格）

赤本によっては合格者最低点が載っているので，それを見て目標点を決めるのもよいです。

時間配分を確認
（Kさん／私立大学合格）

赤本は時間配分や解く順番を決めるために使いました。

添削してもらう
（Sさん／私立大学合格）

記述式の問題は先生に添削してもらうことで自分の弱点に気づけると思います。

新課程も赤本で
ばっちり！

新課程入試 Q&A

使える？

2022年度から新しい学習指導要領（新課程）での授業が始まり，2025年度の入試は，新課程に基づいて行われる最初の入試となります。ここでは，赤本での新課程入試の対策について，よくある疑問にお答えします。

Q1. 赤本は新課程入試の対策に使えますか？

A. もちろん使えます！

OK

旧課程入試の過去問が新課程入試の対策に役に立つのか疑問に思う人もいるかもしれませんが，心配することはありません。旧課程入試の過去問が役立つのには次のような理由があります。

● 学習する内容はそれほど変わらない

新課程は旧課程と比べて科目名を中心とした変更はありますが，学習する内容そのものはそれほど大きく変わっていません。また，多くの大学で，既卒生が不利にならないよう「経過措置」がとられます（Q3参照）。したがって，出題内容が大きく変更されることは少ないとみられます。

● 大学ごとに出題の特徴がある

これまでに課程が変わったときも，各大学の出題の特徴は大きく変わらないことがほとんどでした。入試問題は各大学のアドミッション・ポリシーに沿って出題されており，過去問にはその特徴がよく表れています。過去問を研究してその大学に特有の傾向をつかめば，最適な対策をとることができます。

出題の特徴の例	・英作文問題の出題の有無 ・論述問題の出題（字数制限の有無や長さ） ・計算過程の記述の有無

新課程入試の対策も，赤本で過去問に取り組むところから始めましょう。

Q2. 赤本を使う上での注意点はありますか？

A. 志望大学の入試科目を確認しましょう。

過去問を解く前に，過去の出題科目（問題編冒頭の表）と2025年度の募集要項とを比べて，課される内容に変更がないかを確認しましょう。ポイントは以下のとおりです。科目名が変わっていても，実際は旧課程の内容とほとんど同様のものもあります。

英語・国語	科目名は変更されているが，実質的には変更なし。 ▶▶ ただし，リスニングや古文・漢文の有無は要確認。
地歴	科目名が変更され，「歴史総合」「地理総合」が新設。 ▶▶ 新設科目の有無に注意。ただし，「経過措置」(Q3参照)により内容は大きく変わらないことも多い。
公民	「現代社会」が廃止され，「公共」が新設。 ▶▶ 「公共」は実質的には「現代社会」と大きく変わらない。
数学	科目が再編され，「数学C」が新設。 ▶▶ 「数学」全体としての内容は大きく変わらないが，出題科目と単元の変更に注意。
理科	科目名も学習内容も大きな変更なし。

数学については，科目名だけでなく，どの単元が含まれているかも確認が必要です。例えば，出題科目が次のように変わったとします。

旧課程	「数学Ⅰ・数学Ⅱ・数学A・数学B（数列・ベクトル）」
新課程	「数学Ⅰ・数学Ⅱ・数学A・**数学B（数列）・数学C（ベクトル）**」

この場合，新課程では「数学C」が増えていますが，単元は「ベクトル」のみのため，実質的には旧課程とほぼ同じであり，過去問をそのまま役立てることができます。

Q3. 「経過措置」とは何ですか？

A. 既卒の旧課程履修者への対応です。

　多くの大学では，既卒の旧課程履修者が不利にならないように，出題において「経過措置」が実施されます。措置の有無や内容は大学によって異なるので，募集要項や大学のウェブサイトなどで確認しておきましょう。

○旧課程履修者への経過措置の例

- 旧課程履修者にも配慮した出題を行う。
- 新・旧課程の共通の範囲から出題する。
- 新課程と旧課程の共通の内容を出題し，共通範囲のみでの出題が困難な場合は，旧課程の範囲からの問題を用意し，選択解答とする。

　例えば，地歴の出題科目が次のように変わったとします。

旧課程	「日本史B」「世界史B」から1科目選択
新課程	「歴史総合，日本史探究」「歴史総合，世界史探究」から1科目選択※ ※旧課程履修者に不利益が生じることのないように配慮する。

　「歴史総合」は新課程で新設された科目で，旧課程履修者には見慣れないものですが，上記のような経過措置がとられた場合，新課程入試でも旧課程と同様の学習内容で受験することができます。

新課程の情報はWEBもチェック！
より詳しい解説が赤本ウェブサイトで見られます。
https://akahon.net/shinkatei/

科目名が変更される教科・科目

	旧 課 程	新 課 程
国語	国語総合 国語表現 現代文A 現代文B 古典A 古典B	現代の国語 言語文化 論理国語 文学国語 国語表現 古典探究
地歴	日本史A 日本史B 世界史A 世界史B 地理A 地理B	歴史総合 日本史探究 世界史探究 地理総合 地理探究
公民	現代社会 倫理 政治・経済	公共 倫理 政治・経済
数学	数学Ⅰ 数学Ⅱ 数学Ⅲ 数学A 数学B 数学活用	数学Ⅰ 数学Ⅱ 数学Ⅲ 数学A 数学B 数学C
外国語	コミュニケーション英語基礎 コミュニケーション英語Ⅰ コミュニケーション英語Ⅱ コミュニケーション英語Ⅲ 英語表現Ⅰ 英語表現Ⅱ 英語会話	英語コミュニケーションⅠ 英語コミュニケーションⅡ 英語コミュニケーションⅢ 論理・表現Ⅰ 論理・表現Ⅱ 論理・表現Ⅲ
情報	社会と情報 情報の科学	情報Ⅰ 情報Ⅱ

大学のサイトも見よう

目 次

解答編　※問題編は別冊

基本情報

🏛 沿革

1858（安政 5）	福澤諭吉，江戸に蘭学塾を開く
1863（文久 3）	蘭学塾より英学塾に転向
1868（慶應 4）	塾を「慶應義塾」と命名，近代私学として新発足
	✎ 1885（明治 18）このころ塾生たちがペンの記章をつけ始める
1890（明治 23）	大学部が発足し，総合大学となる
1898（明治 31）	学制を改革し，一貫教育制度を樹立
	✎ 1903（明治 36）第 1 回早慶野球試合
1920（大正 9）	大学令による大学として新発足
	文学・経済学・法学・医学部から成る総合大学となる
1944（昭和 19）	藤原工業大学が寄付され，工学部設置
1949（昭和 24）	新制大学発足，文学・経済学・法学・工学部設置
1952（昭和 27）	新制大学医学部発足
1957（昭和 32）	商学部設置
1981（昭和 56）	工学部を改組し，理工学部を設置
1990（平成 2）	総合政策・環境情報学部を設置

2001（平成 13）　　看護医療学部を設置
2008（平成 20）　　学校法人共立薬科大学との合併により薬学部設置
　　　　　　　　　　創立 150 周年

 ペンマーク

　1885（明治 18）年ごろ，塾生が教科書にあった一節「ペンは剣に勝る力あり」にヒントを得て帽章を自分たちで考案したことからはじまり，その後多数の塾生・塾員の支持を得て公式な形として認められ，今日に至っています。ペンマークは，その発祥のルーツにも見られるように，学びの尊さを表現するシンボルであり，慶應義塾を指し示すだけでなく，広く認知された社会的な存在と位置付けられます。

🎓 学部・学科の構成

大　学

●**文学部**　　1 年：日吉キャンパス／2～4 年：三田キャンパス

　人文社会学科（哲学系〈哲学専攻，倫理学専攻，美学美術史学専攻〉，史学系〈日本史学専攻，東洋史学専攻，西洋史学専攻，民族学考古学専攻〉，文学系〈国文学専攻，中国文学専攻，英米文学専攻，独文学専攻，仏文学専攻〉，図書館・情報学系〈図書館・情報学専攻〉，人間関係学系〈社会学専攻，心理学専攻，教育学専攻，人間科学専攻〉）

＊各専攻には 2 年次より分属する。

●**経済学部**　　1・2 年：日吉キャンパス／3・4 年：三田キャンパス

　経済学科

●**法学部**　　1・2 年：日吉キャンパス／3・4 年：三田キャンパス

　法律学科

　政治学科

●**商学部**　　1・2 年：日吉キャンパス／3・4 年：三田キャンパス

　商学科

●**医学部**　　1 年：日吉キャンパス／2～6 年：信濃町キャンパス

　医学科

●**理工学部** 1・2年：日吉キャンパス／3・4年：矢上キャンパス
　機械工学科
　電気情報工学科
　応用化学科
　物理情報工学科
　管理工学科
　数理科学科（数学専攻，統計学専攻）
　物理学科
　化学科
　システムデザイン工学科
　情報工学科
　生命情報学科
＊各学科には2年次より分属する。数理科学科の各専攻は3年次秋学期に選択する。
●**総合政策学部** 湘南藤沢キャンパス
　総合政策学科
●**環境情報学部** 湘南藤沢キャンパス
　環境情報学科
●**看護医療学部** 1・2・4年：湘南藤沢キャンパス／3・4年：信濃町キャンパス
　看護学科
●**薬学部** 1年：日吉キャンパス／2年以降：芝共立キャンパス
　薬学科［6年制］
　薬科学科［4年制］

大学院

文学研究科／経済学研究科／法学研究科／社会学研究科／商学研究科／医学研究科／理工学研究科／政策・メディア研究科／健康マネジメント研究科／薬学研究科／経営管理研究科／システムデザイン・マネジメント研究科／メディアデザイン研究科／法務研究科（法科大学院）

（注）上記内容は2024年4月時点のもので，改組・新設等により変更される場合があります。

📍 大学所在地

三田キャンパス

信濃町キャンパス

芝共立キャンパス

湘南藤沢キャンパス　　　　　日吉キャンパス　　　　　矢上キャンパス

三田キャンパス	〒 108-8345	東京都港区三田 2-15-45
日吉キャンパス	〒 223-8521	神奈川県横浜市港北区日吉 4-1-1
矢上キャンパス	〒 223-8522	神奈川県横浜市港北区日吉 3-14-1
信濃町キャンパス	〒 160-8582	東京都新宿区信濃町 35
湘南藤沢キャンパス	〒 252-0882	神奈川県藤沢市遠藤 5322（総合政策・環境情報学部）
	〒 252-0883	神奈川県藤沢市遠藤 4411（看護医療学部）
芝共立キャンパス	〒 105-8512	東京都港区芝公園 1-5-30

入 試 デ ー タ

　2024 年度の合格最低点につきましては，大学ホームページや大学発行資料にてご確認ください。

 入試状況（志願者数・競争率など）

○合格者数（第 2 次試験を行う学部は第 2 次試験合格者）と，補欠者許可数との合計が入学許可者数であり，実質倍率は受験者数÷入学許可者数で算出。

入試統計（一般選抜）

●文学部

年度	募集人員	志願者数	受験者数	合格者数	補 欠 者		実質倍率
					発表数	許可数	
2024	580	4,131	3,796	1,060	251	136	3.2
2023	580	4,056	3,731	1,029	288	143	3.2
2022	580	4,162	3,849	1,010	300	179	3.2
2021	580	4,243	3,903	932	276	276	3.2
2020	580	4,351	3,978	937	335	85	3.9
2019	580	4,720	4,371	954	339	79	4.2
2018	580	4,820	4,500	980	323	43	4.4

●経済学部

方式	年度	募集人員	志願者数	受験者数	合格者数	補 欠 者		実質倍率
						発表数	許可数	
A	2024	420	4,066	3,699	875	284	275	3.2
	2023	420	3,621	3,286	865	278	237	3.0
	2022	420	3,732	3,383	856	264	248	3.1
	2021	420	3,716	3,419	855	248	248	3.1
	2020	420	4,193	3,720	857	262	113	3.8
	2019	420	4,743	4,309	854	286	251	3.9
	2018	420	4,714	4,314	856	307	183	4.2
B	2024	210	1,853	1,691	381	138	52	3.9
	2023	210	2,015	1,844	380	138	100	3.8
	2022	210	2,086	1,905	380	130	82	4.1
	2021	210	2,081	1,913	368	132	132	3.8
	2020	210	1,956	1,768	367	148	39	4.4
	2019	210	2,231	2,029	364	141	38	5.0
	2018	210	2,417	2,217	362	143	69	5.1

●法学部

学科	年度	募集人員	志願者数	受験者数	合格者数	補 欠 者		実質倍率
						発表数	許可数	
法律	2024	230	1,657	1,466	334	79	46	3.9
	2023	230	1,730	1,569	334	60	18	4.5
	2022	230	1,853	1,633	330	48	48	4.3
	2021	230	1,603	1,441	314	53	30	4.2
	2020	230	1,511	1,309	302	51	40	3.8
	2019	230	2,016	1,773	308	53	23	5.4
	2018	230	2,089	1,864	351	51	0	5.3
政治	2024	230	1,363	1,212	314	64	10	3.7
	2023	230	1,407	1,246	292	52	37	3.8
	2022	230	1,323	1,190	289	49	12	4.0
	2021	230	1,359	1,243	296	49	40	3.7
	2020	230	1,548	1,369	295	53	0	4.6
	2019	230	1,472	1,328	300	50	12	4.3
	2018	230	1,657	1,506	315	55	0	4.8

●商学部

方式	年度	募集人員	志願者数	受験者数	合格者数	補 欠 者		実質倍率
						発表数	許可数	
A	2024	480	4,615	4,354	1,593	417	76	2.6
	2023	480	4,189	3,947	1,484	375	137	2.4
	2022	480	4,023	3,716	1,434	376	154	2.3
	2021	480	3,641	3,404	1,312	356	244	2.2
	2020	480	3,845	3,502	1,221	322	98	2.7
	2019	480	4,105	3,698	1,202	242	142	2.8
	2018	480	4,072	3,801	1,186	311	71	3.0
B	2024	120	2,533	2,343	385	164	0	6.1
	2023	120	2,590	2,404	344	141	38	6.3
	2022	120	2,867	2,707	316	185	89	6.7
	2021	120	2,763	2,560	298	154	51	7.3
	2020	120	2,441	2,234	296	158	21	7.0
	2019	120	2,611	2,390	307	105	0	7.8
	2018	120	2,943	2,746	289	124	12	9.1

●医学部

年度	募集人員	志願者数	受験者数	合格者数		補 欠 者		実質倍率
				第1次	第2次	発表数	許可数	
2024	66	1,483	1,270	261	139	96	30	7.5
2023	66	1,412	1,219	260	141	92	27	7.3
2022	66	1,388	1,179	279	134	119	44	6.6
2021	66	1,248	1,045	266	128	114	43	6.1
2020	66	1,391	1,170	269	125	113	41	7.0
2019	68	1,528	1,296	274	132	117	27	8.2
2018	68	1,525	1,327	271	131	111	49	7.3

●理工学部

年度	募集人員	志願者数	受験者数	合格者数	補 欠 者		実質倍率
					発表数	許可数	
2024	650	8,248	7,747	2,400	601	95	3.1
2023	650	8,107	7,627	2,303	534	149	3.1
2022	650	7,847	7,324	2,286	523	355	2.8
2021	650	7,449	7,016	2,309	588	0	3.0
2020	650	8,230	7,688	2,444	415	0	3.1
2019	650	8,643	8,146	2,369	488	42	3.4
2018	650	9,050	8,569	2,384	565	148	3.4

(備考)

- 理工学部はA～Eの5つの分野に対応した「学門」制をとっており，学門別に募集を行う。
  入学後の1年間は学門別に基礎を学び，2年次に進級する時に学科を選択する。
- 2020年度の合格者数には追加合格の81名を含む。

●総合政策学部

年度	募集人員	志願者数	受験者数	合格者数	補 欠 者		実質倍率
					発表数	許可数	
2024	225	2,609	2,351	396	101	37	5.4
2023	225	2,852	2,574	407	127	34	5.8
2022	225	3,015	2,731	436	129	82	5.3
2021	225	3,164	2,885	375	104	29	7.1
2020	275	3,323	3,000	285	108	71	8.4
2019	275	3,600	3,254	385	150	0	8.5
2018	275	3,757	3,423	351	157	0	9.8

●環境情報学部

年度	募集人員	志願者数	受験者数	合格者数	補 欠 者		実質倍率
					発表数	許可数	
2024	225	2,287	2,048	344	45	36	5.4
2023	225	2,586	2,319	296	66	66	6.4
2022	225	2,742	2,450	360	111	86	5.5
2021	225	2,864	2,586	232	142	104	7.7
2020	275	2,999	2,664	200	102	82	9.4
2019	275	3,326	3,041	302	151	0	10.1
2018	275	3,123	2,866	333	154	0	8.6

●看護医療学部

年度	募集人員	志願者数	受験者数	合格者数		補 欠 者		実質倍率
				第1次	第2次	発表数	許可数	
2024	70	514	465	231	143	55	39	2.6
2023	70	538	500	234	163	45	0	3.1
2022	70	653	601	235	152	55	8	3.8
2021	70	610	574	260	152	52	45	2.9
2020	70	565	493	249	151	53	7	3.1
2019	70	655	606	247	154	68	20	3.5
2018	70	694	637	249	146	63	10	4.1

●薬学部

学科	年度	募集人員	志願者数	受験者数	合格者数	補 欠 者		実質倍率
						発表数	許可数	
薬	2024	100	1,372	1,252	317	82	0	3.9
	2023	100	1,454	1,314	306	85	0	4.3
	2022	100	1,421	1,292	279	83	54	3.9
	2021	100	1,203	1,105	270	90	25	3.7
	2020	100	1,342	1,215	263	97	19	4.3
	2019	100	1,597	1,424	295	69	8	4.7
	2018	100	1,777	1,573	306	79	0	5.1
薬科	2024	50	869	815	290	98	0	2.8
	2023	50	854	824	247	92	48	2.8
	2022	50	782	726	209	77	63	2.7
	2021	50	737	683	203	77	16	3.1
	2020	50	759	700	204	82	27	3.0
	2019	50	628	587	187	84	42	2.6
	2018	50	663	616	201	70	41	2.5

合格最低点（一般選抜）

●文学部

（合格最低点／満点）

2023 年度	2022 年度	2021 年度	2020 年度	2019 年度	2018 年度
205／350	218／350	232／350	250／350	233／350	228／350

（備考）

- 「地理歴史」は，科目間の難易度の違いから生じる不公平をなくすため，統計的処理により得点の補正を行う場合がある。
- 「合格最低点」は，正規合格者の最低総合点である。

●経済学部

（合格最低点／満点）

年度	A 方 式	B 方 式
2023	248／420	266／420
2022	209／420	239／420
2021	231／420	262／420
2020	234／420	240／420
2019	265／420	259／420
2018	207／420	243／420

（備考）

- 採点方法について

  A方式は，「外国語」の問題の一部と「数学」の問題の一部の合計点が一定の得点に達した受験生について，「外国語」の残りの問題と「数学」の残りの問題および「小論文」を採点する。B方式は，「外国語」の問題の一部が一定の得点に達した受験生について，「外国語」の残りの問題と「地理歴史」および「小論文」を採点する。A・B両方式とも，最終判定は総合点によって合否を決定する。

- 「地理歴史」の科目間の難易度の違いを考慮した結果，統計的処理による得点の補正を行わなかった。

- 「合格最低点」は，正規合格者の最低総合点である。

●法学部

(合格最低点／満点)

年度	法　律　学　科	政　治　学　科
2023	247／400	252／400
2022	239／400	236／400
2021	234／400	235／400
2020	252／400	258／400
2019	227／400	224／400
2018	246／400	249／400

(備考)
- 採点方法について
「論述力」は，「外国語」および「地理歴史」の合計点，および「地理歴史」の得点，いずれもが一定の得点に達した受験生について採点し，3科目の合計点で合否を決定する。
- 「地理歴史」は，科目間の難易度の違いから生じる不公平をなくすため，統計的処理により得点の補正を行った。
- 「合格最低点」は，正規合格者の最低総合点である。

●商学部

(合格最低点／満点)

年度	A　方　式	B　方　式
2023	237／400	278／400
2022	240／400	302／400
2021	252／400	288／400
2020	244／400	309／400
2019	258／400	288／400
2018	265／400	293／400

(備考)
- 「地理歴史」は，科目間の難易度の違いから生じる不公平をなくすため，統計的処理により得点の補正を行った。
- 「合格最低点」は，正規合格者の最低総合点である。

●医学部（第1次試験）

(合格最低点／満点)

2023 年度	2022 年度	2021 年度	2020 年度	2019 年度	2018 年度
315／500	308／500	251／500	303／500	303／500	305／500

(備考)
- 「理科」の科目間の難易度の違いを考慮した結果，統計的処理による得点の補正を行う場合がある。

●理工学部　　　　　　　　　　　　　　　　　　　　　　　　（合格最低点／満点）

2023 年度	2022 年度	2021 年度	2020 年度	2019 年度	2018 年度
290／500	340／500	266／500	309／500	280／500	260／500

（備考）

• 「合格最低点」は，各学門における正規合格者の最低総合得点を各学門の合格者数で重み付けして平均した値である。

●総合政策学部　　　　　　　　　　　　　　　　　　　　　（合格最低点／満点）

年度	「数学」選択		「情報」選択		「外国語」選択		「数学・外国語」選択	
	数　学	小論文	情　報	小論文	外国語	小論文	数学・外国語	小論文
2023	258／400		264／400		257／400		268／400	
2022	261／400		269／400		260／400		275／400	
2021	254／400		261／400		243／400		260／400	
2020	246／400							
2019	267／400		285／400		261／400		277／400	
2018	301／400		272／400		277／400		300／400	

（備考）

• 採点方法について

選択した受験科目（「数学または情報」あるいは「外国語」あるいは「数学および外国語」）の得点と，「小論文」の採点結果を組み合わせて，最終判定を行う。

• 合格最低点は，選択した試験科目によって異なっているが，これは 4 種の試験科目の難易度の違いを表すものではない。

• 「数学」「情報」「外国語」「数学および外国語」については統計的処理による得点の補正を行った。

●環境情報学部
（合格最低点／満点）

年度	「数学」選択		「情報」選択		「外国語」選択		「数学・外国語」選択	
	数　学	小論文	情　報	小論文	外国語	小論文	数学・外国語	小論文
2023	246／400		246／400		246／400		246／400	
2022	234／400		248／400		234／400		238／400	
2021	254／400		238／400		248／400		267／400	
2020	246／400							
2019	250／400		274／400		263／400		277／400	
2018	257／400		260／400		258／400		263／400	

（備考）

- 採点方法について
  選択した受験科目（「数学または情報」あるいは「外国語」あるいは「数学および外国語」）
  の得点と，「小論文」の採点結果を組み合わせて，最終判定を行う。
- 合格最低点は，選択した試験科目によって異なっているが，これは4種の試験科目の難易度
  の違いを表すものではない。
- 「数学」「情報」「外国語」「数学および外国語」については統計的処理による得点の補正を行
  った。

●看護医療学部（第1次試験）
（合格最低点／満点）

2023 年度	2022 年度	2021 年度	2020 年度	2019 年度	2018 年度
294／500	310／500	270／500	297／500	273／500	293／500

（備考）

- 選択科目（数学・化学・生物）は，科目間の難易度の違いから生じる不公平をなくすため，
  統計的処理により得点の補正を行った。
- 第1次試験で小論文を課すが，第1次試験の選考では使用せず，第2次試験の選考で使用する。

●薬学部
（合格最低点／満点）

学科	2023 年度	2022 年度	2021 年度	2020 年度	2019 年度	2018 年度
薬	169／350	204／350	196／350	196／350	208／350	204／350
薬科	171／350	209／350	195／350	195／350	207／350	204／350

（備考）

- 「合格最低点」は，正規合格者の最低総合点である。

学問の
すゝめ
奨学金

返済不要

2025年度入学者対象 　申請受付

10.28 ▶ 11.25

● 首都圏(一都三県)を除く地方出身者対象
● 奨学生候補者数約550名以上
● 一般選抜出願前に選考結果が分かる

年額 **60** 万円支給
(医学部は90万円、薬学部は80万円)

初年度は入学金相当額(20万円)を加算
入学2年目以降は成績優秀者の奨学金額を増額

国による「高等教育の修学支援新制度」との併用により、
一部の学部では実質"無料"での入学が可能となります。

お問い合わせ 　慶應義塾大学 学生部福利厚生支援(月〜金 8:45〜16:45)
[TEL] 03-5427-1570 　[E-mail] lifeshogaku@info.keio.ac.jp

https://www.students.keio.ac.jp/other/prospective-students/
scholarship-gakumon.html

✖ 慶應義塾大学

募集要項（出願書類）の入手方法

　2025 年度一般選抜要項は，大学ホームページで公開予定です。詳細については，大学ホームページでご確認ください。

一般選抜・文学部自主応募制による推薦入学者選考・法学部 FIT 入試に関する問い合わせ先

慶應義塾大学　入学センター

　〒 108-8345　東京都港区三田 2-15-45

　TEL　(03)5427-1566

　慶應義塾大学ホームページ　https://www.keio.ac.jp/

理工学部 AO 入試に関する問い合わせ先

慶應義塾大学

理工学部学生課学事担当内　アドミッションズ・オフィス

　〒 223-8522　神奈川県横浜市港北区日吉 3-14-1

　TEL　(045)566-1800

総合政策学部・環境情報学部 AO 入試に関する問い合わせ先

慶應義塾大学　湘南藤沢事務室　アドミッションズ・オフィス

　〒 252-0882　神奈川県藤沢市遠藤 5322

　TEL　(0466)49-3407

　SFC ホームページ　https://www.sfc.keio.ac.jp/

看護医療学部 AO 入試に関する問い合わせ先 ·····························

慶應義塾大学　湘南藤沢事務室　看護医療学部担当

　　〒 252-0883　神奈川県藤沢市遠藤 4411

　　TEL　(0466)49-6200

 慶應義塾大学のテレメールによる資料請求方法

スマートフォンから　QRコードからアクセスしガイダンスに従ってご請求ください。

パソコンから　教学社 赤本ウェブサイト(akahon.net)から請求できます。

合格体験記
募集

　2025 年春に入学される方を対象に，本大学の「合格体験記」を募集します。お寄せいただいた合格体験記は，編集部で選考の上，小社刊行物やウェブサイト等に掲載いたします。お寄せいただいた方には小社規定の謝礼を進呈いたしますので，ふるってご応募ください。

● 応募方法 ●

下記 URL または QR コードより応募サイトにアクセスできます。
ウェブフォームに必要事項をご記入の上，ご応募ください。
折り返し執筆要領をメールにてお送りします。

※入学が決まっている一大学のみ応募できます。

☞ http://akahon.net/exp/

● 応募の締め切り ●

総合型選抜・学校推薦型選抜	2025年 2 月 23 日
私立大学の一般選抜	2025年 3 月 10 日
国公立大学の一般選抜	2025年 3 月 24 日

受験川柳 募集

受験にまつわる川柳を募集します。
入選者には賞品を進呈！
ふるってご応募ください。

応募方法　http://akahon.net/senryu/　にアクセス！☞

気になること、聞いてみました！

在学生メッセージ

大学ってどんなところ？　大学生活ってどんな感じ？
ちょっと気になることを，在学生に聞いてみました。

以下の内容は 2020～2023 年度入学生のアンケート回答に基づくものです。ここ
で触れられている内容は今後変更となる場合もありますのでご注意ください。

メッセージを書いてくれた先輩　［経済学部］R.S. さん　M.Y. さん　島田優也さん
　　　　　　　　　　　　　　　　［法学部］関口康太さん　［総合政策学部］T.N. さん
　　　　　　　　　　　　　　　　［理工学部］M.H. さん

大学生になったと実感！

　大きく言うと自由と責任が増えました。大学生になるとどの授業を取る
かもすべて自分で決めることができます。一見自由で素晴らしいことかも
しれませんが，これは誰も決めてくれないということでもあります。高校
のときより，どれがどのような内容や難易度の授業なのかといった正確な
情報を得るということがより重要になったと感じました。また，高校まで
はバイトをしていなかったので，大学生になってからは金銭的な自由と責
任も増えたと感じています。少しずつ大人になっていく感覚を嬉しく思い
つつも，少しだけ寂しいです（笑）。（R.S. さん／経済）

　出会う人の幅が大きく変わったと思います。高校までは地元の子が集ま
ったり，遠くても隣の県まででしたが，慶應に入り，全国からはもちろん
帰国子女や留学生など，そのまま地元にいれば絶対に会えないだろう人材
に多く出会えたことが，高校までとは比べものにならないほど変わったこ
とだと感じました。全員が様々なバックグラウンドをもっているので，話

を聞いていて本当に楽しいです！（関口さん／法）

 ## 大学生活に必要なもの

　タッチペンで書き込みが可能なタブレットやパソコンです。授業形態は教授によって様々ではありますが，多くの授業はアップロードされたレジュメに自分たちで書き込んでいくスタイルです。なかには印刷して書き込む学生もいますが，大半はタブレットやパソコンに直接タッチペンで板書を取っています。自分は基本的にタブレットだけを大学に持って行き，プログラミングやプレゼンのスライドを作成するときにパソコンを持って行くようにしています。タブレットのみだと若干心細いので，両方購入することにためらいがある人はタッチペン付きのパソコンにしておくのが無難だと思います。（R.S. さん／経済）

　パソコンは必須。他には私服。高校までは制服があったので私服を着る頻度が低かったが，大学からはそういうわけにもいかないので春休みに何着か新調した。（M.H. さん／理工）

 ## この授業がおもしろい！

　マクロ経済学です。経済学を勉強したくて経済学部に入学したということもあって以前から楽しみにしていました。身の回りの金銭の流通について，モデル化した図を用いて説明されると改めて経済が合理性をもった動きをしているとわかります。（R.S. さん／経済）

　理工学概論。毎回異なる大学内外の講師が，自身のお仕事や研究内容を話してくださり，今後携わることになるであろう学問や業界の実情を知ることができる。また，あまり関心をもっていなかった分野についても，教養として目を配る必要性に気づくことができた。（M.H. さん／理工）

　自分が最もおもしろいと思った授業は、「生活者の社会参加」という授業です。この授業では、自分が提案した様々なプロジェクトについて実際にNPO法人や行政と協力していき、その成果を発表するという、究極のフィールドワーク型の授業です。教授からは実際の進捗に対してのアドバイスくらいしか言われることはなく、学生が主体的に学べる授業になっています。SFCではこういった授業が他の学部や大学に比べて多く開講されており、SFCに入らなければ経験できない学びを多く得ることができます。(T.N. さん／総合政策)

大学の学びで困ったこと＆対処法

　履修登録です。先輩などの知り合いがほとんどいない入学前から考え始めないといけないので大変でした。自分はSNSを用いて履修の仕組みを調べたり、興味深い授業や比較的単位の取得がしやすい授業を聞いたりしました。先輩方も同じ道を辿ってきているので、入ったら先輩方が受けたい授業の情報を共有してくれるというサークルも多いです。また、ただ単に授業をたくさん取ればよいわけではなく、進級条件や卒業条件でいくつ単位が必要か変わってくる点も考慮する必要があります。1年生では自分がどうしても受けたい授業が必修科目と被ってしまうということが多々あります。(R.S. さん／経済)

部活・サークル活動

　ダンスサークルと、行事企画の立案・運営を行う委員会に所属しています。ダンスサークルでは三田祭やサークルのイベント公演に向けて週3,4回の頻度で練習しています。委員会は、立案した企画が承認されると大学の資金で活動ができるので規模の大きいものが運営できます。例年ではスキーハウスの運営をして塾生に還元するといったこともしています。公的な活動にもなるので就職の実績にも役立つと思います。(R.S. さん／経済)

　謎解きをしたり作ったりするサークルに所属している。新入生は春学期の新入生公演に向け制作を行う。経験を積むと外部向けに販売も行う活動に関われる。単に謎を作るだけでなく，ストーリーやデザインなども本格的であり，やりがいを感じる。(M.H. さん／理工)

　体育会の部活のマネージャーをしています。シフト制のため，週2回ほど稽古に参加し，学業やアルバイトと両立しています。稽古中の業務は主に，洗濯，掃除，動画撮影，勝敗の記録などです。時々，週末に大会が行われることもあり，選手と同行します。大会では，動画撮影と勝敗の記録，OBへのメール作成を行います。夏季休暇中には合宿があり，料理をしました。慶應には多くの部やサークルがありますので，自分に合った居場所を見つけることができると思います。(M.Y. さん／経済)

 ## 交友関係は？

　クラスやサークルで築きました。特に入学当初はほとんどの人が新たに友達を作ることになるので，話しかけたら仲良くしてくれる人が多いです。また，初回の一般教養の授業では隣に座った人に話しかけたりして友達を作りました。サークルの新歓時期に話が弾んだ相手と時間割を見せ合って，同じ授業があれば一緒に受けたりして仲を深めました。みんな最初は大体同じようなことを思っているので，そこまで不安になる必要はないと思います。(R.S. さん／経済)

　第二外国語のクラスが必修の授業においても一緒になるので，そこで仲良くなった。私は入学前に SNS などで友達探しをしなかったが，友達はできた。私もそうだが内気な人は勇気を出して話しかけることが大事。1人でも知り合いがいると心のもちようが全く違うと思う。(M.H. さん／理工)

いま「これ」を頑張っています

　サークル活動です。ダンスサークルに所属しているのですが，公演前などは毎日練習があったりとハードなスケジュールになることが多いです。しかし，そんな日々を乗り越えた後は仲間たちとより親密になった気がして頑張るモチベーションになります。受験勉強はどうしても孤独のなか頑張らなければいけない場面が多いですが，大学に入学した後は仲間と団体で何かを成し遂げる経験を積むのもよいかもしれません。（R.S. さん／経済）

　免許の取得とアルバイト。大学生は高校生よりも一般的に夏休みが長いので，こうした時間がかかるようなこともやりやすい。その一方で支出も増えるので，お金の使い方はより一層考えるようになった。高校までは勉強一本であったが，こうしたことを考えるようになったのも大学生であるという自覚をもつきっかけの１つだと思う。（M.H. さん／理工）

　大学生活を無為に過ごさないために，公認会計士の資格の取得を目指しています。オンライン授業やバイトと資格の勉強の両立はかなりハードですが，自分のペースでコツコツと続けていきたいと思います。（島田さん／経済）

 ## 普段の生活で気をつけていることや心掛けていること

　時間や期限を守ることです。当たり前のことではありますが，大学はレポートや課題の提出締め切りを自分で把握し，それまでに仕上げなくてはなりません。前日にリマインドしてくれる人もおらず，ほとんどの場合，どんな理由であっても締め切り期限を過ぎたものは受理してもらえません。欠席や遅刻が一定の回数に達するとテストの点が良くても単位をもらえないこともあります。また，時間を守るということは他人から信頼されるために必要なことでもあります。このように大学は社会に出るにあたって身につけなくてはならないことを少しずつ培っていく場でもあります。（R.S. さん／経済）

　大学に入学した意義を忘れないように心掛けている。大学生は人生の夏休みと揶揄されることもあるが，自分では賄えない額を両親に学費として払ってもらっていることを忘れず，学生の本分をわきまえて行動するようにしている。（M.H. さん／理工）

 ## おススメ・お気に入りスポット

　メディアセンターという勉強やグループワークができる図書館です。塾生からはメディセンという愛称で親しまれています。テスト前や課題をやる際に友達と一緒に勉強する場所として活用しています。メディセンで共に頑張った後は，日吉駅の商店街，通称「ひようら」でご飯やデザートを楽しむ人も多いです。（R.S. さん／経済）

　私が大学で気に入っている場所は，「鴨池ラウンジ」と呼ばれる施設です。ここはたくさんの椅子が並べられた多目的スペースになっています。一部の座席は半個室のような形になっていて，様々なことに 1 人で集中することができます。窓からは SFC のトレードマークである鴨池を一望することができ，リラックスすることも可能です。また，ローソンと学食の隣にあるので，利便性も高い施設になっています。（T.N. さん／総合政策）

 ## 入学してよかった！

　慶應義塾大学の強みは人脈と言われるだけあり，人数も多ければ様々なバックグラウンドをもつ人々が存在します。起業をしている人や留学生，芸能人もいます。そのような人たちと話すと，自分の価値観が変わったりインスピレーションを受けたりすることが多くあります。在籍してる間になるべく多くの人々と交流をしたいと考えています。（R.S. さん／経済）

　総合大学なのでいろいろな人がいる。外交的な人が多いというイメージが世間的にはあるだろうが，それだけでなく，問題意識であったり意見であったりをもったうえで自分の目標をしっかりもっている人が多いと感じる。極論すれば，入試は勉強だけでも突破可能だが，プラスアルファでその人の強みというものをそれぞれが備えているのは互いに良い刺激になっている。(M.H. さん／理工)

 ## 高校生のときに「これ」をやっておけばよかった

　英会話の勉強をもっとしておきたかったです。慶應義塾大学には留学生もたくさんいるので外国人の友達も作りたいと思っていました。しかし，受験で英語の読み書きは上達したものの，実際に海外の人と交流するには話す・聞く技術が重要になってきます。大学からでも決して遅いわけではありませんが，やはり早くからやっておくに越したことはないと思います。(R.S. さん／経済)

　自分にとって後悔のない高校生活を送るのが一番だと思う。私個人は小学校，中学校，高校と，節目で過去を振り返るたびにそれまでの環境が一番であったと思っているので，後に大切な思い出になるであろうその一瞬を大事にしてほしいと思う。(M.H. さん／理工)

　体育祭や修学旅行といった行事をもっと楽しめばよかったと思いました。こんな言い方はよくないかもしれませんが，勉強はいつでもできます。でも，高校の行事はもう一生ないので，そのような貴重な体験を無駄にしてほしくないと思います。(関口さん／法)

みごと合格を手にした先輩に，入試突破のためのカギを伺いました。
入試までの限られた時間を有効に活用するために，ぜひ役立ててください。

（注）ここでの内容は，先輩方が受験された当時のものです。2025 年
度入試では当てはまらないこともありますのでご注意ください。

・アドバイスをお寄せいただいた先輩・

M.F. さん　　理工学部
一般選抜 2023 年度合格，東京都出身

　ありきたりな言葉ではありますが，やはり諦めないことが一番大事
だと思います。私は，過去問を解いたなかで，合格最低点を超えて得
点できたのは 1 年分しかなかったうえ，本番では英語の傾向が大きく
変わっていたり，化学で後の問題にも響くようなケアレスミスにギリ
ギリで気づいたりと，投げ出しそうになることも多々ありました。で
すが，そのようなときには，この場で諦めてしまったら後の自分が絶
対に後悔すると言い聞かせて，とにかく粘りました。

その他の合格大学　東京農工大（農），東京理科大（先進工），明治大（農
〈共通テスト利用〉），法政大（生命科〈共通テスト利用〉），芝浦工業大
（システム理工）

Message

○ **Y.E. さん**　理工学部
○ 一般入試 2020 年度合格，埼玉県出身

　毎日サボらずコンスタントに勉強し続けたことが，合格につながったのだと思います。試験や模試の前だけ頑張る，付け焼き刃的な勉強ではなかなか成績は上がりません。

その他の合格大学　東京理科大（工），明治大（理工〈センター利用〉）

入試なんでも **Q & A**

受験生のみなさんからよく寄せられる,
入試に関する疑問・質問に答えていただきました。

 「赤本」の効果的な使い方を教えてください。

A 　赤本は過去問演習にはもちろん,入試について知るのにも利用し
ました。赤本には合格最低点や志願者数など,受験の際に知ってお
きたい情報が多く掲載されているので,休憩するときなどに読んでみると
役に立つと思います。慶應の理工学部の赤本には講評もついているので,
そこで傾向を知ることもできると思います。　　　　　　　　（M.F. さん）

 どのように学習計画を立て,受験勉強を進めていましたか?

A 　長期休みは,休みが始まる前に,その期間にやりたいことを書き
出してから,毎日のやることを書き込んだカレンダーを作成し,無
理があれば修正しながら進めていました。基本的に最終週は予備日として
利用できるよう,予定は少なめにしていました。また,学期中は,学校と
の兼ね合いも考え,曜日ごとに予備校の映像授業の講座を振り分けつつ,
日曜日のみ予定を空けておき,まとまった時間が必要な場合に備えました。
起床時間と就寝時間は通年変えなかったので,1年を通して同じように行
動していました。　　　　　　　　　　　　　　　　　　　（M.F. さん）

Q　時間をうまく使うために，どのような工夫をしていましたか？

A　私は深夜に勉強するというスタイルではなかったので，長期休みや休日は8時半から勉強を始め，毎日遅くとも夜の9時半頃まで，50分勉強して10分休憩するというサイクルで行動していました。ゲームは高3の4月に，テレビは高3の夏休み明けに封印し，なるべく就寝時刻は変えずに勉強時間を増やすことを意識しました。趣味を遠ざけるのは最初のうちは辛いと思いますが，1年の辛抱だと思って割り切ることも必要だと思います。
（M.F. さん）

A　すきま時間を使った勉強は，とても大事です。他の人より1日5分長く勉強することを1年間続ければ，相当多くの勉強時間の差をつけることができます。まさに，「塵も積もれば山となる」です。すきま時間は意外と多くあります。電車に乗っているときに勉強する人は多いと思いますが，それ以外でも，信号待ちをしているときなど，無駄になっている時間は多いんです。私はマンションに住んでいるので，エレベーターを待っているときにも勉強しました。本気で合格したいなら，周囲の目を気にせずに，ただひたすらに勉強することが大事です。（Y.E. さん）

Q　苦手な科目はどのように克服しましたか？

A　私は，現役のときは理系なのに数学と物理が苦手で，思うような結果を出せませんでした。敗因は基礎力の不足だと気づき，浪人生活に突入してからは，夏休みまでに基礎レベルの問題集を解き，自分が理解できていない公式や原理を徹底的に洗い出して復習しました。数学は因数分解などを中学レベルからやり直しました。これが功を奏し，夏休み以降に実戦レベルの問題集を解き始めたところ，難しい問題でも，基礎事項を組み合わせて解くことができるようになっていました。（Y.E. さん）

> **Q** 慶應義塾大学理工学部を攻略するうえで，特に重要な科目は何ですか？

A 理科だと思います。物理は数値計算が出題されることは少なく，複雑な文字式が答えとなる場合が多いです。私の場合，本番で公式を間違えて大問ほぼ1題分を失点してしまったので，基本公式もなめてからずに直前まで確認することをおすすめします。また化学は，物理とは違い計算量が多いことや，教科書のコラムレベルの知識問題の出題があることが特徴だと思います。計算をする余白が問題のあるページにはほぼないので，他のページに書き写すときにも注意が必要だと思います。

(M.F. さん)

A 理科だと思います。特に物理です。慶應の理工学部を受験する人たちは数学や理科が比較的得意な人が多いですが，得点の差はつきやすいです。なぜならば，慶應の問題は解答用紙に答えのみを書く穴埋め形式が多く，途中の式が合っていても答えが間違っていれば一切点を取れないからです。物理は大問の途中でミスをすると，その後に続く問題のほとんどを間違えてしまうことも少なくないので特に怖いです。ですが，そこで高得点をマークすると，周囲に大きく差をつけることができます。

(Y.E. さん)

> **Q** 併願する大学を決めるうえで重視したことは何ですか？
> 日程の組み方など注意するべき点があれば教えてください。

A 自分のやりたいことができる学部・学科を受けましょう。大学のネームバリューにこだわりすぎてはいけません（理系は特にそうです）。大事なのは，大学で何を勉強し，研究するかです。また，併願校の受験日は3日続けて入れるのは避けることをおすすめします。私は2日連続で試験を受けましたが，意外と疲れました。受ける順番はレベル易→難となるように日程を組むのが望ましいです。慶應の理工学部は理科は2科目で受けることになるので，併願校で使う試験科目に関して，特に心配することはないと思います。

(Y.E. さん)

Q 試験当日の試験場の雰囲気はどのようなものでしたか？
緊張のほぐし方，交通事情，注意点等があれば教えてください。

A 試験開始後に受験番号と名前を書くことと，最初の試験科目では写真照合が試験中に行われたことは知っておくといいと思います。また，他大学の理工系の学部の試験では男女比が7：3ほどで，男子トイレがかなり混雑していた一方で，女子トイレはほぼ待ちませんでした。ですが，慶應の理工学部は男女比がほぼ均等で，女子トイレも10分程度待ち時間がありました。入室時刻も決まっているので，早めにお手洗いは済ませておくとよいと思います。　　　　　　　　　　　　　　　（M.F. さん）

Q 普段の生活のなかで気をつけていたことを教えてください。

A 受験は長い戦いになるので，運動不足であっても，体調を崩さないように3食しっかり食べましょう。たぶん大学に入ればやせるので大丈夫です。特に朝食は，しっかり噛んで食べて脳を目覚めさせましょう。私はパンよりもご飯のときのほうが目覚めがよかったです。また，受験当日を想定し，出発時間に間に合うような時間に起きる習慣をつけましょう。そうすれば，受験直前に無理やり生活リズムを変える，なんてことは避けられます。　　　　　　　　　　　　　　　　　　（Y.E. さん）

Q 受験生へアドバイスをお願いします。

A ありきたりな言葉ではありますが，やはり最後まで諦めないことがいちばん重要です。私は秋の模試でD判定でしたが，直前期の粘りで伸び，何とか合格しました。模試の判定は，受験本番の合否を決めるものではありません。大事なのは本番です。学力は受験直前まで伸び続けると思います。受験は最後までどうなるかわかりませんから，自分を信じて戦い抜いてください。その経験が，その後の大学生活で大きな糧となることでしょう。　　　　　　　　　　　　　　　　　　（Y.E. さん）

科目別攻略アドバイス

みごと入試を突破された先輩に，独自の攻略法や
おすすめの参考書・問題集を，科目ごとに紹介していただきました。

英　語

単語のレベルが高いので，単語力をつけるとともに，未知語を文脈から
類推する力を身につけましょう。　　　　　　　　　　　　（Y.E. さん）

📖 **おすすめ参考書**　『鉄緑会東大英単語熟語 鉄壁』（KADOKAWA）

数　学

粘り強く考え，完答できる力を身につけることが重要です。

（Y.E. さん）

📖 **おすすめ参考書**　『Focus Gold』シリーズ（啓林館）

物　理

公式を自分の手で導出できるようになるまで理解しましょう。

（Y.E. さん）

📖 **おすすめ参考書**　『新・物理入門』（駿台文庫）

TREND & STEPS

傾向 と 対策

科目ごとに問題の「傾向」を分析し，具体的にどのような「対策」をすればよいか紹介しています。まずは出題内容をまとめた分析表を見て，試験の概要を把握しましょう。

=== 注　意 ===

「傾向と対策」で示している，出題科目・出題範囲・試験時間等については，2024年度までに実施された入試の内容に基づいています。2025年度入試の選抜方法については，各大学が発表する学生募集要項を必ずご確認ください。

英　語

年　度	番号	項　目	内　容
2024 ◑	〔1〕	読　　　解	選択：同意表現，空所補充，語句整序，内容真偽
	〔2〕	読　　　解	選択：同意表現，空所補充，要約文の完成
	〔3〕	会　話　文	選択：同意表現，日記の完成
	〔4〕	文法・語彙	選択：空所補充
	〔5〕	英　作　文	記述：和文英訳
2023 ◑	〔1〕	読　　　解	選択：空所補充，欠文挿入箇所，要約文の完成
	〔2〕	読　　　解	選択：同意表現，空所補充，内容真偽，内容説明
	〔3〕	会　話　文	選択：同意表現，メールの完成
	〔4〕	(1) 読　解	記述：要約（110字）
		(2) 英作文	記述：和文英訳
2022 ●	〔1〕	読　　　解	選択：内容説明，空所補充，要約文の完成
	〔2〕	読　　　解	選択：同意表現，空所補充，語句整序，内容説明，主題，内容真偽
	〔3〕	会　話　文	選択：同意表現，内容真偽，感想文の完成
	〔4〕	文法・語彙	選択：空所補充
	〔5〕	読　　　解	選択：空所補充
2021 ●	〔1〕	読　　　解	選択：空所補充，同意表現，内容説明，内容真偽
	〔2〕	読　　　解	選択：同意表現，空所補充，語句整序，発音，内容真偽
	〔3〕	会　話　文	選択：同意表現，内容真偽，要約文の完成
	〔4〕	文法・語彙	選択：空所補充
2020 ◑	〔1〕	読　　　解	選択：段落整序，同意表現，空所補充，アクセント，語句整序，内容真偽
	〔2〕	読　　　解	選択：同意表現，空所補充，要約文の完成
	〔3〕	会　話　文	選択：同意表現，主題，内容真偽　記述：内容説明，同意表現
	〔4〕	文法・語彙	記述：空所補充

（注）　●印は全問，◑印は一部マークシート法採用であることを表す。

読解英文の主題

年　度	番号	類　別	主　題	語　数
2024	〔1〕	社　会	私たちが直面する6つのパンデミック	約650語
	〔2〕	文　化	芸術とは何か	約730語
2023	〔1〕	科　学	ロボット倫理学が果たす役割	約590語
	〔2〕	文　化	未知に向けて開けられた扉	約740語
	〔4〕	科　学	科学者が自分の研究に強い関心を抱く理由	約350語
2022	〔1〕	科　学	ホタルはなぜ同期して一斉に発光するのか	約690語
	〔2〕	社　会	手遅れにならないうちに政治に参加すべし	約690語
	〔5〕	科　学	A. I. 研究の公表の仕方	約180語
2021	〔1〕	科　学	人間の聞く力と聞き違いが生じる仕組み	約710語
	〔2〕	文　化	イギリスの料理を擁護して	約760語
2020	〔1〕	科　学	統計学に基づく生命保険基金の設立	約810語
	〔2〕	文　化	文化的・言語的背景が科学研究にもたらす影響	約910語

 語彙力の増強，高度な読解力の養成が必須

01 基本情報

試験時間：90分。

大問構成：2021年度までは大問4題，2022年度は大問5題，2023年度は大問4題であった。2024年度は大問5題で読解2題，会話文1題，文法・語彙1題，英作文1題の構成であった。

解答形式：2020年度は選択式（マークシート法）と記述式の併用であった。選択式が主で，記述式は，単語を書かせるもの，英語での内容説明，同意表現が出題された。2021・2022年度は記述式の問題は出題されず，全問マークシート法であった。2023・2024年度はマークシート法と記述式の併用に戻ったが，記述式は2023年度には英文の日本語要約と和文英訳が，2024年度には和文英訳のみが出題された。

02 出題内容

① 読解問題

　例年 2 題出題されていたが，2022・2023 年度は 3 題となり，2024 年度は再び 2 題の出題に戻った。それぞれの英文の分量は 600～900 語程度であるが，2022 年度〔5〕は約 180 語，2023 年度〔4〕〔1〕は約 350 語であった。英文の素材は，理工学部にふさわしく論旨が明快で科学的な内容のものが多いが，2024 年度のように文化・社会に関する抽象的な内容のものが出題されることもある。英文は語彙・内容とも難しめである。

　設問は空所補充，同意表現，内容真偽が中心で，これに内容説明，語句整序，欠文挿入箇所，主題などが加わる。2020 年度は段落整序が出題され，2023 年度は英文の主旨を 90～110 字の日本語で要約する記述式の問題が出題された。空所補充や同意表現では，単純な語彙知識だけではなく文脈把握力を問われるような問題もある。また，要旨や英文全体の構成を空所補充形式で完成させる問題が出題されている。2021 年度以前は発音，アクセント，派生語，語形変化などの問題も小問として出題されていたが，2022 年度以降は出題されていない。

② 会話文問題

　例年会話文が 1 題出題されている。日常的な会話文だけでなく，インタビュー形式のジャーナリスティックな内容のものもあり，さまざまなテーマが取り上げられている。

　設問は，同意表現，内容真偽など。2020 年度は英文の質問に対し冒頭を指定された単語や英文で答える記述式の問題が，2021～2024 年度は要約文，感想文，メール，日記を完成させる問題が出題された。

③ 文法・語彙問題

　例年空所補充問題が 1 題出題されているが，2023 年度は出題されなかった。2020 年度は記述式であったが，2021・2022・2024 年度は選択法となった。

　2020 年度は，和文がついた，ある程度のまとまりをもった英文の空所補充で，単語の最初の 1 文字が指定されており，語彙力の充実に加えて，語形変化などで慎重さおよび正確な知識が求められた。2021・2024 年度は選択肢が 6 つ，2022 年度は選択肢が 4 つであった。2021 年度の英文は

物理や化学についての専門知識を問うもので，2024年度は情報工学関連の英文が中心であった。

④　発音問題

2021年度は読解問題の小問として発音問題が出題され，2020年度は読解問題の小問としてアクセント問題が出題された。いずれも特に難しいものではない。

⑤　英作文

2023・2024年度は与えられた和文の下線部を英語にする和文英訳が出題された。まず，どのような構文を使うかを考え，与えられた文意を工夫して表現することが必要である。

03　難易度と時間配分

　読解問題は英文の語彙レベルが高く，構文も時に複雑なものが見られる。また，設問にも文脈を十分に考慮しながら解答すべきものが含まれ，記述式の要約問題が出題されることもあり，全体的に難度は高いと言える。会話文問題についても文脈をふまえて解答する必要がある。英作文では与えられた日本語を英訳しやすいよう言い換える力や構文の知識が求められる。文法・語彙問題にも，通り一遍の知識だけでは歯が立たないものが見られる。まずは正確な語法・文法の知識を固めた上で，語彙力の充実および高度な読解力の養成に努めたい。発音問題は標準レベルである。

　多くの英文を短い時間で読みこなさなければならず，時間的な余裕はない。会話文問題や文法・語彙問題を最初に手早くすませ，残りの時間でじっくり読解問題や英作文に取り組むなど，自分にとって一番効率のよい時間配分を考えてみよう。

対 策

01 正確な文法・語法の知識を身につけよう

すべての基礎となる文法・語法の知識をまずは固めよう。『Next Stage 英文法・語法問題［4 th Edition]』(桐原書店) などの標準レベルの文法・語法の問題集を 1 冊選び，繰り返し演習して基本をしっかりと身につけたい。文法書も常に座右に置き，疑問に思った点やあやふやな点はそのつど確かめながら，正確に覚えていきたい。代表的な構文やイディオムは例文ごと覚えてしまうと効率的である。

02 語彙力の充実を図ろう

読解問題の英文の語彙レベルは高く，しかも文脈に即して語句を理解する実力を試す問題も出題されているため，語彙力は量だけでなく質も要求されると言ってよい。こうした要求に対応するためには，普段から英文の中で未知の語句に出合ったら，まずは文脈に即して自分で意味を考えてみて，その後正確な意味を把握した上で英文ごとしっかり覚えるという学習が最適である。

この方法である程度語彙力をつけた段階で，『速読英単語 上級編』(Z会) などのレベルの高い単語集を使って，自分の知識の「抜け」を確認しながら，さらに語彙力のレベルアップを図っていこう。また，文法・語彙問題に備えるために，用法，語形変化 (複数形，過去形・過去分詞形など)，派生語，同意語・反意語，イディオムなどにもしっかり目配りしておきたい。単語を辞書で引く際には，こうした事項に必ず目を通すことを習慣にし，特に間違えやすいものや重要なものは自分でまとめておこう。また，発音問題も年度によっては出題されている。正確な発音・アクセントも同時に身につけておくことが必要である。

03 高度な読解力の養成を

レベルの高い英文を読んで内容や文脈の流れを十分に把握し，その理解をふまえて設問に答えるだけの力が要求されているので，ハイレベルな英文読解力を養成しておく必要がある。選択式主体でレベルの高い長文読解問題集に丁寧に取り組んで，実力をつけておきたい。その際に，パラグラフ単位で要旨をまとめる練習もしておくことで，2023年度に出題されたような要約問題にも対応できるようにしておきたい。長文を読み慣れていなかったり，英文構造の理解が不十分なうちは『大学入試 ひと目でわかる英文読解』（教学社）などの英文解釈の参考書を1冊仕上げるのも効果的である。科学的な内容の英文が出題されることも多いので，普段から科学に関係する英文にできるだけふれて，科学的テーマの英文の内容や論理構成のパターンに慣れておくことが望ましい。また，背景知識があると，未知の単語の意味をある程度推測できたり，論旨を正確にとらえられたりすることもある。日本語の文章であってもそうした話題にふれておくことは有益である。新聞の科学欄や新書，科学雑誌などに親しむのもよいだろう。

04 表現力を磨こう

文法・語彙問題では，バラバラの文法・語法の知識を問うというよりも，表現力を問うタイプの問題が多く出題されている。単語のニュアンスの違い，英文独特の言い回し，イディオムや慣用的表現など，英語を使う際に重要になる「発信型」の文法・語彙の知識が問われると言えるだろう。こうした問題に正解するためには，選択肢を比較しながら消去法で取り組むといった「設問対処型」の学習ではなく，『自由英作文編 英作文のトレーニング』（Z会）などを使って，本質的な表現力を身につけておくことが必要になる。

また，2023・2024年度に出題された和文英訳の英作文に関しては，問題文の日本語を「英語にしやすい平易な日本語」に置き換えて，それに従って英訳するなどの練習を積んでおきたい。

05　実戦力をつけるには

　90分という試験時間で解答しようとすると，特に学習の初期段階では，時間が足りないと感じる受験生は多いだろう。実際に時間を計って過去問に挑戦し，制限時間の中で解く感覚をしっかりつかんでおきたい。

───── 慶應「英語」におすすめの参考書 ─────

- ✓『大学入試　ひと目でわかる英文読解』（教学社）
- ✓『慶應の英語』（教学社）
- ✓『Next Stage 英文法・語法問題［4th Edition］』（桐原書店）
- ✓『速読英単語　上級編』（Ｚ会）
- ✓『自由英作文編　英作文のトレーニング』（Ｚ会）

赤本チャンネルで慶應特別講座を公開中

実力派講師による傾向分析・解説・勉強法をチェック ⊕

数　学

年　度	番号	項　目	内　容
2024	〔1〕	小 問 2 問	(1)約数，6乗根に最も近い自然数　(2)漸化式で定められた数列の極限値　　✓証明
	〔2〕	確　　率	袋からコインを取り出して投げるときの条件付き確率
	〔3〕	微・積分法	被積分関数に絶対値を含む定積分の最小値　　✓証明
	〔4〕	ベクトル	平行六面体，平面と辺が共有点を持つ条件
	〔5〕	複素数平面，積 分 法，極　　限	複素数平面上の大円に内接して動く小円上の点の道のり，極限値
2023	〔1〕	微 分 法	微分係数の定義，微分可能性，平均値の定理　　✓証明
	〔2〕	ベクトル	空間内における円に内接する台形，点の軌跡
	〔3〕	確　　率	ある規則で袋に玉を入れるときの確率，確率の漸化式
	〔4〕	積 分 法	絶対値を含む不等式，定積分と漸化式，極限　　✓証明
	〔5〕	小 問 2 問	(1)複素数の表す図形　(2)整数問題
2022	〔1〕	小 問 2 問	(1)空間ベクトルの内積と大きさ　(2)ガウス記号と整数の剰余
	〔2〕	図形と方程式，式と曲線，積分法	円と楕円が共有点をもつ条件，共有点の座標，面積，回転体の体積
	〔3〕	確率，数列	ある規則で袋に玉を入れるときの確率，条件付き確率
	〔4〕	微分法，図形と方程式，極限	曲線と直線が共有点をもつための条件，円と直線，極限値計算
	〔5〕	図形と計量	球に内接する三角錐の体積の最大値
2021	〔1〕	図形と方程式，微分法	直線の通過領域，微分法の方程式への応用，放物線の存在条件
	〔2〕	複素数平面，式と証明	式の値，等式を満たす整数の求値，整式の除法における商と余り
	〔3〕	確率，数列	さいころを投げて出た目に関する条件付き確率，極限値
	〔4〕	微・積分法	微分法の不等式への応用，定積分と区分求積法　　✓証明
	〔5〕	ベクトル，三角関数	ベクトルの分解，点と直線の距離，軌跡，長さの平方和の最大値

2020	〔1〕	小 問 2 問	(1)複素数平面上の点の軌跡 (2)放物線の接線と軌跡の方程式	
	〔2〕	微 分 法	放物線と円の共有点の個数	☑証明
	〔3〕	確 率	コインの表裏に応じて箱から玉を取り出すときの確率	
	〔4〕	微・積分法	定積分で表された関数,偶関数・奇関数の性質	☑証明
	〔5〕	微 分 法	三角形と平行四辺形の面積比と比の値の最大値など	

出題範囲の変更

2025 年度入試より,数学は新教育課程での実施となります。詳細については,大学から発表される募集要項等で必ずご確認ください(以下は本書編集時点の情報)。

2024 年度(旧教育課程)	2025 年度(新教育課程)
数学Ⅰ・Ⅱ・Ⅲ・A(場合の数と確率,整数の性質,図形の性質)・B(数列,ベクトル)	数学Ⅰ・Ⅱ・Ⅲ・A(図形の性質,場合の数と確率,数学と人間の活動のうち整数の性質に関する部分)・B(数列)・C(ベクトル,平面上の曲線と複素数平面)

旧教育課程履修者への経過措置

2025 年度については,旧教育課程履修者を考慮するが,特別な経過措置はとらない。

 標準問題中心だが,ハイレベルなものも基本事項を活用できる思考力をみる良問

01 基本情報

試験時間:120 分。

大問構成:大問 5 題。〔1〕は 2020 年度以前は小問集合となっていたが,2021 年度は小問集合は出題されず,2022 年度に復活した。2023 年度は例年の小問集合が〔5〕に置かれ,〔1〕は同じ分野からの独立した小問 3 問が出題された。2024 年度は 2022 年度と同様であった。

解答形式:空所補充形式と記述式がある。空所補充は,問題文中の空欄に当てはまる数や式を書く形式。記述式は,答えを導く過程も記述することが求められている。例年,証明問題が出題されているが,2022 年度は出題されなかった。空所補充 3,4 題,空所補充と記述式の混合 1,2 題という構成であることが多い。

02　出題内容

頻出項目：最も出題頻度が高い項目は微・積分法で，例年2題以上出題されている。その内容は，微分・積分の演算，関数の増減への応用，面積・体積への応用，その他多方面にわたっている。次いで出題頻度の高い項目は，数列，極限，確率，ベクトルなどである。いくつかの項目にわたる融合的・総合的問題もよく出題されている。

内　　容：問題は計算で解決されるものが多い。空所補充の問題には，特にこの傾向がある。計算量の多い問題も多くあり，計算力の充実が望まれる。記述式の問題では証明問題が目立つ。全問題を総合すると，計算力のほか，理解力・直観力・思考力・論証力などが要求されている。

03　難易度と時間配分

　1つ1つは標準程度であるが，分量は多く，概して計算量も多い。難度がやや高めの年度もある。また，あまり見かけない独創的な問題がときどき見られることにも注意すべきである。これは，既成の解法にとらわれない自由な思考力を見ようとするねらいであろう。全般に，基本事項の活用力を見るように，よく練られ工夫された良問が出題されている。

　大問数と試験時間を考えると，大問1題につき平均20分程度で解く必要があるが，小問集合や各大問の前半には基本的な問題が出題されることが多いので，まずそれらを解いてしまうとよい。そうすることで，どの大問が完答できそうかの感触も得られるであろう。

対　策

01　基礎学力の充実

　大学入試の数学の問題には，すぐには解法が思い浮かばないような問題も少なくないが，その解答を調べてみると，基本事項の活用で解決できるといった例が多い。慶應義塾大学理工学部の場合も，例外はあるものの，

大半は特別な知識は必要なく，基本事項の使い方が重要なポイントになっている。まずは教科書によって，定理や公式などの基本事項を自在に活用できるようになるまで，十分学習しなければならない。

02　入試問題の演習

入試問題集による演習も必要である。問題集の程度は標準程度でよい。自力で解くことが望ましいが，問題集の解答を見て解法の知識を増やすことも有益である。その場合，解法を丸暗記するのではなく，使われている基本事項を見いだし，その使い方を学ぶことが大切である。基本事項の理解が十分でなかったならば，必ず復習しておくこと。

03　柔軟な思考力の養成

独創的な表現や内容の問題に対処するには柔軟な思考力が必要である。これは柔軟な思考力をもつ学生を求めているということであろう。いろいろな問題に取り組んで，多面的な考え方ができるようにしておこう。

04　頻出項目の学習強化

ひととおり全範囲の学習ができたならば，頻出項目についてさらに学習を強化すべきである。特に微・積分法については，十分な演習で得意分野にしておきたい。そのほか，〈傾向〉に挙げた準頻出項目についても，標準問題は必ず解答できる自信がつくまで，十分に学習しておこう。

05　空所補充の問題対策

空所補充の問題では，結果さえ正しければ，途中の経過は問われない。反対に，考え方は正しくても，計算ミスなどにより結果が正しくなければ得点できない。このような出題形式の特徴に対応して，確実・平易・迅速な方法で要領よく正答に到達できるように，平素から対策を研究しておくべきである。また，過去問演習や模試受験などにより，空所補充の問題に

慣れておくことも重要である。

── 慶應「数学」におすすめの参考書 ── Check!

✓ 『大学入試 最短でマスターする数学Ⅰ・Ⅱ・
　Ⅲ・A・B・C』（教学社）

物　理

年　度	番号	項　　目	内　　容
2024	〔1〕	力　　　学	液体中での円柱物体の運動
	〔2〕	電　磁　気	辺に対して斜めに移動するコイルに生じる誘導起電力
	〔3〕	原　　　子	光電効果とコンプトン効果
2023	〔1〕	力　　　学	円筒面内の小球の運動
	〔2〕	電　磁　気	回転する扇形コイルに生じる誘導起電力　　　　⊘描図
	〔3〕	熱　力　学	ばねでつながれたピストンに封入された気体の状態変化
2022	〔1〕	力　　　学	動く三角柱上での糸でつるされた質点の運動
	〔2〕	電　磁　気	平行板コンデンサーの極板等の操作と電気振動
	〔3〕	波　　　動	直方体透明物質内での全反射と変則ニュートンリング
2021	〔1〕	力　　　学	逆U字型の円筒面を持つ物体の内側に沿って運動する小球
	〔2〕	電　磁　気	磁界中で回転する導体棒を含む回路
	〔3〕	熱　力　学	細管でつながれた2つの容器内の気体の状態変化
2020	〔1〕	力　　　学	隣接した2物体のばねによる単振動
	〔2〕	電　磁　気	コイルの誘導起電力と自己インダクタンスの合成
	〔3〕	原　　　子	電子線のブラッグ反射と往復運動する電子のボーアの理論

傾　向　物理的思考力とイメージ力が試される
基本問題には確実に正解しよう

01　基本情報

出題範囲：「物理基礎・物理」。

試験時間：「化学」とあわせて120分。

大問構成：大問3題。解答個数は25〜30個程度の間で推移している。

解答形式：空所補充が主体で，空所に当てはまる式や数値を記入する形式。
　年度によっては，選択肢から正答を選ぶ問題も出題されている。2023

年度には描図問題が出題された。

02 出題内容

例年，力学，電磁気が1題ずつ出題され，残り1題が波動もしくは熱力学，原子からの出題となることが多い。

① 力 学

比較的シンプルな状況設定であるにもかかわらず，思考力を要する問題が出されており，設問も相当工夫されている。計算が複雑になる場合もある。単振動や運動量保存則，力学的エネルギー保存則などがよく出題されている。

② 電磁気

コンデンサーやローレンツ力，電磁誘導に関する出題が多いが，いろいろな要素を絡めた総合的な問題も出題されている。2020年度はコイルの自己インダクタンスの導出と並列コイルを用いた電気振動の周期の問題，2021年度は磁界中で回転する導体棒の問題，2022年度は平行板コンデンサーを用いた電気振動の問題，2023年度は扇形コイルを回転させて生じる起電力の問題，2024年度は辺に対して斜めに移動するコイルに生じる誘導起電力の問題が出題された。電磁気はさまざまな分野から出題されている。

③ 波 動

幅広い項目から出題されており，2022年度は変則的なニュートンリングの問題が出題された。

④ 熱力学

気体の状態変化や熱力学第一法則，ボイル・シャルルの法則などを中心にさまざまな項目から出題されている。2021年度は細管でつながれた2つの容器（ピストンにはばねがついている）内の気体の状態変化の問題，2023年度はばねでつながれたピストンに封入された気体の状態変化の問題が出題された。

⑤ 原 子

2020年度は，電子線によるブラッグ反射と，往復運動する電子によるボーアの理論，2024年度は光電効果とコンプトン効果が出題された。

03 難易度と時間配分

　年度によりやや難易度に差はあるものの，全体的に標準レベル以上の問題が多いが，難問，奇問が出題されることはほとんどない。また，大問1題中に基礎的な設問が必ず含まれており，すべてが難しいというわけではない。問題集でよく見かけるような題材から，状況設定を典型的なものから少し変えた設問が出題されている。

　設問数も多く，試験時間と問題の質的高さを考えあわせると，目安としておおむね60分という時間内にすべての問題をこなすのは難しい。まず全問に目を通して解けそうな問題をよく見極め，それらの設問から着実に解いていく必要があるだろう。その上で，腰を据えて難しい設問にチャレンジすること。見直しをする時間も確保したい。

対　策

01 偏らない広範な基礎力を

　各分野の基礎事項を徹底的に身につけよう。〈傾向〉の中でも述べたように，各大問中に基礎的な設問が必ず含まれているので，どの分野からの出題であっても，この部分は確実に点を取っておかなければならない。そのためには，特定の分野に偏ることのない基礎力が必要になる。また，このようなひと工夫された問題に対応するには，公式を丸暗記するだけの学習は役に立たない。基本法則を深く正確に理解し，公式がそれらの基本法則を基にどのような思考過程を経て導き出されるかをしっかり身につけることが大切である。さらに，題意を的確かつ素早く把握し，具体的にイメージする力も必要である。繰り返すが，公式を丸暗記するような付け焼き刃の勉強法は意味がないことを肝に銘じておきたい。

02 豊富な問題演習を

　空所補充形式での出題がほとんどなので，計算ミスは致命的である。計

算力を高めるには，問題集を使って問題演習を数多くこなすこと以上によい方法はない。基礎力・計算力が身についてきたら『体系物理』（教学社）のようなレベルの高い問題集にチャレンジしよう。また，描図問題やグラフ・図の読み取り問題なども出題されることがあるので，教科書に出てくる図や，2つの物理量の間の関係を表すグラフなどは，十分にチェックしておく必要がある。

03　物理的思考を

　新しい着眼の問題や設問に対しても，与えられた状況を正確に把握し，物理法則を適用して論理的思考を重ねていけば十分対応できるはずである。目先の変化にとらわれずに素早く本質をとらえるというトレーニングが肝要である。そのためには，日常生活の中で起きる現象にも常に注意して，物理的な目を向けるという習慣を身につけたい。

04　過去の問題研究を

　過去数年間の問題を見てみると，同じようなタイプの問題も見受けられる。良質の問題が多く，過去問自体がハイレベルではあるが大変よい問題集になっていると言える。基礎力を身につけたら仕上げとして本書で過去問を繰り返し解き，応用力と思考力を身につけておきたい。

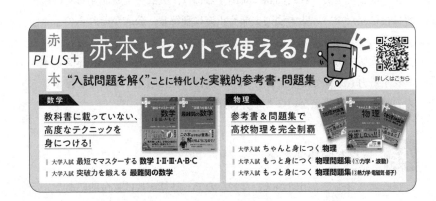

化　学

年　度	番号	項　目	内　容
2024	〔1〕	理論・無機	アンモニアの性質，アンミン錯イオン，水素製造に関する熱化学，ハーバー・ボッシュ法に関する化学平衡 ⊘計算
	〔2〕	理論・無機	硫黄の性質，硫酸の工業的製法，希硫酸の電離平衡，黒鉛の構造，リチウムイオン電池 ⊘計算
	〔3〕	有機・高分子	油脂，ナイロン 66，芳香族アミド化合物，芳香族エステル化合物 ⊘計算
2023	〔1〕	理論・無機	Fe-Ti 合金と水素の吸蔵，熱化学，水酸化ナトリウム・炭酸ナトリウムの性質 ⊘計算
	〔2〕	変化・構造	ヨウ素の性質，水溶液の電気分解，酸化還元滴定，反応速度，化学平衡 ⊘計算
	〔3〕	有機・高分子	芳香族化合物，糖類の構造決定，アミノ酸，ペプチド ⊘計算
2022	〔1〕	理論・無機	アンモニアの性質と反応，硝酸アンモニウムの加水分解，アンモニアを燃料とする燃料電池，アンモニアの水への溶解と反応速度 ⊘計算
	〔2〕	状態・変化	凝固点降下，浸透圧，結合エネルギー，飽和蒸気圧を含む混合気体の計算 ⊘計算
	〔3〕	有機・高分子	芳香族化合物の構造決定，シクロデキストリン，ポリ乳酸の合成 ⊘計算
2021	〔1〕	理　　論	熱化学，六方最密構造，トタンの腐食防止作用，水溶液の電気分解，亜鉛の性質，ブラウン運動（30 字） ⊘計算・論述
	〔2〕	変　　化	溶解度積を利用した塩化物イオン濃度の定量（モール法），電離平衡，反応速度 ⊘計算
	〔3〕	高分子・有機	スクロース，アセテートの計算問題，アスパルテームの構成アミノ酸，芳香族化合物の構造決定 ⊘計算
2020	〔1〕	状態・変化	塩化ナトリウムを題材とした水溶液の浸透圧，水溶液の凝固点降下，水溶液の電気分解，ポリ塩化ビニルの生成，ソルベー法 ⊘計算
	〔2〕	構造・変化	ダイヤモンドの結晶格子，熱化学，反応速度，アレニウスの式 ⊘計算
	〔3〕	有　　機	芳香族化合物の構造決定，脂肪族化合物の構造決定，油脂の分子式の決定 ⊘計算

思考力と計算力で差がつく
問題集での演習，過去問の研究を十分に

01 基本情報

出題範囲：「化学基礎・化学」。

試験時間：「物理」とあわせて 120 分。

大問構成：大問 3 題。1 つの大問がそれぞれ異なるテーマの 2 ～ 4 問の小問からなる総合問題となっていることが多い。

解答形式：すべて空所補充形式の設問で，化学用語や物質名，化学式，元素記号などの記述に加え，化合物の構造式や化学反応式，計算結果の記述（有効数字の指定がある）も求められる。2021 年度は 30 字程度の論述問題が出題された。

02 出題内容

　出題項目は幅広い。分野別に見ると，理論分野（構造，状態，変化）と有機分野（有機，高分子）中心の大問が 1 題ずつ出題され，残りの 1 題が理論と無機，または理論，無機，有機の融合問題という構成になることが多い。

① 理論分野

　構造からは化学結合と結晶格子，状態からは混合気体と蒸気圧，希薄溶液の性質，変化からは酸・塩基，酸化・還元，熱化学，電池と電気分解，反応速度，化学平衡，電離平衡などがよく出題されており，理論分野全般にわたる幅広く深い知識が試される。2020・2023 年度にアレニウスの式を覚えていることを前提とした問題，2021 年度は六方最密構造の密度計算，2022 年度はアンモニアを燃料とする燃料電池の問題，2023 年度は水素吸蔵合金，2024 年度はリチウムイオン電池の問題が出題されたことが目立った。

② 無機分野

　理論との関連もふまえた計算問題が含まれることが多く，金属イオンの反応や錯イオン，結晶構造，工業的製法などに関する内容がよく出題され

ている。

③　有機・高分子分野

　元素分析と構造決定を中心とした総合問題がよく出題されている。構造決定や異性体に関する内容では，問題文の読み取り能力や思考力と応用力を要するものが多い。

03　難易度と時間配分

　空所補充形式ではあるが，思考力や有効数字 2，3 桁の数値を算出する計算力が必要な問題も多く，目安としておおむね 60 分という試験時間を考慮すると，難度はかなり高いと言える。

　時間配分がかなり大事になるので，最初に問題すべてに目を通し，知識問題やできる問題から手をつけるなど，工夫して解けるようにしておきたい。

01　理論は基礎力と計算力・応用力の充実を

　理論分野からの大問が頻出であるのに加えて，無機分野や有機分野の大問でも化学理論に関する計算問題が含まれるので，理論分野は幅広くかつ深く学習しておきたい。まずは，化学全般にわたる問題演習を満遍なくやることで，化学理論を体系的に理解することが大切。特に，化学結合と結晶格子，熱化学方程式とヘスの法則，中和反応と pH，酸化還元反応，ファラデーの法則と電池（燃料電池，リチウムイオン電池など），反応速度と化学平衡（特にアレニウスの式は数多く出題），電離平衡に関する計算演習には十分時間をかけて，漏れのない学力をつけておかなくてはならない。試験時間内に正解を導き出すためには，計算力も重要になる。慶應義塾大学理工学部の場合，数学の試験並みの煩雑な計算問題にも対応しなければならないことが多い。地道な努力だが，日々の演習で手を抜かずに計算を最後まで行うことが大切である。また，応用力をつけるには，教科書

の発展学習や探究活動などを読み込んで発展的な知識と考察力をつけることと，難度の高い問題集に積極的に挑戦して演習を続けることが重要である。

02 無機は金属の性質と周期表の理論を確実に

無機分野は，理論分野とあわせた総合問題となることが多い。理論の計算問題で得点できる力がないと，単なる知識の詰め込みでは高得点は望めない。まずは教科書レベルの化学式や化学反応式は確実に書けるだけの力をつけ，関連する溶液の濃度や電気分解に関する計算問題を数多く演習するとよい。周期表の理論はすべての基本であり，しっかり理解しておきたい。金属やその錯イオンの性質，イオンの沈殿生成反応なども，単に暗記するのではなく，電子配置や周期表，イオン化エネルギーなどの理論をもとに説明できるようにしておくと，応用力もつく。さらに，金属・非金属を問わず，物質の性質を環境問題や身近な現象と結びつけて理解する意欲をもつと，発展問題にも対応できるだろう。

03 有機は系統的な化合物の整理を

有機分野の基礎は，脂肪族，芳香族ともに官能基の違いによる化合物の分類やその化学的性質と反応，および識別や分離方法などを系統的に理解することから始まる。その上で，よく出題される元素分析と構造決定，光学異性体を含めた異性体に関する演習を十分積んでおけば，得点力も増すであろう。例年，複雑な構造決定などに関わる思考力重視の設問が出題されているが，発展問題への対策は，基礎を固めた上で難度の高い問題を数多く解いて解答パターンを身につけることが有効である。高分子化合物への対策は，単糖類とアミノ酸から，多糖類，タンパク質といった天然高分子の構造と，合成樹脂や合成繊維の構造・反応を系統的に身につけることから始めよう。機能性素材などにも興味をもって知識を広げておくと，応用力がつく。

04 実戦力は過去問演習から

　特徴的な問題構成・内容に対応するためには，過去問を繰り返し解いて問題形式やそのレベルに慣れることが重要である。『実戦 化学重要問題集 化学基礎・化学』（数研出版）などで漏れのない基礎力を身につけた上で，過去問に当たり，自分の弱点や足りない点を把握して，さらなる学習の深化を図ろう。なお，空所補充形式では，文章の趣旨を正確に読み取ることも大切なので，時間を計って過去問に挑戦し，時間内に的確な解答を補充する練習を積み重ね，本番での失点・減点を少なくしたい。また，時折見られるハイレベルな出題に対応するためには，初見では解きにくい問題のほか，『理系大学受験 化学の新研究』（三省堂）など難関大対策用のレベルの高い参考書や問題集を利用して，幅広く多くの演習を積むことが必要であろう。

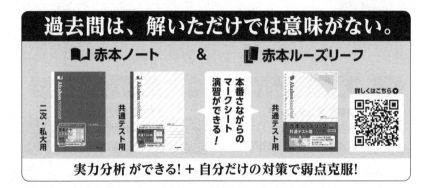

2024
年度

解 答 編

一 般 選 抜

解 答 編

英 語

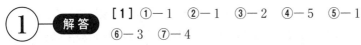

① 解答　【1】①—1　②—1　③—2　④—5　⑤—1
　　　　　　⑥—3　⑦—4

【2】(1)—5　(2)—4　(3)—5　(4)—3　(5)—2　(6)—3　(7)—5

【3】(ア)—1　(イ)—3　(ウ)—5　(エ)—4

【4】6番目—1　8番目—7

【5】—1・2・5・8（順不同）

……………………………… 全 訳 ………………………………

《私たちが直面する6つのパンデミック》

1　私たちは驚くべき時代に生きており，しばしば圧倒的で乗り越えられないと思われるような，幸福に対する多くの課題に直面している。私たちを取り巻く社会的不公正や環境破壊に直面している時に，人々が失望や絶望の感情を口にするのを聞くことは最近では珍しくない。しかし，地球上の生命，人類，すべての自然の歴史におけるこの困難な瞬間は，成長のための全体的な発想として役立つ方法で，個人として，また地球上の人類と自然の家族の一員として，私たちがどのように生きるかを再認識する機会，つまり動機も与えてくれる。

2　私たちが今直面している困難の原因が人間の心にあるとすれば，人間の心は，このような状況を自覚し，破壊的な道を建設的な道へと変える可能性のある行動をとる責任があるだろう。心は帰属意識，アイデンティティ，自己を形作る。もし私たちが自己を見る心のレンズを澄んだものにし，アイデンティティと帰属意識についての理解を深めれば，私たちの生き方を転換し，私たち全員にとって個人の，公衆の，惑星（地球）としてのより

2024年度 一般選抜 英語

多くの健康を育む道を切り開くことができるかもしれない。私たちが現在人類全体にわたって多様な方法で経験している全世界的な健康に対する課題の多く——いわゆるパンデミック（すべての人々に関わること，人類に影響を与えるものを意味する用語）——は「自己」に対する偏狭で制約的な見解によって引き起こされると，私たちは提唱している。

③ 現在私たちが直面しているパンデミックの一つは伝染病——新型コロナウイルス SARS-CoV-2 によって引き起こされる COVID-19 である。しかし，現在多くのパンデミックが私たちに影響を及ぼしている。私たちが今日直面しているもう一つのパンデミックは社会的不公正である。社会的な階級制度の中で下位に位置する外集団に対する内集団の支配から生じる非人間化と疎外である。3つ目のパンデミックは環境破壊である。私たちは今，人新世の時代に生きており，この時代では人間の活動が地球上の生命と私たちを支える環境に壊滅的な結果をもたらしている。4つ目のパンデミックは誤った情報と分極化に関するもので，分断された情報共有を自動的に継続していくバブル現象を作り出すインターネットの能力のせいで，蔓延している。5つ目のパンデミックは注意執着心に関するもので，私たちの注意の焦点が否応なしに際限のない比較と競争の状態に向けられ，それに起因して不適切さ，劣等感，不完全さを感じることである。

④ そして6つ目のパンデミックがある。分断され孤立したアイデンティティ——「単独の自己」——に対する現代の文化的な見解で，西洋的な見解と呼ぶ人もいるかもしれない。この見方は西洋から——ヨーロッパ人が始めた植民地主義国家から——始まったかもしれないが，それは現在では世界中に広範囲にわたって広まっているので，地理的な指標は自己に対するこのように広範囲に広がる文化的な自己解釈にはもはや当てはまらないかもしれない。この単独の自己は，単なる自分という人間の内面的で私的な側面というよりは，むしろ，自分のアイデンティティ全体が，人間以外の他の種から切り離されているばかりではなく，他者，特に「自分と同じ」ではない人々から切り離されているという概念や信念のことである。この過度に分化したアイデンティティとそれが生み出す帰属意識からの断絶がもたらす結果は，人生における混乱としてだけではなく，私たちが内面的に経験するカオスと硬直化として，多くの苦しみの原因となっている。「関係のある」という語で，私が意味するところは身体的，内面的な自己

が他の人々，地球，自然全体とつながっているというその在り方である。活力や情報のやり取りという形態を含むこのようなつながりは，肉体ほど目に見えるものではないかもしれないが，同様に実在するものである。単独の自己として生き，こうした重要だが目に見えないつながりを無視していると，私たちは主に肉体に集中したアイデンティティを経験し，自分と同じような人々とだけ関係的につながっていると感じるようになる。この単独の自己パンデミックは他の5つのパンデミックのそれぞれに明らかに悪影響を及ぼす——そしてそれらの根底にある源になるかもしれない。もし，自己のあり方，アイデンティティと帰属意識が基づいているものを私たちがどのように構築してきたかが，今直面している多くの問題の根源だとしたら——それならば，私たちは今この傾向を変え，より統合的な道へ変更して進むことができる。

=========== 解説 ===========

[1] ①　serve as～「～に役立つ」とほぼ同義となる1．contribute to ～「～の一助となる」が正解。2．「～を無効にする」

②　shift「～を転換する」とほぼ同義となる1．alter「～を変える」が正解。2．「～を交渉する」　5．「～を中傷する」

③　like-me「自分と同じ」とほぼ同義となる2．kin-like「同類」が正解。

④　consequences「結果」とほぼ同義となる5．reverberations「反響，波紋，反響効果」が正解。1．「苦悩」

⑤　turmoil「混乱」とほぼ同義となる1．commotion「動乱」が正解。2．「発生」

⑥　predominantly「主に」とほぼ同義となる3．mainly「主に」が正解。5．「疑わしく」

⑦　integrative「統合的な」とほぼ同義となる4．holistic「全体論の」が正解。3．「無益な」

[2]（1）　空所後に and に続いて insurmountable「乗り越えられない」とあるので，同じ要素を並列するには5．overwhelming「圧倒的な」が適当である。3．「飾り立てた」　4．「派手な」

（2）　空所前の despair「失望」に and で続くので，同じ要素を並列するには，4．hopelessness「絶望」が正解。

（3）　空所前方の If 節に「私たちが今直面している困難の原因が人間の心

にある」とあるので，「人間の心」が変わればその困難を是正できる可能性がある。よって，5．be responsible for ～「～する責任がある」が正解。1の be dying for ～ は「～が欲しくてたまらない」，4の long for ～ は「～をしきりに望む」となり，いずれも不適。3はそもそも副詞なので，不可。

(4) 空所を含む部分には transform *A* into *B*「*A* を *B* へと変える」という慣用句が使われている。*B* は a constructive one（＝path）「建設的な道」なので，*A* には「破壊的な道」が入るのが適当。よって，3．destructive「破壊的な」が正解。1．「決定的な」 2．「～から派生した，独創性のない」 5．「本質的な」

(5) 空所前の dehumanization「非人間化」に and で続くので，2．marginalization「疎外」が正解。1．「拡大」 4．「流動」 5．「神秘化」

(6) 空所直後に inferiority「劣等感」，incompleteness「不完全さ」があるので，3．inadequacy「不適切さ」が正解。1．「無学」 2．「免疫，免除」 5．「相互依存」

(7) 空所直後に separate「孤立した」があるので，5．isolated「分断された」が正解。2．「差し迫った」 3．「相互に連結した」 4．「抗しがたい」

[3] (ア) 直後の（一）以降の説明がヒントになる。後方に involving all people「すべての人々に関わること」とあるので，1．across「～全体にわたって」が正解。

(イ) 空所直前の domination「支配」が伴う前置詞は3．over「～に対する」である。

(ウ) 空所以下は made rampant「蔓延している」原因を表すと考えられるので，5．with「～のせいで」が正解。

(エ) 空所後方は空所直前の attentional focus「注意の焦点」が向けられる対象を表しているので，4．toward「～に向けられて」が正解。

[4] 語句を正しい語順に並べかえると，when human activity is having devastating <u>consequences</u> for <u>life</u> となる。空所直前に the Anthropocene era「人新世」という時代を表す語句があり，それを先行詞とする継続用法の関係副詞 when が先頭に来る。consequences「結果」に着目して have … consequences for ～「～に…な結果をもたらす」とい

う慣用句が考えられる。「結果をもたらす」主体は human activity である。

[5] 1．「『他者』と認識される人々に対する不公正」

　第3段第3文（Another pandemic we face …）に「社会的不公正」と「外集団に対する内集団の支配から生じる非人間化と疎外」について述べられているので，一致する。

2．「自分自身の注意を持ち続けコントロールできないこと」

　第3段第6文（A fifth pandemic …）に「注意の焦点が否応なしに際限のない比較と競争の状態に向けられ」とあるので，一致する。

3．「人間と動物の関係」

　これについての直接的な記述はないので，不一致。

4．「見知らぬ人々に対するつながりと共感の感情」

　第4段第1文（And there is a sixth …）に「分断され孤立したアイデンティティ」とあるので，一致しない。

5．「自己を孤立したアイデンティティとするいわゆる『西洋的な』考え方」

　第4段第1文（And there is a sixth …）に「分断され孤立したアイデンティティに対する現代の文化的な見解で，西洋的な見解と呼ぶ人もいるかもしれない」とあるので，一致する。

6．「西洋資本主義の広まり」

　これについての直接的な記述はないので，不一致。

7．「生命の神秘を明らかにすること」

　これについての直接的な記述はないので，不一致。

8．「インターネットによって引き起こされる社会的分裂」

　第3段第5文（A fourth pandemic is …）に「誤った情報と分極化が，分断された情報共有を自動的に継続していく…インターネットの能力のせいで蔓延している」とあるので，一致する。

～～～～～～～～～～　**語句・構文**　～～～～～～～～～～

（第1段） remarkable「驚くべき，異常な」（　1　）の前にある関係代名詞 that の先行詞は many challenges。 feel「～のように思われる」 insurmountable「乗り越えられない」 It は to hear 以下を指す形式主語。第3文は this challenging moment が主語で provides が述語動詞。 for us to reimagine 以下は an opportunity と a motivation を修飾する形容詞

的用法の to 不定詞。 collective inspiration「全体的な発想」

(第2段) *A* is to blame for *B*「*A* が *B* の原因である」 第3文の If 節の述語動詞は clarify「澄ませる」と deepen「深める」。 同文主節は shift と create が be able to からつながる。 propose「提唱する」 第4文 that 節の中では many of the challenges が主語で are caused が述語動詞。 limited「偏狭な」 limiting「制約的な」

(第3段) 第2文 that emerges from 以下の関係詞節の先行詞は the dehumanization and marginalization (= 空所5)。 emerge from ～「～から生じる」 in-group「内集団 (共通の利害などを共有し，自分たちとは違う他者を排除しようとする集団)」⇔out-group「外集団」 that are subordinate in 以下の関係詞節の先行詞は out-groups。 subordinate「下位に位置する」 Anthropocene「人新世 (anthropo-(= 人間の) + cene (= 新しい)」 新たに提唱された地質時代。polarization「分極化」 make *A* rampant「*A* を蔓延させる」 self-sustaining「自動的に継続していく」 isolated「分断された」 compelling「否応のない」 ensuing「それに起因する，続いて起こる」

(第4段) originate in ～「～から始まる」 While で始まる文の後半の it が指すのは this perspective である。 apply to ～「～に当てはまる」 construction「解釈，意味」 not just *A* but rather *B*「単なる *A* ではなくむしろ *B*」 who we are「自分という人間」 the concept and belief that ～「～という概念や信念」 be separate from ～「～から切り離されている」 第4文は The consequences of … that it creates が主部で are が述語動詞。 differentiated「分化した」 be responsible for ～「～の原因である」 rigidity「硬直化」 be connected to ～「～とつながっている」 not as *A* as *B*「*B* ほど *A* ではない」 identity as centered in ～「～に集中したアイデンティティ」 feel connected to ～「～とつながっていると感じる」 have a negative impact on ～「～に悪影響を及ぼす」 最終文は how we have constructed … are based upon が If 節の主語。

② **解答** 　【1】①—5　②—2　③—5　④—1　⑤—1　⑥—1　⑦—3　⑧—1

[2] X－2　Y－1

[3] (ア)－2　(イ)－2　(ウ)－3　(エ)－1　(オ)－2　(カ)－4　(キ)－4

(ク)－4　(ケ)－2　(コ)－4

・・・・・・・・・・・・・・・・・・・・・・・・・・・・・・・・・・・ 全 訳 ・・・・・・・・・・・・・・・・・・・・・・・・・・・・・・・・・・・

《芸術とは何か》

[1]　プラトンが芸術を模倣と定義したことは広く認められているが，もっともそれが理論的なものなのか，単なる意見にすぎないのかは何とも言えない。というのは，彼の時代のアテネには芸術の方法としては他に方法がなかったからである。はっきりしているように思われるのは，プラトンの言う模倣とは，それが英語で意味するもの，つまり「本物そっくりだが，本物ではない」とほぼ同じ意味を表したということだけである。しかし，プラトンの芸術に対する関心は主に否定的なものであったが，その理由は彼が理想的な社会——国家！——を設計しようとしており，芸術はあまり実用的ではないという理由で芸術家を排除しようと躍起になっていたからである。この目標を達成するために，彼は人間の知識という地図を作成し，芸術を——反射像，影，夢，幻想とともに——可能な限り低いレベルに位置づけた。プラトンはこれらを単なる見え方，つまり芸術家が作り方を知っている種類の物が属する範疇と見なした。したがって，芸術家はテーブルを描くことができ，テーブルがどのように見えるかを彼らは知っていたことになる。しかし，彼らは実際にテーブルを作ることができるだろうか。ありえないが，テーブルの見え方が実際に何の役に立つのだろうか。

[2]　『国家』の第10巻で，プラトンの描く登場人物——ソクラテス——は，模倣したいのであれば，鏡ほどそれに適したものはないと提案した，というのは，鏡は向ける物なら何でも完全な反射した映像を示してくれ，芸術家が一般的になし得るより優れたものだからである。だから，芸術家を排除しよう。しかし，哲学者たちは最も崇高なもの，プラトンのいわゆるイデアを知っている。芸術家たちがいなくなれば，哲学者たちは堕落に影響されない支配者として教えを説き，仕えることができる。

[3]　いずれにせよ，実践されている芸術が模倣や見え方をとらえることに基づいていることは誰も否定できない。現在の状況とはなんと異なることか！　「私は人がそのトピック——芸術とは何か——にどのようにアプローチするかに興味があります」と，私の友人であるアーティストのトム=

　ローズは個人的なノートに書いている。「どのレベルでも，どの文脈でも出てくる質問です」　まるで模倣が消え去り，何か他のものが取って代わっているかのようだ。では，芸術とは何か。芸術に関する議論の不協和音からわかることは，非模倣的な芸術が多すぎるので，プラトンの見解を知ることを目的とする場合を除けば，私たちはプラトンを読むことはできないということである。

④　私の考えでは，ある芸術が模倣であり，ある芸術が模倣でない場合，どちらの言い方も哲学的に理解される芸術の定義には属さないということである。ある特性が定義の一部となるのは，その特性が存在するすべての芸術作品に属する場合だけである。モダニズムの出現に伴い，芸術は鏡像，もっとうまく言えば，忠実度（正確さ）という基準が設定された写真から遠ざかることになった。

⑤　模倣には忠実度の程度があるので，プラトンの芸術の定義はほとんど議論されることなくそのまま残り，ついには芸術の本質と思われるものをとらえることも止めてしまった。どのようにしてこのようなことが起こったのだろうか。歴史的に言えば，それはモダニズムの到来とともに，つまり，フランス，主にパリで起こったある革命的な変化とともに起こった。私の考えでは，プラトンの定義よりも優れた定義を得るためには，より最近の芸術家に目を向ける必要がある。なぜなら，彼らは，以前は美のような芸術に不可欠だと考えられていた特性を，自分たちの理論から取り除く可能性が最も高いからである。マルセル＝デュシャンは1915年に美を根絶する方法を見つけ，アンディ＝ウォーホルは1964年に芸術作品はまさに現実の物にそっくりであることを発見した，もっとも1960年代の大きなムーブメント——フルクサス，ポップ・アート，ミニマリズム，コンセプチュアル・アート——は厳密にいうと必ずしも模倣ではない芸術を作ったのだが。奇妙なことに，70年代には彫刻と写真が芸術的な自己認識の中心を変えた。それ以降は，すべてが可能になった。何でもありになり，もはや芸術の定義が可能かどうかを不確かにしてしまった。何ものも芸術になりえなくなる。

⑥　主要な美学者たちによって，包括的な特徴がないので芸術は定義できないという結論が基本的に下された。せいぜい，芸術とは何でも受け入れる概念である。私の考えでは，芸術は閉じられた概念でなければならない。

ある形式の芸術がなぜ普遍的であるかを説明する何らかの包括的な特性が
あるはずである。歌や物語の場合にそうであるのと同じように芸術を強力
な力にしているのは，そもそも芸術を芸術たらしめているものに起因する。
精神を揺さぶるということになると，実際に芸術ほどすばらしいものはな
い。もし芸術に一貫性があると考えるのであれば，芸術をそうたらしめて
いるものがその歴史を通して見出されることを示す必要がある。

$$━━━━━━ 解説 ━━━━━━$$

[1] ①　get rid of ～「～を排除する」とほぼ同義となる 5．remove
「～を取り除く」が正解。2．「迫害する」　3．「～を起訴する」

②　grounds「理由」とほぼ同義となる 2．premise「前提」が正解。on
the grounds that ～「～という理由で」

③　susceptible to ～「～に影響されやすい」とほぼ同義となる 5．
vulnerable to ～「～に影響を受けやすい」が正解。1．「～に偏見をいだ
いて」

④　A property「特性」とほぼ同義となる 1．An attribute「特質」が正
解。2．「利点」

⑤　advent「出現」とほぼ同義となる 1．dawn「始まり」が正解。with
the advent of ～「～の出現に伴って」

⑥　fidelity「忠実度」とほぼ同義となる 1．accuracy「正確さ」が正解。

⑦　eradicating「～を根絶すること」とほぼ同義となる 3．
extinguishing「～を消滅させること」が正解。4．「～を再定義するこ
と」　5．「～を維持すること」

⑧　all of a piece「一貫性のある」とほぼ同義となる 1．consistent「首
尾一貫した」が正解。3．「名作」　4．「深遠な」　5．「精神的な」

[2] **X.** 空所後方の this goal は第1段第3文（But Plato was mainly
negatively interested …）の「理想的な社会を設計し，芸術家を排除する
こと」を指している。さらに，空所後方では「人間の知識という地図を作
成し，芸術を可能な限り低いレベルに位置づけた」とあるので，目的を表
す 2．In order to ～「～するために」が文脈に合う。1は動詞の原形を
従えることができないので，不可。3．「仮にそれが～するようなことが
あれば」と 4．「～しようとしまいと」は文意に合わない。

Y. 第6段第1文（It was basically …）に「包括的な特徴がないので芸

術は定義できない」とあり，空所後方には「芸術とは何でも受け入れる概
念である」とある。両者をつなぐ語句としては，１．At best「せいぜい」
が文脈上適している。２．「理想的には」は文意に合わない。３．「それど
ころか」は前者を否定する場合に使われるので，不適。第６段第３文
（My view is that …）で筆者は異なる主張をしているので，４．「疑いな
く」は文意に合わない。

【３】　**(ア)**　第１段第３文（But Plato was mainly …）にプラトンが「芸術
はあまり実用的ではない」と考えていたとあるので，２．minimal「最小
の」が正解。of minimal significance「あまり重要ではない」

(イ)　芸術家に対するプラトンの考え方と対比させる形で，空所後は哲学者
について述べている。第２段第３文（But philosophers know the
highest things, …）に「しかし，哲学者たちは最も崇高なもの，プラト
ンのいわゆるイデアを知っている」とあるので，In contrast「対照的に」
の意になる２が正解。３．In hindsight「済んでから気がついたが，あと
知恵で考えると」

(ウ)　第２段第４文（Once the artists were …）に「哲学者たちは堕落に
影響されない支配者として」とあるので，３．righteously「公明正大に」
が正解。１．「ぼんやりして」　２．「貪欲に」　４．「情け容赦なく」

(エ)　第３段最終文（What we know …）に「非模倣的な芸術が多すぎる
ので，…プラトンを読むことはできない」とあるので，１．hold「有効で
ある」が正解。not 〜 anymore「もはや〜ではない」

(オ)　第５段第４文（In my view, …）に「プラトンの定義よりも優れた定
義を得るためには」とあるので，２．redefine「再定義する」が正解。１．
「言い換える」　４．「曲解する」

(カ)　第５段第４文（In my view, …）に「より最近の芸術家に目を向ける
必要がある」とあるので，４．take into account「〜を考慮に入れる」が
正解。１．「〜に近寄らない」　２．「〜を見下す」　３．「〜を我慢する」

(キ)　第５段第３文（Historically it happened …）に「モダニズムの到来
とともに起こった」とあり，第５文（Marcel Duchamp found a way …）
以降にそれ以後のムーブメントが記述されているので，４．thereafter
「それ以後の」が正解。

(ク)　第５段第５文（Marcel Duchamp found a way …）に「美を根絶す

る方法を見つけ，…芸術作品はまさに現実の物にそっくりであることを発見した」とあるので，４．turned away from「～を捨てた」が正解。１．「～を思いついた」　２．「～をうまくやってのけた」　３．「～を理解した」

(ケ)　第5段第4文（In my view, …）に「以前は美のような芸術に不可欠だと考えられていた特性」とあるので，２．essential「不可欠な」が正解。１．「使い捨ての」　３．「無視してかまわない」　４．「余分な」

(コ)　空所を含む文は前文（筆者の主張）の理由となっている。第6段第6文（There is really nothing…）に「精神を揺さぶるということになると，実際に芸術ほどすばらしいものはない」とあるので，理由を述べるのに用いられる for one thing「一つには」となる4が正解。他の選択肢には for と thing を伴う慣用句はない。

～～～～～～～～～～～　**語句・構文**　～～～～～～～～～～～

（第1段）define *A* as *B*「*A* を *B* と定義する」　by way of ～「～の方法として」　All that seems clear is that ～「はっきりしているように思われるのは，～だけである」　pretty much「ほとんど」　draw up ～「～を作成する」　place *A* at the lowest possible level「*A* を可能な限り低いレベルに位置づける」　These Plato regarded as … の These は regarded の目的語で，倒置のため文頭に出ている。　regard *A* as *B*「*A* を *B* と見なす」　a category to which belonged the kinds of … how to make の部分において，to which belonged という語順になっているのは主語 the kinds of things … how to make が長いため後置された結果である。the kinds of … how to make belonged to a category が元の文。　Not likely「ありえない」

（第2段）nothing could be better than ～「～ほど適したものはない」　which 以下は理由を表す継続用法の関係代名詞節。better than an artist can usually achieve は perfect reflections の説明。　out of the way「いなくなって」　serve as ～「～として仕える」

（第3段）A as *done*「～される *A*」　consist in ～「～に基づいている」　come up「出てくる」　It is as if ～「まるで～のようだ」　take *one's* place「～に取って代わる」　too much ～ for *A* to *do*「～が多すぎるので，*A* は…できない」　for the sake of his views「プラトンの見解を知る目的で」

（第4段） only if ～「～の場合だけ」 back away from ～「～から遠ざかる」

（第5段） remain in place「そのまま残る」 with little to argue about「ほとんど議論されずに」 take place「起こる」 look to ～「～に目を向ける」 be most likely to *do*「～する可能性が最も高い」 subtract from *A B*「*A* から *B* を取り除く」 be thought to be ～「～と考えられている」 not exactly「厳密に言うと～ではない」 feasible「可能な」 anything goes「何でもあり」 leave *A B*「*A* を *B* にしておく」 ここでは *A*＝it, *B*＝uncertain で, it＝whether a definition … any longer possible である。

（第6段） 冒頭の It was basically の It は後方の that 節を指す形式主語。第5文は What makes art … in song and story が主語。 be due to ～「～に起因する」 to begin with「そもそも」 There is nothing like ～「～ほどすばらしいものはない」 when it comes to ～「～ということになると」 be to be *done*「（可能）～されうる」

③ 解答
[1] ①－3　②－3　③－1　④－2
[2] (1)－9　(2)－4　(3)－8　(4)－5　(5)－8
(6)－7　(7)－6　(8)－9

················· **全訳** ·················

《空港に到着した男性と迎えに来た女性との会話》

ヒヨシ：やあ，きみに会えて嬉しいよ。こちらに来てどれくらいになるんだい？　6カ月？

ヤガミ：正確に言うと，6カ月と1週間と5日ね。別に数えているわけじゃないけど。

ヒヨシ：（満面の笑みを浮かべて）信じられないほどだよ，やっとここに来られたなんて。ところで，大学にはどうやって行くんだい？　タクシーを捕まえないといけないのかな？

ヤガミ：その必要はないわ，スタンフォードが来てるから。彼が親切にも車に乗せてくれると言ってくれたの。

ヒヨシ：スタンフォード？

ヤガミ：あなたもスタンフォードのことは知っているでしょ。わたしたち，

同じ研究室に一緒にいるの。いつも彼のことを話しているでしょ。あなたはたぶん彼の名前を忘れてしまったのね。

ヒヨシ：彼は僕が心配しなければならない人じゃないからね。

ヤガミ：まさか，あなたの声から聞こえるのは嫉妬じゃないよね？　スタンフォードはあなたが気をもむ必要がある人じゃないわ。彼は絶対に友達以上の関係にはならないわ。

ヒヨシ：ごめん，たぶん飛行機で十分な睡眠が取れなかったから。僕が深読みしすぎていたよ。言われてみると，確かにスタンフォードのこと，思い出したかも。彼の名前は聞いたことがあるよ。

ヤガミ：（携帯電話の短縮ダイアルを押して）お待たせしてごめんなさい，スタンちゃん。到着ロビーの前にいるの。車を回して，私たちを拾ってくれる？

=== 解　説 ===

[1] ①　下線部の a sight for sore eyes は「目の保養」という意味なので，3．I'm so happy to see you.「あなたに会えてとても嬉しい」が正解。直後の「こちらに来てどれくらいになるんだい」からも推測できる。4．「私の目は飛行機に乗ったので疲れている」

②　下線部の the green-eyed monster は「嫉妬」という意味なので，3．jealousy「嫉妬」が正解。ヒヨシの4番目の発言などから推測できる。

③　下線部の read too much into は「～を深読みしすぎる」という意味なので，1．overanalyze「～を分析しすぎる」が正解。2．「～を知的に分析しすぎる」　3．「～を単純化しすぎる」　4．「～を誇張する」

④　下線部の rings a bell は「聞いたことがある」という意味なので，2．sounds familiar「聞き覚えがあるようだ」が正解。4．「うわべだけのようだ」

[2] (1)　ヒヨシの5番目の発言第1文（Sorry, maybe I didn't get …）に「飛行機で十分な睡眠が取れなかった」とあるので，9．wink「少し眠ること」が正解。not get a wink of sleep「一睡もしない」

(2)　ヤガミの4番目の発言第1文（That's not the green-eyed monster …）に「あなたの声から聞こえるのは嫉妬じゃないよね」とあるので，pick up on ～「～を察知する」となる4が正解。

(3)　ヤガミが5番目の発言第1文（Sorry for keeping …）でスタンフォ

ードをスタンちゃんと呼んでいるのを聞いたヒヨシは自分が第三者のように感じたと思われる。よって，third wheel「邪魔者」の意味になる8が正解。

⑷　空所前方の文に「ヤガミとスタンフォードが話題にする対象は研究室の人々だけであった」とあるので，ヒヨシは，自分が蚊帳の外のような気がしてまずいと考えたにちがいない。よって，5．serious「深刻な」が正解。

⑸　空所前方の文に「指輪がバッグの中にある」とあるので，pop the question「プロポーズする」の意味になる8が正解。

⑹　ヒヨシは5番目の発言でヤガミに同意して，スタンフォードの名前を聞いたことがあると言って事態を収めようとしている。よって，play *A* down「*A* を軽く扱う」の意味になる7が正解。

⑺　空所前方の文に「スタンフォードは友達のままでいることに満足しない」とあり，ヒヨシはそのことにすぐに気づいたのである。よって，smell *A* a mile away「*A* にすぐに感づく」の意味になる6が正解。

⑻　空所前方の文でヒヨシは「少し眠ったほうがよい」と書いているので，9．rest「休息」が正解。

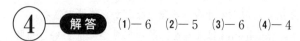

4　解答　⑴— 6　⑵— 5　⑶— 6　⑷— 4

=== 解説 ===

⑴　「ブロックチェーンは取引処理を行い，ネットワークを守り，データの正当性と出所を記録する新たな方法に対する技術的な基礎である」

　ブロックチェーンとは「取引記録を残しておく分散型の台帳」のことなので，6．transactions「取引処理」が正解。ネットワークに関係することであり，空所直前にconduct「行う」という動詞があることからも，推測できる。

⑵　「クラウドコンピューティングは現代のITインフラでサービスと配送の拡張可能なプラットフォームとなっている」

　文末にinfrastructure「インフラ（社会の基礎となる設備）」があるので，コンピュータ利用の基礎となる環境を意味する5．platform「プラットフォーム」が正解。

(3)　「ブレイン・コンピューティングとは，神経系の病気や負傷の影響を緩和するために，脳を機械と接続する新しい手法を開発することである」

　「脳を機械と接続する」ことと「神経系の病気や負傷の影響」の関係を考えれば，6. mitigate「緩和する」が最適である。

(4)　「エネルギー消費や大気排出量のようなグリーン・メトリックスは社会経済的な影響と関連している」

　Green「環境保護の」と atmospheric「大気の」に合うのは 4. emissions「排出量」である。

⑤　解答例

Some people are constantly drawn back to their hometowns, while others continue to feel that they can no longer return.

===== 解説 =====

「～し，逆に…」～, while / whereas …　「～する人もいるし，…する人もいる」some people ～, others …　「たえず」constantly / regularly　「引き戻される」be drawn back / be pulled back　「～し続ける」continue to *do* / keep *doing*　「もう～ない」no longer / not ～ any more

講評

　2023 年度は大問数が 4 題であったが，2024 年度は大問数が 1 つ増えて大問 5 題の出題となった。読解問題 2 題，会話文問題 1 題，文法・語彙問題 1 題，英作文問題 1 題という構成であった。出題はマークシート法が中心だが，英作文に記述式の問題が出題された。

　読解問題：1 は，現代社会に潜む 6 つのパンデミックを扱った英文で，そのような問題が孤独な自己ではなく，つながった自己によって解決できることを主張している。内容に抽象的な面があるので，理解しにくい英文だったかもしれない。[1]の同意表現はそれほど難しくないものもあるが，④と⑤は難しかったかもしれない。なじみのない単語がある場合は消去法で考えるとよいだろう。[2]と[3]は 5 択の空所補充で，[2]は名詞や形容詞が中心。なじみのない単語は消去法で考えるとよいだろう。空所前後に and があればそれを手がかりに並列関係に注意し

ておくとよい。[3]は前置詞を選ぶものである。イディオムの知識だけで手早く対応できるような設問ではなく，丁寧な読み込みが必要。[4]は，関係副詞の用法と空所前方の内容理解が必要である。[5]は，6つのパンデミックを特定することは容易なので，それほど難しくはない。

　2は，「芸術とは何か」をテーマにした英文で，芸術を模倣としたプラトンの定義は現代では有効ではないが，精神を揺さぶる芸術には普遍的な特性があるはずだという主張がなされている。内容が抽象的で哲学的な面もあるので，理解に苦労しそうな英文である。[1]の同意表現を選ぶ問題は前後の文脈から推測できるものもあり，それほど難しくない。[2]の空所補充は文法的に判断するものと前後の内容から推測するものが出題されている。[3]の要旨文の空所補充では，該当箇所をしっかり特定する必要があるが，要旨文が理解しやすいので正解を得やすい。

　会話文問題：3は，空港に到着した男性と迎えに来た女性との会話文問題である。[1]の同意表現を選ぶ問題では見慣れない表現が多いが，会話の流れ，内容を読み取って判断する必要がある。[2]の日記では主語の省略や見慣れない会話表現，口語表現が多く，戸惑った受験生がいるかもしれないが，会話文の内容を理解した上で，日記の書き手の心情をくみ取るとよいだろう。a sight for sore eyes, green-eyed monster, ring a bell, a third wheel, pop the question, play down などは，意味の由来を知れば面白いし，定着にもつながるので，ぜひ調べてみてほしい。

　文法・語彙問題：4は6択の語彙問題で，理系分野で話題になっている語彙が取り上げられている。語彙だけではなく専門用語に関する知識も問われている。

　英作文：5は，与えられた日本文の下線部を英語にする和文英訳である。まず，どのような構文を使うかを考え，与えられた文意を工夫して表現することが必要である。

　2024年度の英文量は2023年度とほぼ同じだが，小問数が増えている。一方，2023年度に出題された記述式の要約問題が2024年度は出題されていない。したがって，難易度は2023年度とほぼ同じと考えられる。様々な素材が含まれる多くの英文を短い時間で読みこなさなければならないので，時間的な余裕はない。

数　学

〟 発想 〟

(1)と(2)は独立な問題である。まず(1)を解いてしまいたい。

(1)　2024 を素因数分解することから始める。6 番目に大きい約数を求めるより，6 番目に小さい約数を求める方が簡単である。2024 の 6 乗根は複素数の範囲で 6 個あるが，ここでは正の実数の範囲で考えればよい。

(2)　漸化式を定義する関数が具体的でないので考えにくいかもしれない。(i)直接証明することが難しそうな，自然数に関する命題の証明であるので，数学的帰納法を用いることを考えてみる。(ii) $\lim_{n \to \infty} a_n = 2$ $(a_1 \le 2)$ を示す問題であるから，式 $2 - a_n$ (≥ 0) に着目するとよいだろう。つまり，$2 - a_n$ と $2 - a_{n+1}$ を結ぶ不等式を導き出すのである。はさみうちの原理を用いることになろう。

解答　(1)(ア) 92　(イ) 4

(2)　　$\dfrac{2}{3} - \dfrac{1}{3}x \le f(x) \le 2 - x$ $(x \le 2)$　……①

　　　　$a_{n+1} = a_n + f(a_n)$　　　　　　　　　　……②

(i)　$a_1 \le 2$ ならば，すべての自然数 n に対して

　　　　$a_1 \le a_n \le 2$　……③

となることを，数学的帰納法を用いて証明する。

〔I〕　$a_1 \le 2$ であるから，$n = 1$ のとき③は成り立つ。

〔II〕　$n = k$ のとき③が成り立つことを仮定する。すなわち

　　　　$a_1 \le a_k \le 2$　……④

が成り立つとする。①より

　　　　$\dfrac{2}{3} - \dfrac{1}{3}a_k \le f(a_k) \le 2 - a_k$　……⑤

が成り立つから，②を用いるために⑤の各辺に a_k を加えると

$$a_k + \left(\frac{2}{3} - \frac{1}{3}a_k\right) \leqq a_k + f(a_k) \leqq a_k + (2 - a_k)$$

すなわち

$$\frac{2}{3}(1 + a_k) \leqq a_{k+1} \leqq 2 \quad \cdots\cdots ⑥$$

$a_1 \leqq 2$，④より $a_1 \leqq a_k$ であるから

$$\frac{2}{3}(1 + a_k) - a_1 \geqq \frac{2}{3}(1 + a_1) - a_1$$

$$= \frac{1}{3}(2 - a_1) \geqq 0$$

すなわち $a_1 \leqq \frac{2}{3}(1 + a_k)$ が成り立つので，⑥より

$$a_1 \leqq a_{k+1} \leqq 2$$

が成り立つ。したがって，③は $n = k+1$ のときにも成り立つ。

〔Ⅰ〕，〔Ⅱ〕よりすべての自然数 n について③が成り立つ。

(証明終)

(ii)　$a_1 \leqq 2$ ならば，a_1 の値によらず $\lim\limits_{n \to \infty} a_n = 2$ となることを証明する。

⑥より　$\frac{2}{3}(1 + a_n) \leqq a_{n+1} \leqq 2 \quad (n \geqq 1)$

各辺から2を減ずると

$$\frac{2}{3}(a_n - 2) \leqq a_{n+1} - 2 \leqq 0$$

すなわち

$$0 \leqq 2 - a_{n+1} \leqq \frac{2}{3}(2 - a_n)$$

これより　$0 \leqq 2 - a_n \leqq \left(\frac{2}{3}\right)^{n-1}(2 - a_1)$

$\lim\limits_{n \to \infty} \left(\frac{2}{3}\right)^{n-1}(2 - a_1) = 0$ とはさみうちの原理より

$$\lim_{n \to \infty}(2 - a_n) = 0 \quad すなわち \quad \lim_{n \to \infty} a_n = 2$$

である。

(証明終)

════════════ 解　説 ════════════

《約数，６乗根に最も近い自然数，漸化式で定められた数列の極限値》

⑴　2024 を素因数分解すると，$2024 = 2^3 \times 11 \times 23$ となるから，2024 の約数は $2^a \times 11^b \times 23^c$ （$a = 0,\ 1,\ 2,\ 3;\ b = 0,\ 1;\ c = 0,\ 1$）の形であり，約数の個数は $4 \times 2 \times 2 = 16$ 個である。約数を小さい方から並べると，1, 2, 4, 8, 11, 22, … となるから，６番目に小さい約数は 22 である。したがって，６番目に大きい約数は

$$\frac{2024}{22} = 92 \quad \to (\mathcal{T})$$

である。

　$3^6 = 729,\ 4^6 = 4096$ より　　$729 < 2024 < 4096$

　すなわち $3 < \sqrt[6]{2024} < 4$ であるから，2024 の６乗根に最も近い自然数は，3 か 4 のいずれかである。3 と 4 のどちらが $\sqrt[6]{2024}$ に近いかを調べるために，$3.5^6 = \left(\dfrac{7}{2}\right)^6$ の値と 2024 の大小関係を調べると

$$\left(\frac{7}{2}\right)^6 = \left(\frac{49}{4}\right)^3 < \left(\frac{50}{4}\right)^3 = \left(\frac{25}{2}\right)^3 = \frac{625}{8} \times 25 < 80 \times 25 = 2000 < 2024$$

より

$$\frac{7}{2} < \sqrt[6]{2024} < 4$$

　（または，$3.5^6 = 1838.265625$ より $3.5 < \sqrt[6]{2024} < 4$）

がわかるので，2024 の６乗根に最も近い自然数は

　　　　4　　$\to (\mathcal{A})$

である。

⑵(i)　$a_1 \leqq a_n$ と $a_n \leqq 2$ を別々に示してもよい。

$$a_k \geqq a_1 \Rightarrow a_{k+1} - a_1 = (a_k + f(a_k)) - a_1 \geqq a_k + \left(\frac{2}{3} - \frac{1}{3}a_k\right) - a_1$$

$$= \frac{2}{3}a_k + \frac{2}{3} - a_1 \geqq \frac{2}{3}a_1 + \frac{2}{3} - a_1$$

$$= \frac{1}{3}(2 - a_1) \geqq 0 \quad (\because \ a_1 \leqq 2)$$

$$2 \geqq a_k \Rightarrow 2 - a_{k+1} = 2 - (a_k + f(a_k)) = 2 - a_k - f(a_k)$$

$$\geqq 2 - a_k - (2 - a_k) = 0$$

前半では $f(x) \geqq \dfrac{2}{3} - \dfrac{1}{3}x$ を，後半では $-f(x) \geqq -(2-x)$ を用いている。

(ii)　与えられた漸化式を用いて

$$2 - a_{n+1} = 2 - (a_n + f(a_n)) = 2 - a_n - f(a_n)$$

$$\leqq 2 - a_n - \left(\dfrac{2}{3} - \dfrac{1}{3}a_n\right) = \dfrac{4}{3} - \dfrac{2}{3}a_n = \dfrac{2}{3}(2 - a_n)$$

$$\therefore \quad 2 - a_{n+1} \leqq \dfrac{2}{3}(2 - a_n)$$

と変形できる。ここでは $-f(x) \leqq -\left(\dfrac{2}{3} - \dfrac{1}{3}x\right)$ を用いている。

②　～～～～～～～　◁　発　想　▷　～～～～～～～

　　取り組みやすそうな問題である。(4)については $n=2$ のときの
H→H，T→T，H→T，T→Hの結果についてコインのタイプ
を特定できるか考えてみる。

　　(1)　Hが出るのは，タイプⅠのコインかタイプⅢのコインを取
り出したときだけである。

　　(2)　タイプⅢのコインを取り出しHが出る確率を，(1)で求めた
Hが出る確率で割ればよい。

　　(3)　タイプⅡのコインを取り出したときには，そのコインを2
回投げれば2回ともTが出る。

　　(4)　H→Hと出ればタイプⅠかⅢかわからない。T→Tと出れ
ばタイプⅡかⅢかわからない。

　　(5)　(4)をヒントにすれば余事象の確率を想起するであろう。意
外に〔別解〕で示した正面からの解法の方が簡単である。

～～～～～～～～～～～～～～～～～～～～～～～～～～～～～～～

解答　(1)(ウ) $\dfrac{5}{12}$　(2)(エ) $\dfrac{3}{5}$　(3)(オ) $\dfrac{8}{11}$　(4)(カ) $\dfrac{1}{4}$　(5)(キ) $\dfrac{1}{2} + \dfrac{1}{2^n}$

══════════════　解　説　══════════════

《袋からコインを取り出して投げるときの条件付き確率》

　　タイプⅠのコインは両面にHが書かれ，袋の中に1枚ある。

　　タイプⅡのコインは両面にTが書かれ，袋の中に2枚ある。

タイプⅢのコインは片面にH，もう片面にTが書かれ，袋の中に3枚ある。

(1) 取り出したコインを投げたとき，Hが出る確率は，タイプⅠのコインを取り出しHが出る確率と，タイプⅢのコインを取り出しHが出る確率の和であり，タイプⅠ，Ⅲのコインを取り出す確率はそれぞれ $\dfrac{1}{6}$, $\dfrac{3}{6}$ であるから（タイプⅡのコインを取り出す確率は $\dfrac{2}{6}$ であるが，タイプⅡのコインを投げてもHが出る確率は0である）

$$\frac{1}{6} \times 1 + \frac{3}{6} \times \frac{1}{2} = \frac{2+3}{12} = \frac{5}{12} \quad \rightarrow (\mathfrak{y})$$

である。

(2) 取り出したコインを投げてHが出るという事象を A，タイプⅢのコインを取り出すという事象を B とする。(1)より

$$P(A) = \frac{5}{12}$$

であり

$$P(A \cap B) = \frac{3}{6} \times \frac{1}{2} = \frac{1}{4}$$

であるから，求める条件付き確率は

$$P_A(B) = \frac{P(A \cap B)}{P(A)} = \frac{\dfrac{1}{4}}{\dfrac{5}{12}} = \frac{1}{4} \times \frac{12}{5} = \frac{3}{5} \quad \rightarrow (\mathfrak{x})$$

である。

(3) 取り出したコインを2回投げたときに2回ともTが出るという事象を C，タイプⅡのコインを取り出すという事象を D とする。

$$P(C) = \begin{pmatrix} \text{タイプⅡのコイン} \\ \text{を取り出す確率} \end{pmatrix} + \begin{pmatrix} \text{タイプⅢのコインを取り出し,} \\ \text{2回続けてTが出る確率} \end{pmatrix}$$

$$= \frac{2}{6} + \frac{3}{6} \times \left(\frac{1}{2}\right)^2 = \frac{2}{6} + \frac{3}{24} = \frac{11}{24}$$

$$P(C \cap D) = P(D) = \frac{2}{6} = \frac{1}{3}$$

より，求める条件付き確率は

$$P_C(D) = \frac{P(C \cap D)}{P(C)} = \frac{\dfrac{1}{3}}{\dfrac{11}{24}} = \frac{1}{3} \times \frac{24}{11} = \frac{8}{11} \quad \rightarrow(\text{オ})$$

である。

(4) 取り出したコインを 2 回投げたとき，その結果からコインのタイプがわかるのは，H と T の両方が出る場合（タイプⅢとわかる）で，その確率は，袋の中からタイプⅢのコインを取り出し，H→T の順に出る場合と T→H の順に出る場合の確率の和であるから

$$\frac{3}{6} \times \left(\frac{1}{2}\right)^2 \times 2 = \frac{1}{2} \times \frac{1}{4} \times 2 = \frac{1}{4} \quad \rightarrow(\text{カ})$$

である。

(5) 取り出したコインを n 回（$n = 2,\ 3,\ 4,\ \cdots$）投げたとき，その結果からコインのタイプがわからない確率は，(4)を参考に，余事象の確率を用いて

$$1 - \begin{pmatrix}\text{タイプが}\\\text{わかる確率}\end{pmatrix} = 1 - \begin{pmatrix}\text{タイプⅢのコインを取り出し，}\\\text{H と T が少なくとも 1 回出る確率}\end{pmatrix}$$

$$= 1 - \frac{3}{6} \times (2^n - 2) \times \left(\frac{1}{2}\right)^n \quad \cdots\cdots(*)$$

$$= 1 - \left(\frac{1}{2}\right)^{n+1}(2^n - 2) = 1 - \frac{1}{2} + \frac{1}{2^n}$$

$$= \frac{1}{2} + \frac{1}{2^n} \quad \rightarrow(\text{キ})$$

である。

（*）は，n 回の H，T の出方は 2^n 通りあり，H ばかり n 回，T ばかり n 回出る 2 通りを除くから，$2^n - 2$ 通りの場合があって，いずれも確率は $\left(\frac{1}{2}\right)^n$ であることから導かれる。

別解　(5)〈直接的方法〉

コインのタイプがわからないのは「n 回すべて H が出る」「n 回すべて T が出る」ときであるから，求める確率は

$$\left\{\frac{1}{6} \times 1^n + \frac{3}{6} \times \left(\frac{1}{2}\right)^n\right\} + \left\{\frac{2}{6} \times 1^n + \frac{3}{6} \times \left(\frac{1}{2}\right)^n\right\} = \frac{1}{2} + \left(\frac{1}{2}\right)^n$$

である。

③
＼ 発 想 ／

絶対値を含む関数の定積分では，絶対値を外すことが基本である。関数 $f(x)$ は具体的でないし，微分可能とは限らないので見通しが立たない。とにかく問題の流れに乗ろう。

(1) 図を描いてみれば絶対値を簡単に外せる。

(2) $g(x)=f(x)-ax$ とおいて，$g(x)$ が連続で単調に減少することと，$g(1)>0$ かつ $g(3)<0$ をいえばよい。

(3) S の計算は経験があろう。分数式 $q(t)$ は自動的に決まる。ここまでは特に問題なさそうである。

(4) $F(x)$ を面積と考えればわかりやすい。$F(x)$ は微分可能なので，式の形から平均値の定理を用いて示してもよい。

(5) $f(x)>0$ であるから，$h(x)=2(x-t_0)+p(x)\geqq0$ $(1\leqq x\leqq3)$ が成り立つように $p(x)$ を考える。

(6) (4)・(5)の不等式を S の式に利用する。$f(x)$ の導関数を用いることができないことに注意する。

解 答 (1)(ｸ) $I-4a$

(2) $\dfrac{f(3)}{3}<a<f(1)$ を満たす実数 a に対して，方程式 $f(x)-ax=0$ が，$1<x<3$ の範囲にただ1つの解を持つことを証明する。

$g(x)=f(x)-ax$ とおく。

$f(x)>0$ であるから，$a>\dfrac{f(3)}{3}>0$ である。よって，$-ax$ は連続な減少関数である。$f(x)$ は連続関数で，$1\leqq x\leqq3$ で単調に減少するのだから

$g(x)$ は $1\leqq x\leqq3$ で単調に減少する連続関数である ……①

また，$\dfrac{f(3)}{3}<a<f(1)$ より

$$\left.\begin{array}{l}g(1)=f(1)-a>0\\g(3)=f(3)-3a=3\left(\dfrac{f(3)}{3}-a\right)<0\end{array}\right\}\ \ \cdots\cdots②$$

である。

　①，②より，方程式 $g(x)=f(x)-ax=0$ は $1<x<3$ の範囲にただ１つの解を持つ。　　　　　　　　　　　　　　　　　　　　　　（証明終）

(3)(ケ) $\dfrac{f(t)}{t}$　**(コ)** $\dfrac{5-t^2}{t}$

(4) $F(x)=\displaystyle\int_1^x f(s)\,ds$，$1<t_0<3$ とするとき，$1\leqq x\leqq3$ を満たすすべての実数 x に対して $F(x)-F(t_0)\geqq(x-t_0)f(x)$ が成り立つことを証明する。

$$F(x)-F(t_0)=\int_1^x f(s)\,ds-\int_1^{t_0} f(s)\,ds$$
$$=\left(\int_1^{t_0} f(s)\,ds+\int_{t_0}^x f(s)\,ds\right)-\int_1^{t_0} f(s)\,ds$$
$$=\int_{t_0}^x f(s)\,ds$$

　$f(s)$ が $f(s)>0$ を満たし，$1\leqq s\leqq3$ で単調に減少することから，$x\geqq t_0$ のとき，$t_0\leqq s\leqq x$ に対して $f(s)\geqq f(x)$ が成り立ち

$$\int_{t_0}^x f(s)\,ds\geqq\int_{t_0}^x f(x)\,ds=(x-t_0)f(x)$$

$x<t_0$ のとき，$x\leqq s\leqq t_0$ に対して $f(x)\geqq f(s)$ が成り立ち

$$\int_x^{t_0} f(s)\,ds\leqq\int_x^{t_0} f(x)\,ds=(t_0-x)f(x)$$

　∴　$\displaystyle\int_{t_0}^x f(s)\,ds\geqq(x-t_0)f(x)$　（両辺に -1 をかけた）

となる。

　よって，いずれの場合も $\displaystyle\int_{t_0}^x f(s)\,ds\geqq(x-t_0)f(x)$ すなわち

$$F(x)-F(t_0)\geqq(x-t_0)f(x)　（x=t_0 のとき等号成立）$$

が成り立つ。　　　　　　　　　　　　　　　　　　　　　　（証明終）

(5)(サ) -2　**(6)(シ)** $\dfrac{f(\sqrt5)}{\sqrt5}$

別解　**(4)**　〈平均値の定理を用いる方法〉

　$F(x)=\displaystyle\int_1^x f(s)\,ds$ は $1\leqq x\leqq3$ で連続で，$1<x<3$ で微分可能であり，$F'(x)=f(x)$ である。このとき

$$F(x)-F(t_0)\geqq(x-t_0)f(x)　(1<t_0<3)　\cdots\cdots(*)$$

を証明する。

(ⅰ)　$x = t_0$ のとき，（＊）は等号が成り立つ。

(ⅱ)　$t_0 < x \leqq 3$ のとき，$x - t_0 > 0$ であるので，（＊）が成り立つことを示すには

$$\frac{F(x) - F(t_0)}{x - t_0} \geqq f(x) \quad \cdots\cdots Ⓐ$$

を示せばよい。

平均値の定理によれば

$$\frac{F(x) - F(t_0)}{x - t_0} = F'(c_1) = f(c_1) \quad (t_0 < c_1 < x)$$

を満たす c_1 が存在する。$f(x)$ は $1 \leqq x \leqq 3$ で単調に減少するので，$f(c_1) \geqq f(x)$ が成り立つから，Ⓐが成り立つ。

(ⅲ)　$1 \leqq x < t_0 < 3$ のとき，$x - t_0 < 0$ であるので，（＊）が成り立つことを示すには

$$\frac{F(x) - F(t_0)}{x - t_0} \leqq f(x) \quad \cdots\cdots Ⓑ$$

を示せばよい。

平均値の定理によれば

$$\frac{F(x) - F(t_0)}{x - t_0} = F'(c_2) = f(c_2) \quad (x < c_2 < t_0)$$

を満たす c_2 が存在する。$f(x)$ は $1 \leqq x \leqq 3$ で単調に減少するので，$f(c_2) \leqq f(x)$ が成り立つから，Ⓑが成り立つ。

(ⅰ)～(ⅲ)より，$1 \leqq x \leqq 3$ を満たすすべての実数 x に対して（＊）が成り立つ。

(証明終)

===================== 解　説 =====================

《被積分関数に絶対値を含む定積分の最小値》

(1)　$1 \leqq x \leqq 3$ で単調に減少する連続関数 $f(x)$ （> 0）に対して，$0 \leqq a \leqq \dfrac{f(3)}{3}$ のとき，$1 \leqq x \leqq 3$ において

$$f(x) - ax \geqq f(3) - 3a \geqq 0$$

$a < 0$ のとき，$1 \leqq x \leqq 3$ において

$$f(x) - ax \geqq 0$$

であるから

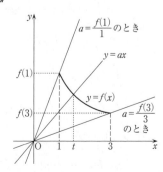

$$S = \int_1^3 |f(x) - ax| \, dx$$

$$= \int_1^3 (f(x) - ax) \, dx$$

$$= \int_1^3 f(x) \, dx - a \int_1^3 x \, dx = I - a\left[\frac{x^2}{2}\right]_1^3 \quad \left(\because \int_1^3 f(x) \, dx = I \right)$$

$$= I - a\left(\frac{9}{2} - \frac{1}{2}\right) = I - 4a \quad \rightarrow (ク)$$

となり，$a \geqq f(1)$ のとき，$a > 0$ より $f(x) - ax \leqq f(1) - a \leqq 0$ であるから

$$S = \int_1^3 |f(x) - ax| \, dx = -\int_1^3 (f(x) - ax) \, dx = -(I - 4a)$$

となる。

(2) 中間値の定理の応用である。

(3) $\dfrac{f(3)}{3} < a < f(1)$ を満たす a に対して，$1 < x < 3$ の範囲にある，方程式 $f(x) - ax = 0$ のただ1つの解が $x = t$ だから

$$f(t) - at = 0 \quad (1 < t < 3)$$

より

$$a = \frac{f(t)}{t} \quad \rightarrow (ケ)$$

となる。

　このとき，$a > 0$ であることと，$f(x)$ は $1 \leqq x \leqq 3$ で単調に減少することより，$1 \leqq x \leqq t$ で $f(x) \geqq ax$，$t \leqq x \leqq 3$ で $f(x) \leqq ax$ であるから（(1)の〔解説〕の図参照），S は

$$S = \int_1^3 |f(x) - ax| \, dx = \int_1^t (f(x) - ax) \, dx + \int_t^3 \{-(f(x) - ax)\} \, dx$$

$$= \int_1^t f(x) \, dx - a \int_1^t x \, dx - \int_t^3 f(x) \, dx + a \int_t^3 x \, dx$$

ここで，$F(x) = \displaystyle\int_1^x f(s) \, ds$ であるから

$$\int_1^t f(x) \, dx = \int_1^t f(s) \, ds = F(t)$$

$$\int_t^3 f(x) \, dx = \int_1^3 f(x) \, dx - \int_1^t f(x) \, dx = F(3) - F(t)$$

となる。したがって

$$S = F(t) - a\left[\frac{x^2}{2}\right]_1^t - (F(3) - F(t)) + a\left[\frac{x^2}{2}\right]_t^3$$

$$= 2F(t) - F(3) - a \times \frac{t^2 - 1}{2} + a \times \frac{9 - t^2}{2}$$

$$= 2F(t) - F(3) + a \times \frac{10 - 2t^2}{2}$$

$$= 2F(t) - F(3) + \frac{f(t)}{t} \times (5 - t^2) = 2F(t) - F(3) + \frac{5 - t^2}{t} f(t)$$

となる。ここに，分数式 $q(t) = \dfrac{5 - t^2}{t}$ を用いると　→(コ)

$$S = 2F(t) - F(3) + q(t) f(t)$$

と表される。

(4)　$F(x) = \displaystyle\int_1^x f(s)\, ds$

は右上図の網かけ部分の面積である。

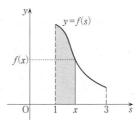

　$1 \leqq x < t_0 < 3$ の場合を図示してみると右下図
のようになり

$$F(t_0) - F(x)\,(網かけ部分)$$
$$< (t_0 - x) f(x)\,(長方形の面積)$$

であることがわかる。両辺に -1 をかけて

$$F(x) - F(t_0) > (x - t_0) f(x)$$

となる。

　$1 < t_0 < x \leqq 3$ の場合も同様である。

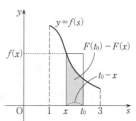

(5)　$1 \leqq x \leqq 3$ を満たすすべての実数 x に対し

$$2(x - t_0) f(x) + p(x) f(x)$$
$$= \{2(x - t_0) + p(x)\} f(x) \geqq 0$$

が成り立つことは，$f(x) > 0$ であるから

$$2(x - t_0) + p(x) \geqq 0$$

が成り立つことと同値である。ここに，$p(x)$ は $1 \leqq x \leqq 3$ で $p''(x) > 0$ を満
たす分数関数であり，$p(t_0) = 0$ $(1 < t_0 < 3)$ である。

　$h(x) = 2(x - t_0) + p(x)$ とおくと

$$h'(x) = 2 + p'(x)$$
$$h''(x) = p''(x) > 0 \quad (h'(x) \text{ が増加関数であることがわかる})$$
$$h(t_0) = p(t_0) = 0$$

であるから，$1 \leqq x \leqq 3$ を満たすすべての実数 x に対し $h(x) \geqq 0$ となるため

には

$$h'(t_0) = 2 + p'(t_0) = 0$$

$$\therefore \quad p'(t_0) = -2 \quad \rightarrow\text{(サ)}$$

x	1	$\cdots$	t_0	$\cdots$	3
$h'(x)$			$-$	0	$+$	
$h(x)$	$h(1)$	$\searrow$	0	$\nearrow$	$h(3)$

であればよい（増減表で確認される）。

$h'(t_0) \neq 0$ とすると，$h'(t_0) > 0$ または $h'(t_0) < 0$ であるが，これはそれぞれ $x = t_0$ の近傍で $h(x)$ が増加または減少していることを意味し，$h(t_0) = 0$ であるのだから，いずれの場合も $h(x) < 0$ となる x が存在してしまう。

(6) (1)より，$a \leqq \dfrac{f(3)}{3}$ のとき $S = I - 4a$ は a の減少関数 $\left(a = \dfrac{f(3)}{3} \text{ で最小}\right)$，$a \geqq f(1)$ のとき $S = 4a - I$ は a の増加関数 $(a = f(1) \text{ で最小})$ であるから，$\dfrac{f(3)}{3} \leqq a \leqq f(1)$ の場合，すなわち $1 \leqq t \leqq 3$ の場合を考える $\left((3)\text{では } 1 < t < 3 \text{ であるが，} a = \dfrac{f(3)}{3} \text{ のときの } t = 3, \, a = f(1) \text{ のときの } t = 1 \text{ を付け加える}\right)$。

(3)より　$S = 2F(t) - F(3) + \dfrac{5 - t^2}{t} f(t)$

$t_0 = \sqrt{5}$ として(4)を用いると

$$S = 2(F(t) - F(\sqrt{5})) + \frac{5 - t^2}{t} f(t) + 2F(\sqrt{5}) - F(3)$$

$$\geqq 2(t - \sqrt{5}) f(t) + \frac{5 - t^2}{t} f(t) + 2F(\sqrt{5}) - F(3)$$

等号の成立は，$t = \sqrt{5}$ のとき。

$p(t) = \dfrac{5 - t^2}{t}$ とおくと　$(1 \leqq t \leqq 3)$

$p(\sqrt{5}) = 0$

$p'(t) = -\dfrac{5}{t^2} - 1$　$\therefore$　$p'(\sqrt{5}) = -\dfrac{5}{5} - 1 = -2$

$p'' = \dfrac{10}{t^3} > 0$

であるから，(5)より

$$2(t - \sqrt{5}) f(t) + p(t) f(t) \geqq 0$$

等号の成立は，$t=\sqrt{5}$ のとき。

したがって

$$S \geqq 2F(\sqrt{5}) - F(3)$$

等号の成立は，$t=\sqrt{5}$ のとき。

よって S は，$t=\sqrt{5}$ のとき最小値 $2F(\sqrt{5}) - F(3)$ をとる。

このとき　　$a = \dfrac{f(\sqrt{5})}{\sqrt{5}}$　　→(シ)

なお，本問での $f(x)$ を，例えば $f(x) = -x+4$ などと具体的に表して，S を最小にする a を求めてみるとよい。よい練習問題となるだろう。

④
═══╲ 発　想 ╱═══

　　よく見るタイプの問題である。ていねいに計算すれば完答も難しくないだろう。

　(1)　CH⊥(平面 OAB) のとき CH⊥OA，CH⊥OB である。

　(2)　$\overrightarrow{OI}$，$\overrightarrow{OJ}$，$\overrightarrow{OK}$ を $\vec{a}$, $\vec{b}$, $\vec{c}$ で表しておく。

　(3)　平面 IJK 上の点を P，辺 DE 上の点を Q とするとき，$\overrightarrow{OP}$ $=\overrightarrow{OQ}$ となるための条件を求める。2 点 P，Q をそれぞれ $\vec{a}$, $\vec{b}$, $\vec{c}$ で表すのであるが，P の方は 2 つの実数，Q は 1 つの実数を用意しなければならない。

═══════════════════════════════════

解答　(1)(ス)$\dfrac{\sqrt{3}}{2}$　(セ)$-\dfrac{4}{3}$　(ソ)$\dfrac{1}{3}$　(夕)$\dfrac{\sqrt{2}}{3}$

(2)(チ)-1　(ツ)$\dfrac{\sqrt{2t^2 - 2t + 1}}{2}$

(3)(テ)$\dfrac{1}{3}$

══════════════ 解　説 ══════════════

《平行六面体，平面と辺が共有点を持つ条件》

(1)　次図の平行六面体 OAGB – CDEF において

$$\overrightarrow{OA} = \vec{a}, \quad \overrightarrow{OB} = \vec{b}, \quad \overrightarrow{OC} = \vec{c}$$

$$|\vec{a}| = 1, \quad |\vec{b}| = 2, \quad |\vec{c}| = 2$$

$$\vec{a} \cdot \vec{b} = 1, \quad \vec{a} \cdot \vec{c} = -1, \quad \vec{b} \cdot \vec{c} = 0$$

三角形 OAB の面積 S は

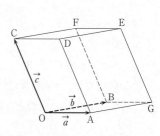

$$S = \frac{1}{2}\sqrt{|\overrightarrow{OA}|^2|\overrightarrow{OB}|^2 - (\overrightarrow{OA}\cdot\overrightarrow{OB})^2}$$

$$= \frac{1}{2}\sqrt{|\vec{a}|^2|\vec{b}|^2 - (\vec{a}\cdot\vec{b})^2}$$

$$= \frac{1}{2}\sqrt{1^2\times 2^2 - 1^2} = \frac{\sqrt{3}}{2} \quad \rightarrow(\text{ス})$$

である。

〔注〕 $S = \frac{1}{2}|\overrightarrow{OA}||\overrightarrow{OB}|\sin\angle AOB = \frac{1}{2}|\overrightarrow{OA}||\overrightarrow{OB}|\sqrt{1-\cos^2\angle AOB}$

$$= \frac{1}{2}\sqrt{|\overrightarrow{OA}|^2|\overrightarrow{OB}|^2 - (|\overrightarrow{OA}||\overrightarrow{OB}|\cos\angle AOB)^2}$$

$$= \frac{1}{2}\sqrt{|\overrightarrow{OA}|^2|\overrightarrow{OB}|^2 - (\overrightarrow{OA}\cdot\overrightarrow{OB})^2}$$

頂点 C から平面 OAB に下ろした垂線の足を H とすると，$\overrightarrow{CH}\perp\overrightarrow{OA}$ かつ $\overrightarrow{CH}\perp\overrightarrow{OB}$ が成り立つから，$\overrightarrow{CH}\cdot\vec{a}=0$, $\overrightarrow{CH}\cdot\vec{b}=0$ である。実数 l, m を用いて，$\overrightarrow{CH}=l\vec{a}+m\vec{b}-\vec{c}$ とおくと

$$\overrightarrow{CH}\cdot\vec{a} = (l\vec{a}+m\vec{b}-\vec{c})\cdot\vec{a} = l|\vec{a}|^2 + m\vec{a}\cdot\vec{b} - \vec{a}\cdot\vec{c}$$

$$= l\times 1^2 + m\times 1 - (-1) = l+m+1$$

これより　　$l+m+1=0$

$$\overrightarrow{CH}\cdot\vec{b} = (l\vec{a}+m\vec{b}-\vec{c})\cdot\vec{b} = l\vec{a}\cdot\vec{b} + m|\vec{b}|^2 - \vec{b}\cdot\vec{c}$$

$$= l\times 1 + m\times 2^2 - 0 = l+4m$$

これより　　$l+4m=0$

が成り立つ。この 2 式から，$l=-\dfrac{4}{3}$, $m=\dfrac{1}{3}$ が求まる。よって

$$\overrightarrow{CH} = -\frac{4}{3}\vec{a} + \frac{1}{3}\vec{b} - \vec{c} \quad \rightarrow(\text{セ})\cdot(\text{ソ})$$

である。次に

$$|\overrightarrow{CH}|^2 = \overrightarrow{CH}\cdot\overrightarrow{CH} = \left(-\frac{4}{3}\vec{a}+\frac{1}{3}\vec{b}-\vec{c}\right)\cdot\left(-\frac{4}{3}\vec{a}+\frac{1}{3}\vec{b}-\vec{c}\right)$$

$$= \frac{16}{9}|\vec{a}|^2 + \frac{1}{9}|\vec{b}|^2 + |\vec{c}|^2 - \frac{8}{9}\vec{a}\cdot\vec{b} - \frac{2}{3}\vec{b}\cdot\vec{c} + \frac{8}{3}\vec{a}\cdot\vec{c}$$

$$= \frac{16}{9}\times 1^2 + \frac{1}{9}\times 2^2 + 2^2 - \frac{8}{9}\times 1 - \frac{2}{3}\times 0 + \frac{8}{3}\times(-1)$$

$$= \frac{16+4+36-8-0-24}{9} = \frac{24}{9}$$

$$\therefore \quad |\overrightarrow{CH}| = \frac{2\sqrt{6}}{3}$$

であるから, 四面体 OABC の体積 V は

$$V = \frac{1}{3} \times S \times |\overrightarrow{CH}| = \frac{1}{3} \times \frac{\sqrt{3}}{2} \times \frac{2\sqrt{6}}{3} = \frac{\sqrt{2}}{3} \quad \to (\text{タ})$$

である。

(2)　辺 OA を $t:1-t$ $(0<t<1)$ に内分する点が I, 辺 OB の中点が J, 辺 BF の中点が K であるから

$$\overrightarrow{OI} = t\overrightarrow{OA} = t\vec{a}$$

$$\overrightarrow{OJ} = \frac{1}{2}\overrightarrow{OB} = \frac{1}{2}\vec{b}$$

$$\overrightarrow{OK} = \overrightarrow{OB} + \overrightarrow{BK} = \overrightarrow{OB} + \frac{1}{2}\overrightarrow{BF} = \overrightarrow{OB} + \frac{1}{2}\overrightarrow{OC} = \vec{b} + \frac{1}{2}\vec{c}$$

となる。

$$\overrightarrow{JI} = \overrightarrow{OI} - \overrightarrow{OJ} = t\vec{a} - \frac{1}{2}\vec{b}$$

$$\overrightarrow{JK} = \overrightarrow{OK} - \overrightarrow{OJ} = \left(\vec{b} + \frac{1}{2}\vec{c}\right) - \frac{1}{2}\vec{b} = \frac{1}{2}(\vec{b} + \vec{c})$$

であるから

$$\overrightarrow{JI} \cdot \overrightarrow{JK} = \left(t\vec{a} - \frac{1}{2}\vec{b}\right) \cdot \frac{1}{2}(\vec{b} + \vec{c})$$

$$= \frac{1}{2}\left(t\vec{a}\cdot\vec{b} + t\vec{a}\cdot\vec{c} - \frac{1}{2}|\vec{b}|^2 - \frac{1}{2}\vec{b}\cdot\vec{c}\right)$$

$$= \frac{1}{2}\left\{t \times 1 + t \times (-1) - \frac{1}{2} \times 2^2 - \frac{1}{2} \times 0\right\}$$

$$= \frac{1}{2}(t - t - 2 - 0) = -1 \quad \to (\text{チ})$$

である。また

$$|\overrightarrow{JI}|^2 = \overrightarrow{JI} \cdot \overrightarrow{JI}$$

$$= \left(t\vec{a} - \frac{1}{2}\vec{b}\right) \cdot \left(t\vec{a} - \frac{1}{2}\vec{b}\right) = t^2|\vec{a}|^2 - t\vec{a}\cdot\vec{b} + \frac{1}{4}|\vec{b}|^2$$

$$= t^2 - t + 1$$

２０２４年度　一般選抜　数学

$$|\overrightarrow{JK}|^2 = \overrightarrow{JK} \cdot \overrightarrow{JK}$$

$$= \frac{1}{2}(\vec{b}+\vec{c}) \cdot \frac{1}{2}(\vec{b}+\vec{c}) = \frac{1}{4}(|\vec{b}|^2 + 2\vec{b} \cdot \vec{c} + |\vec{c}|^2)$$

$$= \frac{1}{4}(2^2 + 2 \times 0 + 2^2) = 2$$

より，$|\overrightarrow{JI}| = \sqrt{t^2 - t + 1}$，$|\overrightarrow{JK}| = \sqrt{2}$ であるから，三角形 IJK の面積 T は

$$T = \frac{1}{2}\sqrt{|\overrightarrow{JI}|^2|\overrightarrow{JK}|^2 - (\overrightarrow{JI} \cdot \overrightarrow{JK})^2}$$

$$= \frac{1}{2}\sqrt{(t^2 - t + 1) \times 2 - (-1)^2} = \frac{\sqrt{2t^2 - 2t + 1}}{2} \quad \rightarrow (ツ)$$

である。

(3) 平面 IJK 上の点を P とすると，実数 r, s を用いて

$$\overrightarrow{OP} = \overrightarrow{OJ} + r\overrightarrow{JI} + s\overrightarrow{JK}$$

$$= \frac{1}{2}\vec{b} + r\left(t\vec{a} - \frac{1}{2}\vec{b}\right) + s \times \frac{1}{2}(\vec{b}+\vec{c})$$

$$= rt\vec{a} + \frac{1}{2}(1 - r + s)\vec{b} + \frac{1}{2}s\vec{c}$$

と表せる。一方，辺 DE 上の点を Q とすると，実数 v $(0 \leqq v \leqq 1)$ を用いて

$$\overrightarrow{OQ} = \overrightarrow{OA} + \overrightarrow{AD} + v\overrightarrow{DE} = \overrightarrow{OA} + \overrightarrow{OC} + v\overrightarrow{OB}$$

$$= \vec{a} + v\vec{b} + \vec{c}$$

と表せる。4 点 O，A，B，C は同じ平面上にないので，2 点 P，Q が一致する，つまり $\overrightarrow{OP} = \overrightarrow{OQ}$ となるのは

$$rt = 1, \quad \frac{1}{2}(1 - r + s) = v, \quad \frac{1}{2}s = 1$$

を満たす場合である。第 3 式より $s = 2$ が決まるから，第 2 式は $\frac{1}{2}(3 - r)$

$= v$ となり，第 1 式を $r = \dfrac{1}{t}$ $(0 < t < 1)$ として代入すると $\dfrac{1}{2}\left(3 - \dfrac{1}{t}\right) = v$ となる。$0 \leqq v \leqq 1$ であるから

$$0 \leqq \frac{1}{2}\left(3 - \frac{1}{t}\right) \leqq 1 \quad \therefore \quad 1 \leqq \frac{1}{t} \leqq 3$$

$0 < t < 1$ より，$\dfrac{1}{3} \leqq t < 1$ のとき 3 点 I，J，K を通る平面が辺 DE と共

有点を持つ。　→(テ)

⑤ 〰〰〰〰〰〰 ＼　発　想　／ 〰〰〰〰〰〰

　　問題に見やすい図が示されていて，大いに参考になる。複素数
平面での点の回転の知識と道のりを計算する定積分の計算力が試
されている。

　(1)　図の太線がヒントになる。

　(2)　原点O，円 C_2 の中心，2円 C_1 と C_2 の接点の3点が一直
線上にあることから C_2 の中心を表す $w(t)$ は容易に求まる。P
の位置 $z(t)$ は $w(t)$ を中心に接点を回転させて求める。

　(3)　道のりを求める公式 $\int_\alpha^\beta \sqrt{\left(\dfrac{dx}{dt}\right)^2 + \left(\dfrac{dy}{dt}\right)^2}\,dt$ を用いて計算す

る。三角関数の計算でやや面倒になりそうである。

　(4)　t と $l(t)$ をそれぞれ不等式で評価（$\boxed{} \leq t \leq \boxed{} \Rightarrow$
$\boxed{} \leq l(t) \leq \boxed{}$）して，はさみうちの原理に持ち込めばよい。

〰〰〰〰〰〰〰〰〰〰〰〰〰〰〰〰〰〰〰〰〰〰〰〰〰〰〰〰〰〰

解答　(1)(ト) $2\pi r$

(2)(ナ)　$(1-r)(\cos t + i\sin t)$　(ニ)　$r\left(\cos\dfrac{r-1}{r}t + i\sin\dfrac{r-1}{r}t\right)$

(3)(ヌ) $8r(1-r)$　(4)(ネ) $\dfrac{4(1-r)}{\pi}$

══════════════ 解　説 ══════════════

《複素数平面上の大円に内接して動く小円上の点の道のり，極限値》

(1)　右図の2円 C_1，C_2 上に描かれたそ
れぞれの太線の長さは等しい。

　$t=0$ のときに点1にあったPが次に
C_1 上に位置するとき太線の長さは $2\pi r$
（C_2 の半径は r（$0<r<1$）であるから）
となる。C_1 と C_2 の接点は速さ1で移動
するのだから，Pが C_1 に位置するよ
うな時刻 $t>0$ で最小のものは $t=2\pi r$ で

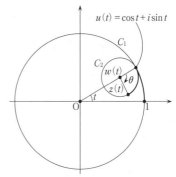

ある。　→(ト)

(2)　時刻 $t \geqq 0$ における C_1 と C_2 の接点を $u(t)$ とする。$u(t) = \cos t + i \sin t$ である。複素数 $w(t)$，$u(t)$ の表す点をそれぞれ Q，R とすると OR : OQ $= 1 : (1-r)$ であるから

$$w(t) = (1-r)\,u(t) = (1-r)(\cos t + i \sin t) \quad \rightarrow(\text{ナ})$$

である。

C_2 上の太線の長さと C_1 上の太線の長さが等しいことから

$$\angle \mathrm{PQR} = \theta \text{ とおくと,}\quad r\theta = 1 \cdot t \text{ より} \qquad \theta = \frac{t}{r}$$

よって，$u(t)$ を $w(t)$ を中心に $-\dfrac{t}{r}$ だけ回転すると $z(t)$ となる。したがって

$$z(t) = w(t) + (u(t) - w(t))\left\{\cos\left(-\frac{t}{r}\right) + i \sin\left(-\frac{t}{r}\right)\right\}$$

$$= w(t) + \{u(t) - (1-r)\,u(t)\}\left\{\cos\left(-\frac{t}{r}\right) + i \sin\left(-\frac{t}{r}\right)\right\}$$

$$= w(t) + r(\cos t + i \sin t)\left\{\cos\left(-\frac{t}{r}\right) + i \sin\left(-\frac{t}{r}\right)\right\}$$

$$= w(t) + r\left\{\cos\left(t - \frac{t}{r}\right) + i \sin\left(t - \frac{t}{r}\right)\right\}$$

$$= w(t) + r\left(\cos\frac{r-1}{r}t + i \sin\frac{r-1}{r}t\right) \quad \rightarrow(\text{ニ})$$

となる。

(3)　$$z(t) = (1-r)(\cos t + i \sin t) + r\left(\cos\frac{r-1}{r}t + i \sin\frac{r-1}{r}t\right)$$

$$= \left\{(1-r)\cos t + r\cos\frac{r-1}{r}t\right\} + i\left\{(1-r)\sin t + r\sin\frac{r-1}{r}t\right\}$$

$z(t) = x + iy$ とすれば

$$x = (1-r)\cos t + r\cos\frac{r-1}{r}t = (1-r)\cos t + r\cos\frac{1-r}{r}t$$

$$y = (1-r)\sin t + r\sin\frac{r-1}{r}t = (1-r)\sin t - r\sin\frac{1-r}{r}t$$

となるから，それぞれ t で微分すると

$$\frac{dx}{dt} = -(1-r)\sin t - r \times \frac{1-r}{r}\sin\frac{1-r}{r}t = (1-r)\left(-\sin t - \sin\frac{1-r}{r}t\right)$$

$$\frac{dy}{dt} = (1-r)\cos t - r \times \frac{1-r}{r}\cos\frac{1-r}{r}t = (1-r)\left(\cos t - \cos\frac{1-r}{r}t\right)$$

となり

$$\left(\frac{dx}{dt}\right)^2 = (1-r)^2\left(\sin^2 t + 2\sin t\sin\frac{1-r}{r}t + \sin^2\frac{1-r}{r}t\right)$$

$$\left(\frac{dy}{dt}\right)^2 = (1-r)^2\left(\cos^2 t - 2\cos t\cos\frac{1-r}{r}t + \cos^2\frac{1-r}{r}t\right)$$

$$\therefore \quad \left(\frac{dx}{dt}\right)^2 + \left(\frac{dy}{dt}\right)^2 = (1-r)^2\left\{1 - 2\left(\cos t\cos\frac{1-r}{r}t - \sin t\sin\frac{1-r}{r}t\right) + 1\right\}$$

$$= (1-r)^2\left\{2 - 2\cos\left(t + \frac{1-r}{r}t\right)\right\}$$

$$= 2(1-r)^2\left(1 - \cos\frac{t}{r}\right)$$

である。よって，時刻 0 から時刻 $2\pi r$ の間に P が動く道のりを L_0 とする
と

$$L_0 = \int_0^{2\pi r}\sqrt{\left(\frac{dx}{dt}\right)^2 + \left(\frac{dy}{dt}\right)^2}\,dt$$

$$= \int_0^{2\pi r}\sqrt{2(1-r)^2\left(1 - \cos\frac{t}{r}\right)}\,dt$$

$$= \sqrt{2}\,(1-r)\int_0^{2\pi r}\sqrt{1 - \cos\frac{t}{r}}\,dt \quad (1-r>0)$$

$$= \sqrt{2}\,(1-r)\int_0^{2\pi r}\sqrt{1 - \left(1 - 2\sin^2\frac{t}{2r}\right)}\,dt \quad (\because \quad \cos 2\theta = 1 - 2\sin^2\theta)$$

$$= \sqrt{2}\,(1-r)\int_0^{2\pi r}\sqrt{2\sin^2\frac{t}{2r}}\,dt$$

$$= 2(1-r)\int_0^{2\pi r}\left|\sin\frac{t}{2r}\right|\,dt$$

$0 \leqq t \leqq 2\pi r$ で $0 \leqq \dfrac{t}{2r} \leqq \pi$ であるから

$$\sin\frac{t}{2r} \geqq 0$$

したがって

$$L_0 = 2(1-r)\int_0^{2\pi r}\sin\frac{t}{2r}dt$$

$$= 2(1-r)\left[-2r\cos\frac{t}{2r}\right]_0^{2\pi r}$$

$$= 2(1-r)\{2r-(-2r)\}$$

$$= 8r(1-r)　\to(ヌ)$$

である。

(4)　時刻 0 から時刻 $t>0$ の間に P が動く道のりを $l(t)$ とすると, (3) の結果から, $n=0,\ 1,\ 2,\ \cdots$ として

$$2n\pi r\leqq t\leqq 2(n+1)\pi r$$

のとき

$$8nr(1-r)\leqq l(t)\leqq 8(n+1)r(1-r)$$

が成り立つ。これらの不等式の各辺に負となるものはないから, $n\geqq 1$ のとき

$$\frac{8nr(1-r)}{2(n+1)\pi r}\leqq\frac{l(t)}{t}\leqq\frac{8(n+1)r(1-r)}{2n\pi r}$$

すなわち

$$\frac{n}{n+1}\times\frac{4(1-r)}{\pi}\leqq\frac{l(t)}{t}\leqq\frac{n+1}{n}\times\frac{4(1-r)}{\pi}$$

$$\lim_{n\to\infty}\frac{n}{n+1}\cdot\frac{4(1-r)}{\pi}=\lim_{n\to\infty}\frac{1}{1+\frac{1}{n}}\cdot\frac{4(1-r)}{\pi}=\frac{4(1-r)}{\pi}$$

$$\lim_{n\to\infty}\frac{n+1}{n}\cdot\frac{4(1-r)}{\pi}=\lim_{n\to\infty}\left(1+\frac{1}{n}\right)\cdot\frac{4(1-r)}{\pi}=\frac{4(1-r)}{\pi}$$

であるから, はさみうちの原理により

$$\lim_{t\to\infty}\frac{l(t)}{t}=\frac{4(1-r)}{\pi}　\to(ネ)$$

である。

講評

　2024年度も2023年度と同様，120分の試験時間に対して大問5題の出題であった。1と3は一部が記述式で，それらはみな証明問題であった。他はすべて空所補充である。一部考えにくい問題はあったが，見覚えのある問題や定型的な問題も多く取り組みやすい出題で，難度としては2023年度と比べて易しくなっている。数列の漸化式を定める関数や定積分を考える関数が具体的でない点が特徴的であった。

　1　(1)は整数2024の約数と6乗根に関する問題。6乗根に最も近い自然数は慎重に求めたい。(2)は漸化式で定められた数列の極限値が目標で，数学的帰納法を含む証明問題が2問。漸化式に含まれる関数が抽象的で，この点が出来を左右したかもしれない。小問集合はこの1のみであった。

　2　袋からコインを取り出しそれを投げるときの確率の問題である。コインは3タイプあり枚数が異なるが考えやすい問題である。条件付き確率が2問出ている。コインを投げた結果からコインのタイプが判定できるか否かを考える点は目新しい。

　3　絶対値を含む関数の定積分の問題であるが，関数が具体的でないので戸惑うかもしれない。(1)〜(3)は方針を決めやすく特に難しくはないが，(4)〜(6)は意味を理解するのに時間を要するだろう。(2)・(4)が証明問題である。全問中最も難しい問題になっている。

　4　空間ベクトルの問題で定型的といえる。平行六面体を題材に面積や体積を求める。最後に，ある平面が1つの辺と共有点を持つための条件を求める問題がある。計算が少し多くなるが難しくはない。

　5　内サイクロイドとよばれる曲線を扱ったもので，道のりの計算とはさみうちの原理を用いる極限値の問題である。複素数平面上に図形が設定されているので，点の回転に便利である。ある程度機械的に処理できるが，計算ミスには注意しよう。

　まず1(1)・2・4を解いてしまいたい。あとは得意な分野の問題から攻めるとよいだろう。

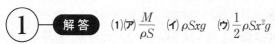

物　理

① 解答　(1)(ア)$\dfrac{M}{\rho S}$　(イ)ρSxg　(ウ)$\dfrac{1}{2}\rho Sx^2g$

(2)(エ)$\sqrt{\dfrac{2d}{g}}$　(オ)$L\sqrt{\dfrac{g}{2d}}$　(カ)$\dfrac{M-m}{M+m}\sqrt{2gd}$　(キ)$\dfrac{2m}{M+m}\sqrt{2gd}$

(3)(ク)$\left(\dfrac{M-m}{M+m}\right)^2 d$　(ケ)$\dfrac{2m}{M+m}\sqrt{\dfrac{2Md}{\rho S}}$　(コ)$\dfrac{\pi}{2}\sqrt{\dfrac{M}{\rho Sg}}$

解説

《液体中での円柱物体の運動》

(1)(ア)　円柱物体にはたらく力は，右図のように
重力と浮力である。ここで，物体の水面から下に
沈んでいる部分の長さを h とおくと，円柱物体
についての鉛直方向のつり合いの式は

$$0 = Mg - \rho Shg$$

$$\therefore \quad h = \dfrac{M}{\rho S}$$

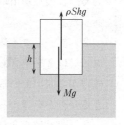

(イ)　下向きに x 座標を取る。図2の状況での浮力
の大きさが $\rho S(h+x)g$ となることから，外から
加えた力の大きさを f とおくと，鉛直方向のつり
合いの式は

$$0 = f + Mg - \rho S(h+x)g$$

$$\therefore \quad f = \rho S(h+x)g - Mg = \rho Sxg$$

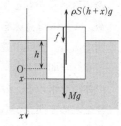

(ウ)　(イ)の結果より，物体上面に加える力は，物体
を沈めた長さに比例するので，物体上面に加える
力 f を縦軸に，つり合った状態から物体を沈めた
長さ x を横軸に取ったグラフは右図のとおりにな
る。このグラフで囲まれた面積（右図の網かけ部
分）が仕事に等しくなるので，求める仕事を W
とおくと

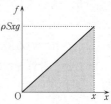

$$W = \frac{1}{2} \cdot x \cdot \rho S x g$$

$$= \frac{1}{2} \rho S x^2 g$$

(2)(エ)　小球は水平投射をするので，鉛直方向には高さ d の位置からの自由落下とみなしてよい。求める時間を t_1 とおくと

$$d = \frac{1}{2} g t_1{}^2$$

$$\therefore \quad t_1 = \sqrt{\frac{2d}{g}}$$

(オ)　小球は時間 t_1 の間に水平方向に距離 L だけ進むので，求める初速度の大きさを v_0 とおくと

$$L = v_0 t_1$$

$$\therefore \quad v_0 = L \sqrt{\frac{g}{2d}}$$

(カ)　弾性衝突をすることから，衝突の直前直後で小球の速度の水平成分に変化はなく v_0 のままである。また，衝突直前の小球の速度の鉛直成分を v_y とおくと

$$v_y = g t_1 = \sqrt{2gd}$$

衝突直後の小球の速度の鉛直成分および円柱物体の速度を下向きを正としてそれぞれ $v_y{}'$，V とおくと，運動量保存則と反発係数が1であることより

$$\begin{cases} m v_y = m v_y{}' + MV \\ 1 = -\dfrac{v_y{}' - V}{v_y - 0} \end{cases}$$

これら2式を連立して V を消去すると，$M > m$ より

$$\therefore \quad |v_y{}'| = \frac{M-m}{M+m} v_y = \frac{M-m}{M+m} \sqrt{2gd}$$

(キ)　(カ)の連立方程式より，$v_y{}'$ を消去すると

$$V = \frac{2m}{M+m} v_y = \frac{2m}{M+m} \sqrt{2gd}$$

(3)(ク)　衝突直後から小球は斜方投射する。求める高さを H とおくと，力学的エネルギー保存則より

$$\frac{1}{2}m\left(v_y'^2 + v_0^2\right) = \frac{1}{2}mv_0^2 + mgH$$

$$\frac{1}{2}m\left(\frac{M-m}{M+m}\sqrt{2gd}\right)^2 = mgH$$

$$\therefore \quad H = \left(\frac{M-m}{M+m}\right)^2 d$$

(ケ)　(イ)と同様に考えて，つり合いの位置からさらに x だけ沈めて静かに手をはなした瞬間の円柱物体の運動方程式は，つり合いの位置を原点とする下向き正の x 座標を取ると，加速度を a として

$$Ma = Mg - \rho S(h+x)g$$

$$\therefore \quad Ma = -\rho Sgx \quad \cdots\cdots①$$

　よって，この式からつり合いの位置を振動中心とする単振動を行うことがわかる。この運動方程式からばね定数に相当する量が ρSg であることもわかる。円柱物体の運動エネルギーが0となった瞬間のつり合いの位置からの沈んだ長さを A とおくと，力学的エネルギー保存則（単振動のエネルギー保存則）より

$$\frac{1}{2}MV^2 = \frac{1}{2}\rho SgA^2$$

$$\rho SgA^2 = M\left(\frac{2m}{M+m}\sqrt{2gd}\right)^2$$

$$\therefore \quad A = \frac{2m}{M+m}\sqrt{\frac{2Md}{\rho S}}$$

別解　①式より，円筒物体は単振動をし，その角振動数 ω は，$\omega = \sqrt{\dfrac{\rho Sg}{M}}$ となる。単振動の式を考えると，振幅を A，初期位相を α として

$$\begin{cases} x = A\sin(\omega t + \alpha) \\ v = \omega A\cos(\omega t + \alpha) \end{cases}$$

と表されるので，これら2式より，以下の関係が得られる。

$$x^2 + \frac{v^2}{\omega^2} = A^2$$

　ここで，$v=V$ のときに $x=0$ であることから，$v=0$ のときの沈んだ長さである振幅 A が求まる。

$$0 + \frac{V^2}{\omega^2} = A^2$$

$$\therefore\quad A = \frac{V}{\omega} = \frac{2m}{M+m}\sqrt{\frac{2Md}{\rho S}}$$

(コ)　衝突後は(ケ)で考えたように円柱物体は単振動をする。このときの角振動数を ω とおくと，①式より $\omega = \sqrt{\dfrac{\rho Sg}{M}}$ である。また，衝突してから円柱物体の運動エネルギーが初めて 0 になるまでの時間は，単振動の周期の $\dfrac{1}{4}$ 倍となるので，求める時間を t_2 とおくと

$$t_2 = \frac{1}{4}\cdot\frac{2\pi}{\omega}$$

$$= \frac{\pi}{2}\sqrt{\frac{M}{\rho Sg}}$$

② **解答**　(1)(ア) Bu^2t^2　(イ) $2Bu^2t$　(ウ) $\dfrac{4B^2u^4t^2}{R}$

(2)(エ) $\dfrac{uBa}{R}$　(オ) uBa　(カ) $\dfrac{Lu^2B^2a^2}{2R^2}$

(3)(キ) $2\pi\sqrt{LC}$　(ク)— c　(ケ)— a　(コ) $\dfrac{uBa}{R}\sqrt{\dfrac{L}{C}}$

=== **解　説** ===

《辺に対して斜めに移動するコイルに生じる誘導起電力》

(1)(ア)　長方形コイルの速度の x 成分，y 成分はどちらも u である。よって，時刻 t における点Cの座標は $(ut,\ ut)$ となるので，コイルを貫く磁場の面積を $S(t)$ とおくと

$$S(t) = ut\cdot ut = (ut)^2$$

ゆえに，時刻 t における長方形コイルを貫く磁束を $\Phi_1(t)$ とおくと

$$\Phi_1(t) = BS(t) = Bu^2t^2$$

(イ)　微小時間 Δt だけ経過する間の長方形コイルを貫く磁束の変化を $\Delta\Phi_1$ とおくと，$(\Delta t)^2$ を含む項を無視して

$$\Delta\Phi_1 = \Phi_1(t+\Delta t) - \Phi_1(t)$$

$$= Bu^2(t+\Delta t)^2 - Bu^2t^2$$

$$\fallingdotseq Bu^2(t^2+2t\Delta t) - Bu^2t^2$$

$$= 2Bu^2t\Delta t$$

ファラデーの電磁誘導の法則より，求める誘導起電力の大きさを $V_1(t)$ とおくと

$$V_1(t) = \left| -\frac{\Delta \Phi_1}{\Delta t} \right|$$

$$= 2Bu^2t$$

(ウ) (イ)で求めた誘導起電力によって抵抗に電流が流れるので，求める消費電力を $P(t)$ とおくと，

$$P(t) = \frac{\{V_1(t)\}^2}{R}$$

$$= \frac{4B^2u^4t^2}{R}$$

(2)(エ) $t = \dfrac{a}{u}$ 以降の長方形コイルを貫く磁束を $\Phi_2(t)$ とおくと

$$\Phi_2(t) = Ba\left\{ a + u\left(t - \frac{a}{u} \right) \right\}$$

よって，このときに生じる誘導起電力の大きさを V_2 とおくと，ファラデーの電磁誘導の法則より

$$V_2 = \left| -\frac{\Phi_2(t+\Delta t) - \Phi_2(t)}{\Delta t} \right|$$

$$= \frac{Ba\left\{ a + u\left(t + \Delta t - \frac{a}{u} \right) \right\} - Ba\left\{ a + u\left(t - \frac{a}{u} \right) \right\}}{\Delta t}$$

$$= uBa$$

PQ 間にはこの一定の誘導起電力（点 P が高電位）が生じている。コイルに流れる電流を I，コンデンサーに蓄えられた電気量を Q，電流を i とおくと，コイルと抵抗を含む回路，コンデンサーと抵抗を含む回路のキルヒホッフの第 2 法則を満たす式はそれぞれ

$$\begin{cases} uBa - L\dfrac{\Delta I}{\Delta t} = R(I+i) \\ uBa = \dfrac{Q}{C} + R(I+i) \end{cases}$$

ここで，スイッチ S_2 を閉じた直後は，コンデンサーには電荷は蓄えられておらず，コイルは電流が流れていない状況を保とうとするので $Q=0$，$I=0$ であるから，上の式より，スイッチ S_2 を閉じた直後，スイッチ S_2

に流れる電流は

$$I + i = i = \frac{uBa}{R}$$

(オ)　コイルを流れる電流が一定になった（$\Delta I = 0$）ので，コイルに生じる誘導起電力は0となっており，並列に接続されているコンデンサー両端の電圧も0となることから，コンデンサーに蓄えられている電気量も0である。よって，長方形コイルで生じた誘導起電力と抵抗両端の電圧が等しくなるので，求める電圧の大きさは

$$uBa$$

(カ)　このときコンデンサーに流れる電流は $i = 0$ なので，抵抗に流れる電流がコイルに流れる電流に等しい。コイルと抵抗を含む回路のキルヒホッフの第2法則より

$$uBa = RI$$

$$\therefore \quad I = \frac{uBa}{R}$$

この電流がコイルに流れているので，求めるエネルギーを U_L とおくと

$$U_L = \frac{1}{2}LI^2$$

$$= \frac{Lu^2B^2a^2}{2R^2}$$

(3)(キ)　電気振動の角周波数を ω とおくと，$\omega = \sqrt{\dfrac{1}{LC}}$ で与えられるので

$$T = \frac{2\pi}{\omega} = 2\pi\sqrt{LC}$$

(ク)　スイッチ S_2 を開く直前は，コイルに流れる電流が(カ)で求めた大きさで図2の矢印の向きと同じ向きに流れているので，スイッチ S_2 を開いた直後も同じ電流が流れる。よって，電気振動により回路に流れる電流のグラフはcとなる。

(ケ)　スイッチ S_2 を開いた直後から，コンデンサーに蓄えられる電荷は，図2中の左側極板が正となるように蓄えられ始める。よって，スイッチ S_2 を開いた直後から，Gの方が高電位で電圧が生じ始める。つまり，電気振動により生じる点Gの電位のグラフはaとなる。

(コ)　点Gの電位が最大になるのは，コンデンサーに蓄えられる電荷が最大

になるときであり，このときコンデンサーに蓄えられる静電エネルギーは最大になり，コイルに蓄えられる磁場のエネルギーは0になっている。よって，求める電位の最大値を V_{max} とおくと，エネルギー保存則より

$$\frac{L\,(uBa)^2}{2R^2}=\frac{1}{2}CV_{max}{}^2$$

$$\therefore\quad V_{max}=\frac{uBa}{R}\sqrt{\frac{L}{C}}$$

③ 解答

(1)(ア) Ne　(イ) $\sqrt{\dfrac{2eV_0}{m}}$　(ウ) $\dfrac{h\nu-W}{e}$

(2)(エ) $\dfrac{h}{m}\left(\dfrac{1}{\lambda}-\dfrac{\cos\theta}{\lambda'}\right)+v$　(オ) $-\dfrac{h}{m\lambda'}\sin\theta$　(カ) $\dfrac{hc}{\lambda}$　(キ) $\dfrac{1}{2}mv^2+hc\left(\dfrac{1}{\lambda}-\dfrac{1}{\lambda'}\right)$

(ク) $c\lambda\left(\dfrac{1}{\lambda}-\dfrac{1}{\lambda'}\right)$

=== 解　説 ===

《光電効果とコンプトン効果》

(1)(ア)　電流の大きさは単位時間あたりに通過する電気量で与えられるので，求める光電流 I は

$$I=Ne$$

(イ)　光電子の速さが最大のものが，光電管内の阻止電圧に逆らって陽極にたどり着き，これによって電流が流れる。よって力学的エネルギー保存則より，求める光電子の速さの最大値を v_{max} とおくと

$$\frac{1}{2}mv_{max}{}^2=eV_0$$

$$\therefore\quad v_{max}=\sqrt{\frac{2eV_0}{m}}$$

(ウ)　金属固有の仕事関数は，金属から電子を飛び出させるために必要な最低限のエネルギーと考えることができる。このことから，入射光子のエネルギーが，金属から電子を飛び出させるために使われた仕事と，飛び出した光電子の運動エネルギーに変換されると考えると，エネルギー保存則より

$$h\nu=W+\frac{1}{2}mv_{max}{}^2$$

$$= W + eV_0$$

$$\therefore \quad V_0 = \frac{h\nu - W}{e}$$

(2)(エ) 光子と電子の衝突前後での運動量保存則より，x 軸方向には

$$\frac{h}{\lambda} + mv = \frac{h}{\lambda'}\cos\theta + mv'\cos\varphi$$

$$\therefore \quad v'\cos\varphi = \frac{h}{m}\left(\frac{1}{\lambda} - \frac{\cos\theta}{\lambda'}\right) + v$$

(オ) (エ)と同様に運動量保存則より，y 軸方向には

$$0 = \frac{h}{\lambda'}\sin\theta - mv'\sin\varphi$$

$$\therefore \quad -v'\sin\varphi = -\frac{h}{m\lambda'}\sin\theta$$

(カ) 光子のエネルギー $h\nu$ と，$c = \nu\lambda$ より

$$h\nu = \frac{hc}{\lambda}$$

(キ) 光子と電子の衝突前後で力学的エネルギーが保存されるので

$$\frac{1}{2}mv^2 + \frac{hc}{\lambda} = \frac{1}{2}mv'^2 + \frac{hc}{\lambda'}$$

$$\therefore \quad \frac{1}{2}mv'^2 = \frac{1}{2}mv^2 + hc\left(\frac{1}{\lambda} - \frac{1}{\lambda'}\right)$$

(ク) (エ)，(オ)の結果より，$\theta = 90°$ を代入すると

$$\begin{cases} v'\cos\varphi = \dfrac{h}{m\lambda} + v \\[2mm] -v'\sin\varphi = -\dfrac{h}{m\lambda'} \end{cases}$$

これらの2式から，φ を消去すると

$$(v'\cos\varphi)^2 + (-v'\sin\varphi)^2 = \left(\frac{h}{m\lambda} + v\right)^2 + \left(-\frac{h}{m\lambda'}\right)^2$$

$$v'^2 = \frac{h^2}{(m\lambda)^2} + \frac{h^2}{(m\lambda')^2} + v^2 + \frac{2h}{m\lambda}v$$

(キ)に代入して v' を消去すると

$$\frac{1}{2}m\left(\frac{h^2}{m^2\lambda^2} + \frac{h^2}{m^2\lambda'^2} + v^2 + \frac{2h}{m\lambda}v\right) = \frac{1}{2}mv^2 + hc\left(\frac{1}{\lambda} - \frac{1}{\lambda'}\right)$$

$$\frac{h^2}{2m\lambda^2} + \frac{h^2}{2m\lambda'^2} + \frac{h}{\lambda}v = hc\left(\frac{1}{\lambda} - \frac{1}{\lambda'}\right)$$

$$\frac{v}{\lambda} = c\left(\frac{1}{\lambda} - \frac{1}{\lambda'}\right) - \frac{h}{2m\lambda^2} - \frac{h}{2m\lambda'^2}$$

$$\therefore\quad v = c\lambda\left(\frac{1}{\lambda} - \frac{1}{\lambda'}\right) - \frac{h}{2m\lambda'}\left(\frac{\lambda'}{\lambda} + \frac{\lambda}{\lambda'}\right)$$

講 評

　　大問数は例年通り 3 題であり，解答個数は 28 個である。3 題とも問題集などでよく見かけるオーソドックスな出題がほとんどであった。難易度がそれほど高いわけではないが，2 科目で 120 分の解答時間を考えると，スピードは必要である。

　　1 は(1)で浮力に関する典型的な問題であったが，*F-x* グラフで囲まれた面積が仕事になることなど，教科書には記載があるが入試問題としてはそれほど頻出でない内容のものが出題された。また，(2)では円筒物体と落下している小球との弾性衝突の問題となり，運動量保存則と反発係数の連立という典型的な解法による出題であった。さらに，(3)では浮力による円筒物体の単振動の問題に移行したが，これも典型的な問題であった。エネルギーや仕事を意識した出題であったため，エネルギー中心の解法で解説したが，〔別解〕のとおり単振動での解答方法でも十分対応可能である。(1)～(3)と，場面設定は変化するが，標準レベルの問題の組合せであり，時間との戦いではあるが，完答は十分可能である。

　　2 は 2023 年度に引き続き磁場中を移動するコイルに生じる誘導起電力の問題であった。(1)は長方形のコイルが斜めに移動しているために，導体棒の移動により生じる誘導起電力では解答が難しくなるが，誘導に従うとファラデーの電磁誘導の法則を用いて求めることになり，難解なところはない。(2)では起電力が時間によって変化せず一定となり，一定の起電力によるコイルとコンデンサーの回路問題に移行した。スイッチ S_2 を閉じた直後も，閉じて十分に時間が経った後も，コンデンサーに蓄えられる電気量が 0 になることに違和感を感じるかもしれないが，こちらもある程度典型的な出題である。さらに，(3)についても典型的な電

気振動の問題である。コイルおよびコンデンサーの性質を把握していれば，グラフを選ぶ問題も難しくない。また，単振動との対比を意識しながら学習を行えば，電流や電圧，コンデンサーに蓄えられた電気量の時間変化の挙動をよりしっかりと理解できるので，ぜひやってほしい。

　3の(1)については，典型的な光電効果の問題である。阻止電圧と陰極から飛び出す光電子の最大運動エネルギーとの関係が，光電効果を理解する上での大切な基本となるため，授業中からしっかりと理解してほしい。(2)についても，コンプトン効果の問題であるが，入射Ｘ線に対して電子も運動しているというところがやや発展的であった。しかし，x, y軸それぞれの運動量保存則とエネルギー保存則を利用して光子を粒子として扱うことで，量子の物理現象が古典的に導き出せるため，原子の分野では頻出の内容となっている。最後の式変形でやや計算力とスピードを必要とするが，完答は可能である。

2024年度　一般選抜

物理

化　学

1 【解答】 (1)(ア) $Fe(OH)_2$　(イ)配位　(ウ)高い　(エ)水素

(2)(オ) -2.06×10^2　(カ) 4.12×10　(キ) $KHCO_3$

(3)(ク)— c　(ケ) 4.5×10^7　(コ) 5.8×10　(サ) 1.5

=== 解説 ===

《アンモニアの性質，アンミン錯イオン，水素製造に関する熱化学，ハーバー・ボッシュ法に関する化学平衡》

(1)(ア)・(イ)　アンモニア分子は1組の非共有電子対をもつため，金属イオンと配位結合し，配位子としてアンミン錯イオンを形成する。

Ag^+，Cu^{2+}，Fe^{2+}，Zn^{2+} の硝酸塩水溶液に過剰量のアンモニア水を加えると，Fe^{2+} のみ $Fe(OH)_2$ の沈殿を形成するが，Ag^+，Cu^{2+}，Zn^{2+} はそれぞれ $[Ag(NH_3)_2]^+$，$[Cu(NH_3)_4]^{2+}$，$[Zn(NH_3)_4]^{2+}$ の錯イオンを形成する。

(ウ)・(エ)　CH_4 と NH_3 は分子量は同程度であるが，CH_4 は無極性分子なので，分子間にはファンデルワールス力のみがはたらくが，NH_3 は極性分子であり，分子間に水素結合がはたらくため，NH_3 は CH_4 よりも沸点が高い。

(2)(オ)　CH_4（気）と H_2O（気）から H_2（気）と CO（気）が生成する反応の熱化学方程式は次の通り。

$$CH_4（気）+ H_2O（気）= 3H_2（気）+ CO（気）+ Q kJ \quad \cdots\cdots①$$

H_2O（気）の生成熱は H_2O（液）の生成熱，H_2O（液）の蒸発熱より次のように求められる。

$$285.8 - 44.0 = 241.8〔kJ/mol〕$$

式①に対して次の関係式を適用する。

（反応熱）=（生成物の生成熱の和）-（反応物の生成熱の和）

$$\cdots\cdots(*)$$

$$Q = 0 + 110.5 - (74.9 + 241.8) = -206.2 \fallingdotseq -2.06 \times 10^2〔kJ〕$$

(カ)　CO（気）と H_2O（気）から H_2（気）と CO_2（気）が生成する反応の熱化学方程式を次のようにおく。

$$CO（気）+ H_2O（気）= H_2（気）+ CO_2（気）+ a\,kJ　\cdots\cdots②$$

　25℃，$1.013 \times 10^5\,Pa$ における H_2（気）$1.00\,mol$ あたりの反応熱は式②の反応熱である。この熱化学方程式に（＊）の関係式を適用する。

$$a = 0 + 393.5 - (110.5 + 241.8) = 41.2 = 4.12 \times 10\,〔kJ〕$$

(キ)　K_2CO_3 水溶液に CO_2 を通じたときに次の反応が起こり，$KHCO_3$ が生成する。

$$K_2CO_3 + H_2O + CO_2 \longrightarrow 2KHCO_3$$

(3)(ク)　N_2（気）$+ 3H_2$（気）$= 2NH_3$（気）$+ 92\,kJ$　$\cdots\cdots$（＊＊）

　温度を低くすれば，温度が高くなる方向に，圧力を高くすれば，気体分子数が減り圧力が低くなる方向に反応が進行する。したがって（＊＊）の熱化学方程式で表す反応を正方向に進行させるには低温高圧がよい。

(ケ)・(コ)　この条件による物質量変化は次の通り。

$$N_2（気）+ 3H_2（気）\longrightarrow 2NH_3（気）〔mol〕$$

変化前	1.0	3.0	
変化量	-0.90	-2.70	$+1.80$
平衡時	0.10	0.30	1.80

平衡状態の気体の全物質量は

$$0.10 + 0.30 + 1.80 = 2.20\,〔mol〕$$

平衡状態の全圧を P_1〔Pa〕とすると

$$P_1 \times 0.22 = 2.20 \times 8.3 \times 10^3 \times 540$$

$$\therefore\quad P_1 = 4.48 \times 10^7 ≒ 4.5 \times 10^7\,〔Pa〕$$

また $540\,K$ における濃度平衡定数 K_C は

$$K_C = \frac{[NH_3]^2}{[N_2][H_2]^3} = \frac{\left(\dfrac{1.80}{0.22}\right)^2}{\dfrac{0.10}{0.22} \times \left(\dfrac{0.30}{0.22}\right)^3} = 58.0 ≒ 5.8 \times 10\,(mol/L)^{-2}$$

(サ)　窒素について気体の状態方程式から，分圧を求めると

$$P_{N_2} = [N_2]RT$$

となり，これはどの気体にも当てはまるので，圧平衡定数 K_P は

$$K_P = \frac{(P_{NH_3})^2}{P_{N_2} \times (P_{H_2})^3} = \frac{([NH_3]RT)^2}{[N_2]RT \times ([H_2]RT)^3} = K_C(RT)^{-2}$$

$$\therefore \quad K_C = K_P \times (RT)^2$$
$$= 3.5 \times 10^{-14} \times (8.3 \times 10^3 \times 800)^2 = 1.54 \doteqdot 1.5 \, (\text{mol/L})^{-2}$$

② 解答
(1)(ア) S_8　(イ) SO_3　(ウ) 発煙硫酸　(エ) 接触法
(オ) 5.5×10^{-1}　(カ) 7.8×10^{-3}

(2)(キ) ファンデルワールス　(ク) 4　(ケ) 2.3（または 2.4）　(コ) 3.7×10^{-1}
(サ) 2.0×10

━━━━━━━━━━　**解説**　━━━━━━━━━━

《硫黄の性質，硫酸の工業的製法，希硫酸の電離平衡，黒鉛の構造，リチウムイオン電池》

(1)(ア)〜(エ)　硫黄の同素体の1つであり，常温で安定に存在する斜方硫黄は，硫黄原子が8個環状につながった無極性の環状分子である。硫黄を空気中で燃焼して生じた SO_2 をさらに，酸化バナジウム(V)を触媒として酸化すると，SO_3 が生じる。生成した SO_3 を濃硫酸に吸収させて発煙硫酸とし，希硫酸で希釈して濃硫酸を得る硫酸の製法を接触法という。

(オ)・(カ)　H_2SO_4 の濃度を C 〔mol/L〕，2段目の電離度を α，2段目の電離定数を K とする。平衡状態の物質量は

$$\begin{array}{ccccc} \text{HSO}_4^- & \rightleftharpoons & \text{H}^+ & + & \text{SO}_4^{2-} \quad \text{〔mol/L〕} \\ C(1-\alpha) & & C(1+\alpha) & & C\alpha \end{array}$$

$$K = \frac{[\text{H}^+][\text{SO}_4^{2-}]}{[\text{HSO}_4^-]} = \frac{C(1+\alpha) \times C\alpha}{C(1-\alpha)}$$

C と K の値を代入して整理すると

$$\alpha^2 + 3\alpha - 2 = 0$$
$$\alpha = \frac{-3+\sqrt{17}}{2} = 0.55 = 5.5 \times 10^{-1}$$
$$[\text{H}^+] = C(1+\alpha)$$
$$= 5.0 \times 10^{-3} \times 1.55 = 0.00775 \doteqdot 7.8 \times 10^{-3} \, \text{〔mol/L〕}$$

(2)(キ)　黒鉛は6個の炭素原子を頂点とする正六角形を基本単位とする平面構造どうしが，ファンデルワールス力で結びついている。

(ク)　底面の正六角形の頂点にある原子(a)● は $\frac{1}{6}$ 個が，2つの底面の中間にある層の中心にある原子(b)○ は1個が，2つの底面の中間にある層の六

角形の頂点にある原子(c)◪は $\dfrac{1}{3}$ 個が正六角形に

含まれるので

$$\dfrac{1}{6}\times 12+1+\dfrac{1}{3}\times 3=4 \text{ 個}$$

(ケ)　六角柱で密度を考える。

一辺が1の正三角形の面積は $\dfrac{\sqrt{3}}{4}$ であるから

$$\dfrac{\dfrac{12.0}{6.0\times 10^{23}}\times 4}{\dfrac{\sqrt{3}}{4}\times(0.14\times 10^{-7})^2\times 6\times 0.67\times 10^{-7}}$$

$$=2.30 \fallingdotseq 2.3 \,[\text{g/cm}^3]\quad (\text{平方根を有理化した場合})$$

（有理化しないと $2.38 \fallingdotseq 2.4\,[\text{g/cm}^3]$）

(コ)　C原子6molで電子1molを貯めることができるので

$$\dfrac{9.6\times 10^4}{12.0\times 6}\times \dfrac{1}{3.6\times 10^3}=0.370\fallingdotseq 0.37=3.7\times 10^{-1}\,[\text{Ah}]$$

(サ)　$LiCoO_2$ が Li^+ を放出して $Li_{0.50}CoO_2$ に，$6C$ が LiC_6 になる反応を反応式で記すと

$$2LiCoO_2+6C \longrightarrow LiC_6+Li_{0.50}CoO_2$$

となる。このとき電子1molを充電している。

　$LiCoO_2=97.8$，$6C=72.0$ なので，電子1molの充電に必要な極板の質量は

$$97.8\times 2+72.0=267.6\,[\text{g}]$$

　2.0Ahの電気量を電子の物質量に換算すると

$$\dfrac{3.6\times 10^3\times 2.0}{9.6\times 10^4}=0.0750\,[\text{mol}]$$

　これに必要な極板の質量は

$$267.6\times 0.0750=20.0\fallingdotseq 2.0\times 10\,[\text{g}]$$

3 解答

(1)(ア) H$_2$C—CH—CH$_2$　(イ) 1.36×10^2　(ウ) C$_{18}$H$_{30}$O$_2$
　　　　　｜　｜　｜
　　　　OH OH OH

(2)(エ)アジピン酸　(オ)縮合　(カ) 2.56×10^4

(3)(i)(キ) C$_{10}$H$_{11}$NO$_2$　(ク) CHI$_3$　(ケ)

(コ)アセトアルデヒド　(サ)

(ii)(シ)メタクリル酸　(ス) HO—◯—N=N—◯—OH

(セ) H$_2$N—◯—O—C—C=CH$_2$
　　　　　　　　‖　｜
　　　　　　　　O　CH$_3$

═══════════ 解　説 ═══════════

《油脂，ナイロン66，芳香族アミド化合物，芳香族エステル化合物》

(1)(ア)　油脂は，グリセリン1分子と高級脂肪酸3分子が脱水縮合して生じるトリエステルである。グリセリンは炭素数3の3価の飽和アルコールである。

　　　　H$_2$C—CH—CH$_2$
　　　　　｜　｜　｜
　　　　OH OH OH

(イ)　油脂**A**はグリセリン1分子と，炭素数18で異なる3種の脂肪酸各1分子からなり，**A**と水素が1:4の物質量比で反応するので，3種の脂肪酸各1分子に合計で炭素間二重結合を4つもつことがわかる。飽和脂肪酸の分子式がC$_{18}$H$_{36}$O$_2$で分子量は284.0，グリセリン，水，水素の分子量がそれぞれ92.0，18.0，2.0なので，化合物**A**の分子量M_Aは

　　　$M_A = 92.0 + 284.0 \times 3 - 2.0 \times 4 - 18.0 \times 3 = 882.0$

　　求める水酸化ナトリウム（式量40.0）の質量をw〔mg〕とする。化合物**A**と水酸化ナトリウムは1:3の物質量比で反応するので

　　　$1 : 3 = \dfrac{1.00}{882.0} : \dfrac{w \times 10^{-3}}{40.0}$

　　$\therefore \quad w = 136.0 \fallingdotseq 136 = 1.36 \times 10^2$〔mg〕

(ウ)　異なる3種の脂肪酸各1分子がもつ炭素間二重結合の合計が4つなので，各脂肪酸がもつ炭素間二重結合は0，1，3の組み合わせのみである。炭素間二重結合が多いほど分子間力が弱く，融点も低いので，該当するのは炭素間二重結合を3つもつ脂肪酸で，分子式は $C_{18}H_{30}O_2$ である。

(2)(エ)・(オ)　ナイロン66は炭素数6の二価カルボン酸であるアジピン酸と，炭素数6の二価アミンであるヘキサメチレンジアミンが縮合反応して得られる縮合重合体である。

(カ)　ナイロン66の重合度を n とすると，分子に含まれるアミド結合は $2n-1$ 個になる。

$$2n-1=225 より　　n=113$$

ナイロン66の構造式は

HO$-$C$+$(CH$_2$)$_4$$-C-NH+$(CH$_2$)$_6$$-N+$H
　　‖　　　　　　‖　　　　　　　　｜
　　O　　　　　　O　　　　　　　　H$]_n$

よって，求める分子量は

$$226.0n+18.0=226.0×113+18.0=25556≒2.56×10^4$$

(3)(i)(キ)　化合物C 88.5mgに含まれるC原子，H原子の質量は

$$C：220×\frac{12.0}{44.0}=60.0〔mg〕　　H：49.5×\frac{2.0}{18.0}=5.50〔mg〕$$

物質量比は

$$C：H=\frac{60.0}{12.0}：\frac{5.50}{1.0}=10：11$$

より，組成式は $C_{10}H_{11}$（分子量131.0）で，化合物Cはカルボニル基2つとアミド結合をもつので，1分子中に少なくともO原子2個，N原子1個を含む。

ここで $NO_2=46.0$ であり，131.0+46.0=177.0となり分子量と一致するので，分子式は $C_{10}H_{11}NO_2$ である。

(ク)・(ケ)　化合物Cはヨードホルム反応陽性で化合物E（ヨードホルム）CHI_3 を生じるため，1つのカルボニル基はアセチル基である。また化合物Cはアミド結合をもつので，もう1つのカルボニル基はアミド結合を形成している。条件を満たす構造を考えると，化合物Cは次のように決まる。

（構造式：ベンゼン環に $-C(=O)-NH-CH_3$ と $-C(=O)-CH_3$ が結合した化合物）

(コ)　アセチレンに水を付加すると，ビニルアルコールを生じるが，ビニルアルコールは不安定なので，異性化して化合物**H**であるアセトアルデヒドが生じる。

(サ)　化合物**C**のアミド結合を加水分解して生じる化合物**F**の構造は次の通り。

（構造式：ベンゼン環に $-C(=O)-OH$ と $-C(=O)-CH_3$ が結合した化合物）

化合物**F**のカルボキシ基，カルボニル基両方を還元して得られ，分子量 152 のヒドロキシ基を 2 つもつのが化合物**G**である。

（構造式：ベンゼン環に $-CH_2-OH$ と $-CH(-OH)-CH_3$ が結合した化合物）

化合物**G**　1 分子と化合物**H**　1 分子が脱水縮合して新たに生じる七員環構造をもつものが化合物 **I** である。

（反応式：ベンゼン環に $-CH_2-OH$ と $-CH(-OH)-CH_3$ が結合した化合物 $+$ $H-C(=O)-CH_3$ $\longrightarrow$ ベンゼン環に $-CH_2-O-$ と $-CH(-CH_3)-O-CH-CH_3$ の七員環構造をもつ化合物 $+ H_2O$）

(ii)(シ)〜(セ)　化合物**D**はアミド結合をもたず，さらし粉で呈色すること，化合物**D**の加水分解生成物の化合物**J**がアゾ化合物をつくることから，化合物**D**の一方の置換基はアミノ基とわかる。

化合物**K**は不飽和結合をもつ分子量 86.0 のカルボン酸であるから C_3H_5COOH で，シス-トランス異性体がないからメタクリル酸

（構造式：$H_2C=C$ に CH_3 と $COOH$ が結合）である。メタクリル酸のメチルエステル**M**の付加重合体

の $\left[\begin{array}{c} CH_3 \\ | \\ H_2C-C \\ | \\ COOCH_3 \end{array}\right]_n$ は，有機ガラスと呼ばれている。

化合物Dの加水分解でカルボン酸Kが得られるから，化合物Dはパラ二置換体のエステルで，分子式より $H_2N-\langle\!\!\!\bigcirc\!\!\!\rangle-O-\underset{\underset{CH_3}{|}}{\overset{\overset{O}{\|}}{C}}-C=CH_2$ とわかる。

化合物Dから化合物J $H_2N-\langle\!\!\!\bigcirc\!\!\!\rangle-OH$ を経て得られる化合物Lは

$HO-\langle\!\!\!\bigcirc\!\!\!\rangle-N=N-\langle\!\!\!\bigcirc\!\!\!\rangle-OH$ である。

講評

　2024年度も大問3題の出題で，理論，無機，有機，高分子の分野から出題されている。問題の分量は2023年度とほぼ同程度であり，難易度も同程度であった。硫酸の2段目の電離平衡，黒鉛の密度計算など演習経験の有無で出来が左右される問題が見られた。設問数は多く，時間を要するので，全問を解くのは時間的にも厳しい。

　1はアンモニアの性質，アンミン錯イオン，水素製造に関する熱化学，ハーバー・ボッシュ法に関する化学平衡に関する問題である。(1)のアンモニアの性質，アンミン錯イオンに関する問題は頻出で基本的なものであった。(2)の水素製造に関する熱化学も，しっかり学習してきた受験生なら解答できただろう。(3)のハーバー・ボッシュ法に関する化学平衡の問題では濃度平衡定数と圧平衡定数の関係を問われた。

　2は硫黄の性質，硫酸の工業的製法，希硫酸の電離平衡，黒鉛の構造，リチウムイオン電池に関する問題である。(1)の希硫酸の電離平衡は，二次方程式を解く必要もあり，問題演習の経験がないと勘違いをしてしまう可能性がある。(2)の黒鉛の構造は計算に時間がかかる。リチウムイオン電池の極板の質量を求める問題は，設定が珍しい。

　3は油脂，ナイロン66，芳香族アミド化合物，芳香族エステル化合物に関する問題である。(1)の油脂の問題では，油脂に含まれる炭素間二重結合の数から脂肪酸中に含まれる炭素間二重結合の数を決定する過程

は思考力が必要であった。(3)の芳香族アミド化合物，芳香族エステルの問題では，アセタール化の環構造の生成では思考力が，メタクリル酸メチルについては知識が必要となり，総合力が問われた。

　例年のことであるが，時間内に全問題を解答するのは難しいので，問題の難易度を見極め，短時間で解くことができる設問を見きわめる能力も合否を左右することになったと思われる。多くの問題演習を行うことにより，いろいろな問題に対応できるようにしておきたい。また，教科書の発展学習の内容もよく問われるので，過去問でどのようなことが問われやすいかを把握しておくことも重要である。

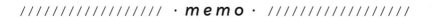

2023
年度

解答編

解答編

英語

1 解答
[1] (1)—4　(2)—2　(3)—3　(4)—1
[2] (い)—2　(ろ)—3　(は)—4　(に)—3　(ほ)—1
[3]—3　[4]—2
[5] (ア)—1　(イ)—1　(ウ)—4　(エ)—2　(オ)—1　(カ)—4　(キ)—1
(ク)—4　(ケ)—3　(コ)—2

◆全　訳◆

≪ロボット倫理学が果たす役割≫

　ロボット倫理学は，ロボット技術の倫理的な影響と結果を理解すること
を目的として，応用倫理学とロボット工学が大ざっぱに交わる，多分野に
またがる発展中の研究活動である。ロボット倫理学への最良の研究方法で
は，ロボット工学，コンピュータサイエンス，心理学，法学，哲学などの
さまざまな分野の研究者，理論家，学者と対話をしていることを，この論
文は示している。ロボット工学の多くの分野が影響を受けており，特にロ
ボットが人間と触れ合う分野はそうであり，それは高齢者の介護および医
療用ロボットから，軍事用ロボットを含む捜索および救助用ロボットや，
あらゆる種類のサービスおよびエンターテインメント用ロボットに及ぶ。
当初は，軍事用ロボットが議論の主要点であったが（例えば，自律型ロボ
ットは，死をもたらすような力を使ったり，自律的に決定を下したりする
ことを許されるべきかどうか，あるいはいつなら許されるか，など），近
年では，特に社会的なロボットにおいて，他のタイプのロボットの影響も
同様にますます重要なテーマになっている。

　例えば，非常に辛い夜を過ごして苦しいほどの痛みがある高齢者 P を
支援するロボット R を検討してみよう。R には P の痛みを最小限にする
という目標があるので，P がベッドでより快適な姿勢を見つけるのを R
が手伝えるかどうかを R は P に尋ねるが，P はその代わりに鎮痛剤を求

める。R は P にどの薬を与える前にもネットワークでつながった人間の管理者と相談する義務があるが，管理者と連絡しようとする繰り返しの試みがうまくいかない。R は何をするべきか？ P を痛がるままにしておくか，それとも P に鎮痛剤を与えるか（例えば，P の場合には鎮痛剤を服用することは重要ではないことを R は知っているので）。人間の健康管理提供者なら何をするだろうか？ これは多くの起こり得る事態の１つであり，そこでは意志決定の（限定的な）能力を持つ将来の自律型ロボットが社会的な状況で道徳上のジレンマに出合うかもしれない。彼らが何をしようとも，彼らは人間に痛みと苦しみをもたらす可能性がある。それでは，問題は，こうしたロボットがどのように反応すべきか，つまり，ロボットは規則を無視し，（共感のような）道徳的な感情を用いる能力を持ち，その推論，意志決定，最終的にはその決定と行動の正当化に強い影響を与えうる（何らかの倫理的な理論に基づいた）何らかの一般的な倫理的理解を行う能力を持つことが許されるべきかどうかということである。

ロボット倫理学は初期段階の多分野にまたがる領域で，上記で提起された問題のいずれもがまだ決定的な答えを得られていない。実際，その領域はまだ独自の統合的な方法論を開発していない。特に哲学とロボット工学界から，このテーマに関する研究刊行物の数が増えて，それらはさまざまな視点からロボット技術に関連する倫理的な問題について議論しているが，最近では自律型ロボットに対する倫理的な文脈での人間の態度と判断を評価するために，実証的な方法を採用する試みが多くなっているのを目にし始めた。自律型ロボットが人間に及ぼす起こり得る影響を確認するために，（概念的な分析に加えて）もっと統合的な方法と実証的な研究を用いる傾向が明確である。これは今後の研究の重大な方向性となるだろう。同様に，ロボットの行動と振る舞いを抑制するために（例えば，ロボットが特定の状況では許されていない行動をするのを防ぐために），倫理的な推論と意志決定の技術を（例えば，機械倫理学から）統合する自律型ロボット用のコンピュータ・アーキテクチャを研究することも重要になるだろう。科学の側では，個人的なレベルと社会的なレベルの両方で，ロボット技術が人間に与える影響についての問題点に徹底的に答えなければならないだろう。そして，技術の側では，特に自動化が急速に進んでおり，モバイル用自律型ロボットがますます配置されているので（例えば，農業用自動運転車か

らおもちゃまで），ロボットが引き起こすかもしれない潜在的な有害な要素を最小限にするアルゴリズムを開発しなければならない。

━━━━◀解　説▶━━━━

▶［1］(1)空所を含む文の前半には「当初は，軍事用ロボットが議論の主要点であった」とあるが，後半では「近年では，他のタイプのロボットの影響も同様にますます重要なテーマになっている」と議論の対象が広がっていることが述べられている。両者をつなぐ接続詞は逆接を表す 4．while「～だけれども」が適当である。

(2)空所を含む文の後半に「P がベッドでより快適な姿勢を見つけるのを R が手伝えるかどうかを R は P に尋ねる」とあり，前半の「R には P の痛みを最小限にするという目標がある」は「R が P に尋ねる」理由を表していると考えられるので，理由を表す 2．since「～なので」が正解。

(3)空所を含む文の前の文（This is one of…）では「自律型ロボットが…道徳上のジレンマに出合うかもしれない」と述べられているが，それにはロボットに自律的に考え行動する能力が与えられているという前提条件が伴う。今度はその前提条件の是非を問うことになる。よって，3．then「それでは」が正解。

(4)空所前方に critical「重大な」とあり，空所後方にも significant「重要な」があるので，1．similarly「同様に」が正解である。

▶［2］(い)空所を含む文は「ロボット工学がロボット倫理学の影響を受けている」の意味になるので，動詞 impact「影響を与える」は受動態 be impacted「影響を受けている」が使われる。よって，2．impacted が正解。

(ろ)duplicate は「（不必要に）繰り返す」の意味なので，文意に合わない。空所直後の attempts「試み」は繰り返される立場になるので，過去分詞の 3．repeated が正解。

(は)number「数」が増えるという表現では enlarge「拡大する」は使われない。「数」は増える立場になるので，現在分詞の 4．increasing が正解。

(に)1．gifted は「才能のある」という意味なので，文意に合わない。2．give は動詞の原形なので，文法的に不可。context「状況」を修飾するのにふさわしいのは 3．given「特定の」である。

(ほ)空所前方の are … being から，受動態の進行形が使われていると考えら

れるので，空所には過去分詞が入る。displace「～に取って代わる」の受
動態では「（ロボットが）取って代わられている」の意になり，文意に合
わない。よって，deploy「配置する」の過去分詞の 1．deployed が正解。

▶［3］挿入文は「彼らが何をしようとも，彼らは人間に痛みと苦しみを
もたらす可能性がある」の意味になる。no matter what *A do*「*A* が何を
しようとも」 cause *A B*「*A* に *B* をもたらす」 また，「彼らが何をしよ
うとも」とあるので，彼らはいくつかの選択肢の中から何かを行わなけれ
ばならない状況にあると考えられる。第 2 段第 5 文（Leave *P* in pain
…）に「*P* を痛がるままにしておくか，それとも *P* に鎮痛剤を与えるか」
とあるので，3．［C］が正解である。

▶［4］X を含む文は「ロボット技術が人間に与える影響についての問題
点に徹底的に答えなければならない」とロボット倫理学の役割を述べてい
るので，X には science が入る。Y を含む文は「ロボットが引き起こすか
もしれない潜在的な有害な要素を最小限にするアルゴリズムを開発しなけ
ればならない」と述べているので，Y には engineering が入る。よって，
正解は 2 である。

▶［5］㋐第 1 段第 2 文（This article argues that …）に「ロボット倫理
学は，…さまざまな分野の研究者，理論家，学者と対話をしている」とあ
るので，1．disciplines「学問分野」が正解。

㋑第 1 段第 4 文（（　1　）military robots were initially …）に「当初は，
軍事用ロボットが議論の主要点であった」とあるので，1．military「軍
事用の」が正解。

㋒第 1 段第 4 文（（　1　）military robots were initially …）にある
「（例えば，自律型ロボットは，死をもたらすような力を使ったり，自律
的に決定を下したりすることを許されるべきか否か…）」はロボットが人
間の指示・監督を受けずに自ら判断し行動をすることを意味する。よって，
4．oversight「監督，監視」が正解。

㋓第 2 段第 7 文（This is one of …）に「意志決定の（限定的な）能力を
持つ将来の自律型ロボットが社会的な状況で道徳上のジレンマに出合うか
もしれない」とあるので，2．conundrum「難問」が正解。

㋔第 2 段第 3 文（*R* has an obligation …）に「ネットワークでつながっ
た人間の管理者と相談する義務がある」とあるので，1．protocol「プロ

トコル（通信上の規約）」が正解。

㈹第 2 段第 3 文（R has an obligation …）に「ネットワークでつながった人間の管理者と相談する義務がある」とあるので，4．permission「許可」が正解。

㈺第 2 段最終文（The question（　3　）becomes …）に「ロボットは規則を無視し，（共感のような）道徳的な感情を用いる能力を持ち，…」とあるので，1．compassion「同情」が正解。

㈻第 3 段第 1 文（Robot ethics is …）に「ロボット倫理学は初期段階の多分野にまたがる領域」とあるので，4．new「新しい」が正解。

㈼第 3 段第 6 文（（　4　），it will be significant …）に「（ロボットが特定の状況では許されていない行動をするのを防ぐために）…コンピュータ・アーキテクチャを研究する」とあるので，3．navigate「うまく切り抜ける」が正解。

㈿第 3 段最終文（And on the（　Y　）side, …）に「ロボットが引き起こすかもしれない潜在的な有害な要素を最小限にするアルゴリズムを開発しなければならない」とあるので，2．harm「害」が正解。

━━━━━━　●語句・構文●　━━━━━━

（第 1 段）interdisciplinary「多分野にまたがる」 roughly in the intersection of ～「～が大ざっぱに交わって」 applied ethics「応用倫理学」 with the aim of *doing*「～することを目的として」 argue that ～「～であると示す」 those＝areas of robotics　interact with ～「～と触れ合う」 ranging from *A* to *B*, to *C*「*A* から *B* や *C* に及ぶ」 initially「当初は」 autonomous robots「自律型ロボット」 be allowed to *do*「～することを許される」 lethal「死をもたらすような」

（第 2 段）in agonizing pain「苦しいほどの痛みがある」 help *A* *do*「*A* が～するのを手伝う」 pain medication「鎮痛剤」 remote「ネットワークでつながった」 inconsequential「重要ではない」 how 節と whether 節が同格的に並んでいる。be allowed to に override, be, be の 3 つの原形動詞が続く。override「無視する」 employ「使用する」 関係詞節 that の先行詞は understanding。guide「強い影響を与える」

（第 3 段）be answered conclusively「決定的な答えを得られる」 have yet to *do*「まだ～していない」 関係詞 that の先行詞は research publications。we started が主節のＳＶ。to employ 以下は attempts を修飾する形容詞的用法の to 不定詞。empirical methods「実証的な方法」to evaluate 以下は目的を表す副詞的用法の to 不定詞。a trend toward *doing*「〜する傾向」 apply「用いる」 conceptual analysis「概念的な分析」 autonomous robots can have on humans は接触節で the possible effects を修飾。it は形式主語で to investigate 以下を指す。investigate「研究する」 関係詞 that の先行詞は computational architectures。to constrain 以下は目的を表す副詞的用法の to 不定詞。prevent *A* from *doing*「*A* が〜するのを防ぐ」 impermissible「許されていない」 the human impact of robot technology「ロボット技術が人間に与える影響」as は理由を表す接続詞。move forward「進む」

2　解答

[1] ①—2　②—1　③—2　④—3
[2] (1)—4　(2)—3　(3)—1　(4)—2
[3]—4・5
[4] (32)—8　(33)—1　(34)—5　(35)—4　(36)—9

━━━━━━━◆全　訳◆━━━━━━━

≪未知に向けて開けられた扉≫

　未知に向けて扉を開けておきなさい，暗闇への扉を。そこは最も大切なものがやって来るところであり，あなた自身がやって来たところであり，あなたが向かっていくところでもある。3年前に，私はロッキー山脈でワークショップを開いていた。ある学生が，彼女によるとソクラテス以前の哲学者メノンのものだという引用文を持ってやって来た。それには，「あなたにとってその性質が完全に未知であるものをどうやって探し始めるのだろうか？」と書かれていた。私はそれを書き写し，そしてそれ以来その言葉は私の頭から離れない。この学生は水中の泳者を写した半透明の大きな写真を制作し，光が差し込む状態でそれらを天井からつり下げたので，その間を歩くと泳者の影が自分の身体に映ることになり，その空間自体が水中であるかのような神秘的な感じがするようになった。彼女が携えてきた問いは私には人生における戦術的な基本的な問いのように思われた。私たちが欲するものは変化する傾向があるが，その変化の先には何があるかを私たちは知らないか，あるいは知っていると思っているにすぎない。愛，

知恵，恩寵，霊感——ある点では自我の境界を未知の領域へと押し広げ，誰か他の人になることを目的とするこれらのことをどのようにして探し始めるのだろうか？

　確かに，あらゆるタイプの芸術家にとって，未知のもの，つまりまだ到来していないアイデアや形式や意見は見つけなければならないものである。扉を開けて，予言，未知のもの，見知らぬものを招き入れるのが芸術家の責務である。そこは彼らの作品がやって来るところである，もっともその到来はそれを我がものにする長く厳しい過程の始まりを示しているのだが。J.ロバート=オッペンハイマーがかつて語ったように，科学者も「いつも『神秘の縁』——未知との境界——に生きている」　しかし，彼らは未知を既知に変え，漁師のようにそれを引き上げるが，芸術家はあなたをその暗い海の中に引きずり込む。

　「哲学的な発見に関して，すべての経験が教えることは，そのような発見においては，私たちが主に計算をしなければならないのは予期できぬことに基づいてである」と，エドガー=アラン=ポーは明言した。ポーは，事実や計測という冷徹な計算を意味する calculate という語を，計測や計算ができずただ予期するしかない "the unforeseen" と意識的に並べている。予期できぬことに基づいてどのように計算するのだろうか？　それは予期できぬことの役割を認める術，思いがけない出来事の中でバランスを保つ術，偶然と手を携える術，世界には本質的に神秘があるので計算，計画，制御には限界があることを認める術のように思われる。予期できぬことを計算することは，おそらく人生が私たちに最も求めるまさしく逆説的な営みなのである。

　1817 年の真冬のあの有名な夜に，詩人のジョン=キーツは何人かの友人と話しながら家路についていたが，「私の心の中でいくつかのことがつながり合い，特に文学で，どんな資質が偉業を成す人間を作り出すのかが突然私の心に浮かんだ…。私は消極的能力のことを言っている，つまり，そのときには，人間は不確実，神秘，疑いのうちに留まる能力があり，いら立って事実や道理を得ようとはしない」　いずれにしても，この考え方が，古地図に「未踏の地」と記された場所のように，繰り返し浮かんでくる。

　「街で道を見つけられないことは，おそらくおもしろくもなくつまらないことだろう。それが必要とするのは無知である——それだけである」

と，20 世紀の哲学者・随筆家ヴァルター=ベンヤミンは言う。「しかし，街で自分を見失うこと――人が森で自分を見失うように――それはかなり異なった修練を必要とする」 迷うこと。それは官能的な降伏で，迷いに抱かれて，世界に紛れ込み，周囲にあるものが消えてしまうほど，存在しているものの中に身をすっかり沈み込ませる。ベンヤミンの言い方を借りれば，迷うことは完全にその場に身を置くことであり，完全にその場に身を置くことは不確実性と神秘の中に留まっている能力があることである。そして，人は道に迷うのではなく自分を見失うのであり，それにはそれが意識的な選択であり，選ばれた降伏であり，所在を通して達成される精神状態であるという意味合いがある。

　その性質がまったく未知であるものは，たいてい見つける必要があるもので，それを見つけるには迷いさえすればよい。"lost" という語は，軍隊の解散を意味する古ノルド語の *los* に由来し，この由来は隊列を離れて故郷に帰る兵士，広い世界との停戦協定を示唆する。多くの人々が自分の軍隊を決して解散せず，自分が知っていることを決して超えて行かないことを，私は懸念している。広告，人騒がせなニュース，テクノロジー，絶え間のない忙しさ，公私の空間デザインがそうした状況を作るのに重なり合って加担する。

━━━━━━━━━ ◀解　説▶ ━━━━━━━━━

▶［1］① tactical「戦術的な」とほぼ同義となる 2．strategic「戦略の」が正解。1．「架空の」　3．「十分な」　4．「緊急の」

② anticipated「予期されて」とほぼ同義となる 1．conjectured「推測された」が正解。3．「まねられた」

③ conscious「意識的な」とほぼ同義となる 2．deliberate「よく考えた上での」が正解。1．「思いやりのある」　3．「自発的な」

④ truce「停戦協定」とほぼ同義となる 3．pact of peace「平和条約」が正解。1．「戦争の決定」

▶［2］⑴空所直後にある the unknown「未知のもの」，the unfamiliar「見知らぬもの」と似た意味合いを含む 4．prophesies「予言」が正解。
⑵空所後方に with があり，the word "calculate" with "the unforeseen" の構文で使える動詞を考えると，3．の juxtapose *A* with *B*「*A* を *B* と並べる」が正解である。他の動詞には *A* with *B* を伴う構文はない。

⑶空所前方の uninteresting「おもしろくない」と同様の意味を持つ語を考えると，１．banal「つまらない」が正解。２.「複雑な」　３.「破壊的な」

⑷最終段第１文（That thing the nature …）に「その性質がまったく未知であるものは，たいてい見つける必要があるもの」とあり，未知のものを知ることは現在知っていることを超えて行かなければならない。よって，２．beyond「〜を超えて」が正解。

▶［3］１.「文学で偉業を成す男性（あるいは女性）は自分の偉業は成果を挙げていないと信じる傾向がある」　第４段第１文（On a celebrated midwinter's …）に a Man of Achievement in Literature について言及があるが，「文学で偉業を残す人間には消極的能力が備わっている」と述べられているので，不一致。

２.「意図的に迷うことは不可能である」　第５段最終文（And one does not …）に「自分を見失うのであり，…それが意識的な選択であり」と述べられているので，不一致。

３.「メノンの学生は泳者の透けて見える写真をつり下げ，人々の身体に映像を映すように光を差し込ませた」　第１段第３〜７文（Three years ago, … aquatic and mysteryous.）から，この学生は著者が開いたワークショップの学生と考えられるので，不一致。

４.「古ノルド語の *los* は軍隊が解散し兵士が故郷に帰ることを意味する」最終段第２文（The word "lost" comes …）と一致。

５.「本当に私たちを変えるものは私たちが前もって知るのが難しいものである」　第１段第９文（The things we want …）に「私たちが欲するものは変化する傾向があるが，その変化の先には何があるかを私たちは知らない」とあるので，一致する。

６.「あなたは知らない人々のために扉を開けたままにしておくべきだ」第１段第１文（Leave the door open …）に「未知に向けて扉を開けておきなさい」とあるので，不一致。

▶［4］１.「本当はそれが何であるかを知らない場合，どのようにして何かを見つけるのだろうか？」

２.「文学作品を書く人々は事実や道理を気にしない」

３.「都会での啓発は森の中を歩く準備をしてくれない」

4.「哲学で何か新しいものを学ぶには，何よりも，前もって知ることができないものがあることを知る必要がある」

5.「文学で何かを成し遂げる人々は事実や道理を求めようとせずに不確実とともに生きる能力を持っている」

6.「名前を知らない場合どのようにして何かを見つけるのだろうか？」

7.「哲学的に言えば，前もって何かを理解できなければ，それを学ぶことはできない」

8.「科学者は未知と既知の境界線上で生きている」

9.「森で身を委ねるのと同じように街で身を委ねるのには特殊な啓発が必要である」

(32)J. ロバート=オッペンハイマーの発言は第2段第3文（Scientists too, as J. Robert Oppenheimer …）に「科学者もいつも『神秘の縁』——未知との境界——に生きている」とあるので，8が正解。

(33)メノンの発言は第1段第5文（It read, "How will …）に「あなたにとってその性質が完全に未知であるものをどうやって探し始めるのだろうか？」とあるので，1が正解。

(34)ジョン=キーツの発言は第4段第1・2文（On a celebrated … fact and reason."）に「偉業を成す人間を作り出す資質は…消極的能力，つまり，不確実，神秘，疑いのうちに留まる能力で，事実や道理を得ようとはしないことだ」とあるので，5が正解。

(35)エドガー=アラン=ポーの発言は第3段第1文（Edgar Allan Poe declared, …）に「私たちが主に計算をしなければならないのは予期できぬことに基づいてである」とあるので，4が正解。

(36)ヴァルター=ベンヤミンの発言は第5段第3文（"But to lose oneself …）に「街で自分を見失うこと——人が森で自分を見失うように——それはかなり異なった修練を必要とする」とあるので，9が正解。

◆━◆━◆━◆━◆ ●語句・構文● ◆━◆━◆━◆━◆

（第1段）leave *A B*「*A* を *B* にしておく」 she said「彼女によれば」は挿入句。read「〜と書いてある」 go about *doing*「〜し始める」 that thing the nature of which＝that thing whose nature stay with 〜「〜の頭から離れない」 with *A B*「(付帯状況) *A* が *B* するように」 so that 〜「(結果) それで〜」 have *A do*「*A* が〜する (のを経験する)」

come to *do*「～するようになる」 strike *A* as *B*「*A* には *B* のように思われる」 on the other side of ～「～の先に」 be about *doing*「～することを目的とする」

(第 2 段) stripe「タイプ」 It は形式主語で to open 以下を指す。invite in ～「～を招き入れる」 although ～「もっとも～だが」 disciplined「厳しい」 make it their own「それを我がものにする」 as「～のように」 transform *A* into *B*「*A* を *B* に変える」 haul *A* in「*A* を引き上げる」 get *A* out into *B*「*A* を *B* に入れる」

(第 3 段) in matters of ～「～に関して」 it is ～ upon which …「(強調構文) …なのは～である」 calculate upon ～「～に基づいて計算する」 an art of に recognizing, keeping, collaborating, recognizing の 4 つの動名詞句が続く。keep *one's* balance「バランスを保つ」 surprise「思いがけない出来事」 collaborate with ～「～と手を携える」 require *A* of *B*「*B* に *A* を求める」

(第 4 段) celebrated「有名な」 dovetail「つながり合う」 it は形式主語で what quality 以下の間接疑問文を指す。strike「～の心に浮かぶ」 irritable「いら立っている」 reach after ～「～を得ようとする」 one way or another「いずれにしても」 occur「思い浮かぶ」 terra incognita「未踏の地」

(第 5 段) may well ～「～だろう」 nothing more「それだけのこと」 lose *oneself*「自分を見失う」 call for ～「～を必要とする」 voluptuous「官能的な」 in *one's* arms「抱かれて」 so that ～「～するように，～するほど」 the implication「意味合い」と that 節は同格。achievable「達成できる」

(最終段) a matter of *doing*「～すれば済むこと」 come from ～「～に由来する」 origin「由来」 fall out of ～「～を離れる」 formation「隊列」 conspire「重なり合って加担する」

3 **解答** ［1］①—2　②—3　③—3　④—2
　　　　　　　［2］(1)—5　(2)—6　(3)—8　(4)—3　(5)—3
(6)—4　(7)—7　(8)—8

━━━━━◆全　訳◆━━━━━━━━━━━━━━━━

≪留学する女性と空港に見送りに来た男性との会話≫

ヒヨシ：あなたがいなくなると寂しくなるよ！　これをやめるようにあな
　　　　たと話ができればよかった！

ヤガミ：これは小さい女の子のときからずっと私がやりたいと思ってきた
　　　　ことなの。私が戻って来たときに，あなたは私をヤガミ博士と呼
　　　　ばなければならないわよ！

ヒヨシ：できるだけ早くあなたを訪ねるよ。僕に時間を割いてくれること
　　　　を願ってる。あなたが熱心に勉強するつもりなのはわかっている
　　　　からね。

ヤガミ：いつでもあなたのために時間を作るわ。グランドキャニオンか何
　　　　かを見に行けるわね。

ヒヨシ：それはいいね。僕も黙々と取り組んで一生懸命仕事をするよ。な
　　　　んとか忙しくしていれば，あっと言う間に時間が過ぎていくと知
　　　　っているから。でも，向こうに着いたとたんに誰かインテリと恋
　　　　に落ちないでくれよ。僕があなたにほれ込んでいるのは知ってい
　　　　るよね。

ヤガミ：心配しすぎよ！　私が恋に落ちるのは量子機構だけよ。私がいつ
　　　　も言っていることを知っているでしょ，少女よ，大志を抱け！

ヒヨシ：それはあなたを完璧に言い表しているね。これは敏腕家と恋に落
　　　　ちたことに支払わなければならない代償だと思っているよ。会わ
　　　　ないでいると人の心はいっそう愛情が深くなると言うよね。だか
　　　　ら，次の3年間で僕はあなたのことをもっと好きになるよ。

ヤガミ：そろそろ行ったほうがいいわね。向こうに着いたらすぐにメール
　　　　を送るわ。

━━━━━◀解　説▶━━━━━

▶［1］①下線部の talk *A* out of *B* は「*A* に話して *B* をやめさせる」と
いう意味なので，2の convince *A* not to go「*A* に行かないように説得す
る」が正解。4.「うまくいくだろうと言って安心させる」

②下線部の head over heels は「ほれ込んでいる」という意味なので，3．crazy「夢中で」が正解。1．「心配して」　2．「困惑して」

③下線部の to a T は「完璧に」という意味なので，3．perfectly「完全に」が正解。1．「アルファベット順に」　2．「数学的に」　4．「ひどく」

④下線部の a go-getter は「敏腕家，やり手」という意味なので，2．an ambitious person「野心的な人」が正解。3．「頭の回転の速い人」　4．「貪欲な人」

▶[2] (1)空所を含む部分は「カリフォルニアに無事に着いた」の意味になると考えられるので，5 が正解。make it to 〜「〜に着く」

(2)ヒヨシはヤガミを空港で見送りに来ていたので，6 が正解。see *A* off「*A* を見送る」

(3)空所後方に「どれくらいやれるか見る」とあるので，8 が正解。push *oneself*「がんばる」

(4)ヒヨシの 3 番目の発言第 4 文（Now don't go falling …）で「誰かインテリと恋に落ちる」と言っているので，3．intellectual「インテリ」が正解。

(5)ヤガミの 3 番目の発言第 2 文（The only thing I'll …）で「私が恋に落ちるのは量子機構だけよ」と言っているので，3 が正解。love interest「恋の相手」

(6)ヤガミの 3 番目の発言最終文（You know what I …）で「少女よ，大志を抱け」と言っているので，4 が正解。make *one's* mark「成功する」

(7)空所後方に「あなたを連れて行く最良の場所を見つける」とあるので，彼女は訪れる場所を調べると考えられる。よって，7．scouting「調べること」が正解。

(8)空所前方に「1 週間かそこらある」とあるので，8 が正解。settle in「落ち着く」

4 [1]　解答例　科学者が自分の研究に強い関心を持つ理由は，研究の実用性や自然の過程を解き明かす喜びといった表面的なものではない。科学者は自然界の摂理の未知の法則性を求め，美しい調和を構成する統一性と全体性を見つけたいと願っている。（90〜110 字）

━━━━━━━━━━◆全　訳◆━━━━━━━━━━━━━━━━━

≪科学者が自分の研究に強い関心を抱く理由≫

　私が検討したい基本的な質問は次のことである。科学者は多くの場合自分の研究になぜそれほど強い関心を持っているのか？　それは単に役に立つからであろうか？　彼らの研究の実用的な可能性は一般的に彼らにとって二次的な関心であることを知るためには，そのような科学者と話をしさえすればよい。他の何かが最も重要なのである。それは何であろうか？

　それでは，科学者は謎を解くのが好きということなのであろうか？　自然の過程がどのように作用するかを示すことで，自然の過程を説明するという課題を達成する「快感」を得たがっているのだろうか？　もちろん，科学者は研究のこのような側面をしばしば楽しいと感じるかもしれない。それにもかかわらず，当然ながらそのような喜びは，これよりもはるかに奥深い何か他のものの副産物でなければならない。実際のところ，科学者が主にそのような喜びを手に入れ，できるだけ長くその喜びを持続させるために研究をしているのなら，その活動はかなり無意味でつまらないだけではなく，その研究を有効に実行するのに必要とされるものに反してもいるだろう。

　したがって，科学者がなぜ自分の研究にそれほど強い関心を持っているのかという質問への答えはそのような表面的なレベルでは見つけられないように思える。科学者は自分にとって喜びよりはるかに重要な何かを探している。この何かが何であるかの１つの側面は，研究は究極的には以前は未知であった新しいものを発見することに向けられていることに注目することで示されるかもしれない。しかし，もちろん，科学者が欲するのは違った並外れたものに取り組むという新しい経験だけではない――これは実際にはもう１つの「快感」にすぎないであろう。むしろ，彼が本当に求めているものは，ある根本的な意味を持っている何か新しいもの，つまり，広範囲な現象で統一性を示す，自然界の摂理における，従来知られていなかった法則性，を知ることである。したがって，彼は自分が住んでいる現実世界で，美しいと感じられる一種の調和を構成しているある統一性と全体性，つまり完全性を見つけたいと思っている。

━━━━━━━━━━◀解　説▶━━━━━━━━━━━━━━━━━

　第１段第１文（The basic question that …）に「科学者は自分の研究

になぜそれほど強い関心を持っているのか」と本文のテーマが提示されている。それに対する表面的なレベルでの答えが順次挙げられている。第 1 段第 2・3 文（Is it merely because … interest to them.）では，「研究の実用的な可能性」が指摘されている。第 2 段第 1・2 文（Is it then that … how it works?）では，「謎を解くという課題を達成する『快感』」が述べられている。これらは科学者にとって二次的な関心であって，科学者が本当に求めているものは，第 3 段最終 2 文（Rather, what he is … to be beautiful.）に述べられている「自然界の摂理において広範囲な現象で統一性を示す法則性」や「美しいと感じられる調和を構成している統一性と全体性」を発見することにある。以上の流れをまとめて要約文を作る。本文中の Rather に注目すると，論点の転換が理解しやすくなる。

◆━◆━◆━◆━◆　●語句・構文●　◆━◆━◆━◆━◆━◆━◆━◆━◆

（第 1 段）It is only necessary to *do*「〜しさえすればよい」 utilitarian possibilities「実用的な可能性」 of secondary interest「二次的な関心で」

（第 2 段）Is it that 〜?「〜ということだろうか」 kick「快感」 meet the challenge「課題を達成する」 of は同格。find *A B*「*A* を *B* と感じる」 come as 〜「〜である」 go deep「奥深い」 if 以下の文は仮定法過去の文。get hold of 〜「〜を手に入れる」 not only *A* but also *B*「*A* だけでなく *B* も」 contrary to 〜「〜に反して」 carry out 〜「〜を実行する」

（第 3 段）that 節の中では the answer が主語で is not to be found が述語動詞。is to *do*「（可能）〜できる」 superficial「表面的な」 One aspect の述語は can be indicated。be aimed at 〜「〜に向けられている」 関係代名詞 that の先行詞は something new。it is 〜 that …「（強調構文）…なのは〜である」 work on 〜「〜に取り組む」 out of the ordinary「並外れた」 little more than 〜「〜にすぎない」 rather「むしろ」 hitherto「これまでは」 lawfulness「法則性」 the order of nature「自然界の摂理」 関係代名詞 which の先行詞は lawfulness。 find の目的語は a certain oneness and totality, or wholeness。

4 [2] **解答例** It is a shame to use the Internet in this way, as the Internet is a space where various kinds of people can express their wide variety of backgrounds, experiences, and personalities and interact with each other.

■■■■■■■■■ ◀解　説▶ ■■■■■■■■■

　形式主語 It を使う構文を用いる。「もったいない」→「残念だ」a pity / a shame / regrettable 「〜できるインターネット」は修飾部分が長いため，the Internet is a space where … とするとよい。「様々な」various kinds of / different kinds of 「多種多様な」wide variety of / broad range of 「〜と交流する」interact with 〜 / communicate with 〜

❖講　評

　2022 年度は大問数が 5 題であったが，2023 年度は大問数が 1 題減って大問 4 題の出題となった。読解問題 2 題，会話文問題 1 題，読解・英作文問題 1 題という構成であった。2021・2022 年度はすべてマークシート法であったが，2023 年度は記述式の要約と英作文が出題された。

　読解問題：**1** は，ロボット倫理学を扱った英文で，ロボットに自律的な判断能力を与える場合の問題点を考察している。少し専門的な用語があるものの，今話題になっているテーマなので理解するのは難しくないであろう。接続詞，副詞の空所補充は前後の文脈を理解して答える必要がある。動詞の語形を選ぶ問題はそれほど難しくない。欠文挿入箇所は，コロンがあるので，関連する直前の内容や they が指すものを考える。要旨文の空所補充は，本文の該当箇所を確認しながら解答する。なじみのない語がある場合は消去法で考えるとよいだろう。

　2 は，未知のものへ扉を開けておき，既知から脱して未知に身を任せることで変化をもたらすことを説く英文である。内容に，抽象的で哲学的な面があるので，理系の受験生には理解しにくい英文である。同意表現を選ぶ問題はそれほど難しくない。4 択の空所補充は空所前後の内容を考えるとともに，選択肢になじみのない語があるので，消去法で考えることも必要である。本文に登場する人物の発言内容を特定する問題は，該当箇所を見つけられれば，それほど難しくはない。

　4 の[1]は，科学者が自分の研究に強い関心を抱く理由を述べた英文

を読み，その内容を 90～110 字の日本語で要約する問題である。提起されているテーマとそれに対する答えを中心に要約をまとめる。表面的な答えと科学者が本当に求めていることを区別することがポイントとなる。

　会話文問題：**3** は，留学する女性と空港に見送りに来た男性との会話文である。同意表現はなじみのない慣用句が登場するが，前後の内容から判断可能である。メールの完成問題は，本文の内容とともに女性の向こうでの生活を考えて解答する。

　英作文：**4** の［2］は，与えられた和文の下線部を英語にする和文英訳である。まず，どのような構文を使うかを考え，与えられた文意を工夫して表現することが必要である。

　2023 年度は大問数が 1 題減って 4 題になったが，実質的には 5 題と考えられる。英文量はやや増加した上に，記述式の新たな問題が出題されているので，難易度はやや難化している。また，さまざまな素材が含まれる，多くの英文を短い時間で読みこなさなければならないので，時間的な余裕はない。

数学

1 ◇発想◇　教科書に書かれていることがほぼそのままの形で出題されている。微分法の基礎であるが，盲点になっているかもしれない。

(1)微分係数の定義に当てはめるだけである。定義を覚えていないと，結果である $f'(a) = 4a^3$ しかわからない。

(2)教科書では，$y = |x|$ が $x = 0$ で微分可能でないことを説明していることと思う。

(3)同様に，導関数の正負と関数の増減の関係を説明するところで平均値の定理が用いられていることであろう。

解答　(1)　$f(x) = x^4$ より

$$f(a) = a^4$$

$$f(a+h) = (a+h)^4$$
$$= a^4 + 4a^3h + 6a^2h^2 + 4ah^3 + h^4$$

であるから，$f(x)$ の $x = a$ における微分係数 $f'(a)$ は次のようになる。

$$f'(a) = \lim_{h \to 0} \frac{f(a+h) - f(a)}{h}$$
$$= \lim_{h \to 0} \frac{4a^3h + 6a^2h^2 + 4ah^3 + h^4}{h}$$
$$= \lim_{h \to 0} (4a^3 + 6a^2h + 4ah^2 + h^3) = 4a^3 \quad \cdots\cdots(答)$$

(2)　$g(x) = |x|\sqrt{x^2 + 1}$ は $x = 0$ で連続であり，$g(0) = 0$ である。

$h > 0$ のとき $|h| = h$，$h < 0$ のとき $|h| = -h$ であることに注意すれば

$$\lim_{h \to +0} \frac{g(0+h) - g(0)}{h} = \lim_{h \to +0} \frac{|h|\sqrt{h^2 + 1}}{h}$$
$$= \lim_{h \to +0} \frac{h\sqrt{h^2 + 1}}{h}$$
$$= \lim_{h \to +0} \sqrt{h^2 + 1} = 1 \quad \cdots\cdots①$$

$$\lim_{h \to -0} \frac{g(0+h) - g(0)}{h} = \lim_{h \to -0} \frac{|h|\sqrt{h^2+1}}{h}$$

$$= \lim_{h \to -0} \frac{-h\sqrt{h^2+1}}{h}$$

$$= \lim_{h \to -0} (-\sqrt{h^2+1}) = -1 \quad \cdots\cdots ②$$

となり，①，②が一致しないから

$$\lim_{h \to 0} \frac{g(0+h) - g(0)}{h} \quad すなわち \quad g'(0)$$

は存在しない。ゆえに，$g(x)$ は $x=0$ で微分可能でない。　　（証明終）

(3) 閉区間 $[0, 1]$ 上で定義された連続関数 $h(x)$ は，開区間 $(0, 1)$ で微分可能であるから，平均値の定理より，$0 \le u < v \le 1$ を満たす任意の実数 u, v に対し

$$\frac{h(v) - h(u)}{v - u} = h'(c) \quad (u < c < v)$$

を満たす実数 c が存在する。

ここで，$v - u > 0$，$h'(c) < 0$（∵ $0 < c < 1$）より $h(v) - h(u) < 0$ すなわち $h(u) > h(v)$ である。u, v は $0 \le u < v \le 1$ を満たす任意の実数であるから，$h(x)$ は区間 $[0, 1]$ で減少する。　　（証明終）

━━━━━━　◀解　説▶　━━━━━━

≪微分係数の定義，微分可能性，平均値の定理≫

▶(1)　関数 $y = f(x)$ において，極限値

$$\lim_{h \to 0} \frac{f(a+h) - f(a)}{h}$$

が存在するとき，これを $x=a$ における $f(x)$ の微分係数といい，$f'(a)$ で表す。

▶(2)　関数 $y = g(x) = |x|\sqrt{x^2+1} = \begin{cases} x\sqrt{x^2+1} & (x \ge 0) \\ -x\sqrt{x^2+1} & (x < 0) \end{cases}$

においては

$$\lim_{h \to +0} \frac{g(0+h) - g(0)}{h} \ne \lim_{h \to -0} \frac{g(0+h) - g(0)}{h}$$

となり，極限値 $\lim_{h \to 0} \frac{g(0+h) - g(0)}{h}$ は存在しない。

▶(3)　関数 $h(x)$ が閉区間 $[\alpha, \beta]$ で連続で，開区間 (α, β) で微分可

能ならば

$$\frac{h(\beta) - h(\alpha)}{\beta - \alpha} = h'(\gamma) \quad (\alpha < \gamma < \beta)$$

を満たす実数 γ が存在する。

これを平均値の定理という。この定理は存在定理といわれ，γ が存在することは保証するが，どこにあるかの情報は教えてくれない。

---

2 ◆発想◆ 空間内で設定された問題であるが，ほぼ平面内の問題として考えることができる。

　(1)基本的な計算問題である。図を描いて，それを見ながら計算を進める。

　(2)円に内接する台形はどんな性質をもつのか。これも図を描いてみることが重要である。

　(3)空間内での軌跡の問題であるが，平面 OAB に限れば，その軌跡は，角 ODA の二等分線と，角 ODA の外角の二等分線であることがわかるであろう。

解答 (1) (ア)$\dfrac{\sqrt{19}}{19}$ (イ)$30\sqrt{2}\,k$ (ウ)$2\sqrt{9k^2 - 6k + 19}$

(2) (エ)$\dfrac{2}{3}$ (3) (オ)$8\sqrt{2}$

◀解 説▶

≪空間内における円に内接する台形，点の軌跡≫

右 図 の 台 形 OACB（OA∥BC）に お い て，
OA＝4BC である。

O$(0,\ 0,\ 0)$，A$(4k,\ -4k,\ -4\sqrt{2}\,k)$ $(k>0)$，
B$(7,\ 5,\ -\sqrt{2})$ より

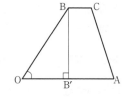

$$\overrightarrow{OA} = (4k,\ -4k,\ -4\sqrt{2}\,k)$$
$$= 4k(1,\ -1,\ -\sqrt{2}) \quad (k>0)$$
$$\overrightarrow{OB} = (7,\ 5,\ -\sqrt{2})$$

である。

▶(1) $k>0$ より

$$|\overrightarrow{\mathrm{OA}}| = 4k\sqrt{1^2 + (-1)^2 + (-\sqrt{2})^2} = 8k$$

$$|\overrightarrow{\mathrm{OB}}| = \sqrt{7^2 + 5^2 + (-\sqrt{2})^2} = \sqrt{76} = 2\sqrt{19}$$

$$\overrightarrow{\mathrm{OA}} \cdot \overrightarrow{\mathrm{OB}} = 4k\{1 \times 7 + (-1) \times 5 + (-\sqrt{2}) \times (-\sqrt{2})\} = 16k$$

より

$$\cos\angle\mathrm{AOB} = \frac{\overrightarrow{\mathrm{OA}} \cdot \overrightarrow{\mathrm{OB}}}{|\overrightarrow{\mathrm{OA}}||\overrightarrow{\mathrm{OB}}|} = \frac{16k}{8k \times 2\sqrt{19}}$$

$$= \frac{1}{\sqrt{19}} = \frac{\sqrt{19}}{19} \quad \rightarrow(\text{ア})$$

である。

頂点 B から直線 OA に下ろした垂線の足を B′ とすると，台形の高さ BB′ は

$$\sin\angle\mathrm{AOB} = \sqrt{1 - \cos^2\angle\mathrm{AOB}}$$

$$= \sqrt{1 - \frac{1}{19}} = \frac{\sqrt{18}}{\sqrt{19}} = \frac{3\sqrt{2}}{\sqrt{19}}$$

を用いて

$$\mathrm{BB}' = |\overrightarrow{\mathrm{OB}}|\sin\angle\mathrm{AOB} = 2\sqrt{19} \times \frac{3\sqrt{2}}{\sqrt{19}} = 6\sqrt{2}$$

となり，$\mathrm{OA} = |\overrightarrow{\mathrm{OA}}| = 8k$，$\mathrm{BC} = \dfrac{1}{4}\mathrm{OA} = 2k$ であるから，台形 OACB の面積は

$$\frac{1}{2}(\mathrm{OA} + \mathrm{BC}) \times \mathrm{BB}' = \frac{1}{2}(8k + 2k) \times 6\sqrt{2} = 30\sqrt{2}\,k \quad \rightarrow(\text{イ})$$

である。

$$\overrightarrow{\mathrm{AC}} = \overrightarrow{\mathrm{OC}} - \overrightarrow{\mathrm{OA}} = (\overrightarrow{\mathrm{OB}} + \overrightarrow{\mathrm{BC}}) - \overrightarrow{\mathrm{OA}} = \left(\overrightarrow{\mathrm{OB}} + \frac{1}{4}\overrightarrow{\mathrm{OA}}\right) - \overrightarrow{\mathrm{OA}}$$

$$= -\frac{3}{4}\overrightarrow{\mathrm{OA}} + \overrightarrow{\mathrm{OB}} = -\frac{3}{4} \times 4k(1, \ -1, \ -\sqrt{2}) + (7, \ 5, \ -\sqrt{2})$$

$$= -3k(1, \ -1, \ -\sqrt{2}) + (7, \ 5, \ -\sqrt{2})$$

$$= (-3k+7, \ 3k+5, \ 3\sqrt{2}\,k - \sqrt{2})$$

より

$$\mathrm{AC} = |\overrightarrow{\mathrm{AC}}| = \sqrt{(-3k+7)^2 + (3k+5)^2 + (3\sqrt{2}\,k - \sqrt{2})^2}$$

$$= \sqrt{36k^2 - 24k + 76} = 2\sqrt{9k^2 - 6k + 19} \quad \rightarrow(\text{ウ})$$

▶(2) 台形 OACB（OA∥BC）が円に内接すると
き，円周角の定理より

　　　∠BOC＝∠BAC，∠AOC＝∠ABC

が成り立ち，OA∥BC より

　　　∠ABC＝∠OAB

であるから

　　　∠AOB＝∠OAC

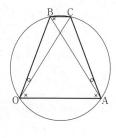

となる。よって，台形 OACB は OB＝AC の等脚台形である。したがって

　　　OB＝AC　すなわち　$2\sqrt{19}=2\sqrt{9k^2-6k+19}$

より

$$19=9k^2-6k+19 \qquad 9k\left(k-\frac{2}{3}\right)=0$$

$k>0$ より　　$k=\dfrac{2}{3}$　→(エ)

である。

〔注〕　等脚台形 OACB において，(1)の B′，頂点 C から辺 OA に下ろした
垂線の足 C′ を用いると

　　　OB′＝3k，B′C′＝2k，C′A＝3k（OA＝8k）

となっており

$$OB'=OB\times\cos\angle AOB=2\sqrt{19}\times\frac{\sqrt{19}}{19}=2$$

であるから

　　　$3k=2$　　∴　$k=\dfrac{2}{3}$

としてもよい。

▶(3)　$k=\dfrac{2}{3}$ す な わ ち 等 脚 台 形 OACB

（OB＝AC）において，直線 OB と直線 AC の交
点をDとするとき，△OBP と△ACP の面積が等
しい，という条件を満たす空間内の点 P 全体は，
直線 OB までの距離と直線 AC までの距離が等し
い点の集合である（OB＝AC であるから）ので，
点Dを通る2つの平面（平面 OAD に垂直な2平

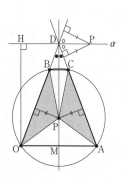

面で，一方が∠ODA の二等分線を，他方がその外角の二等分線を含む）
上の点全体から点Dを除いたものである。これら 2 つの平面のうち，線分
OA と交わらないものを α とすることから，α は∠ODA の外角の二等分
線を含むほうの平面である。したがって，点Oから平面 α に下ろした垂
線の長さは，前頁図の OH となる。

$\dfrac{\mathrm{BD}}{\mathrm{OD}} = \dfrac{\mathrm{BC}}{\mathrm{OA}} = \dfrac{1}{4}$ より

$$\mathrm{OD} = \frac{4}{3}\mathrm{OB} = \frac{4}{3} \times 2\sqrt{19} = \frac{8}{3}\sqrt{19}$$

となるから，線分 OA の中点をMとすると

$$\mathrm{OH} = \mathrm{MD} = \mathrm{OD}\sin\angle\mathrm{AOB} = \frac{8}{3}\sqrt{19} \times \frac{3\sqrt{2}}{\sqrt{19}} = 8\sqrt{2} \quad \rightarrow(\text{オ})$$

である。

3　◇発想◇　袋に玉を入れるルールになじまなければならない。各
袋の玉の個数は，増加しないことはあっても減少することはない。

　(1) 4 回目まで樹形図を作ってみよう。$2^4 = 16$ 通りの場合のう
ち袋Aの玉の個数が 3 個以上であるのは何通りあるだろう。どの
場合も $\left(\dfrac{1}{2}\right)^4$ の確率で起こる。後半の条件付き確率も樹形図を作
ってみるのが早いだろう。

　(2)硬貨の表と裏がある順番で出て袋Aの玉の個数が N であっ
たとすると，その出方の表と裏をすべて入れ替えれば袋Bの玉の
個数は N となる。つまり，「(Aの玉の個数)＞(Bの玉の個数)」
である確率が p ならば，不等号が反対（＜）の確率も p である。
漸化式の立式，解法は難しくないであろう。

　(3)前半はまだ考えやすい（図を作って考えると気付くことがあ
る）が，後半はかなり複雑である。袋Aと袋Bの玉の個数が等し
くなる回数に着目するとよいだろう。

解答 (1) (カ)$\dfrac{7}{16}$ (キ)$\dfrac{11}{56}$

(2) (ク)$\dfrac{1}{2}(1-p_n)$ (ケ)$\dfrac{1}{3}+\dfrac{1}{6}\left(-\dfrac{1}{2}\right)^{n-1}$

(3) (コ)$\dfrac{2n-1}{2^n}$ (サ)$\dfrac{2n^2-8n+13}{2^n}$

━━━━━━ ◀解 説▶ ━━━━━━

≪ある規則で袋に玉を入れるときの確率, 確率の漸化式≫

硬貨を1枚投げて表が出ることを○, 裏が出ることを×で表し, 袋Aの中の玉の個数が a, 袋Bの中の玉の個数が b であることを, (a, b) と表すことにする。

▶(1) 4回目の操作を終えたときまでの (a, b) を樹形図にしてみる。

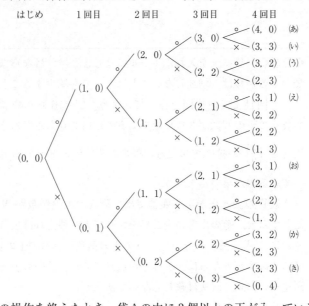

4回目の操作を終えたとき, 袋Aの中に3個以上の玉が入っているのは, 上図の(あ)〜(き)の7通りの場合である。硬貨を1枚投げるとき, 表が出る (○) 確率は $\dfrac{1}{2}$, 裏が出る (×) 確率は $\dfrac{1}{2}$ であるから, (あ)〜(き)の各場合の確率はすべて $\left(\dfrac{1}{2}\right)^4=\dfrac{1}{16}$ である。よって, 求める確率は

$$7 \times \frac{1}{16} = \frac{7}{16} \quad \rightarrow \text{(カ)}$$

である。

(あ)～(き)の各場合を 7 回目の操作を終えたときまで，同様の樹形図にすると，次のようになる。ただし，*b* が 4 以上になったときはその先を省略し，"亅" のマークを付している。

```
            4回目      5回目         6回目         7回目
                    ○ (5, 0) ―― ○ (6, 0) ―― ○ (7, 0)  (く)
 (あ)    (4, 0) <                                 
                    × (4, 4)亅      (5, 5)亅       (6, 6)亅

                    ○ (4, 3) ―― ○ (5, 3) ―― ○ (6, 3)  (け)
(い)・(き) (3, 3) <
                    × (3, 4)亅      (4, 4)亅       (5, 5)亅

                            ○ (5, 2) ―― ○ (6, 2)  (こ)
                    ○ (4, 2) <
                            × (4, 4)亅   (5, 5)亅
(う)・(か) (3, 2) <
                            ○ (4, 3) ―― ○ (5, 3)  (さ)
                    × (3, 3) <
                            × (3, 4)亅   (4, 4)亅

                            ○ (5, 1) ―― ○ (6, 1)  (し)
                    ○ (4, 1) <
                            × (4, 4)亅   (5, 5)亅
(え)・(お) (3, 1) <
                            ○ (4, 3) ―― ○ (5, 3)  (す)
                    × (3, 3) <
                            × (3, 4)亅   (4, 4)亅
```

事象 *E*, *F* を次のように定める。

E：4 回目の操作を終えた時点で袋Aの中の玉の数が 3 個以上である

F：7 回目の操作を終えた時点で袋Bの中の玉の数が 3 個以下である

事象 *E* の起こる確率は，前述の通り，$P(E) = \dfrac{7}{2^4}$ である。事象 $E \cap F$ の起こる確率は，上図(く)～(す)の起こる確率の和（ただし，(け)～(す)はそれぞれ 2 通りずつある）で，それぞれの確率は $\left(\dfrac{1}{2}\right)^7$ であるから

$$P(E \cap F) = (1 + 2 \times 5) \times \left(\frac{1}{2}\right)^7 = \frac{11}{2^7}$$

である。したがって，求める条件付き確率 $P_E(F)$ は

$$P_E(F) = \frac{P(E \cap F)}{P(E)} = \frac{\dfrac{11}{2^7}}{\dfrac{7}{2^4}} = \frac{11}{2^3 \times 7} = \frac{11}{56} \quad \rightarrow \text{(キ)}$$

である。

以下，n 回目の操作を終えたときの，袋Aの中に入っている玉の数を a_n，袋Bの中に入っている玉の数を b_n で表すこととする。

▶(2)　$a_n > b_n$ となる確率を p_n とすると，$a_n < b_n$ となる確率も p_n である（AとBの対称性により）から，$a_n = b_n$ である確率は $1 - 2p_n$ である。

この図より，$a_{n+1} > b_{n+1}$ である確率 p_{n+1} は，(せ)，(そ)の起こる確率の和であるから

$$p_{n+1} = p_n \times \frac{1}{2} + (1 - p_n) \times \frac{1}{2} = \frac{1}{2}(1 - p_n) \quad \rightarrow (ク)$$

が成立する。この漸化式は，$\alpha = -\dfrac{1}{2}\alpha + \dfrac{1}{2}$ を考えて

$$p_{n+1} - \frac{1}{3} = -\frac{1}{2}\left(p_n - \frac{1}{3}\right)$$

と変形できるので，数列 $\left\{p_n - \dfrac{1}{3}\right\}$ は公比 $-\dfrac{1}{2}$ の等比数列であることがわかる。初項は $p_1 - \dfrac{1}{3} = \dfrac{1}{2} - \dfrac{1}{3} = \dfrac{1}{6}$ であるから

$$p_n - \frac{1}{3} = \frac{1}{6} \times \left(-\frac{1}{2}\right)^{n-1} \quad \therefore \quad p_n = \frac{1}{3} + \frac{1}{6}\left(-\frac{1}{2}\right)^{n-1} \quad \rightarrow (ケ)$$

である。

▶(3)　(I)　$a_n = n$ であるのは，n 回の操作すべてで硬貨の表が出る場合のみの 1 通りである。

(II)　$a_n = n - 1$ であるのは，次の(i)，(ii)の 2 つの場合がある。

(i)　n 回の操作のなかで k 回目だけ硬貨の裏が出る場合

操作の回数	1	2	3	$\cdots$	$k-1$	k	$k+1$	$\cdots$	$n-1$	n
硬貨の表裏	○	○	○	$\cdots$	○	×	○	$\cdots$	○	○
袋Aの玉数	1	2	3	$\cdots$	$k-1$	$k-1$	k	$\cdots$	$n-2$	$n-1$
袋Bの玉数	0	0	0	$\cdots$	0	$k-1$	$k-1$	$\cdots$	$k-1$	$k-1$

これが起こる場合は，$k = 1$，2，3，$\cdots$，n の n 通りである。

(ii)　n 回の操作の最初から硬貨の裏が出続け，l 回目からは表が出続ける場合

操作の回数	1，	2，	3，	…，	$l-1$，	l，	$l+1$，	…，	$n-1$，	n
硬貨の表裏	×	×	×	…	×	○	○	…	○	○
袋Aの玉数	0	0	0	…	0	$l-1$	l	…	$n-2$	$n-1$
袋Bの玉数	1	2	3	…	$l-1$	$l-1$	$l-1$	…	$l-1$	$l-1$

この場合は，$l=1$ は不適である（$a_n=n$ となってしまう）から，$l=2$，3，4，…，n の $n-1$ 通りである。

ここで，(i)の $k=1$ の場合と(ii)の $l=2$ の場合は同じ事象であるから，$a_n=n-1$ であるのは

$$n+(n-1)-1=2n-2 \text{ 通り}$$

である。

以上より，$a_n \geqq n-1$ となるのは，(I)，(II)が起こり得るすべてで，

$1+(2n-2)=2n-1$ 通りあり，これらの起こる確率がすべて $\left(\dfrac{1}{2}\right)^n$ である

ことから，求める確率は

$$(2n-1) \times \left(\frac{1}{2}\right)^n = \frac{2n-1}{2^n} \quad \rightarrow \text{(コ)}$$

である。

(III)　$n \geqq 4$ に注意して，$a_n=n-2$ である場合を考察する。

ある回数の操作後に袋Aと袋Bの玉数が同数となる場合を S_a で表し，上の(II)(i)(ii)の表を参考に考える。S_a が 1 回も起こらなければ $a_n=n-2$ となることはない（$a_n=n$ または 0 である）。S_a が 1 回だけ起こると，そのときの袋 A，B の玉数は（操作回数-1）個となる。したがって，

（○○○…○××）の場合と（×××…×○×）の 2 通りの場合では
　　$n-2$ 回　　　　　　　　　$n-2$ 回

$a_n=n-2$ となる。　……①

2 回目の S_a が起こると，そのときの袋A，Bの玉数は（操作回数-2）個となるから，その後は n 回目まで硬貨の表が出続ければ $a_n=n-2$ となる。ただし，1 回目に S_a は起こらないことに注意すれば，S_a が 2 回起こる場合は

　　2，3，…，n 回目のどこで起こるかで，${}_{n-1}\mathrm{C}_2$ 通り

S_a が 2 回続けて起こることはないので，ここから

　　2 と 3，3 と 4，…，$n-1$ と n 回目の $n-2$ 通り
の場合を除いて

$$_{n-1}C_2-(n-2)=\frac{(n-1)(n-2)}{2}-(n-2)$$

$$=\frac{(n-3)(n-2)}{2} \text{ 通り }　(n\geqq4)$$

の場合がある。S_a が起こるのは，硬貨が表→裏の順に出る場合と裏→表
の順に出る場合の 2 通りがあり，S_a が 2 回起こるとき $2\times2=4$ 通りの硬
貨の表裏の出方があることになる。したがって，S_a が 2 回起こる場合の
硬貨の表裏の出方は

$$4\times\frac{(n-3)(n-2)}{2}=2(n-3)(n-2) \text{ 通り }　\cdots\cdots②$$

あり，このとき，$a_n=n-2$ となる。

S_a が 3 回以上起こる場合は，$a_n\leqq n-3$ となるので，$a_n=n-2$ となること
はない。

以上の①，②から，$a_n=n-2$ となるのは

$$2+2(n-3)(n-2)=2+2(n^2-5n+6)$$

$$=2n^2-10n+14 \text{ 通り }$$

で，これらの起こる確率がすべて $\left(\dfrac{1}{2}\right)^n$ であるから，$a_n=n-2$ となる確率
は

$$(2n^2-10n+14)\times\left(\frac{1}{2}\right)^n=\frac{2n^2-10n+14}{2^n}$$

である。

したがって，$a_n\geqq n-1$ となる確率も考慮して，$a_n\geqq n-2$ となる確率は

$$\frac{2n-1}{2^n}+\frac{2n^2-10n+14}{2^n}=\frac{2n^2-8n+13}{2^n}　\rightarrow\text{(サ)}$$

である。

4　◇発想◇　(1)と(5)のほかはよく経験するタイプの問題で，取り組
みやすい印象である。

　　(1)両辺を 2 乗して $\cos x$ について解いてみるとよい。ここで b

の値の範囲がうまく求まらなくても(2)以降はトライできそうである。

　(2)$|b^n a_n| \leq (n \to \infty$ のとき 0 に収束するような n の式$)$ の形を目指して，(1)の不等式を利用して，式変形する。はさみうちの原理に持ち込めばよい。

　(3)基本的な計算問題である。

　(4)a_{n+1} を部分積分法を用いて計算すると a_n が現れる。おなじみの方法である。被積分関数をどのような積の形にすべきか考える。

　(5)(4)の漸化式をうまく変形し，計算できる形にしよう。$b = \dfrac{1}{2}$ とすることが最大のポイントになる。

解答　(1)　(シ)$-\dfrac{1}{2}$　(ス)1

(2)　$-\dfrac{1}{2} \leq b \leq 1$ かつ $b \neq 0$ とし

$$a_n = \int_0^{\frac{\pi}{2}} \frac{\sin x (\cos x)^{n-1}}{(b+1-b\cos x)^n} dx \quad (n=1,\ 2,\ 3,\ \cdots)$$

と定義するとき，$\displaystyle\lim_{n \to \infty} b^n a_n = 0$ が成り立つことを示す。

$b \neq 0$ であり，(1)より $|b| \leq |b+1-b\cos x|$ が成立するので

$$\frac{1}{|b+1-b\cos x|^n} \leq \frac{1}{|b|^n}$$

が成り立つから

$$|b^n a_n| = |b|^n |a_n| = |b|^n \left| \int_0^{\frac{\pi}{2}} \frac{\sin x (\cos x)^{n-1}}{(b+1-b\cos x)^n} dx \right|$$

$$\leq |b|^n \int_0^{\frac{\pi}{2}} \left| \frac{\sin x (\cos x)^{n-1}}{(b+1-b\cos x)^n} \right| dx$$

$$= |b|^n \int_0^{\frac{\pi}{2}} \frac{\sin x (\cos x)^{n-1}}{|b+1-b\cos x|^n} dx$$

$$\left(\because \quad 0 \leq x \leq \frac{\pi}{2} \text{ より } \sin x (\cos x)^{n-1} \geq 0 \right)$$

$$\leqq |b|^n \int_0^{\frac{\pi}{2}} \frac{\sin x \, (\cos x)^{n-1}}{|b|^n} dx$$

$$= \int_0^{\frac{\pi}{2}} \sin x \, (\cos x)^{n-1} dx = \left[-\frac{1}{n} (\cos x)^n \right]_0^{\frac{\pi}{2}} = \frac{1}{n}$$

すなわち

$$-\frac{1}{n} \leqq b^n a_n \leqq \frac{1}{n}$$

である。ここで，$n \to \infty$ とするとき，$\pm\dfrac{1}{n} \to 0$ であるから，はさみうちの

原理により

$$\lim_{n \to \infty} b^n a_n = 0$$

である。　　　　　　　　　　　　　　　　　　　　　　　　　　　　　（証明終）

(3)　(セ) $\dfrac{1}{b} \log (b+1)$　　(4)　(ソ) $-\dfrac{1}{b} a_n + \dfrac{1}{bn}$　　(5)　(タ) $\log \dfrac{3}{2}$

━━━━━━━━━ ◀解　説▶ ━━━━━━━━━

≪絶対値を含む不等式，定積分と漸化式，極限≫

▶(1)　不等式 $|b| \leqq |b+1-b\cos x| \left(0 \leqq x \leqq \dfrac{\pi}{2} \right)$ を $\cos x$ について解く。

この不等式は，両辺ともに 0 以上であるから，両辺を平方した

$$|b|^2 \leqq |b+1-b\cos x|^2 \quad \text{すなわち} \quad b^2 \leqq (b+1-b\cos x)^2$$

と同値である。

$$b^2 - (b+1-b\cos x)^2 \leqq 0$$

$$\{b + (b+1-b\cos x)\}\{b - (b+1-b\cos x)\} \leqq 0$$

$$(-b\cos x + 2b+1)(b\cos x - 1) \leqq 0$$

$$\{b\cos x - (2b+1)\}(b\cos x - 1) \geqq 0$$

$b=0$ のとき，与えられた不等式は任意の x に対して成り立つ。

$b \neq 0$ のとき，$b^2 (>0)$ でこの不等式の両辺を割ると

$$\left(\cos x - \frac{2b+1}{b} \right)\left(\cos x - \frac{1}{b} \right) \geqq 0$$

したがって

$$\cos x \leqq \frac{1}{b} \quad \text{または} \quad \frac{2b+1}{b} \leqq \cos x \quad \left(\because \quad \frac{2b+1}{b} = 2 + \frac{1}{b} > \frac{1}{b} \right)$$

となる。$0 \leqq x \leqq \dfrac{\pi}{2}$ より $0 \leqq \cos x \leqq 1$ であるから，$0 \leqq x \leqq \dfrac{\pi}{2}$ を満たす任意の x に対してこの不等式が成り立つためには

$$\dfrac{1}{b} \geqq 1 \quad \text{または} \quad \dfrac{2b+1}{b} \leqq 0$$

であることが条件となる。この条件について

$b > 0$ の場合，「$1 \geqq b$ または $2b+1 \leqq 0$」であるから，$0 < b \leqq 1$

$b < 0$ の場合，「$1 \leqq b$ または $2b+1 \geqq 0$」であるから，$-\dfrac{1}{2} \leqq b < 0$

より

$$0 < b \leqq 1 \quad \text{または} \quad -\dfrac{1}{2} \leqq b < 0$$

と同値である。

以上より，求める b の値の範囲は，$b=0$ もあわせて

$$-\dfrac{1}{2} \leqq b \leqq 1 \quad \rightarrow (\text{シ}), (\text{ス})$$

である。

▶(2)　(1)の不等式を利用して，はさみうち
の原理を用いるオーソドックスな問題であ
る。次の不等式は明らかとして用いた。

$$\left| \int_\alpha^\beta f(x)\, dx \right| \leqq \int_\alpha^\beta |f(x)|\, dx \quad (\alpha < \beta)$$

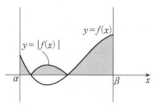

▶(3)　$a_1 = \displaystyle\int_0^{\frac{\pi}{2}} \dfrac{\sin x}{b+1-b\cos x}\, dx \quad \left(-\dfrac{1}{2} \leqq b \leqq 1,\ b \neq 0 \right)$

$$= \dfrac{1}{b} \int_0^{\frac{\pi}{2}} \dfrac{(b+1-b\cos x)'}{b+1-b\cos x}\, dx$$

$$= \dfrac{1}{b} \Big[\log |b+1-b\cos x| \Big]_0^{\frac{\pi}{2}}$$

$$= \dfrac{1}{b} (\log |b+1| - 0)$$

$$= \dfrac{1}{b} \log (b+1) \quad (\because \quad b+1 > 0) \quad \rightarrow (\text{セ})$$

▶(4)　$a_{n+1} = \displaystyle\int_0^{\frac{\pi}{2}} \dfrac{\sin x\, (\cos x)^n}{(b+1-b\cos x)^{n+1}}\, dx$

$$= \int_0^{\frac{\pi}{2}} \frac{\sin x}{(b+1-b\cos x)^{n+1}} \times (\cos x)^n \, dx$$

$$= \left[-\frac{1}{nb} \times \frac{1}{(b+1-b\cos x)^n} \times (\cos x)^n \right]_0^{\frac{\pi}{2}}$$

$$- \int_0^{\frac{\pi}{2}} \left\{ -\frac{1}{nb} \times \frac{1}{(b+1-b\cos x)^n} \right\} \times n\,(\cos x)^{n-1}(-\sin x)\, dx$$

$$= \frac{1}{nb} - \frac{1}{b} \int_0^{\frac{\pi}{2}} \frac{\sin x\,(\cos x)^{n-1}}{(b+1-b\cos x)^n}\, dx$$

$$= -\frac{1}{b} a_n + \frac{1}{bn} \quad \to (ソ)$$

▶(5)　$\dfrac{1}{1\cdot 2} - \dfrac{1}{2\cdot 2^2} + \dfrac{1}{3\cdot 2^3} - \cdots + \dfrac{(-1)^{n+1}}{n\cdot 2^n} = \displaystyle\sum_{k=1}^n \frac{(-1)^{k+1}}{k\cdot 2^k}$

(4)の漸化式より $a_{k+1} = -\dfrac{1}{b} a_k + \dfrac{1}{bk}$ であり，これを変形すると $\left(\dfrac{(-1)^{k+1}}{k\cdot 2^k} \right.$

を目指して $\bigg)$

$$ba_{k+1} = -a_k + \frac{1}{k}$$

両辺を 2^k で割ると

$$\frac{ba_{k+1}}{2^k} = -\frac{a_k}{2^k} + \frac{1}{k\cdot 2^k}$$

$b = \dfrac{1}{2}$ $\left(-\dfrac{1}{2} \leqq b \leqq 1,\ b \neq 0 \text{を満たす} \right)$ として，両辺に $(-1)^{k+1}$ をかけると

$$\frac{(-1)^{k+1} a_{k+1}}{2^{k+1}} = -\frac{(-1)^{k+1} a_k}{2^k} + \frac{(-1)^{k+1}}{k\cdot 2^k} = \frac{(-1)^k a_k}{2^k} + \frac{(-1)^{k+1}}{k\cdot 2^k}$$

$$\therefore \quad \frac{(-1)^{k+1}}{k\cdot 2^k} = \frac{(-1)^{k+1} a_{k+1}}{2^{k+1}} - \frac{(-1)^k a_k}{2^k}$$

となる。したがって

$$\sum_{k=1}^n \frac{(-1)^{k+1}}{k\cdot 2^k} = \sum_{k=1}^n \left\{ \frac{(-1)^{k+1} a_{k+1}}{2^{k+1}} - \frac{(-1)^k a_k}{2^k} \right\}$$

$$= \left(\frac{a_2}{2^2} + \frac{a_1}{2^1} \right) + \left(\frac{-a_3}{2^3} - \frac{a_2}{2^2} \right) + \left(\frac{a_4}{2^4} + \frac{a_3}{2^3} \right) + \cdots$$

$$+ \left\{ \frac{(-1)^n a_n}{2^n} - \frac{(-1)^{n-1} a_{n-1}}{2^{n-1}} \right\} + \left\{ \frac{(-1)^{n+1} a_{n+1}}{2^{n+1}} - \frac{(-1)^n a_n}{2^n} \right\}$$

$$=\frac{a_1}{2}+\frac{(-1)^{n+1}a_{n+1}}{2^{n+1}}$$

となる。(2)より，$\displaystyle\lim_{n\to\infty}b^n a_n=\lim_{n\to\infty}\left(\frac{1}{2}\right)^n a_n=\lim_{n\to\infty}\frac{a_u}{2^n}=0$ であるので

$$\frac{(-1)^{n+1}a_{n+1}}{2^{n+1}}=(-1)^{n+1}\left(\frac{a_{n+1}}{2^{n+1}}\right)\to 0\quad(n\to\infty)$$

以上より，$b=\dfrac{1}{2}$ として，(3)も用いて

$$\lim_{n\to\infty}\sum_{k=1}^{n}\frac{(-1)^{k+1}}{k\cdot 2^k}=\frac{a_1}{2}=\frac{1}{2}\times\frac{1}{b}\log(b+1)$$
$$=\frac{1}{2}\times\frac{1}{\frac{1}{2}}\log\left(\frac{1}{2}+1\right)=\log\frac{3}{2}\quad\to(9)$$

である。

5 ◇発想◇　(1)は複素数平面からの出題で，(2)は整数問題である。どちらもそれほど簡単ではないから，得意なほうから始めよう。

(1)与えられた等式の分母を払って，性質 $|z|^2=z\bar{z}$ を駆使して計算するか，式の形から図形的に考えるかである。計算はやや複雑になるから慎重さが要求される。最後の設問は原点から直線への距離を考えればよい。

(2)見慣れたタイプの整数問題である。$a,\ b,\ c$ が自然数であるので，$a\leqq b\leqq c$ から $1\geqq\dfrac{1}{a}\geqq\dfrac{1}{b}\geqq\dfrac{1}{c}$ である。ここから a の値をしぼり込むとよいだろう。$f(a)+f(b)+f(c)$ は自然数であるので 0 にはならない。結果のみしか書けないのだから，過不足なく数えられているか注意しなければならない。

解答　(1)　(チ) $|\alpha|=2$　(ツ) $\dfrac{\bar{\alpha}-4\alpha}{4-|\alpha|^2}$　(テ) $\dfrac{15\alpha}{2(\alpha^2-16)}$

(2)　(ト) 4　(ナ) $(2,\ 3,\ 6)$

■■■■■■■■■ ◆解 説▶ ■■■■■■■■■■

≪複素数の表す図形，整数問題≫

▶(1) $\left|\dfrac{\alpha z+1}{z+\alpha}\right|=2 \Longleftrightarrow |\alpha z+1|=2|z+\alpha|$ ……① かつ $z\neq -\alpha$

（複素数 α は ± 1 ではない）

①において，$z=-\alpha$ とすると，$|-\alpha^2+1|=0$ より $\alpha=\pm 1$ となり，条件を満たさない。したがって，$z\neq -\alpha$ は①に含まれるので，①を考察すればよい。

$|\alpha|=2$ →(チ)

のとき，①は $|\alpha|\left|z+\dfrac{1}{\alpha}\right|=2|z+\alpha|$ すなわち $\left|z+\dfrac{1}{\alpha}\right|=|z+\alpha|$ $\left(\alpha\neq\dfrac{1}{\alpha}\right)$

となり，この等式を満たす点 z 全体からなる図形 C は直線となる $\Big(2$ 点 $-\alpha,\ -\dfrac{1}{\alpha}$ を結ぶ線分の垂直二等分線$\Big)$。

次に，①の両辺を平方して式変形をする。

$$|\alpha z+1|^2=2^2|z+\alpha|^2$$
$$(\alpha z+1)\overline{(\alpha z+1)}=4(z+\alpha)\overline{(z+\alpha)}$$
$$(\alpha z+1)(\overline{\alpha}\,\overline{z}+1)=4(z+\alpha)(\overline{z}+\overline{\alpha})$$
$$\alpha\overline{\alpha}z\overline{z}+\alpha z+\overline{\alpha}\,\overline{z}+1=4(z\overline{z}+\overline{\alpha}z+\alpha\overline{z}+\alpha\overline{\alpha})$$
$$|\alpha|^2|z|^2+\alpha z+\overline{\alpha}\,\overline{z}+1=4|z|^2+4\overline{\alpha}z+4\alpha\overline{z}+4|\alpha|^2$$
$$(|\alpha|^2-4)|z|^2+(\alpha-4\overline{\alpha})z+(\overline{\alpha}-4\alpha)\overline{z}+1-4|\alpha|^2=0 \quad\cdots\cdots②$$

したがって，$|\alpha|\neq 2$ のとき

$$|z|^2+\dfrac{\alpha-4\overline{\alpha}}{|\alpha|^2-4}z+\dfrac{\overline{\alpha}-4\alpha}{|\alpha|^2-4}\overline{z}+\dfrac{1-4|\alpha|^2}{|\alpha|^2-4}=0$$

$$z\overline{z}+\overline{\left(\dfrac{\overline{\alpha}-4\alpha}{|\alpha|^2-4}\right)}z+\left(\dfrac{\overline{\alpha}-4\alpha}{|\alpha|^2-4}\right)\overline{z}+\dfrac{1-4|\alpha|^2}{|\alpha|^2-4}=0$$

$$\left(z+\dfrac{\overline{\alpha}-4\alpha}{|\alpha|^2-4}\right)\left\{\overline{z}+\overline{\left(\dfrac{\overline{\alpha}-4\alpha}{|\alpha|^2-4}\right)}\right\}=\dfrac{|\overline{\alpha}-4\alpha|^2}{(|\alpha|^2-4)^2}-\dfrac{1-4|\alpha|^2}{|\alpha|^2-4}$$

$$\left|z+\dfrac{\overline{\alpha}-4\alpha}{|\alpha|^2-4}\right|^2=\dfrac{(\overline{\alpha}-4\alpha)(\alpha-4\overline{\alpha})}{(|\alpha|^2-4)^2}-\dfrac{(1-4|\alpha|^2)(|\alpha|^2-4)}{(|\alpha|^2-4)^2}$$

$$=\dfrac{|\alpha|^2-4\overline{\alpha}^2-4\alpha^2+16|\alpha|^2-|\alpha|^2+4+4|\alpha|^4-16|\alpha|^2}{(|\alpha|^2-4)^2}$$

$$= \frac{4|\alpha|^4 - 4\overline{\alpha}^2 - 4\alpha^2 + 4}{(|\alpha|^2 - 4)^2} = \frac{4(\alpha^2 - 1)(\overline{\alpha}^2 - 1)}{(|\alpha|^2 - 4)^2}$$

$$= \frac{4(\alpha^2 - 1)\overline{(\alpha^2 - 1)}}{(|\alpha|^2 - 4)^2} = \frac{4|\alpha^2 - 1|^2}{(|\alpha|^2 - 4)^2}$$

$$\therefore \quad \left| z - \frac{\overline{\alpha} - 4\alpha}{4 - |\alpha|^2} \right| = 2 \left| \frac{\alpha^2 - 1}{|\alpha|^2 - 4} \right|$$

よって，$|\alpha| \neq 2$ のとき，①を満たす点 z 全体からなる図形 C は円となり

中心は　　$\dfrac{\overline{\alpha} - 4\alpha}{4 - |\alpha|^2}$　　→(ツ)

半径は　　$2 \left| \dfrac{\alpha^2 - 1}{|\alpha|^2 - 4} \right|$

である。

直線 C は，$|\alpha| = 2$ のときの②より

$$(\alpha - 4\overline{\alpha})z + (\overline{\alpha} - 4\alpha)\overline{z} = 15$$

と表される。$\alpha - 4\overline{\alpha} = \beta\,(\neq 0)$ とおくと

$$\beta z + \overline{\beta z} = 15 \quad \therefore \quad (\beta z \text{ の実部}) = \frac{15}{2}$$

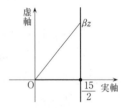

したがって，βz の表す直線は，$\dfrac{15}{2}$ を通り，実軸

に垂直な直線である。よって，$|\beta z|$ の最小値は $\dfrac{15}{2}$ である。

$$|\beta z| \geqq \frac{15}{2} \quad \therefore \quad |z| \geqq \frac{15}{2|\beta|} \quad (\because \ |\beta| \neq 0)$$

ここで，等号が成り立つのは，$(\beta z \text{ の虚部}) = 0$ のときであるから

$$\beta z = \frac{15}{2} \quad \text{すなわち} \quad z = \frac{15}{2\beta} \quad (\because \ \beta \neq 0)$$

のときである。したがって，$|\alpha|^2 = \alpha\overline{\alpha} = 4$ を用いて，求める z は

$$z = \frac{15}{2\beta} = \frac{15}{2(\alpha - 4\overline{\alpha})} = \frac{15}{2\left(\alpha - \dfrac{16}{\alpha}\right)} = \frac{15\alpha}{2(\alpha^2 - 16)} \quad \rightarrow(\text{テ})$$

である。

別解　(1)　＜アポロニウスの円の知識を用いる方法＞

$$|\alpha z + 1| = 2|z + \alpha| \quad \cdots\cdots ①$$

において，$\alpha = 0$ のとき，$1 = 2|z|$ すなわち $|z| = \dfrac{1}{2}$ となるから，C は原点を中心とする半径 $\dfrac{1}{2}$ の円である。

以下 $\alpha \neq 0$ とする。

①は，$|\alpha|\left|z + \dfrac{1}{\alpha}\right| = 2|z + \alpha|$ となり，$|\alpha| = 2$ ならば，C は直線となる。

$|\alpha| \neq 2$ ならば，C は円となり，その円は 2 点 $-\dfrac{1}{\alpha}$，$-\alpha$ からの距離の比が $2 : |\alpha|$ である点の軌跡といえる。つまり，この 2 点を結ぶ線分を $2 : |\alpha|$ に内分する点，外分する点を直径の両端とする円である。

内分点：$\dfrac{|\alpha|\left(-\dfrac{1}{\alpha}\right) + 2(-\alpha)}{2 + |\alpha|} = \dfrac{-\dfrac{|\alpha|}{\alpha} - 2\alpha}{2 + |\alpha|}$

外分点：$\dfrac{-|\alpha|\left(-\dfrac{1}{\alpha}\right) + 2(-\alpha)}{2 - |\alpha|} = \dfrac{\dfrac{|\alpha|}{\alpha} - 2\alpha}{2 - |\alpha|}$

であるから，円 C の中心は，これらの中点で

$$\dfrac{1}{2}\left(\dfrac{-\dfrac{|\alpha|}{\alpha} - 2\alpha}{2 + |\alpha|} + \dfrac{\dfrac{|\alpha|}{\alpha} - 2\alpha}{2 - |\alpha|}\right)$$

$$= \dfrac{1}{2} \times \dfrac{\left(-\dfrac{|\alpha|}{\alpha} - 2\alpha\right)(2 - |\alpha|) + \left(\dfrac{|\alpha|}{\alpha} - 2\alpha\right)(2 + |\alpha|)}{(2 + |\alpha|)(2 - |\alpha|)}$$

$$= \dfrac{-8\alpha + \dfrac{2|\alpha|^2}{\alpha}}{2(4 - |\alpha|^2)} = \dfrac{-4\alpha + \overline{\alpha}}{4 - |\alpha|^2} = \dfrac{\overline{\alpha} - 4\alpha}{4 - |\alpha|^2}$$

である。この結果は，$\alpha = 0$ のときの円の中心である原点も表せている。

再び $|\alpha| = 2$ の場合に戻る。このとき①は，$\left|z + \dfrac{1}{\alpha}\right| = |z + \alpha|$ であるから，

直線 C は，2 点 A $\left(-\dfrac{1}{\alpha}\right)$，B $(-\alpha)$ を結ぶ線分の垂直二等分線である。

$|z|$ が最小となる点 z は，原点からこの直線 C に下ろした垂線と C の交点 z_0 である。直線 AB と直線 C は直交するから（直線 AB）$/\!/$（原点と z_0 を

表す点を通る直線）であり

$$z_0 = k\overrightarrow{\mathrm{AB}} = k\left(-\alpha + \frac{1}{\alpha}\right) \quad (k \text{ は実数})$$

と表せる。一方，z_0 は

$$\left|z_0 + \frac{1}{\alpha}\right| = |z_0 + \alpha|$$

を満たすから

$$\left|z_0 + \frac{1}{\alpha}\right|^2 = |z_0 + \alpha|^2$$

$$\left(z_0 + \frac{1}{\alpha}\right)\overline{\left(z_0 + \frac{1}{\alpha}\right)} = (z_0 + \alpha)\,\overline{(z_0 + \alpha)}$$

$$\left(z_0 + \frac{1}{\alpha}\right)\left(\overline{z_0} + \frac{1}{\overline{\alpha}}\right) = (z_0 + \alpha)\,(\overline{z_0} + \overline{\alpha})$$

$$z_0\overline{z_0} + \frac{1}{\overline{\alpha}}z_0 + \frac{1}{\alpha}\overline{z_0} + \frac{1}{\alpha\overline{\alpha}} = z_0\overline{z_0} + \overline{\alpha}z_0 + \alpha\overline{z_0} + \alpha\overline{\alpha}$$

$$\left(\frac{1}{\overline{\alpha}} - \overline{\alpha}\right)z_0 + \left(\frac{1}{\alpha} - \alpha\right)\overline{z_0} = \alpha\overline{\alpha} - \frac{1}{\alpha\overline{\alpha}}$$

$$= 4 - \frac{1}{4} = \frac{15}{4} \quad (\alpha\overline{\alpha} = |\alpha|^2 = 2^2 = 4)$$

が成り立つ。ここに，$z_0 = k\left(-\alpha + \frac{1}{\alpha}\right)$, $\overline{z_0} = k\left(-\overline{\alpha} + \frac{1}{\overline{\alpha}}\right)$ を代入すると

$$k\left\{\left(\frac{1}{\overline{\alpha}} - \overline{\alpha}\right)\left(-\alpha + \frac{1}{\alpha}\right) + \left(\frac{1}{\alpha} - \alpha\right)\left(-\overline{\alpha} + \frac{1}{\overline{\alpha}}\right)\right\} = \frac{15}{4}$$

$$2k\left(\frac{1}{\alpha} - \overline{\alpha}\right)\left(\frac{1}{\alpha} - \alpha\right) = \frac{15}{4}$$

となるから，$\alpha\overline{\alpha} = |\alpha|^2 = 4$ に注意して

$$z_0 = k\left(-\alpha + \frac{1}{\alpha}\right) = \frac{15}{4} \times \frac{1}{2\left(\frac{1}{\alpha} - \overline{\alpha}\right)} = \frac{15}{8} \times \frac{1}{\frac{\alpha}{4} - \frac{4}{\alpha}} = \frac{15\alpha}{2(\alpha^2 - 16)}$$

である。

〔注〕　2 定点 A，B からの距離の比が $m:n$ $(m \neq n)$ である点の軌跡は，AB を $m:n$ に内分する点，$m:n$ に外分する点を直径の両端とする円である。この円のことをアポロニウスの円という。

▶(2) $f(x)=x-\dfrac{1}{x}$ であるから，次式 F

$$F=f(a)+f(b)+f(c)=\left(a-\dfrac{1}{a}\right)+\left(b-\dfrac{1}{b}\right)+\left(c-\dfrac{1}{c}\right)$$

$$=(a+b+c)-\left(\dfrac{1}{a}+\dfrac{1}{b}+\dfrac{1}{c}\right)　(a,\ b,\ c\ \text{は自然数で,}\ a\leqq b\leqq c)$$

が自然数であるとき，$\dfrac{1}{a}+\dfrac{1}{b}+\dfrac{1}{c}>0$ より $\dfrac{1}{a}+\dfrac{1}{b}+\dfrac{1}{c}$ は自然数である

$\left(\dfrac{1}{a}+\dfrac{1}{b}+\dfrac{1}{c}\geqq 1\right)$。

$1\leqq a\leqq b\leqq c$ より，$1\geqq\dfrac{1}{a}\geqq\dfrac{1}{b}\geqq\dfrac{1}{c}$ であるから

$$1\leqq\dfrac{1}{a}+\dfrac{1}{b}+\dfrac{1}{c}\leqq\dfrac{1}{a}+\dfrac{1}{a}+\dfrac{1}{a}=\dfrac{3}{a}　　\therefore\ \ 1\leqq a\leqq 3$$

である。

$a=1$ のとき，$\dfrac{1}{a}+\dfrac{1}{b}+\dfrac{1}{c}=1+\dfrac{1}{b}+\dfrac{1}{c}$ が自然数であるから，$\dfrac{1}{b}+\dfrac{1}{c}$ も自然数

である。このとき

$$1\leqq\dfrac{1}{b}+\dfrac{1}{c}\leqq\dfrac{1}{b}+\dfrac{1}{b}=\dfrac{2}{b}　　\therefore\ \ 1\leqq b\leqq 2$$

より　　$b=1,\ c=1$　または　$b=2,\ c=2$ を得る。

$a=2$ のとき，$2\leqq b\leqq c$ であるから $\dfrac{1}{2}\geqq\dfrac{1}{b}\geqq\dfrac{1}{c}$ となり

$$1\leqq\dfrac{1}{a}+\dfrac{1}{b}+\dfrac{1}{c}=\dfrac{1}{2}+\dfrac{1}{b}+\dfrac{1}{c}\leqq\dfrac{1}{2}+\dfrac{1}{2}+\dfrac{1}{2}=\dfrac{3}{2}$$

が成り立ち，$\dfrac{1}{2}+\dfrac{1}{b}+\dfrac{1}{c}=1$ がわかる。よって，$\dfrac{1}{2}=\dfrac{1}{b}+\dfrac{1}{c}\leqq\dfrac{1}{b}+\dfrac{1}{b}=\dfrac{2}{b}$ とな

り，$2\leqq b\leqq 4$ である。$\dfrac{1}{2}+\dfrac{1}{2}+\dfrac{1}{c}=1$ が成立しないことから $b=2$ は不適で

ある。

よって　　$b=3,\ c=6$　または　$b=4,\ c=4$ を得る。

$a=3$ のとき，$3\leqq b\leqq c$ であるから $\dfrac{1}{3}\geqq\dfrac{1}{b}\geqq\dfrac{1}{c}$ となり

$$1\leqq\dfrac{1}{a}+\dfrac{1}{b}+\dfrac{1}{c}=\dfrac{1}{3}+\dfrac{1}{b}+\dfrac{1}{c}\leqq\dfrac{1}{3}+\dfrac{1}{3}+\dfrac{1}{3}=1$$

が成り立ち，$\dfrac{1}{3}+\dfrac{1}{b}+\dfrac{1}{c}=1$　すなわち　$\dfrac{1}{b}+\dfrac{1}{c}=\dfrac{2}{3}$ である。

$$\dfrac{2}{3}=\dfrac{1}{b}+\dfrac{1}{c}\leqq\dfrac{1}{b}+\dfrac{1}{b}=\dfrac{2}{b}$$

から，$3\leqq b\leqq 3$　つまり $b=3$ である。このとき，$c=3$ となる。

以上より

$(a,\ b,\ c)=(1,\ 1,\ 1)$ のとき　　$F=3-3=0$（自然数ではない）…不適

$(a,\ b,\ c)=(1,\ 2,\ 2)$ のとき　　$F=5-2=3$

$(a,\ b,\ c)=(2,\ 3,\ 6)$ のとき　　$F=11-1=10$

$(a,\ b,\ c)=(2,\ 4,\ 4)$ のとき　　$F=10-1=9$

$(a,\ b,\ c)=(3,\ 3,\ 3)$ のとき　　$F=9-1=8$

である。

したがって，自然数 $a,\ b,\ c$ の組で，$a\leqq b\leqq c$ かつ $f(a)+f(b)+f(c)$ が自然数であるものの総数は 4 個　→(ト)

である。その中で F の値が最大になるのは $(a,\ b,\ c)=(2,\ 3,\ 6)$　→(ナ)

のときである。

❖講　評

　2023 年度も 2022 年度と同様，120 分の試験時間に対し大問 5 題の出題であった。**1** はすべて記述式，**4** は一部が記述式で，記述式の問題はほとんど証明問題であった。他はすべて空所補充である。**1** は同分野の独立した小問 3 問，**5** は分野の異なる小問 2 問の小問集合である。全体的に見て，考えにくい問題や調べるのに相当時間がかかる問題があり，計算量も多い。難度としては，2022 年度に比べてだいぶ難しくなっている。

　1．微分法の基礎からの出題で，(1)は定義に従う微分係数計算，(2)は微分可能性の証明，(3)は平均値の定理を利用する関数の減少性の証明である。全問中最も易しい問題である。

　2．空間ベクトルの体をなしているが，ほとんど平面ベクトルの内容である。最後の(3)は空間の問題で考えにくいかもしれないが，空所補充であるので説明を要しないからたすかる。

　3．ルールに従って 2 つの袋に玉を入れてゆく設定の確率の問題であ

る。樹形図を作ってルールの特徴を捉えるまで時間を要するであろう。条件付き確率や確率の漸化式もある。とくに最後の設問は考えにくいので，ここにあまり時間をかけないほうがよいだろう。

　4．定積分の漸化式に関する問題である。(1)は異質で，絶対値の付いた不等式が成り立つための条件を求めるもの。(2)は「はさみうち」，(3)は定積分の計算，(4)は部分積分法，(5)が無限級数の和，である。(1)は見かけより考えにくい。(5)は(4)をどのように使うかが難しい。

　5．小問集合で，(1)が複素数平面から，(2)が整数の性質からの問題である。(1)は複素数平面で直線を扱う問題が含まれ対処しにくかったかもしれない。(2)は逆数の和が自然数になるような自然数の組を求めるもので見覚えのあるような問題であるが，注意力を要する。

　1，**2**(1)，(2)，**3**(1)，**4**(2)，(3)，(4)，**5**(2)などで確実に得点し，他の問題で上乗せをはかりたい。

物理

1 解答

(1)(ア) $\sqrt{v_0{}^2 - gR}$　(イ) $\dfrac{mv_0{}^2}{R} - \dfrac{1}{2}mg$　(ウ) $\sqrt{gR\,(2 - 3\cos\alpha)}$

(2)(エ) $\dfrac{m}{m+M}v_1$　(オ) $\dfrac{Mv_1{}^2}{2\,(m+M)\,g}$　(カ) $\dfrac{2m}{m+M}$

(3)(キ) $1 - e^2$　(ク) $- mg\sin\theta$　(ケ) $\pi\sqrt{\dfrac{R}{g}}$

◀解　説▶

≪円筒面内の小球の運動≫

(1)(ア)　点Oを重力による位置エネルギーの基準点とし，求める速さを $v_0{}'$ とおくと，力学的エネルギー保存則より

$$\frac{1}{2}mv_0{}^2 = \frac{1}{2}mv_0{}'^2 + mgR\left(1 - \cos\frac{\pi}{3}\right)$$

$$v_0{}^2 = v_0{}'^2 + 2gR\cdot\frac{1}{2}$$

$$\therefore\quad v_0{}' = \sqrt{v_0{}^2 - gR}$$

(イ)　このとき小球が受ける力は右図のとおりである。求める垂直抗力の大きさを N とおくと，円の中心方向の円運動の運動方程式は

$$m\frac{v_0{}'^2}{R} = N - mg\cos\frac{\pi}{3}$$

$$\frac{mv_0{}^2}{R} - mg = N - \frac{1}{2}mg$$

$$\therefore\quad N = \frac{mv_0{}^2}{R} - \frac{1}{2}mg$$

(ウ)　$\theta = \alpha$ のときの小球の速さを v_α とおくと，力学的エネルギー保存則より

$$\frac{1}{2}mv_0{}^2 = \frac{1}{2}mv_\alpha{}^2 + mgR\,(1 - \cos\alpha)$$

$$\therefore\quad mv_\alpha{}^2 = mv_0{}^2 - 2mgR\,(1 - \cos\alpha)$$

また，この瞬間に物体内面からはたらく垂直抗力が0と
なるので，円運動の運動方程式は

$$m\frac{v_\alpha{}^2}{R}=0-mg\cos\alpha$$

$$mv_0{}^2-2mgR(1-\cos\alpha)=-mgR\cos\alpha$$

$$v_0{}^2=2gR(1-\cos\alpha)-gR\cos\alpha$$

$$\therefore\quad v_0=\sqrt{gR(2-3\cos\alpha)}$$

(2)(エ)　小球と物体Kとの間にはたらく力は，垂直抗力のみであり，これ
は内力である。よって，2つの物体を物体系と考えると，水平方向には運
動量が保存される。また，物体Kから見て小球は静止したので，2物体は
床に対しては一体となって運動している。よって，求める速さをV_1とお
くと，運動量保存則より

$$mv_1=(m+M)V_1$$

$$\therefore\quad V_1=\frac{m}{m+M}v_1$$

(オ)　この間は，力学的エネルギーも保存される。求める高さをh_1とおく
と，力学的エネルギー保存則より

$$\frac{1}{2}mv_1{}^2=\frac{1}{2}(m+M)V_1{}^2+mgh_1$$

$$\frac{1}{2}mv_1{}^2=\frac{1}{2}(m+M)\cdot\left(\frac{m}{m+M}v_1\right)^2+mgh_1$$

$$gh_1=\frac{1}{2}v_1{}^2-\frac{mv_1{}^2}{2(m+M)}$$

$$\therefore\quad h_1=\frac{Mv_1{}^2}{2(m+M)g}$$

(カ)　再び点Oに戻ったときの小球，物体Kの床に対する速度を，図2中の
右向きを正としてそれぞれv_1'，V_1'とおくと，運動量保存則と力学的エ
ネルギー保存則より

$$\begin{cases}mv_1=mv_1'+MV_1'\\[4pt]\dfrac{1}{2}mv_1{}^2=\dfrac{1}{2}mv_1'^2+\dfrac{1}{2}MV_1'^2\end{cases}$$

これら2式を連立してv_1'を消去すると，題意より$V_1'\neq0$なので

$$V_1' = \frac{2m}{m+M} v_1$$

よって　$\dfrac{2m}{m+M}$ 倍

(3)(キ)　衝突直前の小球 B の速度を，図 3 中の右向きを正として v_B とおくと，力学的エネルギー保存則より，衝突直前は図中左向きに運動するので

$$mgR = \frac{1}{2} m v_B{}^2 \quad \therefore \quad v_B = -\sqrt{2gR}$$

衝突直前の小球 A の速度は等しい高さから同時に放しているので $-v_B$ となる。衝突直後の小球 A，B の速度をそれぞれ v_A'，v_B' とおくと，運動量保存則と反発係数が e で与えられているので

$$\begin{cases} m \cdot (-v_B) + m v_B = m v_A' + m v_B' \\ e = -\dfrac{v_A' - v_B'}{(-v_B) - v_B} \end{cases}$$

これらの 2 式を連立して v_A' を消去すると

$$v_B' = -e v_B = e\sqrt{2gR}$$

衝突の直後以降での小球 B についての力学的エネルギー保存則より

$$\frac{1}{2} m v_B{}'^2 = mgR (1 - \cos\theta_1)$$

$$gR(1 - \cos\theta_1) = e^2 gR$$

$$\therefore \quad \cos\theta_1 = 1 - e^2$$

(ク)　小球 B には右図のような力がはたらく。円の接線方向の力の成分は，重力の接線方向の成分のみになる。重力の向きに注意すると，求める力は

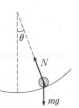

$$-mg\sin\theta$$

(ケ)　円に沿った方向に，図 3 中の反時計回りを正として x 座標をとり，角度が θ の位置での座標を x とおく。小球 B の加速度を a とおくとき，1 より十分に小さい θ に対して $\sin\theta \fallingdotseq \tan\theta \fallingdotseq \theta$ が成り立つことを用いて，x 軸に沿った小球 B の運動方程式は

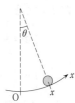

$$ma = -mg\sin\theta$$

$$\fallingdotseq -mg\theta$$

$$a = -\frac{g}{R}x$$

よって，これは角振動数を ω とおくとき，$\omega = \sqrt{\frac{g}{R}}$ の単振動を表してい

る。衝突から次の衝突までは，この単振動の半周期にあたるので，求める

時間を t とおくと

$$t = \frac{1}{2} \cdot \frac{2\pi}{\omega} = \pi\sqrt{\frac{R}{g}}$$

2 解答 (1)(ア) $\frac{1}{2}Ba^2\omega$　(イ) $\frac{1}{R}$　(ウ) $\frac{B^2a^3\omega}{2R}$　(エ) $\frac{\pi}{2\omega}$

(オ)

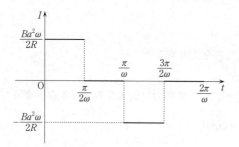

(カ) $\frac{\pi B^2 a^4 \omega}{4R}$　(キ) $\frac{B^2 a^3 \omega}{4R}$

(2)(ク) $\frac{1}{2}CBa^2\omega$　(ケ) $\frac{1}{8}CB^2a^4\omega^2$　(コ) CRI

━━━━━◀解　説▶━━━━━

≪回転する扇形コイルに生じる誘導起電力≫

(1)(ア)　はじめの状況でのコイルを貫く磁束を Φ，微小時間 $\varDelta t$ 後の磁束を
Φ' とおくと

$$\begin{cases} \Phi = B \cdot \dfrac{1}{4}\pi a^2 \\ \Phi' = B\left(\dfrac{1}{4}\pi a^2 - \dfrac{1}{2}a^2\omega\varDelta t\right) \end{cases}$$

レンツの法則より，この間はコイル内を貫く磁束が減少することから，コ
イル内には O→H→K→L の向きに起電力が生じるので，Q の方が高電

位となる。この間の磁束の変化を $\Delta\varPhi$ とおくと，ファラデーの電磁誘導の法則より，求める電圧を V_1 とおくと

$$V_1 = -\frac{\Delta\varPhi}{\Delta t} = \frac{1}{2}Ba^2\omega$$

(イ)　この回路内で，オームの法則より

$$V_1 = RI_1 \qquad \therefore \quad I_1 = \frac{1}{2}Ba^2\omega\cdot\frac{1}{R}$$

(ウ)　電流が磁場から受ける力の大きさを F_1 とおくと

$$F_1 = I_1Ba = \frac{B^2a^3\omega}{2R}$$

(エ)　初めて起電力が 0 となるのは，コイルがすべて磁場からはずれたとき，つまり導線 KL が y 軸を通過した瞬間なので，回転周期の $\frac{1}{4}$ 倍の時間後となる。よって

$$t_1 = \frac{1}{4}\cdot\frac{2\pi}{\omega} = \frac{\pi}{2\omega}$$

(オ)　時刻 t_1 以降は，$t_1<t<2t_1$ ではコイル内に磁場が存在せず，磁束の変化が 0 のため起電力は生じず，$2t_1<t<3t_1$ ではコイル内の磁束が増えているため起電力が生じる。また，$3t_1<t<4t_1$ ではコイル内の磁束の変化が 0 のため起電力は生じない。$2t_1<t<3t_1$ では，(ア)と同様に考えて，レンツの法則より P の方が高電位となり，生じる誘導起電力の大きさは(ア)の結果と等しい。よって，グラフは〔解答〕のようになる。

(カ)　起電力が生じているとき，つまり，$0<t<t_1$ および $2t_1<t<3t_1$ のとき，このときの電力の大きさを P_1 とおくと

$$P_1 = I_1V_1 = \frac{B^2a^4\omega^2}{4R}$$

となる。(オ)で得たグラフより，一回転する間に生じるジュール熱を q_1 とおくと，起電力が生じている間のみジュール熱が生じるので

$$q_1 = P_1\cdot t_1\cdot 2$$

$$\therefore \quad q_1 = \frac{\pi B^2a^4\omega}{4R}$$

(キ)　$0<t<t_1$ の間に生じたジュール熱は(カ)より $\frac{1}{2}q_1$ であり，この間に点 H

に加えた外力の大きさを F_2 とおくと，生じたジュール熱と仕事の関係より

$$\frac{1}{2}q_1 = F_2 \cdot \frac{1}{2}\pi a$$

$$\therefore\quad F_2 = \frac{B^2 a^3 \omega}{4R}$$

(2)(ク)　(ア)で求めた $0<t<t_1$ の間に生じる起電力が，十分に時間が経過した後のコンデンサー両端の電圧になる。よって，コンデンサーに蓄えられた電気量を Q とおくと

$$Q = C \cdot \frac{1}{2}Ba^2\omega = \frac{1}{2}CBa^2\omega$$

(ケ)　$t_1<t<2t_1$ の間に生じる起電力は 0 であるから，コンデンサーが放電するまでの間に生じるジュール熱は，その前にコンデンサーが蓄えていた静電エネルギーに等しい。よって，求めるジュール熱を q_2 とおくと

$$q_2 = \frac{Q^2}{2C} = \frac{1}{8}CB^2a^4\omega^2$$

(コ)　$t_1<t<2t_1$ の間には，コイルに起電力は生じないので，この回路中のキルヒホッフの第二法則より，変化する電気量を $Q(t)$ とおくと

$$0 = \frac{Q(t)}{C} + RI$$

$$\therefore\quad |Q(t)| = CRI$$

3　**解答**　(1)(ア)$\dfrac{p_0 SL}{R}$　(イ)$p_0 + \dfrac{Mg}{S}$　(ウ)$\dfrac{3}{2}MgL$　(エ)$\dfrac{2}{3}(p_0 S + Mg)L$

(オ)$\dfrac{5}{3}(p_0 S + Mg)L$

(2)(カ)$\dfrac{5(3p_0 S + 3Mg - kL)L}{9R}$　(キ)$\dfrac{5(kL - 3Mg)L}{6}$

(ク)$p_0 + \dfrac{Mg - kL}{S}$　(ケ)$-\dfrac{2}{9}(3p_0 S + 3Mg - 2kL)L$

━━━━━━◀解　説▶━━━━━━

≪ばねでつながれたピストンに封入された気体の状態変化≫

(1)(ア)　求める温度を T_1 とおくと，理想気体の状態方程式より

$$p_0 SL = 1 \cdot RT_1 \quad \therefore \quad T_1 = \frac{p_0 SL}{R}$$

(イ)　求める圧力を p_2 とおくと，ピストンについてのつり合いの式より

$$0 = p_2 S - p_0 S - Mg \quad \therefore \quad p_2 = p_0 + \frac{Mg}{S}$$

(ウ)　状態 2 における気体の温度を T_2 とおくと，理想気体の状態方程式より

$$p_2 SL = 1 \cdot RT_2 \quad \therefore \quad T_2 = \frac{(p_0 S + Mg) L}{R}$$

求める内部エネルギーの変化を ΔU_1 とおくと，単原子理想気体なので

$$\Delta U_1 = \frac{3}{2} \cdot 1 \cdot R (T_2 - T_1) = \frac{3}{2} MgL$$

(エ)　状態 2 → 3 は定圧変化なので，求める外部にした仕事を W_2 とおくと

$$W_2 = p_2 \left(S \cdot \frac{5}{3} L - S \cdot L \right) = \frac{2}{3} (p_0 S + Mg) L$$

(オ)　状態 3 における気体の温度を T_3 とおくと，理想気体の状態方程式より

$$p_2 S \cdot \frac{5}{3} L = 1 \cdot RT_3 \quad \therefore \quad T_3 = \frac{5 (p_0 S + Mg) L}{3R}$$

求める熱量を Q_2 とおく。単原子分子理想気体なので，定圧モル比熱は $\frac{5}{2} R$ であることを用いると

$$Q_2 = \frac{5}{2} R \cdot 1 \cdot (T_3 - T_2) = \frac{5}{3} (p_0 S + Mg) L$$

(2)(カ)　状態 5 のときの気体の圧力を p_5 とおく。このときちょうどストッパーがピストンを押す力がなくなるので，ピストンについてのつり合いの式より

$$0 = p_5 S + k \cdot \frac{1}{3} L - p_0 S - Mg$$

求める温度を T_5 とおくと，理想気体の状態方程式より

$$p_5 \cdot S \cdot \frac{5}{3} L = 1 \cdot RT_5$$

$$T_5 = \frac{5\left(p_0 S + Mg - \frac{1}{3}kL\right)L}{3R}$$

$$= \frac{5\left(3p_0 S + 3Mg - kL\right)L}{9R}$$

(キ) 状態4のときの温度を T_4 とおくと，理想気体の状態方程式より

$$p_0 S \cdot \frac{5}{3}L = 1 \cdot R T_4 \quad \therefore \quad T_4 = \frac{5p_0 SL}{3R}$$

状態 $4 \to 5$ は定積変化であり，単原子分子理想気体なので定積モル比熱は $\frac{3}{2}R$ を用いることができる。求める熱量を Q_4 とおくと，「加熱冷却器が」吸収した熱であることに注意すると

$$Q_4 = -\frac{3}{2}R \cdot 1 \cdot (T_5 - T_4)$$

$$= -\frac{3}{2} \cdot R \cdot \frac{5(3Mg - kL)L}{9R}$$

$$= \frac{5(kL - 3Mg)L}{6}$$

(ク) 状態6では，ばねは自然長よりも L だけ伸びているので，求める気体の圧力を p_6 とおくと，ピストンについてのつり合いの式より

$$0 = p_6 S + kL - p_0 S - Mg$$

$$\therefore \quad p_6 = p_0 + \frac{Mg - kL}{S}$$

(ケ) 状態 $5 \to 6$ の間のピストンの高さを x とおくとき，ばねの自然長からの長さは $2L - x$ で与えられるので，この間の気体の圧力を $p(x)$，気体の体積を $V = Sx$ とおくと，ピストンについてのつり合いの式より

$$0 = p(x)S + k(2L - x) - p_0 S - Mg$$

$$p(x) = \frac{k}{S}x + p_0 + \frac{Mg - 2kL}{S}$$

$$= \frac{k}{S^2}V + p_0 + \frac{Mg - 2kL}{S}$$

つまり，$p\text{-}V$ グラフは右図のような1次関数となる。

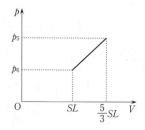

p-V グラフで囲まれた面積が仕事であり，外部に「した」仕事であることに注意する。求める仕事を W_5 とおくと

$$W_5 = -\frac{1}{2}(p_5 + p_6)\frac{2}{3}SL$$

$$= -\frac{1}{3}\left(p_0 S + Mg - \frac{1}{3}kL + p_0 S + Mg - kL\right)L$$

$$= -\frac{1}{3}\left(2p_0 S + 2Mg - \frac{4}{3}kL\right)L$$

$$= -\frac{2}{9}(3p_0 S + 3Mg - 2kL)L$$

❖講　評

　大問数は例年通り 3 題であり，解答個数は 28 個である。3 題とも問題集などでよく見かけるオーソドックスな出題であった。難易度がそれほど高いわけではないが，2 科目で 120 分の解答時間を考えると，スピードは必要である。

　1 は(1)で典型的な円筒面内での物体の運動が出題された後，(2)で円筒面自体が床に対して自由に動けるように状況を変化させた。このときに水平方向の運動量と力学的エネルギーがそれぞれ保存されることに気づけば，計算量もそれほどない。(3)では再び円筒面が固定され，単振動の問題に移行した。典型的な標準レベルの問題の組合せであり，時間との戦いになるが，完答は十分可能である。

　2 の(1)は扇形のコイルに生じる誘導起電力を，ファラデーの電磁誘導の法則を用いて求めることができれば，あとは起電力が生じる時刻帯を正確に把握するだけで，難しいところはない。回路で生じるジュール熱と，コイルを動かす仕事が等しいことを用いて，等速回転のために必要な力を求める(キ)も，典型的な出題である。なお(キ)は，等速回転ということから力のモーメントがつり合った状態で回転させていると考えると，(ウ)の結果から解くことも可能である。(2)については，コンデンサーを含む回路となるが，起電力は生じないか，生じる時刻帯でも一定のため，単純に直流電源が接続された回路とみなすことができる。

　3 の(1)については，典型的な単原子分子理想気体の状態変化の問題で

あるため，ミスなくすべて解答したい。(2)については，状態ごとのばね
の自然長からの伸びをとらえ，ピストンについてのつり合いの式を用い
て気体の圧力を求めることができれば，難易度はそれほど高いわけでは
ない。(ケ)は，p-V グラフ上で 1 次関数（直線）になることがわかれば，
台形の面積を求めることで，求める値にたどり着く。熱量や仕事を求め
る場合には，問題文をよく読み，「吸収」，「放出」，「した」，「された」
のどれを求めるかを間違えずに，正負に注意して解きたい。

化学

1 解答

(1)(ア) 3.11×10^{-1} 〔3.12×10^{-1}〕　(イ)水素吸蔵　(ウ) 3
(エ) 3.22×10^{-1}　(オ) 3.56×10^{25}　(カ) 7.32×10　(キ)超臨界
(2)(ク) 3.01×10^2　(ケ)潮解　(コ) Na_2CO_3　(サ) $NaHCO_3$

━━ ◀解　説▶ ━━

≪Fe-Ti 合金と水素の吸蔵，熱化学，水酸化ナトリウム・炭酸ナトリウムの性質≫

(1)(ア)　単位格子の一辺の長さを a〔nm〕，Fe，Ti の原子半径を r_{Fe}〔nm〕，r_{Ti}〔nm〕とする。立方体の体対角線で Fe と Ti は接しているので
$\sqrt{3} \times a = 2(r_{Fe} + r_{Ti})$ より

$$\sqrt{3} \times a = 2(0.124 + 0.146)$$

$$a = \frac{\sqrt{3}}{3} \times 0.540 = 0.3114 \fallingdotseq 3.11 \times 10^{-1} \text{〔nm〕}$$

平方根を有理化しないと，$0.3121 \fallingdotseq 0.312\,\text{nm}$ となる。

(イ)　水素を取り込む性質のある合金を水素吸蔵合金という。結晶格子の隙間に水素原子が金属原子と接する形で入り込む。

(ウ)　「2 個の Fe 原子と…4 個の Ti 原子からなる八面体の中心」は単位格子の立方体の面の中心である。

面の中心にある球は，単位格子に $\frac{1}{2}$ 個含まれるので，取り込まれる H 原子は

$$\frac{1}{2} \times 6 = 3 \text{ 個}$$

(エ)　単位格子の一辺の長さを a〔nm〕，Fe，Ti，H の原子半径をそれぞれ r_{Fe}〔nm〕，r_{Ti}〔nm〕，r_H〔nm〕とする。

(ⅰ) H 原子と Fe 原子が接すると仮定した場合

H 原子 1 個とそれに接する Fe 原子のみ

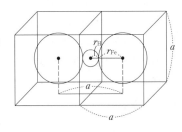

を示すと前頁の図のようになる。

H 原子の中心は単位格子の面の中心に存在し Fe 原子と接するので

$$a = 2(r_{Fe} + r_H)$$
$$= 2(0.124 + 0.0370) = 0.322 \,[nm]$$

(ⅱ)　H 原子と Ti 原子が接すると仮定した場合

H 原子 1 個とそれに接する Ti 原子のみを示すと図のようになる。

H 原子の中心は単位格子の面の中心に存在し, Ti 原子と接するので, 面の対角線の長さについて

$$\sqrt{2} \times a = 2(r_{Ti} + r_H)$$
$$a = \sqrt{2} \times (0.146 + 0.0370) = 0.2580 \fallingdotseq 0.258 \,[nm]$$

Fe, Ti のうち一方のみと H 原子が接するが, (ⅱ)ではもとの単位格子よりも小さくなってしまい, 矛盾するので, 答えは 0.322nm。

(オ)　1.00L の FeTiH の質量は

$$6.19 \times 1000 = 6190 \,[g]$$

FeTiH = 104.7 なので, 1.00L の FeTiH に含まれる H 原子の物質量は

$$\frac{6190}{104.7} = 59.12 \,[mol]$$

H 原子の個数は

$$59.12 \times 6.02 \times 10^{23} = 3.559 \times 10^{25} \fallingdotseq 3.56 \times 10^{25} \text{ 個}$$

(カ)　この H_2 分子の 298K, 1.00×10^6 Pa における体積を $V\,[L]$ とすると

$$1.00 \times 10^6 \times V = \frac{59.12}{2} \times 8.31 \times 10^3 \times 298$$

$$\therefore \quad V = 73.20 \fallingdotseq 73.2 \,[L]$$

(キ)　また, この H_2 分子が 298K, 1.00L において気体として存在すると仮定したときの圧力を $P\,[Pa]$ とすると

$$1.00 \times 10^6 \times 73.20 = P \times 1.00$$

$$\therefore \quad P = 7.32 \times 10^7 \,[Pa]$$

このときの温度, 圧力は臨界点の値よりも大きいので, 水素は気体と液体の区別がつかない状態である超臨界流体である。

(2)(ク)　NaOH の物質量は

$$\frac{8.24}{40.0}=0.2060\,[\text{mol}]$$

求める温度上昇度を $\Delta T\,[\text{K}]$ とすると，NaOH の溶解で発生する熱量について次の関係が成り立つ。

$$44.5\times10^3\times0.2060=890\times4.12\times\Delta T$$

$$\therefore\quad \Delta T=2.500\fallingdotseq2.50\,[\text{K}]$$

よって，温度は　$298+2.50=300.5\fallingdotseq3.01\times10^2\,[\text{K}]$

(ケ)　固体の水酸化ナトリウムを空気中に放置すると，空気中の水分を吸収して，その水分に溶解する。このような現象を潮解という。

(コ)　NaOH は，空気中に含まれる酸性気体の CO_2 を中和反応で吸収し，Na_2CO_3 を生じる。

$$CO_2+2NaOH\longrightarrow Na_2CO_3+H_2O$$

(サ)　アンモニアソーダ法において，飽和塩化ナトリウム水溶液にアンモニア，二酸化炭素を通じると，炭酸水素ナトリウムが沈殿として生じる。

$$NaCl+NH_3+CO_2+H_2O\longrightarrow NaHCO_3+NH_4Cl$$

この沈殿を分取し，加熱すると炭酸ナトリウムが得られる。

$$2NaHCO_3\longrightarrow Na_2CO_3+H_2O+CO_2$$

2 解答

(1)(ア) O　(イ) 7　(ウ)ファンデルワールス
(2)(エ) 1.50×10^{-2}　(オ) I_3^-　(カ)デンプン　(キ) 1.50×10
(3)(ク) 4.00×10^{-4}　(ケ) 8.00×10^{-2}　(コ) 1.28×10^2　(サ) 1.75×10^2

◀解　説▶

≪ヨウ素の性質，水溶液の電気分解，酸化還元滴定，反応速度，化学平衡≫

(1)　ヨウ素の電子配置は K 殻 2，L 殻 8，M 殻 18，N 殻 18，O 殻 7 である。ヨウ素の単体は常温常圧で固体であり，ファンデルワールス力で分子どうしが結びつく分子結晶である。

(2)(エ)　回路を流れる電子の物質量は

$$\frac{0.500\times5790}{9.65\times10^4}=0.03000\,[\text{mol}]$$

電気分解において両極板で起こる反応は

陰極：$2H_2O+2e^-\longrightarrow H_2+2OH^-$

陽極：$2I^-\longrightarrow I_2+2e^-$

陰極で発生する水素の物質量は

$$0.03000 \times \frac{1}{2} = 0.01500 = 1.50 \times 10^{-2} \text{〔mol〕}$$

㋔ ヨウ素 I_2 は水には溶けないが，ヨウ化カリウム水溶液中ではヨウ化カリウムの電離で生じた I^- と化合して I_3^- となって溶解する。

$$I_2 + I^- \rightleftharpoons I_3^-$$

㋕ 滴定を始める前は水溶液中にヨウ素が存在し，終点ではヨウ素がなくなるので，終点を知るためにはヨウ素デンプン反応を利用する。したがって，必要な指示薬はデンプン水溶液である。

㋖ この滴定で，ヨウ素は酸化剤，チオ硫酸ナトリウムは還元剤としてはたらく。それぞれのはたらきをイオン反応式で表すと

$$I_2 + 2e^- \longrightarrow 2I^-$$

$$2S_2O_3^{2-} \longrightarrow S_4O_6^{2-} + 2e^-$$

電気分解で生じたヨウ素の物質量は，陰極で発生した水素の物質量と同じ。加えたチオ硫酸ナトリウム水溶液の体積を v〔mL〕とし，（酸化剤の受け取る電子の物質量）＝（還元剤の放出する電子の物質量）の関係を適用する。

$$1.50 \times 10^{-2} \times \frac{50.0}{100} \times 2 = 1.00 \times \frac{v}{1000} \times \frac{2}{2}$$

$\therefore \quad v = 15.00 = 1.50 \times 10 \text{〔mL〕}$

(3)㋗ 100 秒後までの物質量変化は次の通り。

	H_2	$+$	I_2	$\rightleftharpoons$	$2HI$	
始め	0.600		0.600			〔mol〕
変化量	-0.200		-0.200		$+0.400$	〔mol〕
100 秒後	0.400		0.400		0.400	〔mol〕

$[H_2]$ の平均減少速度は

$$\frac{0.600 - 0.400}{5.00} \times \frac{1}{100} = 4.00 \times 10^{-4} \text{〔mol/(L·s)〕}$$

㋘ v_1 は HI の生成速度なので，㋗で求めた $[H_2]$ の平均減少速度の 2 倍になる。0 秒から 100 秒までの H_2, I_2 の平均濃度の値は等しく

$$[\overline{H_2}] = [\overline{I_2}] = \left(\frac{0.600}{5.00} + \frac{0.400}{5.00}\right) \times \frac{1}{2} = 0.100 \text{〔mol/L〕}$$

以下の反応速度式に数値を代入する。

$$v_1 = k_1[H_2][I_2]$$

$$4.00 \times 10^{-4} \times 2 = k_1 \times 0.100 \times 0.100$$

$$\therefore \quad k_1 = 8.00 \times 10^{-2} \, [\text{L}/(\text{mol} \cdot \text{s})]$$

㈢　平衡状態までの物質量変化は次の通り。

	H_2	+	I_2	$\rightleftharpoons$	$2HI$	
始め	0.600		0.600			[mol]
変化量	-0.510		-0.510		$+1.02$	[mol]
平衡時	0.090		0.090		1.02	[mol]

平衡定数は

$$K = \frac{[\text{HI}]^2}{[\text{H}_2][\text{I}_2]} = \frac{\left(\dfrac{1.02}{5.00}\right)^2}{\dfrac{0.090}{5.00} \times \dfrac{0.090}{5.00}} = 1.284 \times 10^2 \fallingdotseq 1.28 \times 10^2$$

㈤　本問はアレニウスの式を覚えていることが前提の設問である。アレニウスの式の両辺の自然対数をとると

$$\log_e k = -\frac{E}{R} \times \frac{1}{T} + \log_e A \quad \cdots\cdots(*)$$

（k：速度定数，A：定数，E：活性化エネルギー〔J/mol〕，R：気体定数 8.31〔J/(K・mol)〕，T：絶対温度〔K〕）

$(*)$について，縦軸のパラメータを $\log_e k$，横軸のパラメータを $\dfrac{1}{T}$ とすると，グラフは傾きが $-\dfrac{E}{R}$ で直線になる。

温度 667 K，714 K における値を$(*)$に適用すると

$$2.75 = -\frac{E}{R} \times 1.50 \times 10^{-3} + \log_e A \quad \cdots\cdots①$$

$$4.85 = -\frac{E}{R} \times 1.40 \times 10^{-3} + \log_e A \quad \cdots\cdots②$$

① $-$ ② を考える。

$$-2.10 = -\frac{E}{8.31} \times (0.10 \times 10^{-3})$$

$$\therefore \quad E = 1.745 \times 10^5 \fallingdotseq 1.75 \times 10^5 \, [\text{J/mol}] = 1.75 \times 10^2 \, [\text{kJ/mol}]$$

3 解答

(1)(ア) [benzene ring]−C≡CH　　(イ)スチレン　(ウ)2.0

(エ) [benzene ring]−CH−CH₃ (with Cl below CH)

$$\text{(エ)} \quad \overset{\displaystyle \text{CH-CH}_3}{\underset{\displaystyle \text{Cl}}{}}$$

(2)(オ) $C_{14}H_{20}O_7$　(カ) 1.38×10^2

(キ) [benzene ring]−CH₂−CH₂−OH (with OH on ring)

(ク)

$$\text{(3)(ケ)} \quad H_2N-\overset{\displaystyle \text{CH}_3}{\underset{}{\text{CH-OH}}} \quad \text{HC-C-OH}$$

(3)(ケ) H₂N-HC-C-OH （with CH₃/CH-OH branch, and =O below C）　　(コ)システイン

(サ)β-シート　(シ)ジスルフィド

━━━━━◀解　説▶━━━━━

≪芳香族化合物，糖類の構造決定，アミノ酸，ペプチド≫

(1)(ア)・(イ)　Aは分子量 102 の芳香族炭化水素であり，水素付加で生じる Bが付加重合の単量体と考えると，Aは分子内にベンゼン環以外に三重結合または二重結合を 2 個以上もつと思われるので，フェニルアセチレン C_8H_6，Bはスチレン C_8H_8 であれば条件と一致する。

(ウ)　Aはベンゼン環以外に炭素間三重結合を 1 個もつので，臭素とは 1：2 の物質量比で反応する。

(エ)　Bの炭素間二重結合を構成する炭素原子に H と Cl が付加するが，このとき H 原子の多く結合する炭素に H 原子が付加した化合物が主に生成する。(マルコフニコフ則)

(1)のフローチャートは次の通り。

A. $\xrightarrow{+H_2}$ B.

$\downarrow +2Br_2$　$+HCl\nearrow$　$\xrightarrow{+HCl}$

C. 　D.

　　　　　　　　主生成物　　　　　副生成物

(2)　E 450 mg 中に含まれる各元素の質量は

$$C : 924 \times \frac{12.0}{44.0} = 252.0 \,〔mg〕$$

$$H : 270 \times \frac{2.0}{18.0} = 30.0 \,〔mg〕$$

$$O : 450 - 252.0 - 30.0 = 168.0 \,〔mg〕$$

各元素の物質量比は

$$C : H : O = \frac{252.0}{12.0} : \frac{30.0}{1.00} : \frac{168.0}{16.0} = 14 : 20 : 7$$

$C_{14}H_{20}O_7 = 300$ なので，E の分子式は $C_{14}H_{20}O_7$ である。

E の加水分解で生じる F はセロビオースの加水分解で生じ，β-グリコシド結合を G との間で形成するので，β-グルコース $C_6H_{12}O_6$（分子量 180.0）である。したがって，G の分子式は

$$C_{14}H_{20}O_7 + H_2O - C_6H_{12}O_6 = C_8H_{10}O_2$$

分子量は

$$300 + 18.0 - 180.0 = 138.0$$

である。G はフェノール性 OH 基をもち，硫酸酸性二クロム酸カリウムで酸化すると，カルボキシ基を生じるので，第一級のアルコール性ヒドロキシ基ももつ。H のもつカルボキシ基とヒドロキシ基が脱水縮合して，五員環の環状エステルを作るので，以下の構造とわかる。

G. $\xrightarrow{酸化}$ H.

$\xrightarrow{脱水}$

E はフェノール性 OH 基をもたず，還元性も示さないので，G のフェノール性 OH 基と F の 1 位の OH 基が β-グリコシド結合したものが E である。

E.

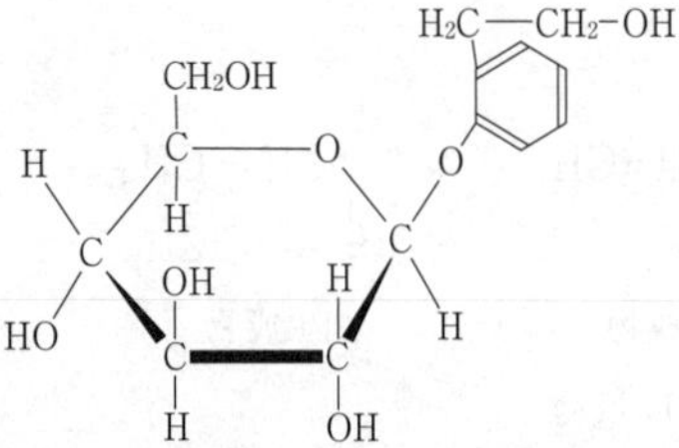

(3)　α-アミノ酸の一般式は

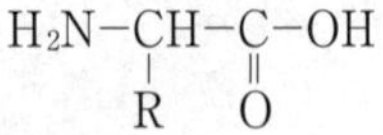

$$\text{H}_2\text{N}-\text{CH}-\text{C}-\text{OH}$$

（R，O）

なので，J の側鎖 R の化学式は

$$\text{C}_4\text{H}_9\text{NO}_3 - \text{C}_2\text{H}_4\text{NO}_2 = \text{C}_2\text{H}_5\text{O}$$

また，J はヨードホルム反応陽性なので，アセチル基または酸化によってアセチル基を生じる構造をもつ。化学式と一致するのは後者の

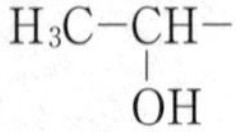

$$\text{H}_3\text{C}-\text{CH}-$$
$$\text{OH}$$

の構造なので，J はトレオニンである。

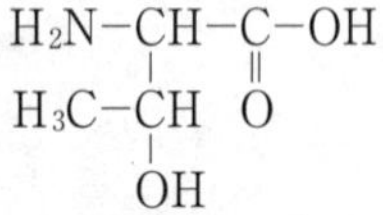

$$\text{H}_2\text{N}-\text{CH}-\text{C}-\text{OH}$$
$$\text{H}_3\text{C}-\text{CH}\quad\text{O}$$
$$\text{OH}$$

K は分子中に S 原子を含み，側鎖でジスルフィド結合を形成するので，システインである。

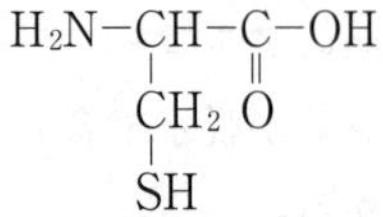

$$\text{H}_2\text{N}-\text{CH}-\text{C}-\text{OH}$$
$$\text{CH}_2\quad\text{O}$$
$$\text{SH}$$

システインの SH 基以外を R′ とすると，ジスルフィド結合は 2 分子のシステインが側鎖で $-\text{S}-\text{S}-$ の構造を形成するものである。

$$2\text{R}'-\text{SH} \longrightarrow \text{R}'-\text{S}-\text{S}-\text{R}' + 2\text{H}^+ + 2\text{e}^-$$

❖講　評

　2023 年度も大問 3 題の出題で，理論，無機，有機の各分野から出題
されている。問題の分量は 2022 年度とほぼ同程度であり，難易度も同
程度であった。設定が目新しい問題や，通常とは定義が違った問題，ア
レニウスの式の暗記前提の問題が見られた。設問数は多く，時間を要す
るので，全問を解くのは時間的にも厳しい。

　1 は Fe-Ti 合金と水素の吸蔵，熱化学，水酸化ナトリウム・炭酸ナ
トリウムの性質に関する問題である。(1)の Fe-Ti 合金に吸蔵される水
素原子がどちらの金属と接するかを考える問題は思考力を問われた。ま
た，吸蔵される水素は原子，気体として存在する水素は 2 原子分子であ
ることは注意したい。(2)の熱化学，水酸化ナトリウム・炭酸ナトリウム
の性質は基本的な問題なので，ミスすることなく完答したい。

　2 はヨウ素の性質，水溶液の電気分解，酸化還元滴定，反応速度，化
学平衡に関する問題である。(2)のヨウ素滴定では，チオ硫酸イオンの反
応式が与えられていない。過去にヨウ素滴定が出題されたときも，反応
式が自力で書けないと解答できない形の出題であった。(3)で v_1 は HI の
生成速度であることに注意が必要であった。(3)の活性化エネルギーを求
める問題では，誘導がなく，アレニウスの式を覚えていることが前提で
あった。過去にもアレニウスの式の暗記前提の問題が出題されているの
で，演習しておくとよいと思われる。

　3 は芳香族化合物，糖類の構造決定，アミノ酸，ペプチドに関する問
題である。(1)の構造決定ではマルコフニコフ則を知っていないと解答で
きない設問があった。(2)・(3)は問題文をよく読み，条件をしっかり拾え
れば解答しやすい問題であろう。

　毎年のことであるが，時間内に全問題を解答するのは難しいので，問
題の難易度を見極め，短時間で解くことができる設問から解答する能力
も合否を左右する一因になったと思われる。多くの問題演習を行うこと
により，いろいろな問題に対応できるようにしておきたい。また，教科
書の発展学習の内容もよく問われるので，過去問でどのようなことが問
われやすいかを把握しておくことも重要である。

/////////////// · **memo** · ///////////////

2022
年度

解 答 編

解答編

■英語■

1 解答 [1]—3
　　　　　　 [2]—1

[3] (1)— 3　(2)— 2　(3)— 6　(4)— 4　(5)— 1　(6)— 5

[4] (ア)— 1　(イ)— 3　(ウ)— 7　(エ)— 9　(オ)— 5　(カ)— 4

[5] (1)— 6　(2)— 1　(3)— 4　(4)— 9　(5)— 3　((2)と(3)は順不同)

◆全 訳◆

≪ホタルはなぜ同期して一斉に発光するのか≫

　「およそ 20 年前頃，ホタルが同期して，つまり同時に光るのを見たことがあった，いや，見たと思っただけかもしれない。私は自分の目をとうてい信じられなかった，というのは昆虫にそのようなことが起こるのはきっとあらゆる自然法則に反することになるからだ」

　フィリップ゠ローランは 1917 年に『サイエンス』誌にそのように寄稿し，それと同時に，彼はこの理解しにくい現象をめぐる論争に参加することになった。300 年の間，東南アジアへ行った西洋の旅行者は，ホタルの大群が一斉に明滅し，川岸に沿っておそらく何マイルにもわたって広がるそうした光景が見られるという話を持ち帰っていた。これらの逸話的な報告は，旅行記作家が好むロマンチックな文体で書かれることが多かったので，広く受け入れられて信じられることはなかった。いったいどのようにしたら，何千匹ものホタルが，それほど正確にそれほど大規模に発光を組織することができるのだろうか。

　数十年の間，納得のいく説を考え出した者は誰もいなかったが，1960 年代後半までに，パズルのピースがうまくはまり始めた。一つ目の手がかりは非常に明白だったので，ほとんどすべての人がそれを見逃していた。同期するホタルは一斉に光るだけではない——リズムに合わせて，一定の速さで光っているのである。お互いに引き離された場合でも，それでも

ホタルは一定のリズムを守る。それが意味することは，それぞれの昆虫は正確なタイムをキープするそれ自身の手段，ある種の体内時計を持っているということである。この仮定上の振動子は解剖学的にはまだ特定されていないが，ホタルの小さい脳のどこかにある，ニューロンの集合であると推定されている。私たちの心臓に生まれながらに備わっているペースメーカーのように，振動子は反復して発火し，電気的リズムを生み出し，それがホタルの発光器へと流れてゆき，ついには周期的な発光を引き起こすのである。

　二つ目の手がかりは，生物学者ジョン=バックの研究によってもたらされた。彼は同期するホタルの研究を科学的にふさわしいものにするために他の誰より尽力した。1960 年代の半ば，彼と妻（エリザベート）は，壮観な光景を自分の目で確かめたいと思って，初めてタイに旅行した。非公式だが意義深い実験で，彼らはバンコク近くを流れる感潮河川沿いで多数のホタルを捕まえて，暗くしたホテルの自分の部屋にそのホタルを解き放った。昆虫は神経質に飛び回っていたが，それから徐々に，必ず少なくとも 10 センチメートルは間隔を空けながら，壁と天井全体にとまった。初めのうちは，ホタルはバラバラに光っていた。バック夫妻が驚嘆して無言で観察している間に，二匹，それから三匹が一斉に明滅しはじめた。狭い箇所での同期現象が現れ，大きくなり続けて，ついには十数匹ものホタルが完璧に一致して明滅していた。

　これらの観測によって，ホタルは別のホタルの発光に反応して何らかの方法で自分のリズムを調整しているにちがいないということが示された。その仮説を直接検証するために，バックとその同僚は後に実験室での研究を行い，その研究では（他のホタルの発光をまねるために）人工の明かりをホタルに当て，その反応を測定した。ホタルの各個体が次の発光のタイミングを一貫した予測可能な方法で変えていること，そしてその変化の大きさと方向は周期内のどの時点で刺激を受けるかに左右されることを，彼らは発見した。刺激が，まるで時計を進めるかのようにホタルのリズムをいつも進めた種もあれば，ホタルがまさに発光しようとしているか，ホタルが発光間の中間にいるかなどによって時計を遅らせたり進めたりする種もあった。

　まとめると，二つの手がかりによって，発光のリズムは体内のリセット

可能な振動子によって調整されていることが示唆された。すると，それは即座に，同期現象のメカニズムが存在しうることを示していた。発光しているホタルの大群では，すべてのホタルが絶えず信号を送受信していて，他のホタルのリズムを変え，次には他のホタルによって変えられている。そうした落ち着かない状態から，同期現象が何らかの方法で自然発生的に現れてくる。

　このようにして，わずか数十年前なら思いもよらないような説明を私たちは受け入れることになる──ホタルは自己組織化する。名指揮者は全く必要ではないし，天候がどのようであるかは重要ではない。同期現象は，オーケストラが指揮者なしにテンポを守って演奏できるのと同じように，お互いに合図を送り合うことで発生する。ここで直観に反するのは，その昆虫に知性がある必要はないということである。それらは必要とするすべての要素を持ち合わせている。それぞれのホタルには振動子──小さなメトロノーム──が備わっていて，そのタイミングは他のホタルの発光に反応して自動的に調整される。

━━━━━━━ ◀解　説▶ ━━━━━━━

▶[1] 下線部中の or は前言を訂正・修正する内容を導入して，「いや」の意味で使われている。「私は見た」を「私は見たと思った」に修正しているので，「見た」ことに確信が持てていないことになる。また，第1段第2文（I could hardly believe …）には「私は自分の目をとうてい信じられなかった」とあるので，3．「彼が見たものは信じられないようなものだった」が正解。1．disgusting「むかつくような」，2．dreadful「不快な」，4．scary「恐ろしい」は文意に合わない。

▶[2] 1．「ホタルは光を発することをうまく調整する」

2．「ホタルは川岸に沿って光を発する」

3．「ホタルは東南アジアでは群れをなす」

4．「ホタルは他のホタルと連絡を取って移動する」

下線部の disbelief の対象となる事柄は，第2段第4文（How could thousands of fireflies …）に述べられていて，「何千匹ものホタルが正確に大規模に発光を組織すること」である。よって，1が正解。

▶[3] (1)空所前方では「納得のいく説を考え出した者は誰もいなかった」，空所後方では「パズルのピースがうまくはまり始めた」とある。逆接的な

内容が来ているので，3が正解。

(2)第 4 段第 6 文（As the Bucks watched …）に「バック夫妻が…観察している うちに，二匹，それから三匹が一斉に明滅しはじめた」とある。空所を含む箇所は「（　　）ホタルはバラバラに光っていた」なので，2.「初めのうちは」が正解。

(3)空所前方には，「小さな同期現象が現れ大きくなり続け」とあり，空所後方では，「十数匹ものホタルが完璧に一致して明滅していた」と最終結果を表しているので，6．until「〜して，ついに…」が正解。

(4)空所直後に「二つの手がかり」とあるので，「一つ目の手がかり」と「二つ目の手がかり」をまとめて話を進めている。よって，4．taken together「まとめると」が正解。

(5)空所前方の「発光のリズムが体内のリセット可能な振動子によって調整されている」結果として考えられるのが，空所後方の「同期現象のメカニズムが存在しうる」ことである。よって，1.「（結果を表して）すると」が正解。

(6)第 3 〜 5 段の二つの手がかりをまとめた第 6 段の内容から，最終段第 1 文（We are（　6　）led to …）のダッシュ以下の「ホタルは自己組織化する」ことが導き出されるので，5．thus「このようにして」が正解。

▶[4]　(ア)第 2 段第 2 文（For 300 years, Western travelers …）に「東南アジアへ行った西洋の旅行者は，ホタルの大群が一斉に明滅するという話を持ち帰っていた」こと，第 3 文（These anecdotal reports, …）に「こうした報告は信じられることはなかった」ことが述べられているので，1 が正解。account「報告，話」

(イ)第 3 段第 1 文（For decades, no one …）に，「納得のいく説を考え出した者は誰もいなかったが，1960 年代後半までに，パズルのピースがうまくはまり始めた」とあるので，3．credible「信頼できる」が正解。It is not until 〜 that …「〜になって，はじめて…する」 come together「まとまる」 account for 〜「〜を説明する」

(ウ)第 3 段第 6 文（This hypothetical oscillator is …）に「この仮定上の振動子は解剖学的にはまだ特定されていない」とあるので，「この能力がどこに備わっているか」の意になる 7 が正解。reside「備わっている」

(エ)第 5 段第 4 文（For some species, …）に「刺激が，まるで時計を進め

るかのようにホタルのリズムをいつも進めた種もあれば，…時計を遅らせ
たり進めたりする種もあった」とあるので，9．stimulus「刺激」が正解。
㋔最終段第4文（What's counterintuitive here …）に「その昆虫に知性
がある必要はない」とあるので，「単純なメカニズムによって」の意にな
る5が正解。
㋕ホタルの大群が一斉に明滅する様子を表す語としては，4．feat「妙技，
離れ業」が適当である。
▶［5］⑴「ホタルは集まり」一斉に明滅するのだから，それを喩えるの
は6．「人々が教会に集まって」一斉に礼拝することである。
⑵第3段第7文（Much like the natural …）に「私たちの心臓に生まれ
ながらに備わっているペースメーカーのように」とあり，これは心臓の鼓
動が一定であることを意味している。steadily「一様に」より，1．「鼓動
する心臓」が正解。
⑶ここも steadily「一様に」より，一定したテンポを刻む4．「メトロノ
ーム」が正解。
⑷第5段第4文（For some species, …）に「時計を遅らせたり進めたり
する種もあった」と時計の比喩がある。これを参考にすると，「ホタルが
周囲で点滅するホタルに応じて自分の発光を調整する」様子を喩えるのは，
9．「時計の時間を変えている誰か」が適当。
⑸最終段第3文（Sync occurs through …）に「オーケストラが指揮者な
しで完璧にテンポを守って演奏できるのと同じように」とあるので，3．
「指揮者なしで演奏する演奏家の集団」が正解。

◆―◆―◆―◆―◆　●語句・構文●　―◆―◆―◆―◆―◆

（第1段）synchronal「同時の，同期する」 simultaneous「同時の」
hardly「とうてい～ない」 contrary to ～「～に反して」
（第2段）So は第1段の内容を指す。as「（時を表す用法）それと同時に」
tales of A blinking「A が明滅するという話」 in unison「一斉に」 in
displays「光景で」 that は関係代名詞。supposedly「たぶん」 anecdotal
「逸話的な」 provoke「～を引き起こす」 How could A do?「いったい
どのようにしたら A は～できるのか」 orchestrate「組織する」
（第3段）come up with ～「～を考え出す」 plausible「納得のいく」
fall into place「（パーツなどが）はまる」 nearly「ほとんど」 not only

～「～ばかりではない」　keep to ～「～を守る」　keep time「拍子を取る，タイムキープする」　internal clock「体内時計」　hypothetical「仮定上の」　oscillator「振動子」　anatomically「解剖学的に」　be presumed to be ～「～であると推定されている」　natural「生まれながらに備わっている」　that は関係代名詞で travels と triggers の2つの動詞が続く。

（第4段）who は継続用法の関係代名詞。make *A* scientifically respectable「*A* を科学的にふさわしいものにする」　in hopes of *doing*「～したいと思って」　revealing「意義深い」　tidal rivers「感潮河川」　always spacing 以下は同時進行を表す分詞構文。space「～に間隔を空ける」　incoherently「バラバラに」　as「～の間に」　pockets of ～「狭い範囲での～」　as many as ～「～もの」

（第5段）*A* suggest that ～「*A* によって，～が示される／示唆される」　in response to ～「～に反応して」　関係副詞 where（＝in which）の先行詞は laboratory studies。found には2つの that 節が続く。depend on ～「～に左右される」　in the cycle「（発光の）周期内で」　For some species, ～, for other species, …「～する種もあれば，…する種もある」　set a clock ahead「時計を進ませる」　depending on ～「～によって，～次第で」　be just about to *do*「まさに～しようとしている」

（第6段）a possible synchronization mechanism「同期現象のメカニズムが存在しうること」　shifting と being shifted は分詞構文。in turn「次には」　hubbub「落ち着かない状態」

（最終段）be led to *do*「～するように導かれる」　entertain「～を受け入れる」　it は what the weather is like を指す。matter「重要である」　in the same way that ～「～と同じように」　keep perfect time「完璧にテンポを守って演奏する」　What's counterintuitive here is that ～「ここで直観に反することは～である」　関係代名詞 whose の先行詞は an oscillator。

2 解答

[１] ①—2　②—1　③—4　④—2　⑤—3
　　　⑥—2

[２] (1)—1　(2)—5　(3)—2　(4)—4

[３] ２番目—6　５番目—7

[４]—4　[５]—4

[６]—2・3・5 （順不同）

◆全　訳◆

≪手遅れにならないうちに政治に参加すべし≫

　多くの人々が政治に関心を持ち続けている——私たちは皆，自分たちに合うように法律が作られるのを望んでいる——が，政治家になることに興味を持つ人々はだんだん少なくなっているようだ。それはどうしてもあまり魅力的な仕事ではないからだ。無数の可能性がある世界では，民間部門であり余るほどの報酬をもたらす技術的能力を持っている人々にとっては特に，政治は本当に退屈な仕事に見える。政治家は，厳しい監視の下，わずかな報酬で，一生懸命仕事をしなければならない。彼らは大衆からの軽蔑やメディアからの不当な扱いを受けることもあるし，彼らの熱心な仕事が無関心で迎えられることも多い。当然ながら，政治を行うことに興味を持っている人々の部類は縮小している。あなたがたまたま政治に対する欲求があるとすれば，それは朗報である。競争は昔ほどではないので，政界に入りたいという願望こそがその機会を与えられるのに要するすべてであることが多い。イギリスでは，現在の主要な政治家の集団は，政治的出世主義者による著しく限られた一団から輩出され，その大部分は大学に在学していた時から政治を行っている。彼らの多くは一緒に大学に在学していた。

　現在のイギリスの首相，外務大臣，財務大臣，教育長官，野党のリーダー，影の財務大臣，影の内務大臣はすべてオックスフォードで政治学を専攻した同じ世代の学生の一部であった。私はオックスフォードには行かなかったが，デイヴィッド＝キャメロンと同じ学校——イートン——に彼が在籍しているのと同じ時期に実際に通っていた。私たちがそこにいた時，彼は首相になりたがっている人として知られていた。私たちは 16 歳であった。イートンは，有力な親戚がいて，野心を持っている少年がいっぱいいる馬鹿げたほど特権的な学校だが，政治に関心がある者はほとんどいな

かったし，大部分は銀行員か映画スターになりたがっていた。私は首相に
なりたがっている者をもう一人だけ伝え聞いたことがあった。彼の名前は
ボリス゠ジョンソンであった。この二人がやすやすとイギリス政界の頂点
に上り詰めるのを見ていると，その道で第一人者になる難しさが，以前と
同じくらい難しいとは信じがたくなる。

　政治を目指す部類が縮小していることは重要だろうか。ある意味では，
「いいえ」である。ほとんどの人々が，できるなら政治とまったく関係を
持ちたくないと思うのは，政治システムに対する広範な満足を表すもので
ある。人々が本当に不幸であるなら，政治参加への障壁が高くても人々の
意欲をそぐことはできないだろう。おそらく激怒して，人々はその障壁を
取りこわすだろう。

　しかしながら，このように政治を目指す部類が小さくなることには本当
の危険がある。それは政治家とそれ以外の私たちの間のギャップを広げて，
それが両方向での軽蔑を生じさせる可能性がある。職業としての政治がた
またま政治に妙な関心を持っている人々のためだけのものであると思うと，
私たちは彼らを変わり者として軽蔑し始めるだろう。一方，政治家は私た
ちを愚か者として軽蔑し始めるだろう。政治家が関わっている仕事を私た
ちが理解しないからである。多くの有権者が職業的政治家に対して感じて
いる軽蔑は，多くの職業的政治家が有権者に対して感じている軽蔑と一致
している。それぞれが，相手の陣営がわかっていないと思っている。ギャ
ップが広がるにつれて，政治家は仲間のエリートに引き寄せられやすくな
るが，それは彼らが少なくとも内情に明るい人の知識を尊重するからであ
る。政治上のネットワークは，金融，技術，軍事の専門知識——それは
一般の人々を締め出す——のネットワークとつなぎ合わさっている。政
治を目指す縮小した部類は，自分が住む世界に対してきっと歪んだ見方を
するにちがいない，というのはメンバーが，自分の世界が外部からどのよ
うに見えるかを理解するようになることはめったにないからである。2008
年の財政危機を予測しなかったことは，閉鎖的な集団は自分が何を行って
いるかをいかに簡単に見失うかの証拠である。

　何よりも，バンジャマン゠コンスタンが警告した危険がある。私たちが
日常的な政治を狭い専門家グループの手に委ねるなら，政治が必要となっ
た時に，彼らからそれを取り戻す方法が私たちにはわからないのである。

必要となった時に政治を手に入れられると考える人々は，政治が本当に必要な時にどこでそれを見つけたらよいかわからないと気づくことが多い。政治のやり方を学ぶ唯一の方法は，悪い時も良い時も，それをやり続けることである。私たちには，もっと政治が必要であり，もっと政治家が必要である。

━━━◀解　説▶━━━

▶［1］① retain「持ち続ける」とほぼ同義となる2．continue to have「持ち続ける」が正解。1．「持つように促される」　3．「得る」　4．「取り戻す」

② grind「退屈な仕事」とほぼ同義となる1．dull work「退屈な仕事」が正解。2．「独創的な発見」　3．「値上げ」

③ absurdly「馬鹿げたほど」とほぼ同義となる4．ridiculously「ばかばかしいほど」が正解。1．「適切に」　2．「幸運にも」　3．「明らかに」　5．「不運にも」

④ rage「激怒」とほぼ同義となる2．anger「怒り」が正解。

⑤ breed「生じさせる」とほぼ同義となる3．give birth to「～を生み出す」が正解。2．「弱める原因となる」　4．「吸入する」　5．「強める」

⑥ skewed「歪んだ」とほぼ同義となる2．distorted「歪んだ」が正解。1．「包括的な」　3．「遠大な」　4．「同一の」

▶［2］⑴空所直前の appetite が伴う前置詞は1．for である。an appetite for ～「～に対する欲求」

⑵空所を含む文は It is ～ that … の形式主語の文で，that 節は「ほとんどの人々が，できるなら政治とまったく関係を持ちたくないと思う」という意味である。「政治システムに対する広範な満足」の何が that 節の内容に相当するのかを考えると，5．sign「表すもの」が最適である。無関係でいたいと思うのは満足の表れだという理屈である。

⑶第4段第4文（Meanwhile, the politicians will start …）に「政治家が関わっている仕事を私たちが理解しない」とあるので，「理解する，わかる」の意味になる get it が適当である。よって，2が正解。1．get along「仲よくやる」　3．get on「乗る」　5．get with「出会う」

⑷空所直後には to 不定詞が続くので，空所には疑問詞が入る。空所後方の find が目的語 it を取るので，疑問副詞の when と where が正解候補と

なる。空所前方に when they really need it という，時を表す副詞節があるので，when は不適。よって，where が正解。

▶[3] 正しく並べ替えると，If we <u>think that professional</u> politics is only for people who happen <u>to</u> have a peculiar interest in politics（, we will start …）となる。空所以降が主節なので，空所の先頭に接続詞 if が来て主節とつながる。If 文の主語 we に対する動詞は think が適当である。形容詞には名詞が続くので，peculiar には interest，professional には politics が続くと考えられる。happen は to 不定詞を伴って，「たまたま～する」の意味になる。

▶[4] 下線部の訳は「この二人がやすやすとイギリス政界の頂点に上り詰めるのを見ていると，その道で第一人者になる難しさが，以前と同じくらい難しいとは信じがたくなる」である。第 1 段第 8 文（The competition is not …）に「競争は昔ほどではない」とあるのも，ヒントになる。要は，今，政治家になって出世するのは簡単だということ。よって，4 が正解。Watching ～ makes it hard to believe「（無生物主語の構文）～を見ていると，信じるのが難しくなる」 watch *A do*「*A* が～するのを見る」 effortlessly「やすやすと」 greasy pole「（「油脂を塗った棒をよじ登る競技」から転じて）その道で第一人者になる難しさ」 greasy「（「滑りやすい」から）難しい」 as ～ as it used to be「以前と同じくらい～」

▶[5] 第 1 段では，政治家を目指す人々が少なくなっていること，第 2 段では，そのために政治家になることが以前ほど難しくなくなっていることが述べられている。第 3 段では，そのような状況の良い面が挙げられ，第 4 段では，反対に，そのような状況では政治家と有権者のギャップが広がり，両者がお互いに軽蔑したり，閉鎖的な少数の政治家集団が政策を間違えたりすると述べられている。最終段では，そのような状況が続くと，いざ政治が必要となった時にどこでそれを見つけたらよいかわからなくなるので，政治をやり続けるように警告している。このような趣旨の流れから，タイトルとしては，4.「手遅れにならないうちに政治に参加すべし」が最適である。

▶[6] 1.「イートン校の多くの学生は議員になりたがっていた」 第 2 段第 5 文（Eton is an absurdly …）に「大部分は銀行員か映画スターに

なりたがっていた」とあるので，不一致。

2．「人々は閉鎖的な集団にいると，自分が何をやっているのかを見失う」第 4 段最終文（The failure to …）に「閉鎖的な集団は自分が何を行っているかをいかに簡単に見失うか」とあるので，一致する。

3．「技術的な専門知識を持った人々は政治家になることに興味を持たない傾向がある」　第 1 段第 3 文（In a world of …）に「技術的能力を持っている人々にとっては，政治は本当に退屈な仕事に見える」とあるので，一致する。

4．「政治家は必ず有権者を尊重する」　第 4 段第 4 文（Meanwhile, the politicians will start …）に「政治家は私たちを愚か者として軽蔑し始める」とあるので，不一致。

5．「政治家と民衆がお互いを軽蔑すればするほど，両者は自分の階層の人々と結びつくだろう」　第 4 段第 7 文（As the gap grows, …）に「ギャップが広がるにつれて，政治家は仲間のエリートに引き寄せられやすくなる」とあるので，一致する。

6．「著者はデイヴィッド＝キャメロンとオックスフォード大学に通っていた」　第 2 段第 2 文（I didn't go to Oxford, …）に不一致。

7．「結局，政治を目指す部類が小さくなっているかどうかは重要ではない」　第 4 段第 1 文（However, there are real dangers …）に「政治を目指す部類が小さくなることには本当の危険がある」とあるので，不一致。

◆━◆━◆━◆━◆　●語句・構文●　━◆━◆━◆━◆━◆━◆━◆━◆━◆

（第 1 段）would like *A done*「*A* が〜されるのを望む」　fewer and fewer people 〜「〜する人々がだんだん少なくなる」　simply not「どうしても〜ない」　who have the technical … the private sector は those「人々」を先行詞とする関係代名詞節。under scrutiny「監視を受けて」　what it was「昔の競争」　so that 〜「それで〜」　get into politics「政界に入る」　all it takes to *do*「〜するのに要するすべて」　be drawn from 〜「〜から輩出される」　careerist「出世主義者」

（第 2 段）shadow chancellor「影の大臣」　he did ＝ David Cameron went to the school　be pointed out as 〜「〜として注目される」　well-connected「有力な親戚がいる」　hear of 〜「〜を伝え聞く」　one other「もう一人の人」

（第3段）it matters that ～「～が重要である」 have something to do with ～「～と何か関係がある」 if S can help it「できることなら」 If they were ～は仮定法過去の文。put *A* off「*A* の意欲をそぐ」 more likely「おそらく」 tear *A* down「*A* を取り壊す」

（第4段）open up ～「～を広げる」 look down on *A* as *B*「*A* を *B* として軽蔑する」 disdain「軽蔑」 be matched by ～「～と一致している」 lot「陣営」 it becomes easier for *A* to *do*「*A* が～しやすくなる」 who は継続用法の関係代名詞で理由を表す。insider「内情に明るい人」 interlock with ～「～とつなぎ合わさる」 lock *A* out「*A* を締め出す」 be bound to *do*「～するはずだ」 get to *do*「～するようになる」 the failure to *do*「～しないこと」 lose sight of ～「～を見失う」

（最終段）above all「何よりも」 leave *A* in the hands of *B*「*A* を *B* の手に委ねる」 take *A* back from *B*「*B* から *A* を取り戻す」 pick up ～「～を手に入れる」 keep on *doing*「～し続ける」 *A* as well as *B*「*B* はもちろん *A* も」

3 解答

[1] ①—1 ②—4 ③—3
[2]—1・5・8 （順不同）
[3] (1)—4 (2)—2 (3)—2 (4)—3 (5)—3 (6)—3

◆全 訳◆

≪ゾウの行動目録≫

LGN：約半世紀にわたり，ジョイス=プールはゾウの言うことを聞き，ゾウの行動の仕方とコミュニケーションの仕方を研究してきました。今，彼女と夫のペッター=グランリは，アフリカゾウのエソグラム（行動目録），つまりその動物の包括的な視聴覚ライブラリを作成しました。これらの録音について教えてください。エソグラムとは何でしょうか，そしてどのように機能しますか。

JP：ええ，エソグラムは実際にはある種のすべての行動のライブラリです。ですから，このエソグラムはゾウの発声，つまり鳴き声だけではありません。それはゾウのすべての行動でもあるのです。だから，耳と鼻を使ってコミュニケーションを取る方法や，また彼らが他に行うこと，例えば餌を食べるために使う様々なテクニックが入っています。

しかし，もちろん，人々は——特にラジオ番組では——彼らが出す
音に非常に興味を持つでしょう。

LGN：確かに，そうですね。では，これらのいくつかを再生したいと思
います。バルー・ランブルと呼ばれるものを聞いてみましょう。

（ゾウが低い声で鳴く抜粋音声）

JP：バルー・ランブルは，子ゾウやゾウが不当に扱われていると感じて
いる時に出されます。それは言ってみれば，ああ悲しいな，こちらに
来て気分を良くして元気づけて，ということでしょうか。

LGN：わかりました。次に挨拶の儀式と呼ばれるものを聞いてみましょ
う。

（ゾウが甲高く鳴く抜粋音声）

LGN：わあー。これについて教えてください。

JP：えーとですね，ゾウは家族で暮らしますよね。ゾウは 70 歳まで生き
るんですよ。それで，家族のメンバーは一生一緒にいます。しかし，
彼らは私たちの家族に似ています。彼らはいつも一緒にいるわけでは
ありません。だから，家族は別れます。それから，彼らが戻ってきて
一緒になると，挨拶の儀式を行います。それで，彼らは低い声で鳴き
ます。そして，高い声で鳴きます。彼らは排尿し，排便し，転げ回り，
牙を打ち合って鳴らします。それは驚くべき光景です。

■■■■◀解　説▶■■■■

▶［1］①下線部の comprehensive は「包括的な」という意味なので，1.
broad and in-depth「広範囲で網羅的な」が正解。2.「明白で簡潔な」
3.「確固として永久的な」

②下線部の hard done by は「不当な扱いをうけて」という意味なので，
4. treated harshly or unfairly「厳しくあるいは不公平に扱われて」が
正解。1.「頑丈で強い」　2.「強くて怒りっぽい」　3.「公平に扱われ
ているが厳格な」

③下線部の woe is me は「ああ悲しいな」とおどけて言う表現なので，
同様の趣旨になるのは，3. my life is so tough「人生はつらいよ」であ
る。1.「人生にはやりがいがある」

▶［2］1.「エソグラムはただ動物の音声を集めただけのものではない」
JP の 1 番目の発言第 2 文（And so this ethogram is …）に「このエソグ

ラムはゾウの発声，つまり鳴き声だけではありません」とあるので，一致する。

2．「ゾウと子ゾウは異なるやり方でバルー・ランブルを使う」 JP の 2 番目の発言（Baroo rumbles are made …）に「バルー・ランブルは，子ゾウやゾウが不当に扱われていると感じている時に出されます」とあり，同じように使うので，一致しない。

3．「ゾウは一生一緒にいて，互いの傍らを決して離れない」 JP の 3 番目の発言第 5・6 文（They're not always together. …）に「彼らはいつも一緒にいるわけではありません。だから，家族は別れます」とあるので，一致しない。

4．「ゾウは何か驚くべきことを見ると，排尿し排便する」 会話文中に記述がないので，不一致となる。

5．「ゾウはコミュニケーションを取るために体の 2 つ以上の部分を使う」 JP の 1 番目の発言第 4 文（So the way they communicate, …）に「耳と鼻を使ってコミュニケーションを取る」とあるので，一致する。

6．「ゾウは取り乱した時だけ牙を他のゾウとぶつけ合う」 JP の 3 番目の発言第 7〜10 文（And then when they come …）に「挨拶の儀式を行います。…牙を打ち合って鳴らします」とある。取り乱した時だけではないので，一致しない。

7．「プールはゾウの生涯以上に長くゾウを研究している」 LGN の 1 番目の発言第 1 文（For almost half a century, Joyce Poole …）に「約半世紀にわたり，ジョイス=プールは…を研究してきました」とある。研究は 50 年である。JP の 3 番目の発言第 2 文（Elephants live …）に，象は 70 年生きるとあるので，一致しない。

8．「ランブルはゾウによって喜びと不快の両方を表すために使われる」 JP の 2 番目の発言第 1 文（Baroo rumbles are made …）に「バルー・ランブルは，子ゾウやゾウが不当に扱われていると感じている時に出されます」とあり，3 番目の発言第 7・8 文（And then when they come …）に「挨拶の儀式を行います。それで，彼らは低い声で鳴きます」とある。前者が不快，後者が喜びなので，一致する。

▶［3］⑴ JP の 2 番目の発言第 1 文（Baroo rumbles are made …）に「バルー・ランブルは，子ゾウやゾウが不当に扱われていると感じている

時に出されます」とあるので，4．think the world's against them「世の中が自分に反対していると思う」が正解。1．「最盛期を過ぎた」　2．「大喜びである」　3．「他のゾウに恋をする」

(2) JP の 3 番目の発言第 7 〜 9 文（And then when they come …）に「彼らが戻ってきて一緒になると…，彼らは低い声で鳴きます。そして，高い声で鳴きます」とあるので，空所には「一緒になる」の意味に類するものが入る。2 が正解。catch up は「遅れを取り戻す」の意味だが，ここでは「旧交を温める」ぐらいの意味になる。1．break up「別れる」3．keep up「遅れずについていく」　4．make up「仲直りをする」　ゾウたちはけんか別れをしたわけではないので，4 は不適。

(3) LGN の 1 番目の発言第 2 文（Now she and her husband, …）に「彼女と夫…は，アフリカゾウの…包括的な視聴覚ライブラリを作成しました」とある。「人生の使命」の意味になる，2．mission「使命」が正解。

(4)空所直前の it は（that）elephants do, too を指す形式主語である。形式主語構文で使われて，意味が合うのは，3 の turn out「〜だとわかる」である。1．break out「勃発する」　2 は S find out 〜「S が〜だと発見する，〜だとわかる」の意味なので，形式主語の it と合わない。4．work out「解決する」

(5) JP の 3 番目の発言第 10 文（They urinate and defecate …）に「彼らは排尿し，排便し」とあるので，3 の relieve *oneself*「小便・排便をする」が正解。2．「甘やかす」

(6)空所前方の文に「今晩家に帰った時に試しにほえてみようと思う」とあるので，3．trend「（新しい）流行」が正解。start a trend「新しい流行を生み出す」

4　解答　(1)— 2　(2)— 3　(3)— 3　(4)— 2　(5)— 4

◀解　説▶

(1)「彼女は授業でスマートフォンを認めようとしない教授の一人である」関係代名詞 who の先行詞は複数形の professors なので who 直後の動詞に 3 人称単数現在の s は不要。refuse に動詞を続ける場合は to 不定詞が用いられる。以上から，2 が正解。refuse to *do*「〜しようとしない」

(2)「そのレストランは追って通知があるまで休店である」

「次の通知があるまで」の意味になるよう，3を入れて until further notice「追って通知があるまで」とする。farther「もっと遠い」は距離に使われ，時間を表す「さらに次の」という意味では使われない。

(3)「いくつかの研究によって，モーツァルトを聞くことが精神の健康に好影響を与えることはないとわかっている」

空所直後の前置詞 on と共に使ってふさわしい意味になる名詞は3の effect「影響」である。have a positive effect on ～「～に好影響を与える」　1．affect は動詞であれば「～に影響を与える」の意味だが，名詞では「情動，感情」。4．「汚点，傷」

(4)「この手紙を誰でもよいので玄関に出てきた人に渡して下さい」

動詞が続くため，主格の whoever を用いる。また，whoever は単数扱いである。以上から，2が正解。

(5)「スペイン語が話せたら，昨年の夏，メキシコで道に迷うことはなかっただろう」

過去の事実に反することを述べる仮定法過去完了の文が用いられているので，4が正解。

5 解答 (1)—1 (2)—9 (3)—6 (4)—7 (5)—4 (6)—8
(7)—3

◆━━◆全　訳◆━━◆

≪A.I. 研究の公表の仕方≫

　生物学者，心理学者，人類学者など，多くの様々な研究者が，研究の倫理について尋ねられる検問所に遭遇する。今のところ，A.I. の研究は，ほとんどの場合に自己規制されており，規則ではなく規範の問題となっている。「A.I. に関する論文が実際はツイッター上で非常に頻繁に出てくるという事実」は印象に残っていると，ノースウェスタン大学のコンピュータサイエンス教授であるブレント=ヘクトは言った。「大多数の研究者は，この種の議論の対象にはなりたくないのです」　昨年，私はパートナーシップオン A.I.（大手テクノロジー関連会社数社によって設立された非営利提携団体）が主催するオンラインワークショップに参加した。ワークショップは，この分野でのより責任ある研究を奨励することに焦点を絞ってい

たが，このワークショップで，私たちは公表についての新しい方策を議論
した。つまり，新しい研究を共有するのは，段階的にか，特定の対象者に
か，危険が軽減された後だけにかということである。ヘクトは，より整理
された倫理プロセスを求める ACM（計算機協会）のブログ記事の執筆を
手伝っていたが，自分の手がけているものが成長して行き着く先をじっく
りと考えて，特定の研究テーマを避け始める研究者の数が増えるだろう，
と予測している。

■■■■■■ ◀解　説▶ ■■■■■■

(1)空所直前の動詞 encounter「遭遇する」の目的語としてふさわしい名詞
は，1．checkpoints「検問所」である。

(2)空所後方で rules「規則」ではないと否定しているので，それと対照さ
れる名詞は，9．norms「規範」が適当である。

(3)空所直前に不定冠詞の an があるので，母音で始まる 5 と 6 が正解候補
である。make an impression「印象に残る，印象を与える」より，動詞
make とつながるのは，6．impression「印象」である。

(4)空所直後に前置詞 by があるので，空所には過去分詞が入ると予想され
る。空所前方が nonprofit coalition「非営利提携団体」なので，7 の
founded「設立された」が適当である。

(5)空所後方に名詞 research があるので，空所には動詞が入ると思われる。
また，空所直前に前置詞 on があるので動名詞形である。文意から，4．
encouraging が正解。encourage「～を奨励する」

(6)after 以下の節では risks が主語で受け身になっている。それに対応す
る動詞は，8．mitigated「軽減される」が適当である。mitigate「～を軽
減する」

(7)空所直後の what は become の補語で，what ～become が関係代名詞節
になっている。目的語をとる動詞，つまり他動詞が入るとわかる。また，
動作主は researchers で，主語と述語動詞の間に挿入された分詞構文と考
えられる。意味と形式から，3 の contemplating が正解。contemplate
「～をじっくり考える」

◆━◆━◆━ ●語句・構文● ━◆━◆━◆━

for now「今のところ」 self-regulate「自己規制する」 that 節は the fact
の同格節。do は動詞を強調して「実際に」の意味。come up「出てくる」

nontrivially「非常に」 the vast majority of 〜「大多数の〜」 subject「対象」 participate in 〜「〜に参加する」 organized by Partnership on A. I. は workshop を修飾する過去分詞句。organize「主催する」 a nonprofit coalition 以下は Partnership on A. I. と同格。which は継続用法の関係代名詞。be focused on 〜「〜に焦点を絞る」 release strategies「（論文などの）公表の方策」 in stages「段階的に」 specific audience「特定の対象者」 who は継続用法の関係代名詞。help write「執筆を手伝う」 write の目的語は blog post「ブログ記事」 that は関係代名詞。call for 〜「〜を求める」 organized「整理された」 *one's* baby「手がけているもの，大変な仕事」

❖講 評

2018 年度以降，大問 4 題であったが，2022 年度は大問数が 1 題増えて大問 5 題の出題となった。読解問題 3 題，会話文問題 1 題，文法・語彙問題 1 題という構成であった。2020 年度まで一部に記述式の問題があったが，2021 年度以降はすべてマークシート法になった。

読解問題：**1** は，ホタルが同期して一斉に発光する理由を科学的に解明したプロセスを扱った英文である。生物学的な専門用語があるものの，理解しやすい内容である。一斉に光ることとリズムに合わせて光ることの違いを把握するのが重要である。空所補充の選択肢には接続詞，副詞句，慣用句などが含まれており，文脈とともにそれぞれのはたらきの違いを考えて解答する必要がある。要約文の完成は，「9 つの選択肢から 6 つを選ぶ」形式で，該当箇所を探すとともに，入るべき品詞を考慮して解答する必要がある。比喩表現を用いた要約文の完成は，「9 つの選択肢から 5 つを選ぶ」形式で，紛らわしい選択肢もある。

2 は，政治に参加したり政治家を目指したりする人々が少なくなっている現状の危険を指摘する論説文だが，さほど難解な内容ではなく，読みやすい英文である。同意表現，空所補充の選択肢は基本的な語句で，文脈から推測できるものが多い。語句整序は構文・品詞を中心に考えるとよい。内容真偽は「7 つの選択肢から 3 つを選ぶ」形式で，本文の該当箇所を特定するのは容易である。標準的な問題が多いので，**2** でできるだけ高得点を取りたい。

　5 は，A. I. 研究の成果をどのように公表すべきかを探る論説文で，短めの英文だが，1 文が長いものが多く，読み進めるのに苦労する。設問は空所補充で，空所の前後から空所に入るべき品詞を絞ったうえで，文意を考えて解答するとよいだろう。

　会話文問題：3 は，ゾウを長年研究している女性をゲストに迎えてのラジオのインタビューである。語彙レベルは平易で，読みやすい内容である。同意表現には，なじみのない慣用句が登場するが，後続の内容から判断可能である。内容真偽は **2** とほぼ同形式で，真偽の判断は容易である。感想文の完成問題は，選択肢に慣用句が多く使われているため，やや難度が高い。

　文法・語彙問題：4 は，選択肢が 4 つの空所補充問題で，動詞や複合関係代名詞の語法，仮定法過去完了のような文法事項を問うものと，語彙・慣用句を問うものが含まれる。

　2022 年度は大問数が 1 題増えて 5 題になり，英文量はやや増加したが，設問数は 2021 年度とほぼ同じである。全体として語彙レベルが抑えられ，難易度としてはやや易化している。しかし，様々な素材が含まれ，短い時間で多くの英文を読みこなさなければならないので，時間的な余裕はない。

数学

1

◇**発想**◇　(1)と(2)は独立である。

　(1)(i)$\vec{a} \perp \vec{b}$, $\vec{c} \perp \vec{a}$ より $\vec{a} \cdot \vec{b} = 0$, $\vec{c} \cdot \vec{a} = 0$ であるから，$\vec{x} \cdot \vec{a}$ は容易に計算できる。$|\vec{x}|$ の方は，$|\vec{x}|^2 = \vec{x} \cdot \vec{x}$ を利用する。$\vec{b}$, $\vec{c}$ を成分表示する必要はない。(ii)は(i)の結果を適用すればよい。

　(2)n が奇数なので，整数 m を用いて，$n = 2m + 1$ と表してみる。これでガウス記号 $[\quad]$ を外せるであろう。あるいは，6 の素因数 2 は n には含まれないから，$[\quad]$ の方に含まれる。素因数 3 はどうか，と考えてもよい。

解答　(1)(i)　(ア)$4p$　(イ)$\sqrt{4p^2 + q^2 + r^2}$　(ii)　(ウ)$\sqrt{3}$, $\dfrac{7\sqrt{3}}{3}$

(2)　(エ)12　(オ)9

n は奇数であるから，整数 m を用いて，$n = 2m + 1$ と表せる。このとき

$$\frac{3n + 2}{2} = \frac{3(2m + 1) + 2}{2} = \frac{6m + 5}{2} = 3m + 2 + \frac{1}{2}$$

であるから，$\left[\dfrac{3n + 2}{2}\right] = 3m + 2$ となる。よって

$$n \times \left[\frac{3n + 2}{2}\right] = (2m + 1)(3m + 2)$$
$$= 6m^2 + 7m + 2$$
$$= 6(m^2 + m) + m + 2$$

が 6 の倍数であるための必要十分条件は，$m + 2$ が 6 の倍数であることである。整数 l を用いて，$m + 2 = 6l$ と表せば，$m = 6l - 2$ となり

$$n = 2m + 1 = 2(6l - 2) + 1 = 12l - 3$$
$$= 12(l - 1) + 9$$

と表せる。したがって，求める必要十分条件は

　　　n を 12 で割ったときの余りが 9 となること

である。

別解　(2)　＜ガウス記号の性質を利用する方法＞

$n \times \left[\dfrac{3n+2}{2}\right]$（$n$ は奇数）が 6 の倍数であるための n の条件を求める。

n が 3 の倍数でないならば（n は 2 の倍数でもないので），$\left[\dfrac{3n+2}{2}\right]$ が 6

の倍数でなければならない。$\left[\dfrac{3n+2}{2}\right]=6t$（$t$ は整数）とおくと

$$6t \leqq \frac{3n+2}{2} < 6t+1 \quad \text{すなわち} \quad 4t-\frac{2}{3} \leqq n < 4t$$

が成り立たなければならないが，このような整数 n は存在しない。

よって，n は 3 の倍数であり，かつ，$\left[\dfrac{3n+2}{2}\right]$ は 2 の倍数である。

$n=3k$（k は整数）とおくと

$$\left[\frac{3n+2}{2}\right]=\left[\frac{9k+2}{2}\right]=\left[4k+1+\frac{k}{2}\right]=4k+1+\left[\frac{k}{2}\right]$$

が 2 の倍数であることより，$\left[\dfrac{k}{2}\right]$ は奇数である（∵　$4k+1$ は奇数）。

$\left[\dfrac{k}{2}\right]=2s+1$（$s$ は整数）とおけば

$$2s+1 \leqq \frac{k}{2} < 2s+2 \quad \text{すなわち} \quad 4s+2 \leqq k < 4s+4$$

より，$k=4s+2$，$4s+3$ つまり $n=3k=12s+6$，$12s+9$ となるが，n は奇数であるから，$n=12s+9$ である。

したがって，n は 12 で割ると 9 余る数である。

━━━━━■━━━━━　◀解　説▶　━━━━━━━━━━━━━━━

≪空間ベクトルの内積と大きさ，ガウス記号と整数の剰余≫

▶(1)(ⅰ)　$\vec{a}=(\sqrt{3},\ 0,\ 1)$，$|\vec{b}|=|\vec{c}|=1$，$\vec{a}\perp\vec{b}$，$\vec{b}\perp\vec{c}$，$\vec{c}\perp\vec{a}$ のとき，

$\vec{x}=p\vec{a}+q\vec{b}+r\vec{c}$（$p$，$q$，$r$ は実数）に対して

$$\begin{aligned}
\vec{x}\cdot\vec{a} &= (p\vec{a}+q\vec{b}+r\vec{c})\cdot\vec{a}\\
&= p\vec{a}\cdot\vec{a}+q\vec{b}\cdot\vec{a}+r\vec{c}\cdot\vec{a}\\
&= p|\vec{a}|^2+q\times 0+r\times 0 \quad (\because\ \vec{a}\perp\vec{b},\ \vec{c}\perp\vec{a})\\
&= p|\vec{a}|^2=p\{(\sqrt{3})^2+0^2+1^2\}\\
&= 4p \quad \rightarrow(\mathcal{T})
\end{aligned}$$

であり

$$|\vec{x}|^2 = \vec{x} \cdot \vec{x} = (p\vec{a} + q\vec{b} + r\vec{c}) \cdot (p\vec{a} + q\vec{b} + r\vec{c})$$

$$= p^2 \vec{a} \cdot \vec{a} + pq\vec{a} \cdot \vec{b} + pr\vec{a} \cdot \vec{c} + qp\vec{b} \cdot \vec{a} + q^2 \vec{b} \cdot \vec{b} + qr\vec{b} \cdot \vec{c}$$

$$+ rp\vec{c} \cdot \vec{a} + rq\vec{c} \cdot \vec{b} + r^2 \vec{c} \cdot \vec{c}$$

$$= p^2 |\vec{a}|^2 + q^2 |\vec{b}|^2 + r^2 |\vec{c}|^2 \quad (\because \ \vec{a} \perp \vec{b}, \ \vec{b} \perp \vec{c}, \ \vec{c} \perp \vec{a})$$

$$= 4p^2 + q^2 + r^2 \quad (\because \ |\vec{a}|^2 = 4, \ |\vec{b}| = |\vec{c}| = 1)$$

より

$$|\vec{x}| = \sqrt{4p^2 + q^2 + r^2} \quad \rightarrow (イ)$$

である。

(ii) $(5, \ 0, \ z) = s\vec{a} + (\cos\theta)\vec{b} + (\sin\theta)\vec{c}$ $(s, \ \theta は実数)$

において，$(5, \ 0, \ z) = \vec{x}, \ s = p, \ \cos\theta = q, \ \sin\theta = r$ として(i)の結果を用いると，次の①，②を得る。

$\vec{x} \cdot \vec{a} = 4p$ より $\quad (5, \ 0, \ z) \cdot (\sqrt{3}, \ 0, \ 1) = 4s$

$\quad \therefore \ 5\sqrt{3} + z = 4s \quad \cdots\cdots①$

$|\vec{x}| = \sqrt{4p^2 + q^2 + r^2}$ より

$$\sqrt{5^2 + 0^2 + z^2} = \sqrt{4s^2 + \cos^2\theta + \sin^2\theta}$$

$$25 + z^2 = 4s^2 + 1 \quad (\because \ \cos^2\theta + \sin^2\theta = 1)$$

$\quad \therefore \ z^2 = 4s^2 - 24 \quad \cdots\cdots②$

①，②より s を消去すると

$$z^2 = \frac{(5\sqrt{3} + z)^2}{4} - 24$$

$$4z^2 = (75 + 10\sqrt{3}z + z^2) - 96$$

$$3z^2 - 10\sqrt{3}z + 21 = 0$$

$$(\sqrt{3}z - 3)(\sqrt{3}z - 7) = 0$$

となるから

$$z = \frac{3}{\sqrt{3}}, \ \frac{7}{\sqrt{3}} \quad すなわち \quad z = \sqrt{3}, \ \frac{7\sqrt{3}}{3} \quad \rightarrow (ウ)$$

である。「実数 z は2個ある」ので，この2つが求めるものである。

▶(2) ガウス記号 [ ] の定義は問題文中に書かれているが，つまり，実数 x が $n \leq x < n+1$ （n は整数）を満たすとき $[x] = n$ と表す，ということである。$[x] = n$ のとき $n \leq x < n+1$ であるから，k を任意の整数とすると

$$(k+n) \leq k+x < (k+n)+1$$

が成り立ち，$[k+x]=k+n=k+[x]$ となる。

〔解答〕の中で，$3m+2$ は整数であり，$\left[\dfrac{1}{2}\right]=0$ であるから

$$\left[3m+2+\dfrac{1}{2}\right]=3m+2+\left[\dfrac{1}{2}\right]=3m+2$$

となる。〔別解〕の中で，$4k+1$ は整数であるから

$$\left[4k+1+\dfrac{k}{2}\right]=4k+1+\left[\dfrac{k}{2}\right]$$

となる。

2 ◇発想◇ どの小問も見覚えのあるような問題である。図を描いて考えることが基本である。

(1)図を見ると r の最大値はすぐにわかる。r が最小になるのは円 C_1 が楕円 C_2 に内接するときである。C_1 の中心と C_2 上の点の間の距離の最小値を求めればよい。C_1 と C_2 の 2 式から y^2 を消去する方法も考えられる。このときには，x の範囲に注意しよう。

(2)$r=1$ であるから図は見やすく，共有点の 1 つが $(3,\ 0)$ であることがわかる。素直に連立方程式を解けばよい。面積計算は定積分を用いるまでもない。

(3)ここでの回転体の体積計算は定積分を用いる。領域 D を正確に描いて定積分を立式しよう。ドーナツの体積を計算する要領である。計算はやや複雑になる。

解答 (1) (カ)$\dfrac{\sqrt{2}}{2}$ (キ)5

(2) (ク)$(3,\ 0)$, $\left(\dfrac{3}{2},\ \dfrac{\sqrt{3}}{2}\right)$, $\left(\dfrac{3}{2},\ -\dfrac{\sqrt{3}}{2}\right)$ (ケ)$\dfrac{\pi}{3}+\dfrac{\sqrt{3}}{4}$

(3) (コ)$\dfrac{4}{3}\pi^2-\dfrac{3\sqrt{3}}{2}\pi$

◀解 説▶

≪円と楕円が共有点をもつ条件，共有点の座標，面積，回転体の体積≫
円 $C_1:(x-2)^2+y^2=r^2$ （r は正の実数）

楕円 $C_2 : \dfrac{x^2}{9} + y^2 = 1$

▶(1)　円 C_1 と楕円 C_2 の共有点が存在するような r の値の範囲は，右図で見るように

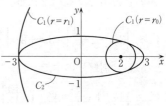

$$r_0 \le r \le r_1$$

$$(r_1 = 5 はすぐにわかる)$$

である。ただし，C_1 の中心 $(2, 0)$ から，C_2 上の点 $\left(t, \pm\sqrt{1-\dfrac{t^2}{9}}\right)$ $(-3 \le t \le 3)$ までの距離 $l(t)$ の最小値が r_0，最大値が r_1 である。

$$l(t) = \sqrt{(t-2)^2 + \left(\pm\sqrt{1-\dfrac{t^2}{9}}-0\right)^2} = \sqrt{t^2 - 4t + 4 + 1 - \dfrac{t^2}{9}}$$

$$= \sqrt{\dfrac{8}{9}t^2 - 4t + 5} = \sqrt{\dfrac{8}{9}\left(t-\dfrac{9}{4}\right)^2 + \dfrac{1}{2}} \quad (-3 \le t \le 3)$$

より，$\sqrt{\dfrac{1}{2}} \le l(t) \le \sqrt{25} = 5$ $\left(\text{左の等号は } t = \dfrac{9}{4} \text{ のとき，右の等号は } t = -3 \right.$

$\left.\text{のとき成り立つ}\right)$ となるから，$r_0 = \sqrt{\dfrac{1}{2}} = \dfrac{\sqrt{2}}{2}$，$r_1 = 5$ である。よって，求める r の値の範囲は

$$\dfrac{\sqrt{2}}{2} \le r \le 5 \quad →(カ),\ (キ)$$

である。

▶(2)　$r=1$ のとき，$C_1 : (x-2)^2 + y^2 = 1$，$C_2 : \dfrac{x^2}{9} + y^2 = 1$ であるから，この2式から y^2 を消去して

$$(x-2)^2 - \dfrac{x^2}{9} = 0 \qquad x^2 - 4x + 4 - \dfrac{x^2}{9} = 0$$

$$8x^2 - 36x + 36 = 0 \qquad 2x^2 - 9x + 9 = 0$$

$$(2x-3)(x-3) = 0$$

$$\therefore \quad x = \dfrac{3}{2},\ 3$$

が求まり，$y^2 = 1 - \dfrac{x^2}{9}$ より，$x = \dfrac{3}{2}$ のとき $y^2 = \dfrac{3}{4}$，$x = 3$ のとき $y = 0$ が得られる。よって，C_1 と C_2 の共有点の座標は

$$\left(\frac{3}{2},\ \pm\frac{\sqrt{3}}{2}\right),\ (3,\ 0)\quad\rightarrow(ク)$$

である。

連立不等式

$$\begin{cases} (x-2)^2+y^2\leqq1 \\ 0\leqq y\leqq y_0=\dfrac{\sqrt{3}}{2} \end{cases}$$

の表す領域は右図の網かけ部分である。

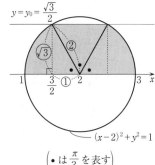

この領域の面積 S は

$$S=2\times\left(半径1の円の面積の\frac{1}{6}\right)$$

$$+（1辺の長さが1の正三角形の面積）$$

$$=2\times\frac{1}{6}\pi+\frac{1}{2}\times1\times1\times\sin\frac{\pi}{3}=\frac{\pi}{3}+\frac{1}{2}\times\frac{\sqrt{3}}{2}$$

$$=\frac{\pi}{3}+\frac{\sqrt{3}}{4}\quad\rightarrow(ケ)$$

である。

▶(3)　連立不等式

$$\begin{cases} (x-2)^2+y^2\leqq1 \\ \dfrac{x^2}{9}+y^2\geqq1 \\ y\geqq0 \end{cases}$$

の表す領域 D は，右図の網かけ部分と

なる。

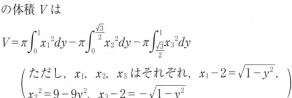

D を y 軸のまわりに1回転させてでき

る立体の体積 V は

$$V=\pi\int_0^1 x_1{}^2dy-\pi\int_0^{\frac{\sqrt{3}}{2}} x_2{}^2dy-\pi\int_{\frac{\sqrt{3}}{2}}^1 x_3{}^2dy$$

$$\left(\begin{array}{l}ただし，x_1,\ x_2,\ x_3 はそれぞれ，x_1-2=\sqrt{1-y^2},\\ x_2{}^2=9-9y^2,\ x_3-2=-\sqrt{1-y^2}\end{array}\right)$$

と表される。

$$x_1{}^2=(2+\sqrt{1-y^2})^2=5-y^2+4\sqrt{1-y^2}$$

$$x_3{}^2 = (2-\sqrt{1-y^2})^2 = 5-y^2-4\sqrt{1-y^2}$$

であり，また下図より

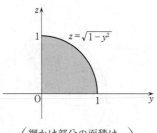

$$\begin{pmatrix}網かけ部分の面積は\\半径1の円の面積の\dfrac{1}{4}\end{pmatrix}$$

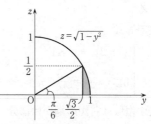

$$\begin{pmatrix}網かけ部分の面積は\\半径1の円の面積の\dfrac{1}{12}から\\直角三角形の面積\dfrac{1}{2}\times\dfrac{\sqrt{3}}{2}\times\dfrac{1}{2}\\を引いたもの\end{pmatrix}$$

$$\int_0^1 \sqrt{1-y^2}\, dy = \frac{\pi}{4}$$

$$\int_{\frac{\sqrt{3}}{2}}^1 \sqrt{1-y^2}\, dy = \frac{\pi}{12} - \frac{\sqrt{3}}{8}$$

であるから

$$V = \pi\int_0^1 (5-y^2+4\sqrt{1-y^2})\, dy - \pi\int_0^{\frac{\sqrt{3}}{2}} (9-9y^2)\, dy$$
$$- \pi\int_{\frac{\sqrt{3}}{2}}^1 (5-y^2-4\sqrt{1-y^2})\, dy$$

$$= \pi\int_0^1 (5-y^2)\, dy + 4\pi\int_0^1 \sqrt{1-y^2}\, dy - 9\pi\int_0^{\frac{\sqrt{3}}{2}} (1-y^2)\, dy$$
$$- \pi\int_{\frac{\sqrt{3}}{2}}^1 (5-y^2)\, dy + 4\pi\int_{\frac{\sqrt{3}}{2}}^1 \sqrt{1-y^2}\, dy$$

$$= \pi\left[5y - \frac{y^3}{3}\right]_0^1 + 4\pi\times\frac{\pi}{4} - 9\pi\left[y - \frac{y^3}{3}\right]_0^{\frac{\sqrt{3}}{2}}$$
$$- \pi\left[5y - \frac{y^3}{3}\right]_{\frac{\sqrt{3}}{2}}^1 + 4\pi\times\left(\frac{\pi}{12} - \frac{\sqrt{3}}{8}\right)$$

$$= \frac{14}{3}\pi + \pi^2 - 9\pi\left(\frac{\sqrt{3}}{2} - \frac{\sqrt{3}}{8}\right) - \pi\left(\frac{14}{3} - \frac{5\sqrt{3}}{2} + \frac{\sqrt{3}}{8}\right) + \frac{\pi^2}{3} - \frac{\sqrt{3}}{2}\pi$$

$$= \frac{14}{3}\pi + \pi^2 - \frac{27\sqrt{3}}{8}\pi - \frac{14}{3}\pi + \frac{19\sqrt{3}}{8}\pi + \frac{\pi^2}{3} - \frac{\sqrt{3}}{2}\pi$$

$$= \frac{4}{3}\pi^2 - \frac{3\sqrt{3}}{2}\pi \quad \to (コ)$$

である。

〔注〕　V の計算の途中，一部簡略化することができる。

$$\pi\int_0^1 (5-y^2)\,dy - \pi\int_{\frac{\sqrt{3}}{2}}^1 (5-y^2)\,dy$$

$$= \pi\int_0^1 (5-y^2)\,dy + \pi\int_1^{\frac{\sqrt{3}}{2}} (5-y^2)\,dy = \pi\int_0^{\frac{\sqrt{3}}{2}} (5-y^2)\,dy$$

別解　(1)　＜y を消去して考察する方法＞

$\dfrac{x^2}{9} + y^2 = 1$ より

$$y^2 = 1 - \frac{x^2}{9} \quad (y^2 \geqq 0 \text{ より}\quad -3 \leqq x \leqq 3)$$

これを $(x-2)^2 + y^2 = r^2$ に代入して，x の 2 次方程式とすると

$$(x-2)^2 + \left(1 - \frac{x^2}{9}\right) = r^2$$

すなわち

$$\frac{8}{9}x^2 - 4x + 5 - r^2 = 0 \quad (-3 \leqq x \leqq 3)$$

を得る。この方程式の実数解が C_1 と C_2 の共有点の x 座標を表すから，C_1 と C_2 の共有点が存在するための条件は，この 2 次方程式が $-3 \leqq x \leqq 3$ の範囲に少なくとも 1 つの実数解をもつための正の実数 r の条件ということになる。

$$f(x) = \frac{8}{9}x^2 - 4x + 5 - r^2$$

とおくと，$y = f(x)$ は 2 次関数で下に凸の放物線を表し

$$f'(x) = \frac{16}{9}x - 4 = 0 \quad \text{より}\quad x = \frac{9}{4}$$

これが軸の方程式である。したがって，求める条件は，右図より

$$f\left(\frac{9}{4}\right) \leqq 0 \quad かつ \quad f(-3) \geqq 0$$

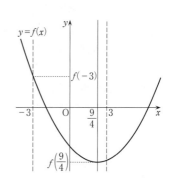

である。

$$f\left(\frac{9}{4}\right)=\frac{8}{9}\times\frac{81}{16}-4\times\frac{9}{4}+5-r^2\leqq0$$

$$\therefore\quad r^2\geqq\frac{1}{2}$$

$r>0$ より $r\geqq\dfrac{\sqrt{2}}{2}$ ……①

$$f(-3)=\frac{8}{9}\times9+12+5-r^2\geqq0$$

$$\therefore\quad r^2\leqq25$$

$r>0$ より $0<r\leqq5$ ……②

①かつ②すなわち，$\dfrac{\sqrt{2}}{2}\leqq r\leqq5$ が求める条件である。

3

◇発想◇ 操作の規則を正確に把握する。

(1)2 回目の操作を終えるまでの樹形図を作るとよい。規則が自然に頭に入り，(2)以降が考えやすくなる。

(2)3 回目の操作を終えたとき，A をコインの表が 2 回，裏が 1 回出る事象とし，B を袋の中に白玉がちょうど 2 個入っている事象とすれば，求める条件付き確率は $\dfrac{P(A\cap B)}{P(A)}$ である。

(3)(1)で作った樹形図を見ればすぐにわかる。

(4)ここの条件付き確率は，1 回目の操作で赤玉を加えたことを前提として，つまり，袋の中に赤玉と白玉が 1 個ずつ入っているとして確率の計算をすればよい。

(5)k 回目の操作を終えたとき，袋の中には $k+1$ 個の玉がある。白玉がちょうど k 個入っているので，j 回目 $(j=1,\ 2,\ \cdots,\ k)$ に赤玉 1 個を加えたことになる。$j=1,\ 2,\ \cdots,\ k$ の各場合は互いに排反であるから，各場合の確率の和を求めることになる。

解答　(1) (サ)$\dfrac{3}{8}$　(2) (シ)$\dfrac{11}{18}$　(3) (ス)$\dfrac{1}{2^k}$　(4) (セ)$\dfrac{1}{2^{k-1}k}$　(5) (ソ)$\dfrac{k+1}{2^{k+1}}$

◀解　説▶

≪ある規則で袋に玉を入れるときの確率，条件付き確率≫

▶(1)　コインを投げるとき，表の出る確率は$\dfrac{1}{2}$，裏が出る確率は$\dfrac{1}{2}$である。

問題の規則に従って，2 回目の操作を終えたときまでの袋の中の白玉○，
赤玉●の個数および確率を樹形図で表してみる。

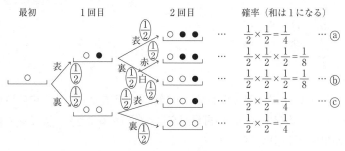

2 回目の操作を終えたとき，袋の中に白玉がちょうど 2 個入っている確率
は，上図ⓑ，ⓒの和で

$$\dfrac{1}{8}+\dfrac{1}{4}=\dfrac{3}{8}　\rightarrow\text{(サ)}$$

である。

▶(2)　3 回目の操作を終えたとき，コインの表が 2 回，裏が 1 回出ていた
とする。このとき，袋の中に白玉がちょうど 2 個入っている確率を，次の
(i)〜(iii)の各場合について求める。

(i)　コインの表裏が順に，表→表→裏の場合，(1)の樹形図のⓐに続いて，
コインの裏が出て，白玉を取り出す確率であるから

$$\dfrac{1}{4}\times\left(\dfrac{1}{2}\times\dfrac{1}{3}\right)=\dfrac{1}{24}$$

(ii)　表→裏→表の場合，(1)のⓑに続いて，コインの表が出る確率で

$$\dfrac{1}{8}\times\dfrac{1}{2}=\dfrac{1}{16}$$

(iii)　裏→表→表の場合，(1)のⓒに続いて，コインの表が出る確率で

$$\dfrac{1}{4}\times\dfrac{1}{2}=\dfrac{1}{8}$$

よって，コインの表が 2 回，裏が 1 回出て，かつ，袋の中の白玉の個数が
ちょうど 2 個である確率は，(ⅰ)，(ⅱ)，(ⅲ) の確率の和であるので

$$\frac{1}{24}+\frac{1}{16}+\frac{1}{8}=\frac{2+3+6}{48}=\frac{11}{48}$$

である。

ところで，コインの表が 2 回，裏が 1 回出る確率は，$3\times\left(\dfrac{1}{2}\right)^3=\dfrac{3}{8}$ である

から，求める条件付き確率は

$$\frac{\dfrac{11}{48}}{\dfrac{3}{8}}=\frac{11}{48}\times\frac{8}{3}=\frac{11}{18}\quad\rightarrow(シ)$$

である。

▶(3) k 回目（k は 2 以上の整数）の操作を終えたとき，袋の中に白玉の
みが入っている確率は，(1)の樹形図を見ればわかるように，コインの裏ば
かりが出続ける確率であるので

$$\left(\frac{1}{2}\right)^k=\frac{1}{2^k}\quad\rightarrow(ス)$$

である。

▶(4) k 回目の操作を終えたとき，袋の中の玉の個数は $k+1$ 個である。
このとき，袋の中に白玉がちょうど k 個入っているためには，1 回目の操
作で赤玉を加えたのだから，2 回目の操作以降は白玉を加えることが連続
しなければならない。よって，2 回目以降の操作では，毎回コインの裏が
出て，袋から白玉が取り出されなければならない。その確率は

$$\overset{\text{2回目}}{\left(\frac{1}{2}\times\frac{1}{2}\right)}\times\overset{\text{3回目}}{\left(\frac{1}{2}\times\frac{2}{3}\right)}\times\cdots\times\overset{k\text{回目}}{\left(\frac{1}{2}\times\frac{k-1}{k}\right)}\quad\left(\begin{array}{l}\because\ l\text{回目 }(l=2,\ 3,\ \cdots,\ k)\text{ の}\\ \text{操作の直前の袋の中には，}\\ 1\text{個の赤玉と }l-1\text{個の白玉}\\ \text{が入っている。}\end{array}\right)$$

$$=\left(\frac{1}{2}\right)^{k-1}\times\frac{1}{k}=\frac{1}{2^{k-1}k}\quad\rightarrow(セ)$$

である。

〔注〕 条件付き確率の定義に従って書けば

$$\frac{（1\text{回目に赤玉を加え，}2\text{回目以降は白玉を加える確率）}}{（1\text{回目に赤玉を加える確率）}}$$

$$=\frac{\dfrac{1}{2}\times\dfrac{1}{2^{k-1}k}}{\dfrac{1}{2}}=\frac{1}{2^{k-1}k}$$

となる。

▶(5)　k 回目の操作を終えたとき袋の中に白玉がちょうど k 個入っているには，k 回の操作の中で 1 回だけ赤玉を加えることが起こらなければならない。j 回目（$j=1,\ 2,\ \cdots,\ k$）に赤玉を加える場合の確率は

コインは裏　　　表　　コインは裏で白玉を取り出す

より

$$\left(\frac{1}{2}\right)^{j-1}\times\frac{1}{2}\times\left(\frac{1}{2}\times\frac{j}{j+1}\right)\times\left(\frac{1}{2}\times\frac{j+1}{j+2}\right)\times\cdots\times\left(\frac{1}{2}\times\frac{k-1}{k}\right)$$

$$=\left(\frac{1}{2}\right)^{j}\times\left(\frac{1}{2}\right)^{k-j}\times\frac{j}{k}=\left(\frac{1}{2}\right)^{k}\times\frac{j}{k}$$

である。よって，求める確率は，$j=1,\ 2,\ \cdots,\ k$ の各場合の確率の和となり

$$\sum_{j=1}^{k}\left(\frac{1}{2}\right)^{k}\times\frac{j}{k}=\left(\frac{1}{2}\right)^{k}\times\frac{1}{k}\sum_{j=1}^{k}j$$

$$=\left(\frac{1}{2}\right)^{k}\times\frac{1}{k}\times\frac{1}{2}k\,(k+1)$$

$$=\frac{k+1}{2^{k+1}}\quad\rightarrow(\text{ソ})$$

である。

〔注〕　j 回目のみに赤玉を加える確率 $\left(\dfrac{1}{2}\right)^{k}\times\dfrac{j}{k}$ において，$j=1$ とすると $\left(\dfrac{1}{2}\right)^{k}\times\dfrac{1}{k}=\dfrac{1}{2^{k}k}$ となり，(4)と異なるが，(4)は条件付き確率であるから，(4)の〔注〕の分子を見なければならない。

$j=k$ とすると $\left(\dfrac{1}{2}\right)^{k}\times\dfrac{k}{k}=\left(\dfrac{1}{2}\right)^{k}=\dfrac{1}{2^{k}}$ となり，(3)の結果と同じになる。k 回目

にコインの表が出る確率も裏が出る確率も等しいから当然である。

(3)は

ここでは

4　　◇発想◇　小問間に特に関連はなさそうである。

(1)曲線 C と直線 $y=ax+b$ の連立方程式が実数解をもつ条件を考えればよい。あるいは，C の接線の方程式と直線の方程式を比較して図形的に考えてもよい。

$a \geqq 0$ と与えられているが，$a>0$ と $a=0$ の2つの場合に分けて考えることになる。

(2)円と直線の接点の座標，半径，内分点の座標など「図形と方程式」の座標計算である。図を描いて考えることが大切である。極限値の計算は，とにかく実行してみるに限る。

解答　(1)　曲線 $C : y=e^x$ と直線 $y=ax+b$ ($a \geqq 0$) が共有点をもつことと，方程式

$$e^x = ax+b \Longleftrightarrow e^x - ax = b \quad (a \geqq 0)$$

が実数解をもつこととは同値である。$f(x)=e^x-ax$ ($a \geqq 0$) とおく。方程式 $f(x)=b$ が実数解をもつことと，曲線 $y=f(x)$ と直線 $y=b$ が共有点をもつこととは同値である。そこで，$y=f(x)$ のグラフを描いてみる。$f'(x)=e^x-a=0$ は $a=0$ のとき解をもたず，$a>0$ のとき $x=\log a$ が解となる。

$a=0$ のとき，$f(x)=e^x$ であるから，$y=f(x)$ のグラフは右のようになる。したがって，このグラフと直線 $y=b$ が共有点をもつための条件は，$b>0$ である。

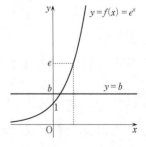

$a>0$ のとき，$f(x)=e^x-ax$ の増減は次表のようになる。

$$f(\log a) = e^{\log a} - a \log a = a - a \log a$$

$$\lim_{x \to \infty} f(x) = \lim_{x \to \infty} (e^x - ax) = \infty$$

$$\lim_{x\to-\infty} f(x) = \lim_{x\to-\infty} (e^x - ax) = \infty$$

であるから，$y=f(x)$ のグラフは右のよ
うになり，このグラフと直線 $y=b$ が共有
点をもつための条件は，$b \geqq a - a\log a$ であ
る。

まとめると，曲線 C と直線 $y=ax+b$ が共
有点をもつための a と b の条件は

$$(a=0 \text{ かつ } b>0) \quad \text{または}$$

$$(a>0 \text{ かつ } b \geqq a - a\log a) \quad \cdots\cdots(\text{答})$$

である。

x	$\cdots$	$\log a$	$\cdots$
$f'(x)$	$-$	0	$+$
$f(x)$	$\searrow$	$f(\log a)$	$\nearrow$

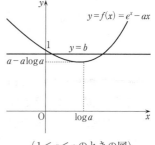

(2)　(タ)$\dfrac{t+e^t}{2}$　(チ)$\dfrac{\sqrt{2}}{2}(e^t - t)$　(ツ)$\dfrac{7}{3}$

（$1<a<e$ のときの図）

別解　(1)　＜C の接線の方程式を利用する方法＞

曲線 $C : y=e^x$ 上の点 $(t,\ e^t)$（t は任意の実数）における C の接線の方程
式は，$y'=e^x$ より

$$y - e^t = e^t(x-t) \quad \text{すなわち} \quad y = e^t x + e^t - te^t$$

である。

$e^t = a$（$a>0$ とする）すなわち $t=\log a$ のとき，この接線の方程式は

$$y = ax + a - a\log a \quad (a>0)$$

である。y 切片は $a-a\log a$ であるから，
直線 $y=ax+b$ が C と共有点をもつための
条件は，右図より，$b \geqq a - a\log a$ $(a>0)$
である。

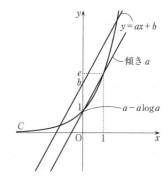

$a=0$ のとき，$y=e^x$ と $y=b$ が共有点をもつための条件は $b>0$ である。したがって，求める条件は

$$\begin{cases} a>0 \\ b \geqq a-a\log a \end{cases} \text{または} \begin{cases} a=0 \\ b>0 \end{cases}$$

である。

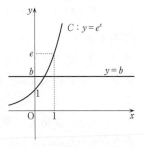

━━━━ ◀解　説▶ ━━━━

≪曲線と直線が共有点をもつための条件，円と直線，極限値計算≫

▶(1)　方程式 $f(x)=0$ を解こうとするとき，$a=0$ では解がないことに気が付かなければならない。〔別解〕では，C の接線で傾きが 0 になるものはないことから，$a=0$ の場合は別に考える。

〔解答〕で，$\displaystyle\lim_{x\to\infty} f(x) = \lim_{x\to\infty}(e^x-ax) = \infty$ としてあるが，これは，(2)の問題文中にある $\displaystyle\lim_{t\to\infty} te^{-t}=0$ を用いれば

$$e^x - ax = x\left(\frac{e^x}{x} - a\right) = x\left(\frac{1}{xe^{-x}} - a\right) \to \infty \quad (x\to\infty)$$

とわかる。$\infty-\infty$ の形であるが，e^x と ax の増加スピードの違いから $(e^x-ax)\to\infty$ $(x\to\infty)$ としてよいだろう。$x\to-\infty$ のときは問題ない。

なお，〔解答〕の $a>0$ のときの $y=f(x)$ のグラフは，$1<a<e$ の場合の略図である。$0<a<1$ のとき $\log a<0$，$a=1$ のとき $\log a=0$，$a>1$ のとき $\log a>0$ であることや，$a-a\log a = a(1-\log a)$ は，$0<a<e$ のとき正となり，$a=e$ で 0，$a>e$ のとき負となることなどからグラフは多様である。ここでは，$f(x)$ が連続で，$\displaystyle\lim_{x\to\pm\infty} f(x)=\infty$ となり，極小値が $f(\log a)=a-a\log a$ であることだけわかればよい。

▶(2)　C 上の点 $A(t, e^t)$ $(t>0)$ を中心とし，直線 $y=x$ に接する円 D は右図のようになる。直線 $y=x$（傾き 1）と円 D の接点 B は，点 A を通る傾き -1 の直線と $y=x$ の交点である。連立方程式

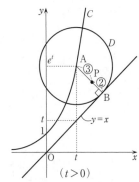

$$\begin{cases} y - e^t = -(x - t) \\ y = x \end{cases}$$

を解くと，$x = y = \dfrac{t + e^t}{2}$ であるから，接点 B の x 座標は

$$\dfrac{t + e^t}{2} \quad \rightarrow \text{(タ)}$$

である。

円 D の半径 AB は，つねに $e^t > t$ であることに注意して

$$\begin{aligned}
\mathrm{AB} &= \sqrt{\left(t - \dfrac{t + e^t}{2}\right)^2 + \left(e^t - \dfrac{t + e^t}{2}\right)^2} \\
&= \sqrt{\left(\dfrac{t - e^t}{2}\right)^2 + \left(\dfrac{e^t - t}{2}\right)^2} = \sqrt{2\left(\dfrac{t - e^t}{2}\right)^2} \\
&= \sqrt{2}\left|\dfrac{t - e^t}{2}\right| = \dfrac{\sqrt{2}}{2}(e^t - t) \quad \rightarrow \text{(チ)}
\end{aligned}$$

である。

線分 AB を $3 : 2$ に内分する点 P の座標が $(X(t),\ Y(t))$ であるから

$$X(t) = \dfrac{2 \times t + 3 \times \dfrac{t + e^t}{2}}{3 + 2} = \dfrac{2}{5}t + \dfrac{3t + 3e^t}{10} = \dfrac{7t + 3e^t}{10}$$

$$Y(t) = \dfrac{2 \times e^t + 3 \times \dfrac{t + e^t}{2}}{3 + 2} = \dfrac{2}{5}e^t + \dfrac{3t + 3e^t}{10} = \dfrac{3t + 7e^t}{10}$$

であるので

$$\begin{aligned}
Y(t) - kX(t) &= \dfrac{3t + 7e^t}{10} - k \times \dfrac{7t + 3e^t}{10} \\
&= \dfrac{(3 - 7k)t + (7 - 3k)e^t}{10}
\end{aligned}$$

$$\begin{aligned}
\sqrt{\{X(t)\}^2 + \{Y(t)\}^2} &= \sqrt{\left(\dfrac{7t + 3e^t}{10}\right)^2 + \left(\dfrac{3t + 7e^t}{10}\right)^2} \\
&= \dfrac{1}{10}\sqrt{58t^2 + 84te^t + 58e^{2t}}
\end{aligned}$$

より

$$\lim_{t \to \infty} \dfrac{Y(t) - kX(t)}{\sqrt{\{X(t)\}^2 + \{Y(t)\}^2}} = \lim_{t \to \infty} \dfrac{(3 - 7k)t + (7 - 3k)e^t}{\sqrt{58t^2 + 84te^t + 58e^{2t}}}$$

$$= \lim_{t \to \infty} \frac{(3-7k)\, te^{-t} + (7-3k)}{\sqrt{58\,(te^{-t})^2 + 84te^{-t} + 58}}$$

（分母・分子を e^t（>0）で割った）

$$= \frac{7-3k}{\sqrt{58}} \quad (\because \ \lim_{t \to \infty} te^{-t} = 0)$$

となる。よって，この値が 0 となるような k の値を求めると，$7-3k=0$ より

$$k = \frac{7}{3} \quad \to (\text{ツ})$$

である。

〔注〕　円 D の半径を求めるには，直線 AB の傾きが -1 であることを利用して

$$AB = \sqrt{2} \times (\text{2 点 A, B の } x \text{ 座標の差})$$

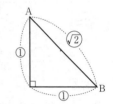

$$= \sqrt{2}\left(\frac{t+e^t}{2} - t\right) = \frac{\sqrt{2}}{2}(e^t - t)$$

とすれば簡単である。

また，点と直線の距離の公式を用いてもはやい。点 $(t,\ e^t)$ と直線 $x-y=0$ の距離は

$$\frac{|t-e^t|}{\sqrt{1^2+(-1)^2}} = \frac{1}{\sqrt{2}}(e^t - t)$$

である。

5　◇発想◇　まずは図を描く。空間図形であるが描きにくくはない。

　(1)ここは平面上の問題である。円 T に内接する三角形 ABC を描いて，余弦定理や正弦定理を想起すればよい。

　(2)球を平面で切ると切り口は円になる。球の中心からこの平面に垂線を下ろせば，切り口の円の中心を通る。

　(3)点 E が球面 S 上のどこにあれば三角錐 EABC の体積が最大になるのか。(1)では円と内接三角形で同じようなことを考えている。

解答 (1) (テ)$\dfrac{\sqrt{6}}{3}$　(ト)$3\sqrt{3}$　(ナ)$24\sqrt{2}$　(2) (ニ)$\sqrt{5}$　(3) (ヌ)$\dfrac{160+20\sqrt{10}}{3}$

◀解　説▶

≪球に内接する三角錐の体積の最大値≫

▶(1)　半径 $4\sqrt{2}$ の球面 S を S 上の 3 点 A，B，C を通る平面で切った切り口の円 T は右図のようになる。

$AB = 4\sqrt{6}$，$BC = 10$，$CA = 6$である。

△ABC に余弦定理を適用すれば

$$\cos\angle ABC = \frac{BC^2 + AB^2 - CA^2}{2BC \times AB}$$

$$= \frac{10^2 + (4\sqrt{6})^2 - 6^2}{2 \times 10 \times 4\sqrt{6}}$$

$$= \frac{160}{80\sqrt{6}} = \frac{2}{\sqrt{6}} = \frac{\sqrt{6}}{3} \quad \rightarrow(テ)$$

である。円 T の半径を R とすると，正弦定理より

$$\frac{CA}{\sin\angle ABC} = 2R \quad \text{すなわち} \quad R = \frac{6}{2\sin\angle ABC} = \frac{3}{\sin\angle ABC}$$

であり，$0° < \angle ABC < 180°$ より $\sin\angle ABC > 0$ であるから

$$\sin\angle ABC = \sqrt{1 - \cos^2\angle ABC} = \sqrt{1 - \left(\frac{\sqrt{6}}{3}\right)^2} = \sqrt{1 - \frac{2}{3}} = \frac{1}{\sqrt{3}}$$

となるので，T の半径 R は

$$R = \frac{3}{\dfrac{1}{\sqrt{3}}} = 3\sqrt{3} \quad \rightarrow(ト)$$

である。

点Dが円 T 上を動くとき，△DAB の面積が最大になるのは，底辺 AB に対して△DAB の高さが最大になるときで，そのときの点Dは，直線 AB に平行な直線が円 T に接するときの 2 個の接点のうち，弦 AB から遠い方である。弦 AB の中点をM，円 T の中心をT_0とすると，

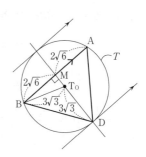

3 点 M，T_0，D はこの順に一直線上に並び

$$T_0M = \sqrt{BT_0{}^2 - BM^2} = \sqrt{R^2 - \left(\frac{1}{2}AB\right)^2} = \sqrt{(3\sqrt{3})^2 - (2\sqrt{6})^2}$$
$$= \sqrt{27 - 24} = \sqrt{3}$$

であるから

$$MD = T_0M + T_0D = \sqrt{3} + 3\sqrt{3} = 4\sqrt{3}$$

である。よって，△DAB の面積の最大値は

$$\frac{1}{2} \times AB \times MD = \frac{1}{2} \times 4\sqrt{6} \times 4\sqrt{3} = 8\sqrt{18} = 24\sqrt{2} \quad \rightarrow (ナ)$$

である。

▶(2)　球面 S の中心 O から平面 ABC に下ろし
た垂線 OH の長さは，点 H が円 T の中心すな
わち(1)の T_0 であるので

$$OH = \sqrt{OB^2 - HB^2} = \sqrt{OB^2 - T_0B^2}$$
$$= \sqrt{(4\sqrt{2})^2 - (3\sqrt{3})^2}$$
$$= \sqrt{32 - 27} = \sqrt{5} \quad \rightarrow (ニ)$$

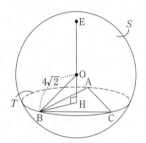

である。

〔注〕　円 T 上の任意の点を X とすると

$$HX^2 = OX^2 - OH^2 = (4\sqrt{2})^2 - OH^2 = (一定)$$

であるから，H は T の中心 T_0 である。

▶(3)　点 E が球面 S 上を動くとき，三角錐 EABC の体積が最大になるの
は，底面の△ABC に対して，三角錐 EABC の高さが最大になるときで，
それは，(1)の後半と同様に，H，O，E がこの順に一直線上に並ぶときで
ある。このとき

$$HE = OE + OH = 4\sqrt{2} + \sqrt{5}$$

となるから，三角錐 EABC の体積の最大値は

$$\frac{1}{3} \times (\text{△ABC の面積}) \times HE$$

$$= \frac{1}{3} \times \left(\frac{1}{2} \times BC \times AB \times \sin\angle ABC\right) \times HE$$

$$= \frac{1}{6} \times 10 \times 4\sqrt{6} \times \frac{1}{\sqrt{3}} \times (4\sqrt{2} + \sqrt{5})$$

$$= \frac{20\sqrt{2}}{3}(4\sqrt{2} + \sqrt{5})$$

$$= \frac{160 + 20\sqrt{10}}{3} \quad \rightarrow (ヌ)$$

である。

❖講　評

　2022 年度も 2021 年度と同様，120 分の試験時間に対し大問 5 題の出題であった。**1**と**4**の一部に記述式の問題があり，他はすべて空所補充である。長く出題が続いた証明問題がなかったことや小問集合が復活したことが目についた。どの問題も取り組みやすく，計算量も多くない。難度としては，2021 年度に比べ大分易化しているといえる。

　1．小問 2 問である。(1)は，(i)が空間ベクトルの単純な計算問題で，その結果が(ii)で使われる。(ii)を最初から考えると面倒である。(2)はガウス記号を絡めた整数問題で，記述式になっている。難しくはない。

　2．円と楕円を題材にした問題で盛り沢山である。(1)は共有点をもつための条件，(2)は共有点の座標計算と，不等式の表す領域の面積計算，(3)は回転体の体積計算である。(3)はやや時間がかかりそうである。

　3．コインの表裏に応じて袋の中に加える 1 個の玉の色が決まる。ただし，裏の場合に加える玉の色は袋の中の玉の色の状態により確率的に決まる。(1)から(5)まで，さまざまな確率・条件付き確率の問題が並ぶ。(5)では数列の和が必要になるが，これは基本的なものである。

　4．(1)は $y = e^x$ のグラフと直線 $y = ax + b$ が共有点をもつための a と b の条件を求める記述式の問題。(2)は $y = e^x$ のグラフ上の点を中心とし直線 $y = x$ に接する円の問題で，座標の計算が中心である。極限値の問題が最後に控えるが，見た目ほど面倒なものではない。

　5．「図形と計量」からの出題で基本的な問題。**1**〜**5**の中では最も易しい問題といえるであろう。(1)は平面の問題で，余弦定理や正弦定理が使われる。(2)・(3)は空間図形であるが，三平方の定理，三角錐の体積の公式を用いるだけである。

　全体的に解きやすい印象である。特に**5**や**4**は最初に解いてしまうとよいだろう。この難度の出題が続くとは考えられないので，なるべく多く過去問に当たっておきたい。

物理

1 **解答** (1)(ア)$\sqrt{gL}$　(イ)$\dfrac{\sqrt{3}}{2}mg$　(ウ)$\dfrac{3}{2}mg$　(エ)$2\pi\sqrt{\dfrac{2L}{g}}$

(2)(オ)$\sqrt{gL+\dfrac{m+4M}{4\,(m+M)}{v_0}^2}$　(カ)$-\dfrac{\sqrt{3}\,mv_0}{2\,(m+M)}$

(3)(キ)$\sqrt{3}\,g$　(ク)$2\pi\sqrt{\dfrac{2L}{g+\sqrt{3}\,a}}$

━━━━━━━ ◀解　説▶ ━━━━━━━

≪動く三角柱上での糸でつるされた質点の運動≫

(1)(ア)　$\theta=90°$ から $\theta=0°$ の高さの
差は，右図のように $L\sin30°$ であ
るので，求める速さを v_1 とすると，
小球の力学的エネルギー保存則より

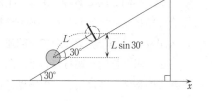

$$mgL\sin30°=\frac{1}{2}m{v_1}^2$$

$$v_1=\sqrt{gL}$$

(イ)・(ウ)　質点から観測すると，
$\theta=90°$ のとき，斜面の下向きに遠
心力 $m\dfrac{{v_1}^2}{L}$ がはたらくので，質点に
はたらく力は右図のようになる。垂
直抗力の大きさを N，糸の張力の
大きさを S とすると，斜面に垂直，斜面に沿った方向の力のつり合いか
ら

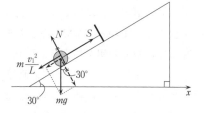

$$N=mg\cos30°=\frac{\sqrt{3}}{2}mg$$

$$S=mg\sin30°+m\frac{{v_1}^2}{L}$$

$$=\frac{1}{2}mg+m\frac{gL}{L}=\frac{3}{2}mg$$

(エ)　斜面上では，質点には常に斜面下向きに $mg\sin 30°$ の力がはたらく。つまり，斜面下向きに見かけの**重力加速度** $g' = g\sin 30°$ がはたらいているとみなせる。よって，求める周期を T とすれば，単振り子の公式から

$$T = 2\pi\sqrt{\frac{L}{g'}} = 2\pi\sqrt{\frac{L}{g\sin 30°}} = 2\pi\sqrt{\frac{2L}{g}}$$

(2)(オ)　$\theta = 0°$ のときの床面に対する三角柱の速度を V とすると，x 軸方向の運動量保存則から

$$m(-v_0\cos 30°) = (m + M)V$$

$$\therefore \quad V = -\frac{\sqrt{3}\,mv_0}{2(m + M)} \quad \cdots\cdots \text{①}$$

また，$\theta = 0°$ のときの三角柱から見た質点の速度の大きさを v_2 とすると，質点の床面に対する速度の大きさは $\sqrt{v_2{}^2 + V^2}$ であるので，力学的エネルギー保存則および①から

$$\frac{1}{2}mv_0{}^2 + mgL\sin 30° = \frac{1}{2}m(v_2{}^2 + V^2) + \frac{1}{2}MV^2$$

$$\frac{1}{2}mv_2{}^2 = \frac{1}{2}mv_0{}^2 + \frac{1}{2}mgL - \frac{1}{2}(m + M)V^2$$

$$v_2{}^2 = v_0{}^2 + gL - \frac{(m + M)}{m}\left\{-\frac{\sqrt{3}\,mv_0}{2(m + M)}\right\}^2 = v_0{}^2 + gL - \frac{3mv_0{}^2}{4(m + M)}$$

$$= gL + \frac{m + 4M}{4(m + M)}v_0{}^2$$

$$\therefore \quad v_2 = \sqrt{gL + \frac{m + 4M}{4(m + M)}v_0{}^2}$$

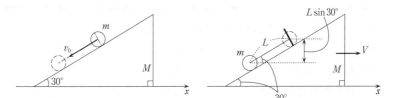

(カ)　摩擦力は三角柱と質点の間の内力なので，x 軸方向の運動量は保存される。よって，①と同じ速度になる。

$$\therefore \quad V = -\frac{\sqrt{3}\,mv_0}{2(m + M)}$$

(3)(キ)　求める三角柱の加速度の大きさを a_0 とする。三角柱から見ると x

軸負の方向に ma_0 の大きさの慣性
力がはたらく。この慣性力の斜面に
垂直な成分と重力の斜面に垂直な成
分がつり合うとき質点は斜面から離
れ始める。

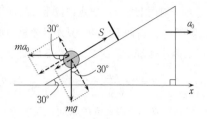

$$ma_0 \sin 30° = mg \cos 30°$$

$$\therefore \quad a_0 = \sqrt{3}\,g$$

(ク)　質点にはたらく重力と慣性力の斜面方向の合力を見かけの重力と考え
る。見かけの重力加速度の大きさを g'' とすると

$$mg'' = mg \sin 30° + ma \cos 30°$$

$$\therefore \quad g'' = \frac{g + \sqrt{3}\,a}{2}$$

よって，求める周期を T' とすると，単振り子の周期の公式から

$$T' = 2\pi \sqrt{\frac{L}{g''}} = 2\pi \sqrt{\frac{2L}{g + \sqrt{3}\,a}}$$

2　解答　(1)(ア) CV　(イ)$\frac{1}{2}CV^2$　(ウ)$\frac{V}{d}$　(エ)$\frac{1}{2}CV^2$　(オ)$\frac{4}{3}C$

(カ)$\frac{1}{3}CV^2$

(2)(キ)$\dfrac{CV}{C+C_1+C_2}$　(ク)$2\pi\sqrt{L(C_1+C_2)}$　(ケ)$\dfrac{C_2}{\sqrt{L(C_1+C_2)}}$

◀解　説▶

≪平行板コンデンサーの極板等の操作と電気振動≫

(1)(ア)　電池にコンデンサーと抵抗を直列につないだ回路になる。十分に
時間がたった後は電流が流れなくなり，抵抗での電圧降下は 0 になる。よ
って，電池の起電力 V がコンデンサーにかかるので，求める電気量を Q
とすると

$$Q = CV$$

(イ)　求める静電エネルギーを U とすると，コンデンサーは V で充電され
ているので

$$U = \frac{1}{2}CV^2$$

㈬　間隔が d, 電位差が V であるので, 求める電界の大きさを E とすると

$$E = \frac{V}{d}$$

㈓　間隔が 2 倍になるので, 広げた後のコンデンサーの電気容量を C' とすると, $C' = \frac{1}{2}C$ になる。また, スイッチを開いた後なのでコンデンサーに蓄えられた電気量は変わらない。よって, 広げた後の静電エネルギーを U' とすると

$$U' = \frac{Q^2}{2C'} = \frac{Q^2}{C} = \frac{(CV)^2}{C} = CV^2$$

静電エネルギーの増加分が求める仕事 W であるので

$$W = U' - U = CV^2 - \frac{1}{2}CV^2 = \frac{1}{2}CV^2$$

別解　極板間の電界 E はA, B両方が作っているので, Aの電荷がBの位置に作る電界は $\frac{E}{2}$ である。よって, Bが受ける力の大きさは $Q \times \frac{E}{2}$ であるので, 求める仕事 W は

$$W = \frac{QE}{2} \times d = \frac{CV}{2} \times \frac{V}{d} \times d = \frac{1}{2}CV^2$$

㈭　回路の状態 2 の平行板コンデンサーの電気容量は, 間隔が $\frac{1}{2}d$ のコンデンサーと, 間隔が $\frac{3}{2}d$ で比誘電率 6 の誘電体を挟んだコンデンサーの直列接続と同じになる。よって, 求める電気容量を C'' とすると

$$\frac{1}{C''} = \frac{1}{2C} + \frac{1}{\frac{2}{3}C \times 6} = \frac{1}{2C} + \frac{1}{4C} = \frac{3}{4C}$$

$$\therefore \quad C'' = \frac{4}{3}C$$

㈮　スイッチSを閉じると, コンデンサーの電気量は CV から $\frac{4}{3}CV$ となる。この増加分を ΔQ, 電池のした仕事を W_E とすると

$$W_E = \Delta Q V = \left(\frac{4}{3}CV - CV\right)V = \frac{1}{3}CV^2$$

(2)(キ)　(ア)の Q が蓄えられたコンデンサーを図 2 の回路に繋ぐと，下図の
ように並列接続された 3 つのコンデンサーにその電荷が分配される。よっ
て，電気量保存則より，求める電位を v とすると

$$Q = (C + C_1 + C_2)\,v$$

$$\therefore\quad v = \frac{Q}{C + C_1 + C_2} = \frac{CV}{C + C_1 + C_2}$$

(ク)　スイッチ S_1 を閉じると C_1 と C_2 の並列接続のコンデンサーとコイル
の電気振動回路になる。合成したコンデンサーとコイルに流れる電流は同
じで，電圧の大きさも同じになるので，リアクタンスが等しくなる。電気
振動の角周波数を ω とすると

$$\frac{1}{\omega\,(C_1 + C_2)} = \omega L \quad より \qquad \omega = \frac{1}{\sqrt{L\,(C_1 + C_2)}}$$

よって，周期を T とすると

$$T = \frac{2\pi}{\omega} = 2\pi\sqrt{L\,(C_1 + C_2)}$$

(ケ)　$I = I_1 + I_2$ とすると，I が最大のときのエネルギー保存則から

$$\frac{1}{2}\,(C_1 + C_2)\,v^2 = \frac{1}{2}LI^2 \quad より \qquad I = v\sqrt{\frac{C_1 + C_2}{L}}$$

与式より，$I_1 : I_2 = C_1 : C_2$ であるので，電流はコンデンサーの電気容量に
比例する。よって

$$I_2 = \frac{C_2}{C_1 + C_2}\,I = \frac{C_2}{C_1 + C_2} \times v\sqrt{\frac{C_1 + C_2}{L}} = v \times \frac{C_2}{\sqrt{L\,(C_1 + C_2)}}$$

参考　与式の $I_1 \times C_2 = I_2 \times C_1$ は，C_1，C_2 に蓄えられた瞬間の電気量をそ
れぞれ q_1，q_2 とおくと，並列接続であるので瞬間の電位は等しい。つま
り $\dfrac{q_1}{C_1} = \dfrac{q_2}{C_2}$ となる。これを，時間で微分すると $\dfrac{1}{C_1} \cdot \dfrac{dq_1}{dt} = \dfrac{1}{C_2} \cdot \dfrac{dq_2}{dt}$ となり，
電荷を時間微分したものが電流であるので，$\dfrac{I_1}{C_1} = \dfrac{I_2}{C_2}$ が導かれる。

3 解答

(1)(ア) $\dfrac{c}{n}$ (イ) $\dfrac{\sin\theta}{n}$ (ウ) $\sqrt{n^2-1}$

(2)(エ) $\dfrac{m\lambda}{2}$ (オ) $\sqrt{\dfrac{7}{2}\lambda R}$ (カ) $\dfrac{\lambda_1\lambda}{2(\lambda_1-\lambda)}$ (キ) $\dfrac{1}{\sqrt{n_1}}$ (ク) $\sqrt{\dfrac{3\lambda_2 R}{n_1}}$

◀解 説▶

≪直方体透明物質内での全反射と変則ニュートンリング≫

(1)(ア) 固体の絶対屈折率は，真空に対する固体の屈折率なので，屈折の法則により

$$n=\frac{c}{v} \quad \text{より} \qquad v=\frac{c}{n}$$

(イ) Aでの屈折の法則により

$$1\cdot\sin\theta=n\sin\theta_1 \quad \text{より} \qquad \sin\theta_1=\frac{\sin\theta}{n} \quad \cdots\cdots①$$

(ウ) 光は右図のようにAから入射しBから出ていく。Bでの屈折角を θ_2 とすると，Bでの屈折の法則は

$$n\sin(90°-\theta_1)=1\cdot\sin\theta_2$$

θ_2 が大きくなるように θ を動かすとき，Bで全反射が起こり始めるのは $\theta_2=90°$ のときであり，$\sin(90°-\theta_1)=\cos\theta_1$ であるので

$$n\cos\theta_1=1 \quad \cdots\cdots②$$

①，②および $\sin^2\theta_1+\cos^2\theta_1=1$ より

$$\frac{\sin^2\theta}{n^2}+\frac{1}{n^2}=1 \quad \text{より} \qquad \sin\theta=\sqrt{n^2-1}$$

この角度より小さければBで全反射が起こる。

(2)(エ) 経路差は $2w$ であり，Cでの反射が固定端反射であるので，反射した光が弱め合って暗くなる条件は

$$2w=m\lambda \quad \cdots\cdots③$$

$$\therefore \quad w=\frac{m\lambda}{2}$$

(オ) 明環の干渉条件は，$d>w$ を考慮すると，0 以上の整数 m' を使って

$$2d=(m+m')\lambda+\frac{\lambda}{2}$$

となる。4番目の明環の干渉条件は $m'=3$ のときであるから

$$2d=\left(m+3+\frac{1}{2}\right)\lambda=\left(m+\frac{7}{2}\right)\lambda=2w+\frac{7}{2}\lambda$$

与式の d を代入して

$$2\left(w+\frac{L^2}{2R}\right)=2w+\frac{7}{2}\lambda$$

$$\therefore \quad L=\sqrt{\frac{7}{2}\lambda R}$$

㊉ 再び中心が暗くなったときの干渉条件は，$\lambda_1>\lambda$ より

$$2w=(m-1)\lambda_1 \quad\cdots\cdots④$$

③$\times\lambda_1-$④$\times\lambda$ より

$$2w(\lambda_1-\lambda)=\lambda_1\lambda$$

$$\therefore \quad w=\frac{\lambda_1\lambda}{2(\lambda_1-\lambda)}$$

㊗ Cでの反射は自由端反射になるが，Dでの反射が固定端反射になるので，干渉条件は変わらない。よって，㊉式において，波長が $\dfrac{\lambda}{n_1}$ になるので

$$L_1=\sqrt{\frac{7}{2}\cdot\frac{\lambda}{n_1}\cdot R}=\frac{1}{\sqrt{n_1}}L$$

よって　　$\dfrac{1}{\sqrt{n_1}}$ 倍

㊚ 中心の干渉条件は，光路差を考慮して

$$2n_1w=m\lambda$$

初めて明るくなったときの干渉条件は $\lambda_2<\lambda$ より

$$2n_1w=\left(m+\frac{1}{2}\right)\lambda_2$$

この式を満たす最初の中心が1番目の明環であるので，内側から4番目の明環の干渉条件は，その場所のレンズ凸面と円筒空洞底面との距離を d_2 とすると

$$2n_1d_2=\left(m+3+\frac{1}{2}\right)\lambda_2=2n_1w+3\lambda_2$$

与式から，$d_2\fallingdotseq w+\dfrac{L_2{}^2}{2R}$ であるので

$$2n_1\left(w+\frac{L_2{}^2}{2R}\right)=2n_1w+3\lambda_2$$

$$\therefore \quad L_2=\sqrt{\frac{3\lambda_2R}{n_1}}$$

❖講　評

例年通り大問 3 題の出題で，解答個数は 25 個である。3 題ともオーソドックスな良問。難易度は例年通りで標準レベル以上の問題が並ぶ。慎重に，そしてスピーディーに解いていきたい。

1 はレールの上に置かれた三角柱上での質点の運動。(1)は三角柱は動かないので，基本的な力学からの出題。力学的エネルギー保存則や遠心力の知識があれば易しい。(エ)は見かけの重力加速度を用いて単振り子の周期を求めるが，実は(ア)〜(ウ)についても，この考え方で解いてもかまわない。(2)は三角柱と床面に摩擦がなくなる。x 軸方向の運動量保存則と力学的エネルギー保存則から解いていく。最下点での質点の速度は 3 次元把握（空間把握）の力が必要。三角柱から見た質点の速度と三角柱の速度のベクトル和が質点の速度である。(3)は頻出である。三角柱に加速度を与えた質点が浮き上がる加速度は慣性力を使えば易しい。振り子の周期は(1)(エ)の考えができていればこれも易しい。

2 は平行板コンデンサーの操作問題であるが，最後は電気振動となっている。(1)は基本的な事項を並べてあり，後半ほど難度が上がるがそれほどの難問ではない。(カ)は注意が必要で，コンデンサーの静電エネルギーの変化から求めてはいけない。コンデンサーを充電する際は必ずエネルギーが失われるからである。今回は下についている抵抗でジュール熱になる。(2)の(キ)はコンデンサーのスイッチ回路のようであるが〔解説〕に示したように合成容量から導ける。そのあと電気振動になるが，これも基本通りであるが，コンデンサーが 2 つあるので少し工夫が必要である。

3 (1)は直方体の透明固体となっているが，光ファイバーの全反射の条件的な問題。B の外側が真空なので，光ファイバーより易しい。(2)は中心が接していないニュートンリング。基本は同じだが，中心で干渉条件の次数が 0 ではなく m なので，干渉条件は $2d=(m+m')\lambda,$

（$m' = 0, 1, 2, \cdots$）のようなイメージとなる。混乱せずに冷静に対応できればそれほど難しくはない。

化学

1 解答

(1)(ア)ハーバー・ボッシュ　(イ)$(NH_2)_2CO$　(ウ)$Al(OH)_3$
(2)(エ)4.0×10^{-5}　(オ)2.0×10^{-5}
(3)(カ)4　(キ)3　(ク)1.2
(4)(ケ)3.6×10^{-1}　(コ)2.4　(サ)表面積

◀解　説▶

≪アンモニアの性質と反応，硝酸アンモニウムの加水分解，アンモニアを燃料とする燃料電池，アンモニアの水への溶解と反応速度≫

(1)(ア)　鉄の酸化物を主成分とする触媒を用い，窒素と水素からアンモニアを合成する工業的製法をハーバー・ボッシュ法という。

(イ)　樹脂の原料や肥料として用いられる尿素は，アンモニアと二酸化炭素を高温・高圧で反応させてつくられる。

$$2NH_3 + CO_2 \longrightarrow (NH_2)_2CO + H_2O$$

(ウ)　Al^{3+}，K^+，Ca^{2+}，Zn^{2+} を含む混合水溶液に過剰量のアンモニア水を加えると，Al^{3+} のみ白色のゲル状沈殿（水酸化アルミニウム）を生じる。

$$Al^{3+} + 3OH^- \longrightarrow Al(OH)_3$$

(2)(エ)　塩である硝酸アンモニウムは，アンモニウムイオンと硝酸イオンに完全に電離し，電離で生じたアンモニウムイオンの一部が次のように加水分解する。

$$NH_4^+ + H_2O \rightleftharpoons NH_3 + H_3O^+$$

オキソニウムイオンは水素イオンとみなしてよく，水の濃度は定数なので，この反応の加水分解定数 K_h は次のように表される。

$$K_h = \frac{[NH_3][H^+]}{[NH_4^+]}$$

$NH_4NO_3 = 80.0$ なので，硝酸アンモニウムのモル濃度は

$$\frac{60}{80.0}\times\frac{1}{3.0} = 0.250\,[mol/L]$$

また，$K_b\times K_h = \dfrac{[NH_4^+][OH^-]}{[NH_3]}\times\dfrac{[NH_3][H^+]}{[NH_4^+]} = [H^+][OH^-] = K_w$ なので，

K_h は次のように求められる。

$$K_h = \frac{K_w}{K_b} = \frac{1.0 \times 10^{-14}}{2.5 \times 10^{-5}} = 4.0 \times 10^{-10} \text{ (mol/L)}$$

題意より，平衡時は $[NH_4^+] \fallingdotseq 0.250$ 〔mol/L〕とみなすことができ，NH_3 と H^+ の生成量は等しいので

$$K_h \fallingdotseq \frac{[H^+]^2}{0.250} = 4.0 \times 10^{-10} \qquad [H^+] = 1.0 \times 10^{-5} \text{ (mol/L)}$$

加水分解する割合 h は次の関係を満たすので

$$[H^+] = 1.0 \times 10^{-5} = 0.250 \times h$$

$$\therefore \quad h = 4.0 \times 10^{-5}$$

(オ) 硝酸アンモニウムのモル濃度は

$$\frac{240}{80.0} \times \frac{1}{3.0} = 1.00 \text{ (mol/L)}$$

題意より，平衡時は $[NH_4^+] \fallingdotseq 1.00$ 〔mol/L〕とみなすことができ，NH_3 と H^+ の生成量は等しいので

$$K_h \fallingdotseq \frac{[H^+]^2}{1.00} = 4.0 \times 10^{-10} \qquad [H^+] = 2.0 \times 10^{-5} \text{ (mol/L)}$$

(3)(カ)・(キ) 電解質水溶液が塩基性であることに注意する。正極の反応では酸素 1 mol あたり，電子 4 mol を受け取る。

正極：$O_2 + 2H_2O + 4e^- \longrightarrow 4OH^-$

負極の反応ではアンモニア 1 mol あたり，電子 3 mol を放出する。

負極：$2NH_3 + 6OH^- \longrightarrow N_2 + 6H_2O + 6e^-$

(ク) 流れた電子の物質量の $\frac{2}{6} = \frac{1}{3}$ 倍のアンモニアが必要なので，必要なアンモニアの物質量は

$$\frac{3.5 \times 10^5}{9.65 \times 10^4} \times \frac{1}{3} = 1.20 \fallingdotseq 1.2 \text{ (mol)}$$

(4)(ケ) アンモニアの分圧の変化量を ΔP〔Pa〕，時間変化を Δt〔min〕とすると，$0 \sim 5$ 分間におけるアンモニアの平均吸収速度 v〔Pa/min〕は

$$v = \left| \frac{\Delta P}{\Delta t} \right| = \frac{5.4 - 3.6}{5 - 0} = 0.360 \fallingdotseq 3.6 \times 10^{-1} \text{ (Pa/min)}$$

(コ) 「一定の時間間隔におけるアンモニアの水への平均の吸収速度が，空間内のアンモニアの平均の分圧のみに比例する」ので，この吸収速度はア

ンモニアの平均分圧の 1 乗に比例する。速度定数を $k\,[\text{min}^{-1}]$ とし，$0 \sim$ 5 分間の値を考える。

$$0.360 = k \times \frac{5.4 + 3.6}{2}$$

$$\therefore \quad k = 0.0800\,[\text{min}^{-1}]$$

時間 10 分におけるアンモニアの分圧を $a\,[\text{Pa}]$ とすると

$$\frac{3.6 - a}{10 - 5} = 0.0800 \times \frac{3.6 + a}{2}$$

$$\therefore \quad a = 2.40 \fallingdotseq 2.4\,[\text{Pa}]$$

(サ)　同量の水を霧状にして導入すると，アンモニアと接触する水の表面積が増加するため，気相のアンモニアは減少し，アンモニアの分圧は減少する。

2　解答

(1)(ア) 5.1　(イ) 6.1×10^{-2}　(ウ) 79

(2)(エ) 2.2×10^{-2}　(オ) 1.0×10^{5}

(3)(カ) 2.7×10^{3}　(キ) 3.5×10^{3}　(ク) 8.9×10^{2}

(4)(ケ) 1.0×10^{-3}　(コ) 4.0×10^{-3}　(サ) 2.3×10^{4}

◀解　説▶

≪凝固点降下，浸透圧，結合エネルギー，飽和蒸気圧を含む混合気体の計算≫

(1)(ア)　ベンゼンのモル凝固点降下を $K_f\,[\text{K·kg/mol}]$ とすると

$$5.53 - 5.02 = K_f \times 5.00 \times 10^{-3} \times \frac{1000}{50.0}$$

$$\therefore \quad K_f = 5.10 \fallingdotseq 5.1\,[\text{K·kg/mol}]$$

(イ)　凝固点降下度から見積もられる質量モル濃度を $m\,[\text{mol/kg}]$ とすると

$$5.53 - 5.22 = 5.10 \times m$$

$$\therefore \quad m = 6.07 \times 10^{-2} \fallingdotseq 6.1 \times 10^{-2}\,[\text{mol/kg}]$$

(ウ)　ベンゼンに溶解した安息香酸が会合していないと仮定したときの質量モル濃度は

$$5.00 \times 10^{-3} \times \frac{1000}{50.0} = 0.100\,[\text{mol/kg}]$$

会合している安息香酸の割合を 2α とおくと，平衡状態の各濃度〔mol/kg〕は

$$2C_6H_5COOH \rightleftharpoons (C_6H_5COOH)_2$$
$$0.100(1-2\alpha)\,[\text{mol/kg}] \qquad 0.100\alpha\,[\text{mol/kg}]$$

全溶質の質量モル濃度は

$$0.100(1-2\alpha)+0.100\alpha=0.100(1-\alpha)\,[\text{mol/kg}]$$

この値が(イ)の値と等しいので

$$6.07\times10^{-2}=0.100(1-\alpha)$$

$$\alpha=0.393$$

求める値は，会合し二量体を形成している安息香酸の割合なので

$$2\alpha\times100=78.6\fallingdotseq79\,[\%]$$

(2)(エ) 求めるスクロースのモル濃度を $C\,[\text{mol/L}]$ とすると

$$5.54\times10^4=C\times8.31\times10^3\times300$$

$$\therefore\ C=2.22\times10^{-2}\fallingdotseq2.2\times10^{-2}\,[\text{mol/L}]$$

(オ) スクロースはスクラーゼによる加水分解により，グルコースとフルクトースへと分解される。

$$C_{12}H_{22}O_{11}+H_2O \longrightarrow C_6H_{12}O_6 + C_6H_{12}O_6$$
$$\text{スクロース} \qquad\qquad \text{グルコース} \quad \text{フルクトース}$$

はじめのスクロースのモル濃度を $C\,[\text{mol/L}]$ とおくと，スクロースの 80 ％が反応した後の各物質のモル濃度は，スクロース：$0.20C\,[\text{mol/L}]$，グルコース：$0.80C\,[\text{mol/L}]$，フルクトース $0.80C\,[\text{mol/L}]$ となり，全溶質のモル濃度は

$$0.20C+0.80C+0.80C=1.80C\,[\text{mol/L}]$$

反応前後で温度は変わらないので，浸透圧は溶質粒子のモル濃度に比例する。したがって，この浸透圧は

$$5.54\times10^4\times\frac{1.80C}{C}=9.97\times10^4\fallingdotseq1.0\times10^5\,[\text{Pa}]$$

(3)(カ) CH_4（気）1 mol と O_2（気）2 mol のもつ結合エネルギーの和は

$$415\times4+498\times2=2656\fallingdotseq2.7\times10^3\,[\text{kJ}]$$

(キ) CO_2（気）1 mol と H_2O（気）2 mol のもつ結合エネルギーの和は

$$803\times2+463\times2\times2=3458\fallingdotseq3.5\times10^3\,[\text{kJ}]$$

(ク) 水は 25℃，$1.0\times10^5\,\text{Pa}$ で液体なので，燃焼熱を考えるときに生成す

る水は液体で考える。メタンの燃焼熱は，式 1 の反応熱 Q よりも H_2O 2 mol 分の蒸発熱だけ大きくなる。

$$3458 - 2656 + 44 \times 2 = 890 \fallingdotseq 8.9 \times 10^2 〔kJ〕$$

(4)(ケ)　容器に導入した酸素，プロパンの物質量をそれぞれ a〔mol〕，b〔mol〕とすると

$$2.50 \times 10^4 \times 1.00 = a \times 8.31 \times 10^3 \times 300$$

∴　$a = 0.0100$〔mol〕

$$(2.75 - 2.50) \times 10^4 \times 1.00 = b \times 8.31 \times 10^3 \times 300$$

∴　$b = 0.00100 \fallingdotseq 1.0 \times 10^{-3}$〔mol〕

(コ)　燃焼による物質量変化は次の通り。

$$C_3H_8 + 5O_2 \longrightarrow 3CO_2 + 4H_2O$$

	C_3H_8	$5O_2$	$3CO_2$	$4H_2O$	
反応前	0.0010	0.010			〔mol〕
変化量	−0.0010	−0.0050	+0.0030	+0.0040	〔mol〕
反応後	0	0.0050	0.0030	0.0040	〔mol〕

よって，生成する水は　4.0×10^{-3} mol

(サ)　水がすべて蒸発していると仮定し，水蒸気の分圧を P_1〔Pa〕とすると

$$P_1 \times 1.00 = 0.0040 \times 8.31 \times 10^3 \times 300$$

∴　$P_1 = 9.97 \times 10^3$〔Pa〕

この値は 27℃の飽和水蒸気圧 3.50×10^3 Pa よりも大きいので，仮定に誤りがあり，水は気液平衡にある。水蒸気の分圧は飽和水蒸気圧 3.50×10^3 Pa を示す。酸素と二酸化炭素の分圧の和を P_2〔Pa〕とすると

$$P_2 \times 1.00 = (0.0050 + 0.0030) \times 8.31 \times 10^3 \times 300$$

∴　$P_2 = 1.99 \times 10^4$〔Pa〕

全圧は

$$1.99 \times 10^4 + 3.50 \times 10^3 = 2.34 \times 10^4 \fallingdotseq 2.3 \times 10^4 〔Pa〕$$

3　解答　(1)(ア)テレフタル酸　(イ)$C_5H_{10}O$

(ウ)
(エ)フタル酸

(オ)
$$CH_2-CH-CH_2-CH_3$$ with CH_2 and OH groups

(カ) phthalic acid ester structure: $C-OH$ ($=O$) and $C-O-CH-CH_2-CH_2$ ($=O$) with CH_3 and CH_2

(キ) サリチル酸　(ク) salicylate ester: $C-O-C-CH_2-CH_2$ ($=O$, $=O$) with CH_2; $C-O-CH_2-CH_3$ ($=O$)

(2)(ケ) 1134　(コ)

cyclic structure:
CH_2OCH_3
C — O
H　H　　　H
C　　　　　C
HO　OCH_3　H　OH
C　　　C
H　OCH_3

(3)(サ)
$$CH_3-CH \quad CH-CH_3$$
with $O-C$ ($=O$) and $C-O$ ($=O$) ring 　(シ) 生分解性

━━━━━━━━━ ◀解　説▶ ━━━━━━━━━

≪芳香族化合物の構造決定，シクロデキストリン，ポリ乳酸の合成≫

(1)(ア)　**D** はポリエチレンテレフタラートの原料の芳香族化合物なので，テレフタル酸 $C_8H_6O_4$ である。

$$HOOC-\!\!\!\left\langle\bigcirc\right\rangle\!\!\!-COOH$$
テレフタル酸

(イ)　**A** 117 mg に含まれる各元素の質量は

$$C : 286 \times \frac{12.0}{44.0} = 78.0 \,(mg)$$

$$H : 63.0 \times \frac{2.0}{18.0} = 7.00 \,(mg)$$

$$O : 117 - 78.0 - 7.0 = 32.0 \,(mg)$$

各元素の物質量比は

$$C : H : O = \frac{78.0}{12.0} : \frac{7.00}{1.00} : \frac{32.0}{16.0} = 13 : 14 : 4$$

A の炭素数は 13 なので，分子式は $C_{13}H_{14}O_4$ である。**A** を加水分解すると，**D** と **E** が生じるので，**E** の分子式は

$$C_{13}H_{14}O_4 + H_2O - C_8H_6O_4 = C_5H_{10}O$$

である。

㈦　**E** は不斉炭素原子をもたない第二級アルコールなので，候補は 3 種あり，**E** の分子内脱水の生成物が分子内に対称面があるシクロアルケンなので，**E** はシクロペンタノールとわかる。

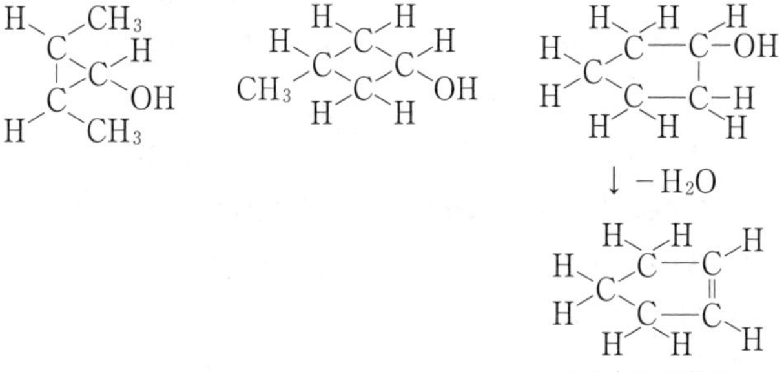

↓ $-H_2O$

分子内に対称面が
あるシクロアルケン

A は **D** と **E** が脱水縮合して生じるモノエステルで，**A** がカルボキシ基をもち，炭酸水素ナトリウムと反応することとも一致する。

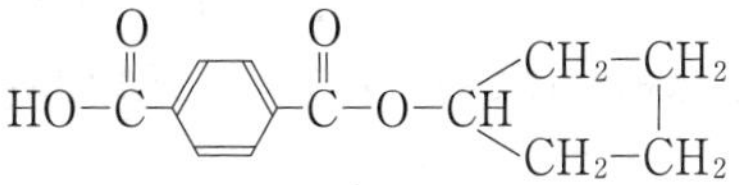

㈤　**F** は **D** の構造異性体で，加熱で分子内脱水を起こすので，オルト体のフタル酸とわかる。

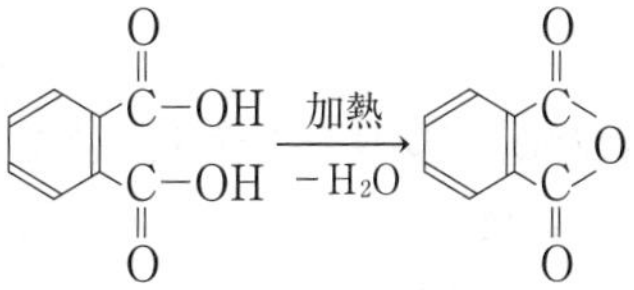

㈣　**G** はヒドロキシ基，環状構造をもち，酸化生成物がヨードホルム反応陽性で，$CH_3-\underset{\underset{OH}{|}}{CH}-$ の構造をもつことより，次のような構造とわかる。

$$\begin{array}{c} CH_2 \qquad\quad OH \\ CH_2-CH-CH-CH_3 \end{array}$$

㋑　**B**は**F**と**G**が脱水縮合して生じるモノエステルで，**B**がカルボキシ基をもち，炭酸水素ナトリウムと反応することとも一致する。

㋖　**H**はナトリウムフェノキシドを二酸化炭素と高温・高圧で反応させた後，希硫酸を作用させて合成されるので，サリチル酸である。

㋗　**J**はエチレンに触媒存在下，水を付加すると生成するので，エタノールである。また，**I**のナトリウム塩は，**G**がヨードホルム反応を起こした際に生じた副生成物である。

したがって，**C**は**H**，**I**，**J**が脱水縮合して生じるジエステルである。

(2)㋘　β-シクロデキストリンは，7 個の α-グルコースが 1,4 位でグリコシド結合した環状分子なので，その分子量は

$$(C_6H_{10}O_5)_7 = 162 \times 7 = 1134$$

㋙　β-シクロデキストリンのヒドロキシ基をメチル化し，グリコシド結合のみを完全に加水分解したときの構造変化は次の通り。

(3)(サ)　当初ポリ乳酸は，乳酸の脱水縮合で合成していたが，重合度の大きいポリ乳酸が得られないことから，乳酸分子を脱水縮合したラクチドを開環重合して合成するようになった。

(シ)　生体内の酵素や自然界の微生物で分解される高分子化合物を生分解性高分子という。

❖講　評

　2022 年度も大問 3 題の出題で，理論，無機，有機の各分野から出題されている。問題の分量は 2021 年度とほぼ同程度であるが，難易度はやや易化している。難度の高い設問は少なくなったが，設問数は多く，時間を要するので，全問を解くのは時間的にも厳しい。なお，2022 年度は論述問題は出題されなかった。

　1 はアンモニアの性質と反応，硝酸アンモニウムの加水分解，アンモニアを燃料とする燃料電池，アンモニアの水への溶解と反応速度に関する問題である。(1)のアンモニアの性質と製法に関する設問は基礎的な内容のみであった。(2)の硝酸アンモニウムの加水分解に関する設問は，取り上げられている化合物はあまりなじみがないが，塩の加水分解を理解している受験生ならば解答できるものであった。(3)のアンモニアの燃料電池は，今話題となっているトピックであり，負極の反応は生成物が記してあるので，取り組みやすいと思われる。(4)の反応速度は誘導が多く，計算も平易なのでそれほど難しくはないであろう。

　2は凝固点降下，浸透圧，結合エネルギー，飽和蒸気圧を含む混合気体の計算に関する問題である。(1)の会合して二量体を形成している安息香酸の割合を求める設問を勘違いしなければ，(1)〜(3)は難しくなかったと思われる。(4)では気液平衡にある圧力計算で少し時間がかかるかもしれない。

　3は芳香族化合物の構造決定，シクロデキストリン，ポリ乳酸の合成に関する問題である。(1)の構造決定に関する設問の環状脂肪族化合物**E**，**G**，**I**の構造を決定するのが難しいが，その他の設問は，時間をかければ解答可能であろう。

　毎年のことであるが，時間内に全問題を解答するのは難しいので，問題の難易度を見極め，短時間で解くことができる設問から解答する能力も合否を左右することになったと思われる。2022年度の問題には，あまり見かけない設定のものはなかったが，解いた経験がないような，解答が難しい問題が出題されることもあるので，多くの問題演習を行うことにより，いろいろな問題に対応できるようにしておきたい。

2021
年度

解 答 編

解答編

■英語■

1 解答　[1](1)— 5　(2)— 1　(3)— 3　(4)— 5　(5)— 5
　　　　　　(6)— 2　(7)— 2　(8)— 4

[2]— 3

[3]②— 1　③— 4　④— 5　⑤— 2

[4](A)— 1　(B)— 3　(C)— 2

[5]— 4

[6]— 3・6・7・8の内の3つ（順不同）

◆全　訳◆

≪人間の聞く力と聞き違いが生じる仕組み≫

　話を聞くことは私たち人間が持っている中で最も洗練された能力の1つである。それは母国語に見事に適合した能力であり，このことは，生後一年間に，幼い聞き手が幼い話し手になるずっと前に生じるのである。それは並外れて強力な能力である。聞き手として，私たちは以前にその声を一度も聞いたことがない話し手を問題なく理解することができる。その発声器官が非常に異なる音響信号を生み出すのだが，私たちは男性，女性，子供を理解することができる。周囲に聞こえるかなりの騒音があっても話を理解することができるし，鼻風邪を引いていたり，パイプを口にくわえていたり，口いっぱいに食べ物が入っているなど，任意に起こる声道がふさがれる影響を補正することができる。帯域の徹底的な制限が通信システムによって強いられても，私たちは電話で会話をすることができる。母国語を聞くのは簡単で事実上努力を要しないように思える。

　しかし，簡単であるという印象は非常に複雑な知覚の能力を覆い隠している。聞き手にとって話し手はまるで単語を相次いで発声するかのように思えるが，実際のところ，話し手は聞き手が連続した単語を特に理解し易いようにしているわけではない。音声信号は連続した流れとして作り出さ

れ，──たぶんより大きな構文上の単位の境界である場合を除けば──それらはどこで1つの単語が終わって次の単語が始まるかを聞き手に知らせる一貫した明白な手がかりを含んでいない。その上，音素にお互いが前後に及ぼす広範囲にわたる影響があるので，音素特定の簡単で不変の手がかりを期待することもできない。聞き手は音声信号を解読し，音声信号から話し手が元々符号化して発信した個々の単語を聞き出さなければならない。結局のところ，話し手と聞き手が頼る共通の知識の基礎を構成するのは単語である。それぞれの発声は完全に新しいかもしれないが，それは会話で交流する両者が知っている単語で構成されるはずである。発声を構成する個々の単語の連続として発声を認識することは，話の連続性と文脈的な変わりやすさを考え合わせると，かなりの離れ業になる。それにもかかわらず，それは私たちが注意を払わずに簡単になし遂げる離れ業である。

　ごくたまにだが，このプロセスがうまくいかないこともある。聞き間違いは定期的に，つまり聞いている数分ごとに，いつものように起こるわけではない。聞く作業の複雑さを考えると，どうしてだろうか。この問題に答えようとする努力で，何世代もの間，音声科学者と心理言語学者は忙殺されている。人間の聞く力の強力さを考えて予想されるように，その答えは私たちの知覚システムの柔軟性に頼ることになる。このシステムが「オーバースペック」だと言う人がいるかもしれない。それにはバックアップと安全機能の特徴がいっぱいあるからだ。1つの処理レベルでの躊躇や不適切は別のレベルで解決されたり補正されたりする。認識システムは最も弱い輪ぐらいの強さしかないこわれやすいチェーンでなく，それはむしろ，どのメンバーも一定の活動でそれなりの働きを果たすように求められる十分に訓練を積んだチームに似ている。その場合プロセスがうまくいかない時は，それはチームが全体として作業を完成することができなかったからで，1つの要素が不足したからではない。

　このことから，聞き違いが実際に起こる時は，それはチームが働く方法について，つまり全体としての認識システムについて，データを研究者に提供するということになる。したがって，聞き手が"a ring in her nose"「彼女の鼻のリング」の代わりに"oregano nose"「オレガノ鼻」と聞こえたことを報告すると，その意味することは前舌高母音が前舌中央母音として，そして軟口蓋鼻音が軟口蓋閉鎖音として誤認されるかもしれないと

いう事実に限定されない。知覚の混同についての実験と，それにまた音響信号の比較を行っていたら，私たちはすでにそれを予想できていただろう。その間違いによって，認識システムはそのような誤認が意識的な認識に入り込むことを必ずしも防ぐというわけではないというさらなる見識が得られる。話し手が実際には "you can spend a mint"「大金を使えるよ」と言ったのに，"you can spend a minute"「ちょっと時間があるだろう」と聞こえる聞き手は，英語の弱母音の認知に関する証拠要件以上の情報を提供してくれる。また，その間違いは聞き手が一連のある程度の遷移確率の中から選択をすることに解明の光を当ててくれる。打ち解けた会話では無意味な語が登場する確率は非常に低いので，"chine"「背骨付きの肉」を "chain"「鎖」と聞き間違える聞き手にも，もちろんこのことは当てはまる。

◀解　説▶

▶［1］(1)第 1 段第 1 文（Listening to speech …）に「私たち人間が持っている中で最も洗練された能力の 1 つ」とあるので，5．tailored「適合した，ぴったり合った」が正解。1．「分類された」，2．「苦心して作り上げた」，3．「精製された」，4．「保持された」は文意に合わない。

(2)空所前方の for listeners は to 不定詞の意味上の主語を表す。第 2 段第 3 文（Speech signals are produced …）の後半に，「どこで 1 つの単語が終わって次の単語が始まるかを聞き手に知らせる一貫した明白な手がかりを含んでいない」とあるので，空所を含む文は「話し手は聞き手が連続した単語を特に理解し易いようにしているわけではない」の意味になる。よって，1．apprehend「理解する」が正解。2．「一般化する」，4．「知らせる」，5．「生ずる」は文意に合わない。3．「増大」は名詞なので，不可。

(3)第 2 段第 3 文（Speech signals are produced …）に「どこで 1 つの単語が終わって次の単語が始まるか」とあるので，3．discrete「個々の」が正解。1．「にぎやかな」，2．「検閲された」，4．「あいまいな」，5．「楽観的な」は文意に合わない。

(4)第 2 段第 7 文（Each utterance may be …）に「それぞれの発声は完全に新しいかもしれない」とあるので，5．variability「変わりやすさ」が正解。1．「出会い」，2．「まとまり」，3．「目印」，4．「用意ができ

ていること」は文意に合わない。

(5)第 3 段第 2 文（Slips of the ear …）に「聞き間違いは…起こる」とあるので，音声認識のプロセスがうまくいかないことが起こる。よって，5 の go wrong「うまくいかない」が正解。1 の（go）down「下がる」，2 の（go）beyond「優れている」，3 の（go）through「通過する」，4 の（go）up「上がる」は文意に合わない。

(6)第 1 段第 4 〜 7 文（As listeners … the telephone.）にある聞く能力の説明から帰結されるのは，2．flexibility「柔軟性」である。1．「両立性」　3．「独創性」　4．「復元性」　5．「単純」

(7)空所は or で並列されている resolve「解決する」と似た意味の語が入ると考えられる。よって，2 の compensate「補正する」が正解。

(8)第 3 段最終文（When the process does then go awry, …）に「プロセスがうまくいかない」理由として，「チームが全体として作業を完成することができなかったから」とある。つまり「1 つの要素」がなかったからではないと続くのが文脈的に筋が通る。よって，4 の（fall）short「不足する」が正解。1．（fall）across「偶然出会う」　2．（fall）for「だまされる」　3．（fall）in「落ちる」　5．（fall）together「共倒れになる」

▶[2]各選択肢はいずれも① robust の意味に該当するため，文脈から判断する。第 1 段第 4 〜 7 文（As listeners … the telephone.）に，話を聞く能力は様々な知的な難題を克服できることが述べられているので，3．「知性に関する難題を克服するぐらい強力な」が正解。4．sturdy and healthy「丈夫で健全な」は healthy が文脈に合わないので，不適。1．「豊かで十分な味わいが特徴の」　2．「粗野で粗雑な」

▶[3]② feat「離れ業，偉業」とほぼ同義となる 1．achievement「偉業」が正解。2．「能力」　3．「器用さ」　4．「知能」　5．「熟達」

③ heedless「注意を払わない」とほぼ同義となる 4．mindless「頭を使わない」が正解。1．「根拠のない」　2．「無知の」　3．「無力な」　5．「私心のない」

④ insight「見識，深い理解」とほぼ同義となる 5．understanding「知識，理解」が正解。1．「集中力」　2．「発達」　3．「魅了」　4．「傾向」

⑤ shed light on 〜「〜に解明の光を当てる」とほぼ同義となる 2．elucidate「〜を解明する」が正解。1．「削除する」　3．「現れる」　4．

「豊かにする」　5.「伴う」

▶[4](A) vocal apparatus は「発声器官」の意味で，これに該当しない1.
eardrum「鼓膜」が正解。3.「声帯」　4.「気管」

(B) considerable background noise は「周囲に聞こえるかなりの騒音」の
意味で，これに該当しない3. flashy decorations「派手な装飾」が正解。
1.「車内放送」　2.「鳥のさえずり」　4.「強い風」

(C) any member は話し手が出す音声信号を聞き手が認識するのに必要な
要素を表しているので，これに該当しない2. luminance「明るさ」が正
解。1.「聴力」

▶[5]空所は前方の arbitrary blockages of the vocal tract「任意に起こ
る声道がふさがれること」の例を示している。これに該当しない4. a
tumor in the intestine「腸の腫瘍」が正解。1.「鼻風邪」　2.「口いっ
ぱいの食物」　3.「口にくわえたパイプ」

▶[6]1.「聴覚の条件が満たされると，誤認が定期的に起こると予想さ
れる」　第3段第2文（Slips of the ear do not happen regularly …）に
「聞き間違いは定期的に起こるわけではない」とあるので，不一致。

2.「特定の言語の熟知した知識によって，聞き手は聞き違いを経験する
のを防ぐことができる」　第3段最終文（When the process does then
go awry, …）に，聞き違いが起こるのは「チームが全体として作業を完
成することができなかったから」とあるので，不一致。

3.「聞き手はある文脈に現れる特定の語の確率に基づいて話を理解する」
最終段最終文（This is also true, …）に，「打ち解けた会話では無意味な
語が登場する確率は非常に低いので，"chine"『背骨付きの肉』を
"chain"『鎖』と聞き間違える聞き手」とあるので，一致する。

4.「話の誤認は聞き手が音素そのものを認識できない時に引き起こされ
る」　第3段最終文（When the process does then go awry, …）に，聞
き違いが起こるのは「1つの要素が不足したからではない」とあるので，
不一致。

5.「話し手と聞き手の間で共有された共通の知識によって，話の正しい
認識が確実になる」　第2段第6文（It is, after all, the words …）に「話
し手と聞き手が頼る共通の知識の基礎を構成するのは単語である」とある
が，それによって「話の正しい認識が確実になる」とは述べられていない

ので，不一致。

6．「聞き手が話し手に注意を払っている時でも聞き間違いは起こる」 最終段第2文 (Thus when a listener …) に「聞き手が "a ring in her nose"『彼女の鼻のリング』の代わりに "oregano nose"『オレガノ鼻』と聞こえた」という聞き間違いが紹介され，同段第3文 (The error allows us the further …) に「認識システムはそのような誤認が意識的な認識に入り込むことを必ずしも防ぐというわけではない」とある。つまり，相手の発話に意識が向いていても，聞き間違いは起こりうるということなので，一致する。

7．「聴覚，語彙，構文のレベルで処理された情報を統合することによって，話は理解される」 聞き手が話を理解するのに必要なものとして，第2段第3文 (Speech signals are produced …) には「大きな構文上の単位の境界」，同段第5文 (Listeners have to decode …) には聴覚，同段第6文 (It is, after all, the words …) には単語がそれぞれ述べられているので，一致する。

8．「聞き手は音声信号を解読する時，単語の境界はやすやすと特定される」 第2段最終文 (Recognition of an utterance …) に「発声を構成する個々の単語の連続として発声を認識することは，…注意を払わずに簡単になし遂げる離れ業である」とあるので，一致する。

◆━◆━◆━◆━◆ ●語句・構文● ◆━◆━◆━◆━◆

(第1段) have no problem *doing*「問題なく～することができる」 acoustic signals「音響信号」 against「～を背景にしても，～でも」 compensate for ～「～を補正する」 bandpass「帯域」 imposed by ～「～によって強いられた」 *A* do not prevent *B* from *doing*「*A* でも *B* は～することができる」

(第2段) the impression of simplicity「簡単であるという印象」 cover「～を覆い隠す」 perceptual performance「知覚の能力」 it seems as if ～「まるで～であるかのように思われる」 *A* do not make it easy for *B* to *do*「*A* は *B* が～し易いようにしているわけではない」 in sequence「連続した」 to inform 以下は cues を修飾する形容詞的用法の to 不定詞。 contextual「前後関係の」 effects of phonemes upon one another「音素がお互いに及ぼす影響」 extract from *A B*「*A* から *B* を聞き出す」

draw upon ～「～を頼る」　recognition of *A* as *B*「*A* を *B* として認識すること」　constitute「～になる」　given「～を考えると」

（第3段）文頭の Only の後に倒置形が使われている。not ～ regularly「（部分否定）定期的に～するわけではない」　as a matter of routine「いつものように」　*A* keep *B* *C*「*A* で，*B* は *C* である」　as one would … of human listening は挿入節で draws は on とつながる。overengineered「オーバースペック」　indecision「躊躇」　link「（鎖の）輪」　well-practiced「十分に訓練を積んだ」　where 以下は関係副詞で先行詞 team を修飾。be called upon to *do*「～するように求められる」　greater or lesser「大なり小なりの，それなりの」　go awry「うまくいかない」　as a whole「全体として」

（最終段）it follows from *A* that ～「*A* から～ということになる」　provide *A* with *B*「*A* に *B* を提供する」　in place of ～「～の代わりに」　the implications「その意味すること」　that a higher … as a velar stop は the fact と同格。a higher front vowel「前舌高母音」　*A* be misperceived as *B*「*A* は *B* として誤認される」　a mid front vowel「前舌中央母音」　*A* lead *B* to *do*「*A* によって，*B* は～するようになる」　*A* could have *done* は仮定法過去完了で主語に条件が含まれる。*A* allow *B* *C*「*A* によって，*B* は *C* を得られる」　that the comprehension … to conscious awareness は insight と同格。prevent *A* from *doing*「*A* が～するのを防ぐ」　gain access to ～「～に接近する，～に入り込む」　who hears "you … spend a mint" は A listener を先行詞とする関係代名詞節。evidence requirements「証拠要件」　transitional probability「遷移確率」　be true of ～「～に当てはまる」　nonword「無意味な語」

2　解答　［1］①—5　②—4　③—5　④—1　⑤—5　⑥—1

［2］㈎—2　㈑—4　㈒—3　㈓—4　㈔—2

［3］4番目—7　6番目—1

［4］㈠—2　㈡—4　㈢—1　㈣—4

［5］—1・4・5（順不同）

━━◆全　訳◆━━━━━━━━━━━━━━━━━━

≪イギリスの料理を擁護して≫

　イギリス人自身によっても言われているのだが，イギリスの料理は世界で最悪だと一般的に言われている。それは劣っているばかりでなく模倣をしていると思われており，私はごく最近フランス人の作家による本で，「最高のイギリス料理は，率直に言えば，もちろんフランス料理である」という意見を読んだ。

　長い間海外に住んでいる人ならだれでも知っているように，それはまったく本当でなく，英語圏の国々以外では入手するのがまったく不可能な美味が多数ある。恐らくそのリストには追加の余地もあるだろうが，以下は私自身が外国で探し求めて見つけられていないものの一部である。

　まず，薫製ニシン，ヨークシャープディング，デヴォンシャークリーム，マフィン，クランペットである。次に，全部挙げようとすれば際限のないプディングのリストがあり，特に挙げるとすれば，私はクリスマスプディング，糖蜜のタルト，リンゴのダンプリングを選ぶであろう。それから，ほぼ同じように長いケーキのリストがあり，例えば，黒いプラムケーキ，ショートブレッド，サフランバンズなどである。またビスケットの種類も無数にあり，もちろん他のいたるところにあるのだが，一般にイギリスのほうが良質でサクサクしていると認められている。

　そして，我が国特有の，ジャガイモを料理する様々な方法がある。他のどこで，ジャガイモが大きな肉の塊の下で焼かれるのを見かけるだろうか。それはジャガイモを料理する断然最良の方法である。あるいは，イギリスの北部で入手できる美味しいジャガイモのケーキを見かけるだろうか。そして，イギリスの方法——つまり，ミントと一緒にボイルしてから溶けたバターかマーガリンを少し添えて出される——で新しいジャガイモを料理するのは，ほとんどの国で行われているようにそれを揚げるよりもはるかにすばらしい。

　それから，イギリス特有の様々なソースがある。例えば，ブレッドソース，セイヨウワサビソース，ミントソース，リンゴソースなどである。ウサギの肉ばかりではなくマトンに添えるとすばらしいアカフサスグリゼリーや，ほとんどの国より豊富にあると思える様々な種類の甘いピクルスは言うまでもない。

　それから，イギリスのチーズがある。チーズは多くのものはないが，スティルトンはその種類では世界で最高のチーズで，ウェンズリーデールも引けを取らないと思う。イギリスのリンゴも著しく美味しく，特にコックスオレンジピピンは美味しい。

　ちょうどロンドンでウオッカや燕の巣スープを入手することが可能なように，私が上記で名前を挙げたものでヨーロッパ大陸で得られるものも恐らくあるだろう。しかし，それらはすべて我が国に特有のものであり，広大な地域でそれらは文字通り知られていないのである。

　たとえば，ブリュッセル以南でスエットプディングをうまく手に入れられるとは想像できない。フランス語には「スエット」を正確に訳す単語さえない。また，フランス人は料理にミントを決して使わないし，飲み物のベースとして以外はカシスを使わない。

　独創性に関する限りでは，また食材に関する限りでは，私たちには自分の料理を恥ずかしく思う理由がまったくないのがわかるだろう。しかしながら，外国からの訪問客の視点で見ると深刻な障害があるのを認めなければならない。これは，個人の家以外では美味しいイギリス料理をほとんど見つけられないということなのである。たとえば美味しい濃厚なヨークシャープディングを一切れ欲しいのなら，レストランよりも最も貧しいイギリスの家でそれを得られる可能性が高いが，レストランは訪問客が必然的にその食事の大部分を食べるところなのである。

　際立ってイギリス的で，そのうえ美味しい料理を売るレストランは非常に見つけにくいのは事実である。パブは，普通はポテトクリスプとまずいサンドイッチ以外はまったく食べ物を売っていない。高価なレストランとホテルはほとんどすべてフランス料理を模倣して，フランス語でメニューを書いているが，一方，美味しくて安い食事が欲しい場合は，当然ながら，ギリシア料理，イタリア料理，中華料理の店に引き寄せられる。イギリスがまずい食べ物と難解な条例の国と考えられている間は，旅行者をうまく引きつけるのはできそうにない。現在のところ，それについて多くを行うことはできないが，遅かれ早かれ，配給制度が終わって，その時は我が国の料理が復活する時になるだろう。イギリスのすべてのレストランが外国的なものであったりまずかったりするのは自然の法則ではなく，改善への第一歩は英国民自身の長く耐えている態度が少なくなることであろう。

━━━━━ ◀解　説▶ ━━━━━

▶［1］① imitative「模倣の」とほぼ同義となる5．unoriginal「借り物の，模倣の」が正解。1．「像の」　2．「想像力に富む」　3．「影響力の強い」　4．「とてもうまい」

② delicacies「美味」とほぼ同義となる4．tasty food「美味しい食べ物」が正解。2．「持ち帰りの料理」　5．「優しい気持ち」

③ innumerable「無数の」とほぼ同義となる5．countless「数え切れないほどの」が正解。1．「計算可能な」　2．「かなりの」　3．「女伯爵」　4．「数えられる」

④ profusion「豊富」とほぼ同義となる1．abundance「豊富」が正解。have *A* in profusion「*A* が豊富にある」　2．「質」　5．「食感」

⑤ distinctively「特有に」とほぼ同義となる5．uniquely「特有に」が正解。1．「あいまいに」　2．「見かけによらず」

⑥ gravitate towards ～「～に引き寄せられる」とほぼ同義となる1．are attracted to ～「～に引きつけられる」が正解。2．「～にぶつかる」　3．「～に出くわす」　4．「～で身動きがとれない」

▶［2］㋐空所前方に interminable「際限のない」という形容詞があるので，「全部」の意味になる in full が考えられる。よって，2が正解。4．to を用いた to the full「最大限度まで」は冠詞 the が必要なので，不可。

㋑空所直前の native が伴う前置詞は4．to である。native to ～「～に特有の」

㋒第7段第2文（But they are all native …）で「広大な地域でそれら（＝著者の挙げた料理）は文字通り知られていない」とあり，その知られていないものとして a suet pudding と地域 Brussels の例を挙げているので，3．say「たとえば」が正解。

㋓空所を含む文は「パブはポテトクリスプとまずいサンドイッチ以外はまったく食べ物を売っていない」の意味で，このことは一般的に言えることなので，「普通は」の意味になる as a rule が適当である。よって，4が正解。

㋔空所直前の succeed に動詞を続ける時に伴う前置詞は in なので，2が正解。succeed in *doing*「うまく～することができる」

▶［3］正しく並べ替えると，It is not a law of nature <u>that every</u>

restaurant in England should <u>be either</u> foreign or bad (, and the first step …) となる。空所直前の文に「我が国の料理が復活する時になるだろう」とあり，その理由が空所で述べられている。選択肢から It is ～ that の形式主語の構文，either *A* or *B* が考えられる。a law of nature「自然の法則」

▶ [4] (ア) [dʒ]　2 が [dʒ]。1・3・4 は [g]。

(イ) [ʌ]　4 が [ʌ]。1 と 3 は [júː]。2 は [ú]。

(ウ) [é]　1 が [é]。2 は [éɪ]。3 は [ǽ]。4 は [ɑ́ː]。

(エ) [ə́ː]　4 が [ə́ː]。1 は [júː]。2 と 3 は [jú]。

▶ [5]　1．「イギリスの人々はイギリスの料理がまずいことを認めている場合が多い」　第 1 段第 1 文（It is commonly said, …）に「イギリス人自身によっても言われている」とあるので，一致する。

2．「著者はヨーロッパ大陸でヨークシャープディングを見つけることができた」　第 2 段第 2 文（No doubt the list could be …）の後半に「外国で探し求めて見つけられていないものの一部である」とあり，その例として第 3 段第 1 文（First of all, kippers, …）に「ヨークシャープディング」が挙げられているので，不一致。

3．「著者はウェンズリーデールは美味しいチーズだとは考えていない」第 6 段第 2 文（There are not many of them …）に「ウェンズリーデールも引けを取らない」とあるので，不一致。

4．「イギリスには独自のソースがたくさんある」　第 5 段第 1 文（Then there are the various sauces …）と一致する。

5．「著者はイギリス人はイギリスの料理を恥ずかしく思うべきではないと信じている」　第 9 段第 1 文（It will be seen that …）に「私たちには自分の料理を恥ずかしく思う理由がまったくない」とあるので，一致する。

6．「パブは特にイギリス的でかなり美味しい食べ物を売っている」　最終段第 2 文（Pubs, as a …）に不一致。

7．「食糧配給制度がイギリスの料理が国際的にもっと人気とならない唯一の理由であると著者は思っている」　rationing「配給制度」については最終段第 5 文（At present one cannot do …）に言及があるが，それとイギリス料理の人気との関係は述べられていないので，不一致。

●語句・構文●

（第1段）It は that 以下を指す形式主語。It = English cooking
not merely *A* but also *B*「*A* ばかりではなく *B* も」　remark「意見」
simply「率直に言えば」

（第2段）simply not 〜「まったく〜ない」　a whole host of 〜「多数の
〜」　no doubt「恐らく」　that 以下は things を修飾する関係代名詞節。

（第3段）that 以下は a list of puddings を修飾する関係代名詞節で，仮
定法過去が使われている。pick out 〜「〜を選ぶ」　for special mention
「特に挙げるとすれば」　which は継続用法の関係代名詞。be admitted
to be 〜「〜であると認められている」

（第4段）peculiar to 〜「〜に特有の」　see *A done*「*A* が〜されるのを
見かける」　far and away「（最上級を強調して）断然」　it = to cook new
potatoes in the English way　as「〜のように」

（第5段）not to mention 〜「〜は言うまでもなく」

（第6段）fancy「〜だと思う」　with *A B*「（付帯状況）*A* が *B* の状態で」
not far behind「引けを取らない」

（第7段）name「名前を挙げる」　just as 〜「ちょうど〜のように」　it =
to obtain vodka or bird's nest soup　our shores「我が国」　unheard
of「知られていない」

（第8段）south of 〜「〜以南では」　get hold of 〜「〜を手に入れる」

（第9段）it will be seen that 〜「〜がわかるだろう」　so far as *A*
go「*A* に関する限りでは」　it は that 以下の名詞節を指す形式主語。from
A's point of view「*A* の視点から見ると」　practically「ほとんど」　be
more likely to *do* in *A* than in *B*「*B* よりも *A* で〜する可能性が高い」
where は名詞節を導く関係副詞。

（最終段）It は形式主語で that 節を指す。restaurants は2つの関係代名
詞 which の先行詞。other than 〜「〜以外の」　while「…だが，一方〜」
A be thought of as *B*「*A* は *B* と考えられる」　sooner or later「遅かれ
早かれ」　long-suffering「長く耐えている」　the British public「英国民」

3 **解答**　[1]　①－4　②－3　③－3　④－2　⑤－1
　　　　　　[2]－3・5・6 （順不同）
[3]　[A/B]－3　[C/D]－4　[E/F]－1　[G/H]－2

~~~~~~~~~~◆全　訳◆~~~~~~

≪オンラインによるテレビ電話で行われている男女の会話≫

(2020 年 4 月のある時における男女間のオンラインによるテレビ電話)

ヤガミ：それで，風の便りに聞いたわよ。今年延期されたのはオリンピックだけじゃないのよね。結婚式をいつ行えるかまだわからないんでしょ。

ヒヨシ：結婚式はもう行わないことになっているんです。そうならないことになっていたんだと思います。

ヤガミ：それは残念ですね。今年はコロナウイルスが多くの計画を台無しにしているわ。

ヒヨシ：正直に言うと，それは全部ウイルスのせいというわけじゃなかったんです。彼女は私が心の底で他の誰かに思いを寄せているという事実に気づいたんです。

(会話が途切れる。ヤガミはヒヨシが話を続けるのを待っている)

ヒヨシ：ソーシャルディスタンスを取ることにはうんざりしています。隔離にもうんざりしています。自制にもうんざりしています。（もう一度途切れる）私は今それをはっきりと言います。ヤガミさん，私はあなたが欲しいんです。前からずっとそうなんです。

ヤガミ：まあ，ようやくね。本当のことを言うと，私もソーシャルディスタンスを取ることにはうんざりしているの。

ヒヨシ：たぶん現在のこの状況にも結局良いことがあるんですね。たぶん自分の感情を整理するのに独りで過ごす時間が必要だったんです。長く時間がかかってすみませんでした。

ヤガミ：そうね，遅れてもしないよりはましよ。少なくとも私たちは最後にはうまくいったのよ。あるいは，この緊急事態が終われば少なくともうまくいくわ。

ヒヨシ：私にとってはいくら早く終わっても早すぎることはありませんよ。

ヤガミ：私もよ。

━━━━━ ◀解　説▶ ━━━━━

▶［1］①下線部の a little birdie told me は「風の便りに聞いた」という意味なので，4．I heard a rumor「噂を聞いた」が正解。1．「類は友を呼ぶ」 2．「それを女性の直観と言う」 3．「これで大騒ぎをしたくない」

②下線部の it wasn't meant to be は「そうならないことになっていた」という意味なので，3．it was fate「運命だった」が正解。1．「私はチームをがっかりさせた」 2．「彼らの言うことは本当だ」 4．「年取った犬に新しい芸は仕込めない（老いた者は新しいことが受け入れられない）」

③下線部の pick up on 〜 は「〜に気づく」という意味なので，3の notice「〜に気づく」が正解。4．speculate「考えをめぐらせる」

④下線部の come out and say it は「それをはっきりと言う」という意味なので，2．lay my cards on the table「手の内をはっきりと見せる」が正解。1．「かえる前にひなを数える（取らぬタヌキの皮算用）」 3．「針小棒大に言う」 4．「日が照る内にほし草を作る（好機を逃さない）」

⑤下線部の have a silver lining は「（どんな悪いことにも）良い面はある」という意味なので，1の has something good about it「それには何か良いことがある」が正解。2．「考えていたほど深刻ではない」 3．「処理できる」 4．「経済的に打撃を与えるだろう」

▶［2］1．「ヤガミさんはオリンピックが延期されたことにがっかりしている」 ヤガミさんの1番目の発言（So a little birdie told …）にオリンピックへの言及があるが，延期に対する評価は述べられていないので，一致しない。

2．「ヒヨシ氏は自分の婚約が終わったのをコロナウイルスのせいにしている」 ヒヨシ氏の2番目の発言（To be honest, it wasn't …）に「全部ウイルスのせいというわけじゃない」とあるので，一致しない。

3．「ヤガミさんはヒヨシ氏が自分に対する気持ちをもっと早く告白すべきだったと思っている」 ヤガミさんが3番目の発言（Well it's about time! …）で「まあ，ようやくね」と言っているので，一致する。

4．「ヒヨシ氏は政府の緊急事態宣言を支持していない」 ヒヨシ氏は政府の緊急事態宣言には意見を表明していないので，一致しない。

5．「ヤガミさんは緊急事態が終わるのを待ちきれない」 ヒヨシ氏の5番

目の発言（It can't end soon enough …）に「いくら早く終わっても早す
ぎることはない」とあり，ヤガミさんが 5 番目の発言（Me too.）でそれ
に同意しているので，一致する。

6．「ヒヨシ氏は緊急事態がすべて悪いわけではないと思っている」　ヒヨ
シ氏の 4 番目の発言（Maybe this current situation …）に「現在のこの
状況にも結局良いことがある」とあるので，一致する。

7．「ヤガミさんは愛のために緊急事態を無視する気である」　ヤガミさん
の 4 番目の発言（Better late than never, …）に「緊急事態が終われば少
なくともうまくいく」とあるので，一致しない。

8．「ヒヨシ氏は自分の感情を抑制するのは不健全だと言っている」　会話
文中に記述がないので，不一致となる。

▶［3］［A／B］ヤガミさんの 1 番目の発言（So a little birdie told …）
に「今年延期されたのはオリンピックだけじゃない」とあるので，空所A
には「延期される」という意味の語句が入る。ヒヨシ氏の 1 番目の発言
（There isn't going to be …）に「結婚式はもう行わない」とあるので，
空所Bには「中止される」という意味の語句が入る。よって，3 が正解。
put *A* on hold「*A* を延期する」　call off ～「～を中止する」

［C／D］ヤガミさんの 2 番目の発言（I'm sorry to hear …）に「今年は
コロナウイルスが多くの計画を台無しにしている」とあるので，空所Cに
は「ウイルス」が入る。ヒヨシ氏の 3 番目の発言（I'm sick of social …）
に「私はあなたが欲しいんです。前からずっとそうなんです」とあるので，
空所Dには「愛している」ことを意味する語句が入る。よって，4 が正解。

［E／F］ヒヨシ氏の 3 番目の発言（I'm sick of social …）に「私は今それ
をはっきりと言います」とあるので，空所Eには「感情を抑える」ことを
意味する語句が入る。空所Fには文字通り「行動を自粛する」ことを意味
する語句が入る。よって，1 が正解。hold back ～「～を抑える」

［G／H］ヤガミさんの 4 番目の発言（Better late than never, …）に「私
たちは最後にはうまくいったのよ」とあるので，空所Gには「両者の関係
には結論がでた」という語句が入る。また，同発言には「緊急事態が終わ
れば」とあるので，空所Hを含む文は「緊急事態がまだ終わっていない」
ことを示す内容になる。よって，2 が正解。

4 解答

(1)— 6　(2)— 5　(3)— 3　(4)— 1　(5)— 5　(6)— 6
(7)— 1　(8)— 4

◀解　説▶

(1)「ニュートンの第2法則は，物体の加速度はその物体に作用する合力に直接比例することを示している」　物体に作用する力が大きくなれば物体の加速度は大きくなるので，6．proportional「比例して」が正解。1．「平衡力」　2．「急速な」　3．「不可欠な」　4．「並行の」　5．「垂直の」

(2)「アルバート=アインシュタインの一般相対性理論はブラックホールの存在を予測した」　アインシュタインの一般相対性理論はよく知られているが，「相対性」に当たる語を考えると，5．relativity「相対性」が正解。1．「相互関係」　2．「区別」　3．「引力」　4．「量子」　6．「対称」

(3)「空の虹は大気中の水滴に当たった光の分散と内部反射によって7色に作り出される」　虹が起こる原理は光がプリズムによって分散されるのと同じなので，3．dispersion「分散」が正解。1．「吸収」　2．「衝突」　4．「弾性」　5．「蒸発」　6．「相違」

(4)「白川英樹博士はタッチスクリーンと有機発光素子に使われる導電性ポリマーの発見と開発で2000年にノーベル化学賞を受賞した」　タッチスクリーンに使われるとあるので，押すことで通電するポリマーが考えられる。よって，1．conductive「伝導性の」が正解。2．「蛍光色の」　3．「親水性の」　4．「水溶性の」　5．「抵抗性の」　6．「感熱性の」

(5)「元素の周期表は原子核の陽子の数が増える順番で体系化された配列で，同一の縦の列にある元素は同じ性質を持つ」「原子核の陽子の数が増える順番で体系化された配列」は元素の周期表と考えられるので，5．periodic「周期的な」が正解。1．「原子の」　2．「特有の」　3．「イオンの」　4．「分子の」　6．「物質」

(6)「炭素の放射性同位体の1つである炭素14は半減期が5,730年で，過去の物体の年代を測定するのに使われる」　文の後半は放射性炭素年代測定法について言及しているので，6．radioisotopes「放射性同位体」が正解。1．「集合体」　2．「同素体」　3．「複合体」　4．「誘導体」　5．「異性体」

(7)「酵素は，反応に必要とされる活性化エネルギーを下げることによって，

化学反応に触媒作用を及ぼすタンパク質である」　酵素の働きを考えれば，
1．catalyze「触媒作用を及ぼす」が正解。2．「節制する」　3．「永続
させる」　4．「逆転させる」　5．「代用する」　6．「終わらせる」
⑻「光合成は光のエネルギーによって水と二酸化炭素からブドウ糖と酸素
が作られる反応である」　in which 以下の記述から，4．Photosynthesis
「光合成」が正解。photo-が「光の」の意味であることもヒントになる。
1．「冷光」　2．「中和」　3．「酸化」　5．「呼吸」　6．「散乱」

❖講　評

　2018 年度以降，大問数が 2 題減って 4 題となったが，2021 年度も同
じく大問 4 題で，読解問題 2 題，会話文問題 1 題，文法・語彙問題 1 題
という構成であった。2020 年度まで一部に記述式の問題があったが，
2021 年度はすべてマークシート法になった。

　読解問題：**1** は，人間の話を聞く能力の高さと柔軟性，それにもかか
わらず起こる聞き違いの仕組みを扱った英文である。内容がやや難解で，
1 文の長いものが多く，読みこなすのに慣れが必要である。空所補充，
同意表現の選択肢の一部に受験生には難しい単語も見受けられるので，
前後の文脈を把握して適切な解答を得る必要がある。内容説明は「適切
でないもの」を選ぶ形式なので，勘違いをしないようにしたい。空所補
充にも同様の出題がある。内容真偽は例年通り「8 つの選択肢から 3 つ
を選ぶ」形式で，本文の該当箇所を特定するのが難しい選択肢が多かっ
た。

　2 は，最悪だと言われているイギリスの料理を擁護する論説文である。
平易な文章で内容も理解しやすいものである。同意表現，空所補充の選
択肢も基本的な語句である。語句整序，発音は標準的な出題である。内
容真偽は「7 つの選択肢から 3 つを選ぶ」形式で，本文の該当箇所を特
定するのは容易である。標準的な問題が多いので，**2** でできるだけ高得
点を取りたい。

　会話文問題：**3** は，オンラインによるテレビ電話で行われている男女
の会話で，男性が女性に愛を告白する設定になっている。コロナウイル
スや緊急事態宣言などアップトゥデートな要素も採り入れられている。
同意表現は慣用表現の意味を問うものが多いが，文脈から判断可能であ

る。内容真偽は1と同形式で，両者の発言内容や心情をつかむ必要がある。要約文の完成問題は空所が2カ所組み合わされていて，新傾向の問題である。

　文法・語彙問題：4は，選択肢が6つの空所補充問題となった。英文は物理や化学の専門知識に関する内容になっており，語彙レベルも非常に高い。難度は高いといえる。

　大問数は2020年度と同じで，問題英文の量はやや減少したが，難易度はやや難化している。難解な科学的な素材が含まれ，高い語彙レベルも要求されるので，時間的な余裕はない。

■■ 数学 ■

1　◇発想◇　実数 t を 1 つ与えると直線 l が 1 つ決まる。問題の l は無数の直線を表している。

　(1) l の方程式が t の値によらずつねに成り立つのは x, y がどのようなときであろうか。t についての恒等式とみればよい。

　(2) $f(t)$ は分数関数となる。増減表を作り，グラフを描けば，すべて答えられる。とくに，最後の設問は，微分法の方程式への応用になっているので，グラフは必須である。

　(3) (1)と(2)の結果から領域 S を作図することは容易であろう。与えられた放物線が S と共有点をもつための条件を考える。放物線が下に凸であることを念頭に置いて，図の上で考察するとよい。

　なお，本問は，l の方程式を t についての 2 次方程式とみて，t が実数となるための条件を考えれば，問題の誘導とは異なる解答の仕方も考えられる。

解答　(1)　(ア) $(1, 2)$
　　　　(2)　(イ) 1　(ウ) -2　(エ) 0, 2, 3
(3)　(オ) -1　(カ) $4+\sqrt{22}$

■◀ 解　説 ▶■

≪直線の通過領域，微分法の方程式への応用，放物線の存在条件≫

　　　$l : (2t^2-4t+2)\,x-(t^2+2)\,y+4t+2=0$

▶(1)　直線 l の方程式を t について整理すると

　　　$(2x-y)\,t^2-4\,(x-1)\,t+2\,(x-y+1)=0$

となり，これが任意の実数 t に対して成り立つための必要十分条件は

　　　$2x-y=0$　かつ　$x-1=0$　かつ　$x-y+1=0$

である。この 3 式より $x=1$, $y=2$ が得られる。よって，直線 l は t の値によらず点 $(1, 2)$ を通る。すなわち，求める定点の座標は

　　　$(1, 2)$　　→(ア)

である。

〔注〕 l の方程式は

$t=0$ のとき　　$2x-2y+2=0$

$t=1$ のとき　　$-3y+6=0$

で，これらの交点の座標は $(1, 2)$ である。l が定点を通るとすれば，その定点は $(1, 2)$ 以外にない。

▶(2)　$t^2+2\neq0$ であるから，l の方程式は

$$y=\frac{2t^2-4t+2}{t^2+2}x+\frac{4t+2}{t^2+2}$$

と変形される。よって，直線 l の傾き $f(t)$ は

$$f(t)=\frac{2t^2-4t+2}{t^2+2}=2-\frac{4t+2}{t^2+2}$$

である。

$$f'(t)=-\frac{4(t^2+2)-(4t+2)\times2t}{(t^2+2)^2}=\frac{4t^2+4t-8}{(t^2+2)^2}$$

$$=\frac{4(t-1)(t+2)}{(t^2+2)^2}$$

より，$f(t)$ の増減は右表のようになる。

t	$\cdots$	-2	$\cdots$	1	$\cdots$
$f'(t)$	$+$	0	$-$	0	$+$
$f(t)$	↗	3	↘	0	↗

また

$$\lim_{t\to\pm\infty}f(t)=\lim_{t\to\pm\infty}\left(2-\frac{4+\dfrac{2}{t}}{t+\dfrac{2}{t}}\right)=2$$

より，直線 $y=2$ が漸近線であることがわかり，関数 $y=f(t)$ のグラフは右図のようになる。したがって，$f(t)$ の値が最小となるのは

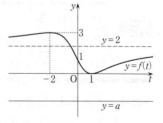

　　$t=1$　　→(イ)

のときで，最小値は 0 である。また，$f(t)$ の値が最大になるのは

　　$t=-2$　　→(ウ)

のときで，最大値は 3 である。

方程式 $f(t)=a$ の実数解は，$y=f(t)$ のグラフと，t 軸に平行な直線 $y=a$ の交点の t 座標で与えられるから，$f(t)=a$ がちょうど 1 個の実数解をも

つような a の値は，前図より

　　　$a=0,\ 2,\ 3$　→(エ)

である。

〔注〕　$f(t)=\dfrac{2t^2-4t+2}{t^2+2}=\dfrac{2(t-1)^2}{t^2+2}$ としておくと

$$f'(t)=\frac{4(t-1)(t^2+2)-2(t-1)^2\times 2t}{(t^2+2)^2}=\frac{4(t-1)(t+2)}{(t^2+2)^2}$$

となる。

▶(3)　直線 l は定点 $(1,\ 2)$ を通る（(1)より）。また，t が実数全体を動くとき，直線 l の傾きは 0 以上 3 以下のすべての値をとる（(2)より）。よって，l が通過する領域 S は，右図の網かけ部分（境界を含む）となる。

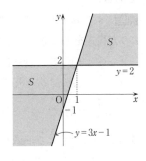

　　　放物線：$y=\dfrac{1}{2}(x-k)^2+\dfrac{1}{2}(k-1)^2$

　　　　　　　　　　　　　……①

は下に凸であり，頂点の座標は $\left(k,\ \dfrac{1}{2}(k-1)^2\right)$ である。放物線①と領域 S が共有点をもつのは，放物線①が 2 直線 $y=2$，$y=3x-1$ の少なくとも一方と共有点をもつ場合である。

(i)　$y=2$ と共有点をもつのは，放物線①の頂点の y 座標が 2 以下であるときであり，k の条件は次のようになる。

　　　$\dfrac{1}{2}(k-1)^2\leqq 2$　　$(k-1)^2\leqq 4$

　　　$-2\leqq k-1\leqq 2$

　∴　$-1\leqq k\leqq 3$　……②

(ii)　$y=3x-1$ と共有点をもつのは，方程式

　　　$\dfrac{1}{2}(x-k)^2+\dfrac{1}{2}(k-1)^2=3x-1$

すなわち

　　　$x^2-2(k+3)x+2k^2-2k+3=0$

が実数解をもつときであるので，判別式 D が 0 以上となることから，k の条件は次のようになる。

$$\frac{D}{4} = (k+3)^2 - (2k^2 - 2k + 3) = -k^2 + 8k + 6 \geqq 0$$

$$k^2 - 8k - 6 \leqq 0 \quad (k^2 - 8k - 6 = 0 \text{ より } k = 4 \pm \sqrt{22})$$

$$\therefore \quad 4 - \sqrt{22} \leqq k \leqq 4 + \sqrt{22} \quad \cdots\cdots ③$$

放物線①が S と共有点をもつような k
の値の範囲は，②と③の和集合をとり

$$-1 \leqq k \leqq 4 + \sqrt{22} \quad \rightarrow (\text{オ}), \ (\text{カ})$$

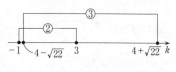

である。

別解 ＜2次方程式の判別式を利用する方法＞

l の方程式を t について整理した式

$$(2x - y) t^2 - 4(x - 1) t + 2(x - y + 1) = 0$$

を t についての2次方程式とみると，t は実数であるから，x, y は

$$\frac{1}{4}(\text{判別式}) = \{-2(x-1)\}^2 - (2x - y) \times 2(x - y + 1) \geqq 0$$

を満たさなければならない。この不等式を整理すると

$$2(x-1)^2 - (2x - y)(x - y + 1) \geqq 0$$

$$2(x^2 - 2x + 1) - (2x^2 - 3xy + y^2 + 2x - y) \geqq 0$$

$$3xy - y^2 - 6x + y + 2 \geqq 0$$

$$3x(y - 2) - (y + 1)(y - 2) \geqq 0$$

$$(y - 2)(3x - y - 1) \geqq 0$$

すなわち

$$\begin{cases} y - 2 \geqq 0 \\ 3x - y - 1 \geqq 0 \end{cases} \quad \text{または} \quad \begin{cases} y - 2 \leqq 0 \\ 3x - y - 1 \leqq 0 \end{cases}$$

となって，領域 S が求まる。S の作図から，l が定点 $(1, 2)$ を通ること，
l の傾きの最大値が3で最小値が0であることがわかる。また，l の傾き
が $2 - \dfrac{4t + 2}{t^2 + 2}$ と表されることを用いれば，方程式 $f(t) = a$ は

$$2 - \frac{4t + 2}{t^2 + 2} = a$$

すなわち

$$(2 - a) t^2 - 4t + 2 - 2a = 0$$

となる。この方程式は

$a = 2$ のとき，1 次方程式となり，$t = -\dfrac{1}{2}$ のみを解にもつ。

$a \neq 2$ のときは 2 次方程式であるから

$$\frac{1}{4}(判別式) = (-2)^2 - (2-a)(2-2a) = -2a(a-3) = 0$$

すなわち

$$a = 0, \ 3$$

のとき，ただ 1 つの解をもつ。

また，この方程式は

$a = 0$ のとき，$2t^2 - 4t + 2 = 0$ より $t = 1$ を重解にもつ。

$a = 3$ のとき，$-t^2 - 4t - 4 = 0$ より $t = -2$ を重解にもつ。

これで，(ア)〜(エ)はすべて求まった。

(オ)，(カ)については，下に凸の放物線 $y = \dfrac{1}{2}(x-k)^2 + \dfrac{1}{2}(k-1)^2$ ……① が，

領域 S と共有点をもたない条件を考える方がわかりやすいかもしれない。

その条件は，放物線①が $y > 2$ かつ $y > 3x - 1$ を満たすことである。

$$\frac{1}{2}(x-k)^2 + \frac{1}{2}(k-1)^2 > 2 \quad かつ \quad \frac{1}{2}(x-k)^2 + \frac{1}{2}(k-1)^2 > 3x - 1$$

前者は，$\dfrac{1}{2}(x-k)^2 \geqq 0$ より $\dfrac{1}{2}(k-1)^2 > 2$ と同値で，$(k-1)^2 > 4$ から

$$|k-1| > 2$$

すなわち

$$k < -1, \ 3 < k \quad ……Ⓐ$$

後者は　　$(x-k)^2 + (k-1)^2 > 6x - 2$

整理すると

$$x^2 - 2(k+3)x + 2k^2 - 2k + 3 > 0$$

これがすべての実数 x に対して成り立つための条件として

$$\frac{1}{4}(判別式) = \{-(k+3)\}^2 - (2k^2 - 2k + 3) < 0$$

すなわち

$$k^2 - 8k - 6 > 0$$

$$\therefore \ k < 4 - \sqrt{22}, \ 4 + \sqrt{22} < k \quad ……Ⓑ$$

ⒶとⒷの共通部分をとると

$$k<-1,\ 4+\sqrt{22}<k\ \ \cdots\cdots\text{©}$$

となり，これが放物線①と領域 S が共有点をもたないための条件である。したがって，共有点をもつような k の値の範囲は，©の補集合で

$$-1\le k\le 4+\sqrt{22}$$

となる。これで(オ)と(カ)が求まった。

なお，放物線①の頂点 $\left(k,\ \dfrac{1}{2}(k-1)^2\right)$ は，放物線 $y=\dfrac{1}{2}(x-1)^2$ 上を動く

から $\left(x=k,\ y=\dfrac{1}{2}(k-1)^2\ \text{とおいて}k\text{を消去}\right)$，図を大きく描いて，実際に放物線①を動かしてみるとよい。

〔別解〕の方法を用いれば，放物線①の通過領域を求めることができる。

$y\ge\dfrac{1}{4}(x-1)^2$ となるはずであるから試しておこう。

2

◇発想◇ (1)と(2)の関連性は強くないようである。

(1) $\alpha+1$，$\alpha+2$，$\alpha+3$ はいずれも偏角が特別な角であるので極形式で表すとよい。ド・モアブルの定理を用いれば，累乗や積の計算が簡単にできる。

α の性質 $\alpha^2+3\alpha+3=0$ を用いて式変形を工夫してもよい。その際，後半は $\alpha+2$，$\alpha+3$ の絶対値がポイントになる。

(2)商と余りを求める割り算は力ずくでも可能であるが，x^2+3x+3 のかたまりに注目しながら式変形をすれば案外速くできる。後半の余りを求める問題は，$(x+1)^3$ を調べてみるとよい。あるいは，(割られる式)＝(割る式)×(商)＋(余り) において，余りを1次式 $ax+b$ とおいて，(1)の α を代入してもよい。

解答 (1) (キ)-1

$\alpha^2+3\alpha+3=0$ より $\alpha=\dfrac{-3\pm\sqrt{3}\,i}{2}$ であるから，複号は同順として

$$\alpha+2=\dfrac{1}{2}\pm\dfrac{\sqrt{3}}{2}i=\cos\left(\pm\dfrac{\pi}{3}\right)+i\sin\left(\pm\dfrac{\pi}{3}\right)$$

$$\alpha + 3 = \frac{3}{2} \pm \frac{\sqrt{3}}{2} i = \sqrt{3} \left(\frac{\sqrt{3}}{2} \pm \frac{1}{2} i \right)$$

$$= \sqrt{3} \left\{ \cos \left(\pm \frac{\pi}{6} \right) + i \sin \left(\pm \frac{\pi}{6} \right) \right\}$$

と表される。以下も複号はすべて同順とする。

$$(\alpha + 2)^s = \left\{ \cos \left(\pm \frac{\pi}{3} \right) + i \sin \left(\pm \frac{\pi}{3} \right) \right\}^s$$

$$= \cos \left(\pm \frac{s}{3} \pi \right) + i \sin \left(\pm \frac{s}{3} \pi \right)$$

$$(\alpha + 3)^t = (\sqrt{3})^t \left\{ \cos \left(\pm \frac{\pi}{6} \right) + i \sin \left(\pm \frac{\pi}{6} \right) \right\}^t$$

$$= (\sqrt{3})^t \left\{ \cos \left(\pm \frac{t}{6} \pi \right) + i \sin \left(\pm \frac{t}{6} \pi \right) \right\}$$

より，$\pm \dfrac{s}{3} \pi \pm \dfrac{t}{6} \pi = \pm \dfrac{2s + t}{6} \pi$ に注意すれば

$$(\alpha + 2)^s (\alpha + 3)^t = (\sqrt{3})^t \left\{ \cos \left(\pm \frac{2s + t}{6} \pi \right) + i \sin \left(\pm \frac{2s + t}{6} \pi \right) \right\}$$

となり，$(\alpha + 2)^s (\alpha + 3)^t = 3$ となるのは

$$(\sqrt{3})^t = 3 \quad かつ \quad \frac{2s + t}{6} \pi = 2k\pi \quad (k は整数)$$

のときである。前者から $t = 2$ を得て，これと後者より $s = 6k - 1$ が得られる。したがって，求める整数 s, t の組は

$$(s, \ t) = (6k - 1, \ 2) \quad (k は整数) \quad \cdots\cdots(答)$$

である。

(2) (ク)$x^3 + 4x^2 + 4x + 1$　(ケ)$x + 1$　(コ)$-x - 2$

━━━━━━━━ ◀解　説▶ ━━━━━━━━

≪式の値，等式を満たす整数の求値，整式の除法における商と余り≫

▶(1) $\alpha^2 + 3\alpha + 3 = 0$ より $\alpha = \dfrac{-3 \pm \sqrt{3} i}{2}$ であるから

$$\alpha + 1 = -\frac{1}{2} \pm \frac{\sqrt{3}}{2} i = \cos \left(\pm \frac{2}{3} \pi \right) + i \sin \left(\pm \frac{2}{3} \pi \right)$$

$$\alpha + 2 = \frac{1}{2} \pm \frac{\sqrt{3}}{2} i = \cos \left(\pm \frac{\pi}{3} \right) + i \sin \left(\pm \frac{\pi}{3} \right)$$

と表される（複号同順）。以下も複号はすべて同順とする。

$$(\alpha+1)^2=\left\{\cos\left(\pm\frac{2}{3}\pi\right)+i\sin\left(\pm\frac{2}{3}\pi\right)\right\}^2=\cos\left(\pm\frac{4}{3}\pi\right)+i\sin\left(\pm\frac{4}{3}\pi\right)$$

$$(\alpha+2)^5=\left\{\cos\left(\pm\frac{\pi}{3}\right)+i\sin\left(\pm\frac{\pi}{3}\right)\right\}^5=\cos\left(\pm\frac{5}{3}\pi\right)+i\sin\left(\pm\frac{5}{3}\pi\right)$$

より，$\pm\dfrac{4}{3}\pi\pm\dfrac{5}{3}\pi=\pm\dfrac{9}{3}\pi=\pm3\pi$ に注意すれば

$$(\alpha+1)^2(\alpha+2)^5=\{\cos(\pm3\pi)+i\sin(\pm3\pi)\}=-1\quad\to(\text{キ})$$

である。

▶(2)　
$$
\begin{aligned}
(x+1)^3(x+2)^2&=(x^3+3x^2+3x+1)(x^2+4x+4)\\
&=x(x^2+3x+3)(x^2+4x+4)+(x^2+4x+4)\\
&=(x^2+3x+3)(x^3+4x^2+4x)+(x^2+3x+3)+(x+1)\\
&=(x^2+3x+3)(x^3+4x^2+4x+1)+(x+1)
\end{aligned}
$$

より，$(x+1)^3(x+2)^2$ を x^2+3x+3 で割ったときの

　　商　：x^3+4x^2+4x+1　　→(ク)

　　余り：$x+1$　　→(ケ)

である。

〔注〕　次のように式変形することもできる。

$$
\begin{aligned}
(x+1)^3(x+2)^2&=(x+1)\{(x+1)(x+2)\}^2=(x+1)(x^2+3x+2)^2\\
&=(x+1)\{(x^2+3x+3)-1\}^2\\
&=(x+1)(A-1)^2\quad(x^2+3x+3=A\text{ とおいた})\\
&=(x+1)(A^2-2A+1)\\
&=(x+1)(A-2)A+(x+1)
\end{aligned}
$$

これを A で割れば

　　商　：$(x+1)(A-2)=(x+1)(x^2+3x+1)=x^3+4x^2+4x+1$

　　余り：$x+1$

となる。少し時間はかかるが，$(x+1)^3(x+2)^2$ を展開して，それを実際に x^2+3x+3 で割ってもよい。

$(x+1)^{2021}$ を x^2+3x+3 で割ったときの余りを求める。

$$(x+1)^2=x^2+2x+1=(x^2+3x+3)-(x+2)$$

$$(x+1)^3=x^3+3x^2+3x+1=x(x^2+3x+3)+1$$

であるから，$x^2+3x+3=A$ とおくと

$$(x+1)^2=A-(x+2)$$

$$(x+1)^3 = xA + 1$$

となるので

$$(x+1)^{2021} = \{(x+1)^3\}^{673} \times (x+1)^2$$
$$= (xA+1)^{673} \times \{A - (x+2)\}$$

となる。ここで，$(xA+1)^{673}$ の展開式における定数項は 1 であり，他の項はすべて A で割り切れるから，$(xA+1)^{673} = BA + 1$ となる整式 B が存在する。したがって

$$(x+1)^{2021} = (BA+1)\{A - (x+2)\}$$
$$= (BA+1)A - BA(x+2) - (x+2)$$
$$= (BA+1-Bx-2B)A - (x+2)$$

となり，$(x+1)^{2021}$ を $A = x^2 + 3x + 3$ で割ったときの余りは

$$-x-2 \quad \rightarrow \text{(コ)}$$

である。

〔注〕　$(xA+1)^{673}$ を二項定理を用いて展開すれば $BA+1$ となることがわかる。

別解　(1)　＜$\alpha^2 + 3\alpha + 3$ の形を利用する方法＞

$\alpha^2 + 3\alpha + 3 = 0$ であるから

$$(\alpha+1)^2(\alpha+2)^5 = \{(\alpha+1)(\alpha+2)\}^2(\alpha+2)^2(\alpha+2)$$
$$= (\alpha^2+3\alpha+2)^2(\alpha^2+4\alpha+4)(\alpha+2)$$
$$= \{(\alpha^2+3\alpha+3)-1\}^2\{(\alpha^2+3\alpha+3)+(\alpha+1)\}(\alpha+2)$$
$$= (-1)^2(\alpha+1)(\alpha+2)$$
$$= \alpha^2+3\alpha+2 = (\alpha^2+3\alpha+3)-1 = -1$$

$\alpha^2 + 3\alpha + 3 = 0$ より $\alpha = -\dfrac{3}{2} \pm \dfrac{\sqrt{3}}{2}i$ であるから

$$\alpha+2 = \frac{1}{2} \pm \frac{\sqrt{3}}{2}i, \quad \alpha+3 = \frac{3}{2} \pm \frac{\sqrt{3}}{2}i$$

$$\therefore \quad |\alpha+2| = \sqrt{\left(\frac{1}{2}\right)^2 + \left(\pm\frac{\sqrt{3}}{2}\right)^2} = 1$$

$$|\alpha+3| = \sqrt{\left(\frac{3}{2}\right)^2 + \left(\pm\frac{\sqrt{3}}{2}\right)^2} = \sqrt{3}$$

である。

$$(\alpha+2)^s(\alpha+3)^t = 3 \quad \cdots\cdots\text{①}$$

において，両辺の絶対値をとると

$$|\alpha+2|^s|\alpha+3|^t=3$$

となるから

$$1^s\times(\sqrt{3})^t=3$$

となるので，$t=2$ が必要である。

$t=2$ のとき

$$(\alpha+3)^2=\alpha^2+6\alpha+9=(\alpha^2+3\alpha+3)+3(\alpha+2)=3(\alpha+2)$$

であるから，①は

$$(\alpha+2)^s\times3(\alpha+2)=3$$

すなわち

$$(\alpha+2)^{s+1}=1 \quad\cdots\cdots②$$

となる。

$$(\alpha+2)^2=\alpha^2+4\alpha+4=(\alpha^2+3\alpha+3)+\alpha+1=\alpha+1$$
$$(\alpha+2)^3=(\alpha+2)^2(\alpha+2)=(\alpha+1)(\alpha+2)$$
$$\qquad=\alpha^2+3\alpha+2=(\alpha^2+3\alpha+3)-1$$
$$\qquad=-1$$
$$(\alpha+2)^4=(\alpha+2)^3(\alpha+2)=-(\alpha+2)$$
$$(\alpha+2)^5=(\alpha+2)^3(\alpha+2)^2=-(\alpha+1)$$
$$(\alpha+2)^6=\{(\alpha+2)^3\}^2=(-1)^2=1$$

であるから，$(\alpha+2)^n=1$ となる整数 n は，$n=6k$（k は整数）のときのみであることがわかる。ゆえに，②より

$$s+1=6k \quad\text{すなわち}\quad s=6k-1 \quad(k \text{ は整数})$$

である。逆に，$s=6k-1$（k は整数），$t=2$ とすると①が成り立つ。

したがって，$(\alpha+2)^s(\alpha+3)^t=3$ となる整数 s，t の組は

$$(s,\ t)=(6k-1,\ 2) \quad(k \text{ は整数})$$

である。

(2)の後半 ＜虚数 α を利用する方法＞

$(x+1)^{2021}$ を x^2+3x+3 で割ったときの余りは，1 次以下の整式であるから，これを $ax+b$（a，b は実数）とおくと，商を $Q(x)$ として

$$(x+1)^{2021}=(x^2+3x+3)Q(x)+ax+b$$

と書ける。この式の x に(1)の α を代入すると

$$(\alpha+1)^{2021}=(\alpha^2+3\alpha+3)Q(\alpha)+a\alpha+b$$

となり，$\alpha^2 + 3\alpha + 3 = 0$ より

$$(\alpha + 1)^{2021} = a\alpha + b \quad \cdots\cdots Ⓐ$$

が成り立つ。ところで

$$(\alpha + 1)^3 = \alpha^3 + 3\alpha^2 + 3\alpha + 1 = \alpha(\alpha^2 + 3\alpha + 3) + 1 = 1$$

であるから

$$\begin{aligned}
(\alpha + 1)^{2021} &= \{(\alpha + 1)^3\}^{673} \times (\alpha + 1)^2 = 1^{673} \times (\alpha + 1)^2 \\
&= \alpha^2 + 2\alpha + 1 = (\alpha^2 + 3\alpha + 3) - (\alpha + 2) \\
&= -\alpha - 2
\end{aligned}$$

である。よって，Ⓐは

$$-\alpha - 2 = a\alpha + b \quad \text{すなわち} \quad (a + 1)\alpha + b + 2 = 0$$

となる。α は虚数であるので，$a = -1$，$b = -2$ である。

$$\left(a \neq -1 \text{ とすると } \alpha = -\frac{b + 2}{a + 1} \text{（実数）となり不合理であるため} \right)$$

よって，求める余りは $-x - 2$ である。

〔注〕 $\alpha + 1 = \dfrac{-3 \pm \sqrt{3}\,i}{2} + 1 = -\dfrac{1}{2} \pm \dfrac{\sqrt{3}}{2}i$

$$= \cos\left(\pm \frac{2}{3}\pi \right) + i\sin\left(\pm \frac{2}{3}\pi \right) \quad \text{（複号同順）}$$

として，ド・モアブルの定理を用いてもよい。

$$\left(\pm \frac{2}{3}\pi \right) \times 2021 = \pm \frac{4042}{3}\pi = \pm\left(673 \times 2\pi + \frac{4}{3}\pi \right)$$

であるから

$$(\alpha + 1)^{2021} = \cos\left(\pm \frac{4}{3}\pi \right) + i\sin\left(\pm \frac{4}{3}\pi \right) = -\frac{1}{2} \mp \frac{\sqrt{3}}{2}i \quad \text{（複号同順）}$$

となるので，Ⓐは

$$-\frac{1}{2} \mp \frac{\sqrt{3}}{2}i = a\left(-\frac{3}{2} \pm \frac{\sqrt{3}}{2}i \right) + b \quad \text{（複号同順）}$$

と表される。これより $a = -1$，$b = -2$ が求まる。ここでは α の値を 2 つ用いているが，片方だけで十分である。

3

◇発想◇　問題文をよく読んで，問題の設定を正しく理解する。5 以上の目や 5 未満の目を記号で表すと考えやすくなるであろう。

(1) $n=1$ のとき，さいころを投げる回数は最大 3 回であるからすべての場合を書き出してみるとよい。問題の理解が深まる。

(2) $n=2$ のときはすべてを書き出すのは大変だから，B_2 すなわち 5 未満の目が 2 回出る場合だけを書き出してみる。$P_{B_2}(A)$ の計算には $P(B_2)$ と $P(A \cap B_2)$ の値が必要になるが，それで十分間に合う。

(3) 問題の意味をよく考えなければならない。$P_{B_k}(A)=1$ となるのはどういうときか。(1)，(2) で書き出したものを参考にする。

(4) (3) がよく理解されていれば p_k は立式できるであろう。漸化式を利用する方法もありそうである。最後の数列の和の計算と極限値は定型的である。計算ミスに注意しよう。

解答　(1)　(サ) $\dfrac{4}{27}$　(2)　(シ) $\dfrac{5}{6}$　(3)　(ス) $n-1$

(4)　(セ) $\dfrac{1}{9}\left(\dfrac{8}{9}\right)^k$　(ソ) 8

◀解　説▶

≪さいころを投げて出た目に関する条件付き確率，極限値≫

さいころの 5 以上の目を M で表し，5 未満の目を L で表す。1 個のさいころを 1 回投げるとき，M が出る確率は $\dfrac{2}{6}=\dfrac{1}{3}$ であり，L が出る確率は $1-\dfrac{1}{3}=\dfrac{2}{3}$ である。

▶(1)　1 個のさいころを繰り返し投げる実験は，繰り返す回数が $2n+1$（n は自然数）回に達するか，M が 2 回連続して出た場合に終了するので，$n=1$ のときの起こり得るすべての場合を書き出すと，次のようになる。

1回目	2回目	3回目	確率（各回の試行は独立である）
L	L	L	$\dfrac{2}{3} \times \dfrac{2}{3} \times \dfrac{2}{3} = \dfrac{8}{27}$
L	L	M	$\dfrac{2}{3} \times \dfrac{2}{3} \times \dfrac{1}{3} = \dfrac{4}{27}$
L	M	L	$\dfrac{2}{3} \times \dfrac{1}{3} \times \dfrac{2}{3} = \dfrac{4}{27}$
M	L	L	$\dfrac{1}{3} \times \dfrac{2}{3} \times \dfrac{2}{3} = \dfrac{4}{27}$
L	M	M	$\dfrac{2}{3} \times \dfrac{1}{3} \times \dfrac{1}{3} = \dfrac{2}{27}$　……①
M	L	M	$\dfrac{1}{3} \times \dfrac{2}{3} \times \dfrac{1}{3} = \dfrac{2}{27}$　……②
M	M		$\dfrac{1}{3} \times \dfrac{1}{3} = \dfrac{1}{9}$
			（確率の計は 1 ）

L が出た回数がちょうど 1 である事象 B_1 の起こる確率 $P(B_1)$ は，この中で①と②の場合であり，これらは排反であるから

$$P(B_1) = \frac{2}{27} + \frac{2}{27} = \frac{4}{27} \quad \rightarrow (\text{サ})$$

である。

▶(2)　$n = 2$ のとき，L が出た回数がちょうど 2 である事象 B_2 を(1)と同様に書き出すと

1回目	2回目	3回目	4回目	5回目	確率
L	L	M	M		$\left(\dfrac{2}{3}\right)^2 \times \left(\dfrac{1}{3}\right)^2 = \dfrac{4}{81}$　……③
L	M	L	M	M	$\left(\dfrac{2}{3}\right)^2 \times \left(\dfrac{1}{3}\right)^3 = \dfrac{4}{243}$　……④
M	L	L	M	M	$\left(\dfrac{2}{3}\right)^2 \times \left(\dfrac{1}{3}\right)^3 = \dfrac{4}{243}$　……⑤
M	L	M	L	M	$\left(\dfrac{2}{3}\right)^2 \times \left(\dfrac{1}{3}\right)^3 = \dfrac{4}{243}$

となる。この 4 つの場合は互いに排反であるから

$$P(B_2) = \frac{4}{81} + \frac{4}{243} + \frac{4}{243} + \frac{4}{243} = \frac{24}{243}$$

であり，この中で，M が 2 回連続して出る事象 A は③，④，⑤の場合であるから

$$P(A \cap B_2) = \frac{4}{81} + \frac{4}{243} + \frac{4}{243} = \frac{20}{243}$$

である。したがって，$n=2$ のとき，事象 B_2 が起こったときの事象 A の起こる条件付き確率 $P_{B_2}(A)$ は

$$P_{B_2}(A) = \frac{P(A \cap B_2)}{P(B_2)} = \frac{\dfrac{20}{243}}{\dfrac{24}{243}} = \frac{5}{6} \quad \rightarrow (\text{シ})$$

である。

▶(3)　k は非負の整数，すなわち $k=0,\ 1,\ 2,\ \cdots$ である。

$P_{B_k}(A) = 1$ となるのは

$$\frac{P(A \cap B_k)}{P(B_k)} = 1 \quad \text{すなわち} \quad P(A \cap B_k) = P(B_k)$$

が成り立つときである。これは，L が出た回数がちょうど k である事象のすべてが，M が 2 回連続して出る事象でもあることを意味するから，そのような事象は

$$\overbrace{\wedge L \ \wedge L \ \wedge \cdots\cdots \wedge L}^{k \text{個の} L} \quad \overbrace{M \ M}^{2 \text{個の} M}$$

$$\begin{pmatrix} \wedge \text{は } k \text{ カ所あり，各} \wedge \text{には } M \text{ が 1 個入るか，または入} \\ \text{らないものとする} \end{pmatrix}$$

と表せる。$\wedge$ の全部に M が入ると

$$MLMLM\cdots MLMM$$

$$\begin{pmatrix} \text{左から，1 回目は } M, \text{ 2 回目は } L, \cdots \text{が出る，と解釈} \\ \text{する} \end{pmatrix}$$

となる（M が $k+2$ 個，L が k 個）。

さいころを投げる回数は最大 $2n+1$ 回であるので

$$(k+2) + k = 2k+2 \leqq 2n+1$$

が成り立たなければならない。これを解いて

$$k \leqq n - \frac{1}{2}$$

となるが，$k=0,\ 1,\ 2,\ \cdots$ であるので，$0 \leqq k \leqq n-1$ となる。したがって，$P_{B_k}(A)=1$ となる k の値の範囲 $0 \leqq k \leqq K_n$ における K_n は

$$K_n = n - 1 \quad \rightarrow (\text{ス})$$

である。

▶(4)　$0 \leqq k \leqq K_n = n-1$ に対して，$p_k = P(A \cap B_k)$ とおくとき，(3)より $P(A \cap B_k) = P(B_k)$ が成り立つので，(3)の図が利用できる。(3)の図の k 個の∧に M を r 個（$r = 0, 1, \cdots, k$）入れるとき，入れる場所を考えれば，それは ${}_k C_r$ 通りあり，それらは互いに排反であるので，このときの確率は ${}_k C_r \left(\dfrac{1}{3}\right)^r \times \left(\dfrac{2}{3}\right)^k \times \left(\dfrac{1}{3}\right)^2$（$M$ が $r+2$ 回，L が k 回出る）となる。p_k は $r = 0, 1, \cdots, k$ の各場合（互いに排反）の確率の和であるから

$$p_k = \sum_{r=0}^{k} {}_k C_r \left(\frac{1}{3}\right)^r \left(\frac{2}{3}\right)^k \left(\frac{1}{3}\right)^2 = \frac{1}{9}\left(\frac{2}{3}\right)^k \sum_{r=0}^{k} {}_k C_r \left(\frac{1}{3}\right)^r$$

$$= \frac{1}{9}\left(\frac{2}{3}\right)^k \left\{ {}_k C_0 \left(\frac{1}{3}\right)^0 + {}_k C_1 \left(\frac{1}{3}\right)^1 + \cdots + {}_k C_k \left(\frac{1}{3}\right)^k \right\}$$

$$= \frac{1}{9}\left(\frac{2}{3}\right)^k \left(1 + \frac{1}{3}\right)^k \quad \text{（二項定理より）}$$

$$= \frac{1}{9}\left(\frac{2}{3}\right)^k \left(\frac{4}{3}\right)^k = \frac{1}{9}\left(\frac{8}{9}\right)^k \quad \rightarrow \text{(セ)}$$

となる。また

$$S_n = \sum_{k=0}^{K_n} k p_k = \sum_{k=0}^{n-1} \left\{ k \times \frac{1}{9}\left(\frac{8}{9}\right)^k \right\} = \frac{1}{9} \sum_{k=0}^{n-1} k \left(\frac{8}{9}\right)^k$$

とおくと

$$9S_n = \frac{8}{9} + 2\left(\frac{8}{9}\right)^2 + \cdots + (n-2)\left(\frac{8}{9}\right)^{n-2} + (n-1)\left(\frac{8}{9}\right)^{n-1}$$

と表せる。この式から，この式の両辺に $\dfrac{8}{9}$ をかけた式

$$8S_n = \left(\frac{8}{9}\right)^2 + 2\left(\frac{8}{9}\right)^3 + \cdots + (n-2)\left(\frac{8}{9}\right)^{n-1} + (n-1)\left(\frac{8}{9}\right)^n$$

を辺々引くと

$$S_n = \frac{8}{9} + \left(\frac{8}{9}\right)^2 + \cdots + \left(\frac{8}{9}\right)^{n-1} - (n-1)\left(\frac{8}{9}\right)^n$$

$$= \frac{\dfrac{8}{9}\left\{1 - \left(\dfrac{8}{9}\right)^{n-1}\right\}}{1 - \dfrac{8}{9}} - (n-1)\left(\frac{8}{9}\right)^n$$

$$= 8\left\{1 - \left(\frac{8}{9}\right)^{n-1}\right\} - (n-1)\left(\frac{8}{9}\right)^n$$

が得られる。ここで，$\lim_{n \to \infty} \left(\dfrac{8}{9}\right)^{n-1} = 0$ であり

$$(n-1)\left(\dfrac{8}{9}\right)^n = \dfrac{n-1}{\left(\dfrac{9}{8}\right)^n} = \dfrac{n-1}{\left(1 + \dfrac{1}{8}\right)^n} \quad (\text{分母を二項定理を用いて展開して})$$

$$= \dfrac{n-1}{1 + n \times \dfrac{1}{8} + \dfrac{1}{2} n(n-1)\left(\dfrac{1}{8}\right)^2 + (n \text{ の } 3 \text{ 次以上の式})}$$

より，$\lim_{n \to \infty} (n-1)\left(\dfrac{8}{9}\right)^n = 0$ であるから

$$\lim_{n \to \infty} S_n = 8 \quad \to(\text{ソ})$$

である。

参考　漸化式を利用すると，p_k は簡単に求められる。

p_0 は *MM* と出る確率で，$p_0 = \left(\dfrac{1}{3}\right)^2 = \dfrac{1}{9}$ である。p_1 は *LMM* または *MLMM* と出る確率である。*MM* の前に *L* または *ML* が置かれていることに注意する。一般に，p_k を与える *L*, *M* の並びをまとめて E_k で表すと，E_{k+1} は，*L* に続いて E_k が並ぶ場合と，*ML* に続いて E_k が並ぶ場合を合わせたものになる。したがって

$$p_{k+1} = \dfrac{2}{3} p_k + \dfrac{1}{3} \times \dfrac{2}{3} p_k = \left(\dfrac{2}{3} + \dfrac{2}{9}\right) p_k = \dfrac{8}{9} p_k$$

となり，数列 $\{p_k\}$ は公比が $\dfrac{8}{9}$ の等比数列であることがわかり，$p_0 = \dfrac{1}{9}$ であるから，$p_k = \dfrac{1}{9}\left(\dfrac{8}{9}\right)^k$（初項が p_0 であることに注意）と求まる。

---

4 ◇発想◇　問題全体を見渡せば，(1)，(2)の不等式が(3)で使われるであろうことは十分予想できる。

(1)微分法を不等式の証明に応用する典型的な問題である。

(2)定数分離（両辺を x で割って右辺を定数 b だけにする）が基本であるが，$y = bx$ は原点を通る直線であるから，左辺の対数関数のグラフを描いて，原点での接線を見てみれば，視覚的に答え

られるであろう。(1)と同様，$bx-\log\left(1+\dfrac{x}{2}\right)$ の増減を調べてもよい。

(3) $a=\dfrac{1}{2}$ とおけば，(1)と(2)の不等式がつながって，はさみうちの原理を想起させる。そこにある変数 $x\,(\geqq0)$ は $t>0$ とすれば tx で置き換えられるであろう。最後の極限値は区分求積法も念頭に置いておこう。

解答 (1) $f(x)=\log(1+ax)-a\left(x-\dfrac{x^2}{4}\right)$ $\left(x\geqq0,\ 0<a\leqq\dfrac{1}{2}\right)$

とおく。$f(x)$ は $x\geqq0$ で連続であり

$$f'(x)=\dfrac{a}{1+ax}-a\left(1-\dfrac{x}{2}\right)=\dfrac{a}{1+ax}-\dfrac{a(2-x)}{2}$$
$$=\dfrac{2a-a(1+ax)(2-x)}{2(1+ax)}$$
$$=\dfrac{ax\left\{ax+2\left(\dfrac{1}{2}-a\right)\right\}}{2(1+ax)}$$

であるから，$x\geqq0,\ 0<a\leqq\dfrac{1}{2}$ より $f'(x)\geqq0$，すなわち，$f(x)$ は $x\geqq0$ において増加関数である。また，$f(0)=0$ であるから，$x\geqq0$ において $f(x)\geqq0$ である。したがって，$x\geqq0$ の範囲で

$$a\left(x-\dfrac{x^2}{4}\right)\leqq\log(1+ax)$$

が成り立つ。　　　　　　　　　　　　　　　　　　　　　（証明終）

(2) (タ)$\dfrac{1}{2}$ (3) (チ)$\dfrac{1}{2}\left\{\dfrac{k}{n}-\log\left(1+\dfrac{k}{n}\right)\right\}$ (ツ)$\dfrac{3}{4}-\log2$

━━━━━━━━ ◀解　説▶ ━━━━━━━━

≪微分法の不等式への応用，定積分と区分求積法≫

▶(1) 定型的に処理できる。落とせない問題であろう。

▶(2) 不等式

$$\log\left(1+\dfrac{1}{2}x\right)\leqq bx \quad (x\geqq0)\quad\cdots\cdots①$$

は，$x=0$ のとき b の値にかかわらず成り立つ（両辺ともに 0）ので，$x>0$ として，①がつねに成り立つための b の最小値を求めればよい。そのとき，①は

$$\frac{\log\left(1+\frac{1}{2}x\right)}{x}\leqq b \quad \cdots\cdots②$$

と変形できるから，左辺を $g(x)$ とおいて，$g(x)$ の増減を調べる。

$$g(x)=\frac{\log\left(1+\frac{1}{2}x\right)}{x}$$

$$g'(x)=\frac{\dfrac{\frac{1}{2}}{1+\frac{1}{2}x}\times x-\log\left(1+\frac{1}{2}x\right)}{x^2}=\frac{1}{x^2}\left\{\frac{x}{2+x}-\log\left(1+\frac{1}{2}x\right)\right\}$$

$\{\ \}$ 内を $h(x)$ とおくと

$$h(x)=\frac{x}{2+x}-\log\left(1+\frac{1}{2}x\right)$$

$$h'(x)=\frac{(2+x)-x}{(2+x)^2}-\frac{\frac{1}{2}}{1+\frac{1}{2}x}=\frac{2}{(2+x)^2}-\frac{1}{2+x}$$

$$=\frac{2-(2+x)}{(2+x)^2}=\frac{-x}{(2+x)^2}$$

となる。$x>0$ のとき，$h'(x)<0$ であるから，$h(x)$ は減少関数である。また，$h(x)$ は $x\geqq0$ で連続で，$h(0)=0$ であるので，$x>0$ のとき $h(x)<0$ である。よって，$g'(x)<0$ であるから，$x>0$ で $g(x)$ は減少関数であり

$$\lim_{x\to+0}g(x)=\lim_{x\to+0}\frac{\log\left(1+\frac{1}{2}x\right)}{x}=\lim_{x\to+0}\log\left(1+\frac{1}{2}x\right)^{\frac{1}{x}}$$

$$=\lim_{u\to\infty}\log\left(1+\frac{1}{u}\right)^{\frac{1}{2}u}\quad\left(\frac{1}{2}x=\frac{1}{u}\text{ とおいた}\right)$$

$$=\lim_{u\to\infty}\log\left\{\left(1+\frac{1}{u}\right)^u\right\}^{\frac{1}{2}}=\lim_{u\to\infty}\frac{1}{2}\log\left\{\left(1+\frac{1}{u}\right)^u\right\}$$

$$= \frac{1}{2}\log e = \frac{1}{2}$$

である。②の左辺は $\frac{1}{2}$ より小で，$x \to +0$ のときいくらでも $\frac{1}{2}$ に近づくから，②がつねに成り立つような b の最小値は $\frac{1}{2}$ である。したがって，①が成り立つような b の最小値は

$$\frac{1}{2} \quad \to (夕)$$

である。

〔注〕　本問は，次のように考えればすぐに結果がわかる。$y = \log\left(1 + \frac{1}{2}x\right)$ のグラフの原点における

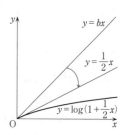

接線の方程式は，$y' = \dfrac{\frac{1}{2}}{1 + \frac{1}{2}x}$ より傾きが $\frac{1}{2}$ とわ

かるので，$y = \frac{1}{2}x$ である。また，このグラフは上に凸であるから，上図のようになる。①がつねに成り立つような b の最小値は，上図から $\frac{1}{2}$ とわかる。本問は空所補充であるから，この方法がベストであろう。

別解　$< l(x) = bx - \log\left(1 + \frac{1}{2}x\right)$ の増減を調べる解法$>$

$$l(x) = bx - \log\left(1 + \frac{1}{2}x\right) \quad (x \geqq 0)$$

$b \leqq 0$ とすると $l(x) \leqq 0$ となるので，$b > 0$ とする。

$$l'(x) = b - \frac{1}{x+2} = \frac{b\left(x - \frac{1}{b} + 2\right)}{x+2}$$

ⅰ）$b \geqq \dfrac{1}{2} \left(-\dfrac{1}{b} + 2 \geqq 0\right)$ のとき

$x \geqq 0$ のとき $l'(x) \geqq 0$ が成り立つので，$l(x)$ は増加関数である。

よって，$l(x) \geqq l(0) \geqq 0$ すなわち $\log\left(1 + \frac{1}{2}x\right) \leqq bx$ がつねに成り立つ。

ⅱ) $0<b<\dfrac{1}{2}$ $\left(\dfrac{1}{b}-2>0\right)$ のとき

$x\geqq0$ における $l(x)$ の増減は右表のようになる。

x	0	$\cdots$	$\dfrac{1}{b}-2$	$\cdots$
$l'(x)$		$-$	0	$+$
$l(x)$	0	$\searrow$	負	$\nearrow$

$l(0)=0$ であるから $l\left(\dfrac{1}{b}-2\right)<0$ となる。

よって，$l(x)<0$ となることがある。

以上より，$x\geqq0$ の範囲で $l(x)\geqq0$ すなわち $\log\left(1+\dfrac{1}{2}x\right)\leqq bx$ が成り立つのは $b\geqq\dfrac{1}{2}$ のときである。

したがって，b の最小値は $\dfrac{1}{2}$ である。

〔注〕 $x\geqq0$ で定義された連続関数 $f(x)$ に対して

$$f(0)\geqq0 \text{ かつ } f'(x)\geqq0 \Longrightarrow f(x)\geqq0$$

は成り立つが，逆は成り立たない（$f(x)\geqq0$ であっても，$f'(x)\geqq0$ であるとは限らないから）。したがって，(2)を(1)のように解くと，〔別解〕のような議論が必要になる。

▶(3) (1)で $a=\dfrac{1}{2}$ とし，(2)で $b=\dfrac{1}{2}$ とすると，不等式

$$\dfrac{1}{2}\left(x-\dfrac{x^2}{4}\right)\leqq\log\left(1+\dfrac{1}{2}x\right)\leqq\dfrac{1}{2}x \quad (x\geqq0)$$

が成り立つ。$t\to+0$ の場合を考えるのであるから $t>0$ としてよいので，x を $tx\,(\geqq0)$ で置き換えた不等式

$$\dfrac{1}{2}\left(tx-\dfrac{t^2x^2}{4}\right)\leqq\log\left(1+\dfrac{1}{2}tx\right)\leqq\dfrac{1}{2}tx \quad (x\geqq0)$$

が成り立つ。辺々 $t(1+x)\,(>0)$ で割ると

$$\dfrac{t\left(x-\dfrac{t}{4}x^2\right)}{2t(1+x)}\leqq\dfrac{\log\left(1+\dfrac{1}{2}tx\right)}{t(1+x)}\leqq\dfrac{tx}{2t(1+x)}$$

すなわち

$$\dfrac{4x-tx^2}{8(1+x)}\leqq\dfrac{\log\left(1+\dfrac{1}{2}tx\right)}{t(1+x)}\leqq\dfrac{x}{2(1+x)} \quad \cdots\cdots③$$

が成り立つ。ところで

$$\lim_{t \to +0} \int_0^{\frac{k}{n}} \frac{4x - tx^2}{8(1+x)} dx = \lim_{t \to +0} \left\{ \int_0^{\frac{k}{n}} \frac{x}{2(1+x)} dx - t \int_0^{\frac{k}{n}} \frac{x^2}{8(1+x)} dx \right\}$$

$$= \int_0^{\frac{k}{n}} \frac{x}{2(1+x)} dx$$

であるから，③の各辺の 0 から $\dfrac{k}{n}$ までの定積分に対して，$t \to +0$ とすれ

ば，はさみうちの原理により

$$I(n,\ k) = \lim_{t \to +0} \int_0^{\frac{k}{n}} \frac{\log\left(1 + \frac{1}{2}tx\right)}{t(1+x)} dx = \int_0^{\frac{k}{n}} \frac{x}{2(1+x)} dx$$

$$= \frac{1}{2} \int_0^{\frac{k}{n}} \left(1 - \frac{1}{1+x}\right) dx = \frac{1}{2} \Big[x - \log(1+x) \Big]_0^{\frac{k}{n}} \quad (1+x>0)$$

$$= \frac{1}{2} \left\{ \frac{k}{n} - \log\left(1 + \frac{k}{n}\right) \right\} \quad \to (チ)$$

である。また

$$\lim_{n \to \infty} \frac{1}{n} \sum_{k=1}^{n} I(n,\ k) = \lim_{n \to \infty} \frac{1}{n} \sum_{k=1}^{n} \frac{1}{2} \left\{ \frac{k}{n} - \log\left(1 + \frac{k}{n}\right) \right\}$$

$$= \frac{1}{2} \lim_{n \to \infty} \sum_{k=1}^{n} \frac{1}{n} \left\{ \frac{k}{n} - \log\left(1 + \frac{k}{n}\right) \right\}$$

$$= \frac{1}{2} \int_0^1 \{x - \log(1+x)\} dx \quad (区分求積法を用いた)$$

$$= \frac{1}{2} \left[\frac{x^2}{2} - (1+x)\log(1+x) + x \right]_0^1$$

$$= \frac{1}{2} \left(\frac{1}{2} - 2\log 2 + 1 \right) = \frac{3}{4} - \log 2 \quad \to (ツ)$$

である。

〔注〕 $\displaystyle \lim_{n \to \infty} \sum_{k=1}^{n} \left(\frac{1}{n} \times \frac{k}{n} \right) = \lim_{n \to \infty} \frac{1}{n^2} \sum_{k=1}^{n} k = \lim_{n \to \infty} \frac{1}{n^2} \times \frac{1}{2} n(n+1)$

$$= \lim_{n \to \infty} \frac{1}{2} \left(1 + \frac{1}{n} \right) = \frac{1}{2}$$

として，区分求積法は $\displaystyle \lim_{n \to \infty} \sum_{k=1}^{n} \frac{1}{n} \log\left(1 + \frac{k}{n}\right)$ の方だけに使用してもよい。

5 ◇発想◇ (2)以降は(1)とは独立に解けそうである。

(1)法線ベクトル $\vec{n}$ の成分表示は容易であろう。与えられた等式に成分を代入し，連立方程式を解くことで s, t は求まる。

(2) (1)の等式を利用して，$PQ=|\overrightarrow{QP}|=|\vec{tn}|=|t||\vec{n}|=|t|$ と考えることを期待されているようである。図を描けば直観的に答えられるであろう。

(3) (1)と同様にして，$\overrightarrow{OR}$ を $\vec{u}$ と $\vec{n}$ に分解する。T は l 上の点であるから $\overrightarrow{OT}$ は $\vec{u}$ の実数倍となる。その x 成分と y 成分の間の関係を調べればよい。図形の性質を利用することでも T の軌跡は求まる。

(4) $\overrightarrow{PQ}$, $\overrightarrow{RS}$ はどちらも $\vec{n}$ の実数倍である。(1)と(3)が利用できる。点と直線の距離を用いてもよい。三角関数の運用力が試されている。

解答 (1) (テ)$a+b$ (ト)$a-b$ (2) (ナ)$-\dfrac{\pi}{4}$

(3) (ニ)x^2+y^2-y (4) (ヌ)$6+2\sqrt{5}$

◀解　説▶

≪ベクトルの分解，点と直線の距離，軌跡，長さの平方和の最大値≫

直線 l は，原点 O を通り，$\vec{u}=(\cos\theta,\ \sin\theta)\left(-\dfrac{\pi}{2}<\theta\le\dfrac{\pi}{2}\right)$ を方向ベクトルとする。

▶(1) $\theta\ne\dfrac{\pi}{2}$ とするから，$-\dfrac{\pi}{2}<\theta<\dfrac{\pi}{2}$ で，$\cos\theta>0$ である。

直線 l の法線ベクトルで，y 成分が正であり，大きさが 1 のベクトル $\vec{n}$ は $\vec{n}=(-\sin\theta,\ \cos\theta)$ である。$a=\cos\theta$, $b=\sin\theta$ とおくと

$\vec{u}=(a,\ b)$, $\vec{n}=(-b,\ a)$, $a>0$, $a^2+b^2=1$

であり，点 P $(1,\ 1)$ に対し，$\overrightarrow{OP}=s\vec{u}+t\vec{n}$ と表すとき

$(1,\ 1)=s(a,\ b)+t(-b,\ a)=(sa-tb,\ sb+ta)$

すなわち

$\begin{cases}1=sa-tb &……①\\1=sb+ta &……②\end{cases}$

が成り立つ。この連立方程式を解くと

①×a+②×b より　　　$a+b=s(a^2+b^2)=s$

②×a−①×b より　　　$a-b=t(a^2+b^2)=t$

となるから

　　　　$s=a+b$　→(テ),　$t=a-b$　→(ト)

である。

この結果は，$\theta=\dfrac{\pi}{2}$ としてもそのまま成り立つ（$a=0$, $b=1$ より $s=1$,

$t=-1$ となり，$s\vec{u}+t\vec{n}=(0,\ 1)-(-1,\ 0)=(1,\ 1)$）。

〔注〕　$\vec{n}=(-\sin\theta,\ \cos\theta)$ はほとんど自明であろうが，次のように求めることができる。$\vec{n}=(p,\ q)$ とおくと，条件から $q>0$, $p^2+q^2=1$ であり，$\vec{n}\cdot\vec{u}=0$ から $p\cos\theta+q\sin\theta=0$ となるので，$p=-\sin\theta$, $q=\cos\theta$ が得られる。あるいは，$|\vec{u}|=\sqrt{\cos^2\theta+\sin^2\theta}=1$ であるから，$\vec{u}\perp\vec{n}$ より $\vec{n}=\left(\cos\left(\theta\pm\dfrac{\pi}{2}\right),\ \sin\left(\theta\pm\dfrac{\pi}{2}\right)\right)=(\mp\sin\theta,\ \pm\cos\theta)$（複号同順）のうち y 成分が正の方（上側）を選べばよい。

▶(2)　$-\dfrac{\pi}{2}<\theta\leqq\dfrac{\pi}{2}$ のとき，(1)の結果が使えて，下図より

　　　$\overrightarrow{OP}=\overrightarrow{OQ}+\overrightarrow{QP}=s\vec{u}+t\vec{n}$

　　　　　　$=(a+b)\vec{u}+(a-b)\vec{n}$

となるから，$\overrightarrow{QP}=(a-b)\vec{n}$ がわかり

　　PQ$=|\overrightarrow{QP}|=|(a-b)\vec{n}|$

　　　　$=|a-b||\vec{n}|$

　　　　$=|\cos\theta-\sin\theta|$　$(a=\cos\theta,\ b=\sin\theta,\ |\vec{n}|=1)$

　　　　$=\left|\sqrt{2}\sin\left(\theta+\dfrac{3}{4}\pi\right)\right|\leqq\sqrt{2}$

となる。$-\dfrac{\pi}{2}<\theta\leqq\dfrac{\pi}{2}$ より $\dfrac{\pi}{4}<\theta+\dfrac{3}{4}\pi\leqq\dfrac{5}{4}\pi$ であるから，等号は，$\theta+\dfrac{3}{4}\pi$

$=\dfrac{\pi}{2}$ すなわち $\theta=-\dfrac{\pi}{4}$ のときに成り立つ。したがって，線分 PQ の長さは

　　　　$\theta=-\dfrac{\pi}{4}$　→(ナ)

のとき最大となる。

▶(3)　点 R$(-3,\ 1)$ に対し，$\overrightarrow{\mathrm{OR}}=k\vec{u}+l\vec{n}$ と表すと，(1)と同様にして

$$(-3,\ 1)=k(a,\ b)+l(-b,\ a)=(ka-lb,\ kb+la)$$

すなわち

$$\begin{cases} -3=ka-lb \\ 1=kb+la \end{cases}$$

が成り立つので，これを解いて $k=-3a+b,\ l=a+3b$ を得る。

右図より

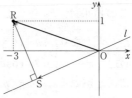

$$\begin{aligned} \overrightarrow{\mathrm{OR}}&=\overrightarrow{\mathrm{OS}}+\overrightarrow{\mathrm{SR}} \\ &=k\vec{u}+l\vec{n} \\ &=(-3a+b)\vec{u}+(a+3b)\vec{n} \end{aligned}$$

と表せる。

線分 OS を $1:3$ に内分する点を T とおくとき，$\overrightarrow{\mathrm{OS}}=k\vec{u}=(-3a+b)\vec{u}$，$\overrightarrow{\mathrm{OQ}}=s\vec{u}=(a+b)\vec{u}$ ((2)より) であることから，$\overrightarrow{\mathrm{OT}}$ は

$$\begin{aligned} \overrightarrow{\mathrm{OT}}&=\frac{3\times\overrightarrow{\mathrm{OQ}}+1\times\overrightarrow{\mathrm{OS}}}{1+3}=\frac{3}{4}\overrightarrow{\mathrm{OQ}}+\frac{1}{4}\overrightarrow{\mathrm{OS}} \\ &=\frac{3}{4}(a+b)\vec{u}+\frac{1}{4}(-3a+b)\vec{u}=b\vec{u} \\ &=\sin\theta(\cos\theta,\ \sin\theta)=(\sin\theta\cos\theta,\ \sin^2\theta) \\ &=\left(\frac{1}{2}\sin 2\theta,\ \frac{1-\cos 2\theta}{2}\right)=\left(0,\ \frac{1}{2}\right)+\frac{1}{2}(\sin 2\theta,\ -\cos 2\theta) \\ &=\left(0,\ \frac{1}{2}\right)+\frac{1}{2}\left(\cos\left(2\theta-\frac{\pi}{2}\right),\ \sin\left(2\theta-\frac{\pi}{2}\right)\right) \end{aligned}$$

と表される。$-\dfrac{\pi}{2}<\theta\leqq\dfrac{\pi}{2}$ より，$-\dfrac{3}{2}\pi<2\theta-\dfrac{\pi}{2}\leqq\dfrac{\pi}{2}$ であるから，T は，点 $\left(0,\ \dfrac{1}{2}\right)$ を中心とする半径 $\dfrac{1}{2}$ の円の周上全体を動く。点 T の軌跡の方程式は，$x^2+\left(y-\dfrac{1}{2}\right)^2=\left(\dfrac{1}{2}\right)^2$ より

$$x^2+y^2-y=0 \quad \rightarrow(\text{ニ})$$

である。

〔注〕　$\overrightarrow{\mathrm{OT}}=(x,\ y)=(\sin\theta\cos\theta,\ \sin^2\theta)$ から

$$x=\sin\theta\cos\theta,\ y=\sin^2\theta$$

として，θ を消去してもよい。

$$x^2 + y^2 = \sin^2\theta\cos^2\theta + \sin^4\theta = \sin^2\theta\,(\cos^2\theta + \sin^2\theta) = \sin^2\theta = y$$

$$\therefore \quad x^2 + y^2 - y = 0$$

この場合, 軌跡の限界に注意しなければならない。点 T は

$$x = \sin\theta\cos\theta = \frac{1}{2}\sin 2\theta \quad (-\pi < 2\theta \leqq \pi)$$

より, $-\dfrac{1}{2} \leqq x \leqq \dfrac{1}{2}$ のすべてを動くことが保証される。

▶(4)　(2)より　　$PQ = |\overrightarrow{QP}| = |t\vec{n}| = |t||\vec{n}| = |a - b|$

　　　(3)より　　$RS = |\overrightarrow{SR}| = |l\vec{n}| = |l||\vec{n}| = |a + 3b|$

であるから

$$\begin{aligned}
PQ^2 + RS^2 &= |a - b|^2 + |a + 3b|^2 = (a - b)^2 + (a + 3b)^2 \\
&= 2a^2 + 4ab + 10b^2 \\
&= 2\,(\cos^2\theta + 2\cos\theta\sin\theta + 5\sin^2\theta) \\
&= 2\,(4\sin^2\theta + 2\sin\theta\cos\theta + 1) \quad (\sin^2\theta + \cos^2\theta = 1 \text{ より}) \\
&= 2\left(4 \times \frac{1 - \cos 2\theta}{2} + \sin 2\theta + 1\right) \\
&= 2\,(\sin 2\theta - 2\cos 2\theta + 3) \\
&= 2\sqrt{5}\,\sin\,(2\theta + \alpha) + 6 \quad \left(\sin\alpha = \frac{-2}{\sqrt{5}},\ \cos\alpha = \frac{1}{\sqrt{5}} \text{ とする}\right) \\
&\leqq 2\sqrt{5} + 6
\end{aligned}$$

となる。$-\dfrac{\pi}{2} < \theta \leqq \dfrac{\pi}{2}$ より $-\pi < 2\theta \leqq \pi$ で, $-\dfrac{\pi}{2} < \alpha < 0$ であるから,

$2\theta + \alpha = \dfrac{\pi}{2}$ となる θ は存在し, その θ に対して等号は成り立つ。

よって, $PQ^2 + RS^2$ の最大値は

$$6 + 2\sqrt{5} \quad \rightarrow (ヌ)$$

である。

別解　〈図形の性質を利用する方法〉

(2)　直線 l の方程式は

$$x\sin\theta - y\cos\theta = 0 \quad \left(-\frac{\pi}{2} < \theta \leqq \frac{\pi}{2}\right)$$

と書ける。l と x 軸の正の部分とのなす角が θ である。

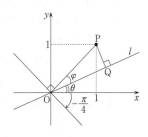

点 P $(1, 1)$ から l に垂線 PQ を下ろしたとき，PQ の長さが最大になるのは，l が OP に垂直のとき（2 直線 OP と l のなす角を φ とすれば，PQ $=$ OP $\sin\varphi \leqq$ OP であるから）で，そのとき $\theta = -\dfrac{\pi}{4}$ である。

(3) 点 R $(-3, 1)$ から l に垂線 RS を下ろしたとき，線分 QS を $1:3$ に内分する点 T は，点 K $(0, 1)$ を通り，直線 PQ に平行な直線と l との交点となる。なぜなら，点 K は線分 PR を $1:3$ に内分する点であるからである。$\angle$OTK はつねに $90°$（T

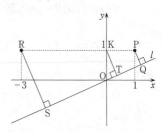

が O，K に一致する場合を除いて）であるから，T の軌跡は，2 点 O，K を直径の両端とする円 $\left(中心 \left(0, \dfrac{1}{2}\right),\ 半径 \dfrac{1}{2}\right)$ である。その方程式は，

$x^2 + \left(y - \dfrac{1}{2}\right)^2 = \left(\dfrac{1}{2}\right)^2$ より $x^2 + y^2 - y = 0$ である。

(4) 点と直線の距離の公式を用いると

$$\text{PQ} = \frac{|1 \times \sin\theta - 1 \times \cos\theta|}{\sqrt{\sin^2\theta + (-\cos\theta)^2}},\quad \text{RS} = \frac{|-3 \times \sin\theta - 1 \times \cos\theta|}{\sqrt{\sin^2\theta + (-\cos\theta)^2}}$$

であるから

$$\begin{aligned} \text{PQ}^2 + \text{RS}^2 &= (\sin\theta - \cos\theta)^2 + (3\sin\theta + \cos\theta)^2 \\ &= 10\sin^2\theta + 4\sin\theta\cos\theta + 2\cos^2\theta \\ &= 2(4\sin^2\theta + 2\sin\theta\cos\theta + 1) \quad (\sin^2\theta + \cos^2\theta = 1 \text{ より}) \end{aligned}$$

以下，〔解説〕に同じ。

❖講 評

　2021 年度も 2020 年度と変わらず 120 分の試験時間に対し大問 5 題の出題であった。2 と 4 の一部に記述式があり，4 の方は証明問題であった。他はすべて空所補充である。ここ数年みられた小問集合はなくなった。意味を理解するのに時間がかかる問題や解法の糸口をつかみにくい問題があり，計算量はそう多くはないものの，難度としては 2020 年度を上まわっているようである。

　1．直線の方程式の係数に文字を含む，いわゆる直線群の通過範囲に

関する問題で，誘導形式である。文字係数を含む 2 次関数のグラフが先に求めた通過範囲と共有点をもつための条件を求める問題が最後にあり，やや考えにくい。本問は誘導に従わない解答も考えられる。

2．(1)は複素数の代入計算と等式を満たす整数の求値である。後半は複素数を極形式で表すとよい。(2)は多項式の割り算で，商と余りを求める基本問題と，2021 次式を 2 次式で割ったときの余りを求めるもの。(1)をヒントに考えてもよいが，ある種の規則性を発見できれば速い。

3．さいころを使う確率の問題である。条件付き確率が主役になるので，この概念の理解は必須である。問題の設定は頭に入りやすいが，(3)の意味を理解するのに時間がかかりそうである。また，(4)の確率の計算は二項定理がポイントになる。最後の数列の和と極限値求値は定型的。

4．(1)は微分法を応用する不等式の証明である。(2)の空所補充はきちんと解かなくても答えられる。(3)は(1)と(2)を利用する定積分の問題で，やや技巧的である。最後の極限値求値には区分求積法が使われる。

5．ベクトルの問題になっているが，(2)以降はこだわらずに解ける。(2)線分の長さが最大となる条件，(3)軌跡，(4)長さの平方和の最大値，といった問題で取り組みやすい問題である。三角関数の計算力がポイント。

全体を見渡せば，5 を最初に解くとよいだろう。各大問の始めの方の問題はいずれも解きやすいので，それらを解いて落ち着くのもよい。

物理

1 解答

$(1)(ア) 2\sqrt{\dfrac{2h}{g}}$ $(イ)\sqrt{v_0{}^2 - 2gh\,(1 + \sin\alpha)}$

$(ウ)\dfrac{mv_0{}^2}{h} - mg\,(2 + 3\sin\alpha)$

$(2)(エ)\dfrac{m\tan\alpha}{\sqrt{M^2\tan^2\alpha + (M+m)^2}}\,v_\alpha$

$(オ)\sqrt{\dfrac{\{v_0{}^2 - 2gh\,(1+\sin\alpha)\}\{M^2 + m\,(2M+m)\cos^2\alpha\}}{(M+m)\,(M+m\cos^2\alpha)}}$

$(カ)\dfrac{\sqrt{2gh}}{v_0}$ $(キ)\dfrac{2mh}{M+m}$

$(3)(ク)\sqrt{2}\,g$ $(ケ)\sqrt{7gh}$

◀解　説▶

≪逆U字型の円筒面を持つ物体の内側に沿って運動する小球≫

$(1)(ア)$ 小球の初速度を v_1 とすると

$$0^2 - v_1{}^2 = -2gh$$

より

$$v_1 = \sqrt{2gh}$$

求める時間を t とすると，$v = 0$ となる最高点までの時間は $\dfrac{t}{2}$ となるので

$$0 = v_1 - g\dfrac{t}{2}$$

より

$$t = \dfrac{2v_1}{g} = \dfrac{2}{g}\sqrt{2gh} = 2\sqrt{\dfrac{2h}{g}}$$

$(イ)$ 求める速度の大きさを v とする。力学
的エネルギー保存則より

$$\dfrac{1}{2}mv_0{}^2 = \dfrac{1}{2}mv^2 + mgh\,(1 + \sin\alpha)$$

$$\therefore\quad v = \sqrt{v_0{}^2 - 2gh\,(1 + \sin\alpha)}$$

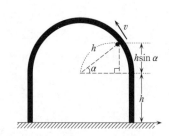

㈦　小球と同じ系から見ると，小球には外向きに $m\dfrac{v^2}{h}$ の遠心力がはたらく。求める垂直抗力の大きさを N とすると，円筒面に垂直な成分の力のつり合いから

$$N + mg\sin\alpha = m\frac{v^2}{h}$$

$$N = \frac{m}{h}\{v_0{}^2 - 2gh\,(1+\sin\alpha)\} - mg\sin\alpha$$

$$= \frac{mv_0{}^2}{h} - mg\,(2+3\sin\alpha)$$

(2)(エ)　下図のように，逆 U 字型の円筒から見た小球の速度の大きさを $v_\alpha{}'$ とする。また，v_α の水平成分を右向きを正に v_x，鉛直成分を上向きを正に v_y とする。また，逆 U 字型の円筒の速度を V とする。$v_\alpha{}'$ は相対速度であるので

$$v_x = -v_\alpha{}'\sin\alpha + V \quad \cdots\cdots①$$

$$v_y = v_\alpha{}'\cos\alpha \quad\quad\quad \cdots\cdots②$$

①，②より $v_\alpha{}'$ を消去すると

$$V - v_x = v_y\tan\alpha \quad \cdots\cdots③$$

また，水平方向の運動量保存則から

$$0 = mv_x + MV$$

より

$$v_x = -\frac{M}{m}V$$

③に代入すると

$$V + \frac{M}{m}V = v_y\tan\alpha$$

より

$$v_y = \frac{M+m}{m\tan\alpha}V$$

$v_\alpha{}^2 = v_x{}^2 + v_y{}^2$ より

$$v_\alpha{}^2 = \left\{\frac{M^2}{m^2} + \frac{(M+m)^2}{m^2\tan^2\alpha}\right\}V^2 = \frac{M^2\tan^2\alpha + (M+m)^2}{m^2\tan^2\alpha}V^2$$

$$\therefore \quad V = \frac{m\tan\alpha}{\sqrt{M^2\tan^2\alpha + (M+m)^2}}\, v_\alpha$$

(オ)　力学的エネルギー保存則から

$$\frac{1}{2}mv_0^2 = \frac{1}{2}MV^2 + \frac{1}{2}mv_\alpha^2 + mgh\,(1+\sin\alpha)$$

ここで，(エ)の結果から，$A = \dfrac{\tan\alpha}{\sqrt{M^2\tan^2\alpha + (M+m)^2}}$ とおくと

$$\frac{1}{2}mv_0^2 = \frac{1}{2}mv_\alpha^2\,(MmA^2+1) + mgh\,(1+\sin\alpha)$$

$$v_\alpha^2 = \frac{v_0^2 - 2gh\,(1+\sin\alpha)}{MmA^2+1}$$

$$= \frac{v_0^2 - 2gh\,(1+\sin\alpha)}{Mm\dfrac{\tan^2\alpha}{M^2\tan^2\alpha + (M+m)^2}+1}$$

$$= \frac{\{v_0^2 - 2gh\,(1+\sin\alpha)\}\{M^2\tan^2\alpha + (M+m)^2\}}{Mm\tan^2\alpha + M^2\tan^2\alpha + (M+m)^2} \quad \cdots\cdots(※)$$

〔〔講評〕参照〕

$$= \frac{\{v_0^2 - 2gh\,(1+\sin\alpha)\}\{M^2(1+\tan^2\alpha) + 2Mm + m^2\}}{Mm\,(1+\tan^2\alpha) + M^2(1+\tan^2\alpha) + Mm + m^2}$$

$$= \frac{\{v_0^2 - 2gh\,(1+\sin\alpha)\}\left\{\dfrac{M^2}{\cos^2\alpha} + 2Mm + m^2\right\}}{\dfrac{Mm}{\cos^2\alpha} + \dfrac{M^2}{\cos^2\alpha} + Mm + m^2}$$

$$= \frac{\{v_0^2 - 2gh\,(1+\sin\alpha)\}\{M^2 + m\,(2M+m)\cos^2\alpha\}}{Mm + M^2 + (Mm+m^2)\cos^2\alpha}$$

$$\therefore \quad v_\alpha = \sqrt{\frac{\{v_0^2 - 2gh\,(1+\sin\alpha)\}\{M^2 + m\,(2M+m)\cos^2\alpha\}}{(M+m)\,(M+m\cos^2\alpha)}}$$

(カ)　水平方向の運動量保存則より，小球が床にぶつかるときの逆U字型の円筒の速度は0である。また，力学的エネルギー保存則より，小球は床に垂直に v_0 の速さでぶつかる。はね返った直後の速さを v' とすると

$$0^2 - v'^2 = -2gh$$

より

$$v' = \sqrt{2gh}$$

よって，反発係数を e とおくと

$$e = \frac{v'}{v_0} = \frac{\sqrt{2gh}}{v_0}$$

(キ)　打ち出したときの逆 U 字型の円筒の重心と小球の x 座標は h, $2h$ である。また，小球が床に衝突する直前の小球の x 座標を x とすると，逆 U 字型の円筒の重心の x 座標は $x + h$ である。全体の重心の位置を x_G とすると，重心の公式から

$$x_G = \frac{Mh + m \times 2h}{M + m} = \frac{mx + M(x + h)}{M + m}$$

$$Mh + 2mh = (M + m)x + Mh$$

$$\therefore \quad x = \frac{2mh}{M + m}$$

(3)(ク)　下図のように慣性力が x 軸正方向にはたらくので，見かけの重力加速度の大きさを g' とすると

$$mg' = \sqrt{2}\, mg$$

より

$$g' = \sqrt{2}\, g$$

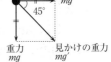

慣性力 mg

45°

重力 mg

見かけの重力 mg'

(ケ)　次図のように，小球が離れる点を P とし，このときの小球の速さを v_P とする。見かけの重力で考えると，図のように点 P は小球を打ち出した点から $\dfrac{h}{\sqrt{2}}$ の 3 倍の高さにある。よって，力学的エネルギー保存則より

$$\frac{1}{2}mv_0^2 = \frac{1}{2}mv_P^2 + m \times \sqrt{2}\, g \times \left(\frac{h}{\sqrt{2}} \times 3\right) \quad \cdots\cdots ④$$

また，点 P では，小球が面から離れる直前なので，見かけの重力の円の中心向きの成分と，遠心力の大きさが等しいので

$$m\frac{v_P^2}{h} = \sqrt{2}\, mg\cos 45°$$

より

$$v_P^2 = gh \quad \cdots\cdots ⑤$$

⑤を④に代入して

$$\frac{1}{2}mv_0^2 = \frac{1}{2}mgh + 3mgh = \frac{7}{2}mgh$$

$$\therefore \quad v_0 = \sqrt{7gh}$$

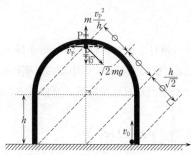

別解　題意に従って見かけの重力で解答したが，見かけの重力を使わない方がシンプルに解ける。すなわち，位置エネルギーに，重力による位置エネルギーのほかに慣性力による位置エネルギーも加えると，力学的エネルギー保存則より

$$\frac{1}{2}mv_0{}^2 = \frac{1}{2}mv_P{}^2 + mg \times 2h + mgh$$

（最後の項が慣性力による位置エネルギー）

点 P での力のつり合いの式は

$$m\frac{v_P{}^2}{h} = mg$$

この 2 式から v_P を消去すると，$v_0 = \sqrt{7gh}$ が求められる。

2　解答

(1)(ア)$\dfrac{E^2}{R}$　(イ)$\dfrac{EBL}{R}$

(2)(ウ)$-qd\omega B$　(エ)$\dfrac{B\omega L^2}{2}$　(オ)$\dfrac{B\omega L^2}{2R}\left(E + \dfrac{B\omega L^2}{2}\right)$

(3)(カ)—③　(キ)$1 + \dfrac{R}{r}$　(ク)$\dfrac{2E}{3BL^2}$

◀解　説▶

≪磁界中で回転する導体棒を含む回路≫

(1)(ア)　磁界がないので導体棒 OP は静止したままである。よって，$\dfrac{E^2}{R}$ の

消費電力となり，単位時間あたりのジュール熱も $\dfrac{E^2}{R}$ となる。

(イ)　OP を固定しているので誘導起電力はない。よって，流れる電流を I_1

とすると，$I_1 = \dfrac{E}{R}$ である。OP が磁界から受ける力を F とすると

$$F = I_1 BL = \frac{EBL}{R}$$

(2)(ウ)　問題の位置における電子の速さを v と
すると，$v = d\omega$ である。この電子の受けるロ
ーレンツ力の大きさを f とすると

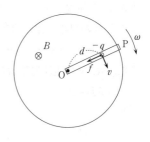

$$f = qvB = qd\omega B$$

フレミングの左手の法則より，この力の向きは
右図のように P→O の向きであるので，答えは
$-qd\omega B$ となる。

(エ)　Δt の間に OP が横切る磁束を $\Delta\Phi$，OP が通過する面積を ΔS，生じる
誘導起電力の大きさを V とすると

$$V = \left| -\frac{\Delta\Phi}{\Delta t} \right| = \left| -\frac{B\Delta S}{\Delta t} \right| = \frac{B \times \frac{1}{2}\omega L^2 \Delta t}{\Delta t} = \frac{B\omega L^2}{2}$$

(ウ)より，P の方が電位が高いので，答えは $\dfrac{B\omega L^2}{2}$ となる。

(オ)　下図の回路と等価になるので，流れる電流を I_2 とすると，キルヒホ
ッフの第二法則より

$$E + V = RI_2$$

$$\therefore \quad I_2 = \frac{1}{R}(E + V) = \frac{1}{R}\left(E + \frac{B\omega L^2}{2}\right)$$

OP を動かす単位時間あたりの仕事を W_{OP}，電池のする単位時間あたりの
仕事を W_E とすると，この 2 つの仕事が抵抗でのジュール熱に変わるの
で

$$W_{OP} + W_E = RI_2^2$$

$$\therefore \quad W_{OP} = RI_2^2 - EI_2 = I_2(RI_2 - E)$$

$$= \frac{1}{R}\left(E + \frac{B\omega L^2}{2}\right)\left(E + \frac{B\omega L^2}{2} - E\right)$$

$$= \frac{B\omega L^2}{2R}\left(E + \frac{B\omega L^2}{2}\right)$$

(3)(カ)　P' の方が O' より高電位なので，P' → O' の向きに電流は流れる。し

たがって，フレミングの左手の法則より時計回りに力を受ける。よって，答えは③。

㈩ P'→O'に流れる電流をiとすると，下図の回路と等価になる。また，抵抗Rの両端の電位差は㈵と変わらないので，流れる電流もI_2である。このときの回路全体の消費電力をP'とすると

$$P' = RI_2{}^2 + ri^2 \quad \cdots\cdots①$$

また，R，rの電圧降下は等しいので

$$RI_2 = ri$$

より

$$i = \frac{RI_2}{r}$$

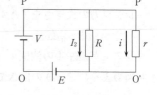

①に代入して

$$\frac{P'}{J} = \frac{RI_2{}^2 + ri^2}{RI_2{}^2} = \frac{RI_2{}^2 + \dfrac{R^2 I_2{}^2}{r}}{RI_2{}^2} = 1 + \frac{R}{r}$$

㈯ 導体棒 O'P' が回転すると P' が高電位になるような誘導起電力が発生する。この誘導起電力の大きさをV'とする。また，一定の角速度で回っていることから電流は流れていない。よって，下図のような等価回路となる。キルヒホッフの第二法則より

$$E + V - V' = 0$$

$$E + \frac{B\omega L^2}{2} - \frac{B\omega(2L)^2}{2} = 0$$

$$\therefore \quad \omega = \frac{2E}{3BL^2}$$

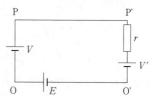

3 解答

(1)(ア)$\dfrac{RT_0}{2V_0}$　(イ)$\dfrac{3}{4}RT_0$

(2)(ウ)$\dfrac{4Q}{5R}$　(エ)$\dfrac{2Q}{5P_0}$

(3)(オ)$P_0 + \dfrac{KL}{S}$　(カ)$\dfrac{1}{2}KL^2 + P_0 SL$　(キ)$\dfrac{PV_2}{RT_0 - PV_0}T_0$

(ク)$\dfrac{3RT_0 V_2(T_2 - T_0)}{2(T_2 V_0 + T_0 V_2)}$

◀解　説▶

≪細管でつながれた 2 つの容器内の気体の状態変化≫

(1)(ア)　全体の気体の状態方程式は

$$P_0 \cdot 2V_0 = 1 \cdot RT_0$$

より

$$P_0 = \frac{RT_0}{2V_0}$$

(イ)　内部エネルギーの式から

$$U = \frac{3}{2} \cdot \frac{1}{2} RT_0 = \frac{3}{4} RT_0$$

(2)(ウ)　このときの容器Bの内部エネルギーの変化を ΔU_B とすると

$$\Delta U_B = \frac{3}{2} \cdot \frac{1}{2} R(T_1 - T_0) = \frac{3}{4} R(T_1 - T_0)$$

気体が外部にした仕事を W_B とすると，気体の状態方程式から

$$W_B = P_0(V_1 - V_0) = \frac{1}{2} R(T_1 - T_0)$$

熱力学第一法則から

$$Q = \Delta U_B + W_B = \frac{3}{4} R(T_1 - T_0) + \frac{1}{2} R(T_1 - T_0) = \frac{5}{4} R(T_1 - T_0)$$

$$\therefore \quad T_1 - T_0 = \frac{4Q}{5R}$$

別解　単原子分子であるので，定圧モル比熱は $C_P = \frac{5}{2} R$ である。よって

$$Q = \frac{1}{2} \cdot \frac{5}{2} R(T_1 - T_0)$$

$$\therefore \quad T_1 - T_0 = \frac{4Q}{5R}$$

(エ)　気体の状態方程式より

$$P_0(V_1 - V_0) = \frac{1}{2} R(T_1 - T_0) = \frac{1}{2} R \times \frac{4Q}{5R} = \frac{2Q}{5}$$

$$\therefore \quad V_1 - V_0 = \frac{2Q}{5P_0}$$

(3)(オ)　ピストンにはたらく力のつりあいから

$$PS = P_0 S + KL$$

$$\therefore \quad P = P_0 + \frac{KL}{S}$$

(カ) ばねに対してする仕事を W_1, 外気に対してする仕事を W_2 とすると

$$W_1 = \frac{1}{2}KL^2$$

$$W_2 = P_0 SL$$

$$\therefore \quad W = W_1 + W_2 = \frac{1}{2}KL^2 + P_0 SL$$

別解 容器内の気体がした仕事を直接
求めることもできる。体積が V_0 から
V_2 になるまでの気体の圧力変化は右
図のようになるから，右図の網かけ部
分の面積を求めることで W が導ける。

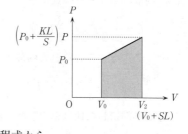

(キ) 容器A，B内の気体の物質量をそ
れぞれ n_A, n_B とすると，気体の状態方程式から

$$PV_0 = n_A R T_0$$

$$PV_2 = n_B R T_2$$

$n_A + n_B = 1$ であるので

$$\frac{PV_0}{RT_0} + \frac{PV_2}{RT_2} = 1$$

$$\frac{PV_2}{T_2} = R - \frac{PV_0}{T_0} = \frac{RT_0 - PV_0}{T_0}$$

$$\therefore \quad T_2 = \frac{PV_2}{RT_0 - PV_0}T_0$$

(ク) 求める内部エネルギーの変化を ΔU とすると

$$\Delta U = \left(\frac{3}{2}n_A R T_0 + \frac{3}{2}n_B R T_2\right) - \frac{3}{2}\cdot 1 \cdot R T_0$$

$$= \frac{3}{2}R(n_A T_0 + n_B T_2 - T_0) = \frac{3}{2}R\{n_B T_2 - (1 - n_A)T_0\}$$

$$= \frac{3}{2}n_B R(T_2 - T_0)$$

また，物質量の比は

$$n_A : n_B = \frac{PV_0}{RT_0} : \frac{PV_2}{RT_2} = \frac{V_0}{T_0} : \frac{V_2}{T_2}$$

$$\therefore \quad n_{\mathrm{B}} = \frac{n_{\mathrm{B}}}{n_{\mathrm{A}} + n_{\mathrm{B}}} \times 1 = \frac{\dfrac{V_2}{T_2}}{\dfrac{V_0}{T_0} + \dfrac{V_2}{T_2}} = \frac{T_0 V_2}{T_2 V_0 + T_0 V_2}$$

よって

$$\Delta U = \frac{3}{2} n_{\mathrm{B}} R (T_2 - T_0) = \frac{3 R T_0 V_2 (T_2 - T_0)}{2 (T_2 V_0 + T_0 V_2)}$$

❖講　評

　例年通り大問 3 題の出題で，設問数は 2020 年度は 29 問であったが 25 問に戻った。3 題ともオーソドックスな良問。難易度は例年通りか少し易化したと感じられる。しかし，標準レベル以上であることには変わりないので，慎重に，そしてスピーディーに解いていきたい。

　1 は，円筒面の内側を運動する小球の問題で，円筒を固定した設定，円筒が自由に動く設定，円筒を加速度運動させた設定と，ほぼ全てのパターンを網羅している。(2)の(エ)，(オ)が難しい。円筒面での小球の速度の水平成分を $-v_\alpha \sin\alpha$ としてしまいがち。そこに気づいても計算は複雑である。(オ)については特に，どこまでの整理を要求しているかは不明瞭であり，式(※)の段階で平方根をとっても正解であろう。(ケ)は〔別解〕のように，2 種類の位置エネルギーで考えた方がシンプルに解ける。この考えは，電場による力と重力がはたらく荷電粒子の運動のときも応用できるので押さえておくとよい。もちろん，出題者の意図のように見かけの重力の位置エネルギーを考えるのもよい解法である。

　2 は磁界中で回転できる導体棒の問題であるが，(1)では回転していないので，基本的なジュール熱の問題と電流が磁界から受ける力の問題。(2)で回転させるが，電子にはたらくローレンツ力も誘導起電力も基本的な問題。最後の仕事はエネルギーの原理を使い，基本よりはややレベルが高い。(3)では回路Ⅱと接続させ，やや複雑に見えるが，〔解説〕に示したような等価回路に書き直せば易しい直流回路の問題である。**2** はしっかり得点したい。

　3 は俗にいう細管問題だが，(3)までは基本的な気体の法則の問題。気体の状態方程式や内部エネルギーの式がわかっていれば易しい。(ウ)は問

題文の題意通り解答したが，〔別解〕に示したように定圧モル比熱で解く方が易しい。細管問題は容器内の気体の物質量が変化しないことと，内部エネルギーの変化がよく出題されるが，㈱が前者で㈦が後者である。特に㈦は物質量 n_B を求めなければならない。状態方程式を 2 本連立しても出せるが，$n_A + n_B = 1$ であることと，n_A と n_B の比がわかるので，そこから求める方法を〔解説〕に示した。

化学

1 解答

(1)(ア)－226　(イ)0.247　(ウ)331
(2)(エ)2　(オ)7.4

(3)(カ)トタン　(キ)イオン化傾向　(ク)38.6　(ケ)酸素

(4)(コ)$Zn + 2NaOH + 2H_2O \longrightarrow Na_2[Zn(OH)_4] + H_2$

(サ)熱運動している分散媒分子が，コロイド粒子に不規則に衝突するから
（30字程度）

━━━━━━━ ◀解　説▶ ━━━━━━━

≪熱化学，六方最密構造，トタンの腐食防止作用，水溶液の電気分解，亜
鉛の性質，ブラウン運動≫

(1)(ア)　アセチレンの燃焼熱を表す熱化学方程式は次の通り。

$$C_2H_2\text{（気）} + \frac{5}{2}O_2\text{（気）} = 2CO_2\text{（気）} + H_2O\text{（液）} + 1300\,kJ \quad \cdots\cdots ①$$

アセチレンの生成熱を a〔kJ/mol〕とし，①式に次の関係を適用する。

　　（反応熱）＝（生成物の生成熱の総和）－（反応物の生成熱の総和）

　　$1300 = 2 \times 394 + 286 - (a + 0)$

　∴　$a = -226$〔kJ/mol〕

(イ)　求める体積を V〔L〕とし，アセチレン（分子量 26.0）に対し，気体
の状態方程式を適用すると

$$1.01 \times 10^5 \times V = \frac{0.260}{26.0} \times 8.31 \times 10^3 \times 300$$

　∴　$V = 0.2468 \fallingdotseq 0.247$〔L〕

(ウ)　アセチレンの燃焼による水の温度上昇度を Δt〔K〕とすると

$$1300 \times \frac{0.260}{26.0} \times 10^3 = 100 \times 4.20 \times \Delta t$$

　∴　$\Delta t = 30.95$〔K〕

求める水の温度は

　　$300 + 30.95 = 330.95 \fallingdotseq 331$〔K〕

(2)(エ)　六方最密構造の単位格子は右図の六

角柱の $\dfrac{1}{3}$ にあたる網かけ部分である。六角

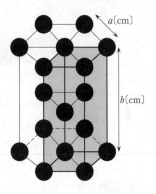

柱の頂点にある球は $\dfrac{1}{6}$ 個，底面の中心にあ

る球は $\dfrac{1}{2}$ 個，底面に接していない球は球全

部が六角柱に含まれるので，求める値は

$$\left(\frac{1}{6}\times 12+\frac{1}{2}\times 2+3\right)\times\frac{1}{3}=2\text{ 個}$$

(オ)　図の六角柱の底面の一辺を a〔cm〕，高さを b〔cm〕とする。底面を6
個の正三角形からなると考えると，六角柱の体積は

$$\frac{1}{2}\times a\times a\times\sin 60°\times 6\times b=3\sin 60°\times a^2 b\,\text{〔cm}^3\text{〕}$$

六角柱に原子は6個含まれるので，求める密度は

$$\frac{\dfrac{65.4}{6.02\times 10^{23}}\times 6}{3\times\dfrac{1.73}{2}\times(2.60\times 10^{-8})^2\times(5.00\times 10^{-8})}=7.43\fallingdotseq 7.4\,\text{〔g/cm}^3\text{〕}$$

(3)(カ)・(キ)　鉄の腐食を防ぐために，鉄の表面を亜鉛めっきで被覆したも
のをトタンという。亜鉛めっきの一部がはげても，亜鉛が鉄と接触して存
在していれば，鉄よりもイオン化傾向の大きい亜鉛が酸化されるため，鉄
の腐食を防ぐ効果がある。

(ク)・(ケ)　電気分解の両極で起こる反応は次の通り。

陽極：$2H_2O \longrightarrow O_2 + 4H^+ + 4e^-$　……①

陰極：$Zn^{2+} + 2e^- \longrightarrow Zn$　　　　……②

②より，流れた電子の物質量は析出して亜鉛の物質量の2倍なので，電流
を流した時間を t 秒とすると

$$\frac{3.27\times 10^{-3}}{65.4}\times 2=\frac{0.250\times t}{9.65\times 10^4}$$

∴　$t=38.60\fallingdotseq 38.6$ 秒

(4)(コ)　亜鉛は過剰量の水酸化ナトリウム水溶液と反応すると，水素が発
生する。

$$Zn + 2NaOH + 2H_2O \longrightarrow Na_2[Zn(OH)_4] + H_2$$

この水溶液に塩酸を加えると，白色のコロイド状の水酸化亜鉛（Ⅱ）が生成する。

$$Na_2[Zn(OH)_4] + 2HCl \longrightarrow 2NaCl + Zn(OH)_2 + 2H_2O$$

㋚　コロイド粒子を限外顕微鏡で観察すると，コロイド粒子が不規則に動いている様子が観察される。これをブラウン運動という。ブラウン運動は，コロイド粒子の周りに存在する分散媒分子が熱運動し，コロイド粒子に衝突することによって起こる。

2 解答

(1)㋐ AgF　㋑2.0×10^{-5}　㋒9.0×10^{-6}
㋓Cl^-　㋔1.1×10^{-2}

(2)㋕$1.0 \times 10^{-6}[A^-]_L$　㋖$3.1 \times 10^{-4}[A^-]_L$　㋗3.2×10^3

(3)㋘$-(k_a + k_b)$　㋙-0.50　㋚0.30

◀解　説▶

≪溶解度積を利用した塩化物イオン濃度の定量（モール法），電離平衡，反応速度≫

(1)㋐　ハロゲン化銀のうち，AgF のみ水に可溶，その他は水に難溶である。

㋑・㋒　Ag_2CrO_4 が沈殿しはじめたとき，次の関係が成り立つ。

$$K_{sp(Ag_2CrO_4)} = [Ag^+]^2[CrO_4^{2-}] \quad \cdots\cdots ①$$

①に数値を代入すると

$$3.6 \times 10^{-12} = [Ag^+]^2 \times 1.0 \times 10^{-2} \times \frac{45}{1000} \times \frac{1000}{50}$$

$$\therefore \quad [Ag^+] = 2.0 \times 10^{-5} \,[mol/L]$$

このとき AgX も沈殿しているので，次の関係が成り立つ。

$$K_{sp(AgX)} = [Ag^+][X^-] \quad \cdots\cdots ②$$

②式に数値を代入すると

$$1.8 \times 10^{-10} = 2.0 \times 10^{-5} \times [X^-]$$

$$\therefore \quad [X^-] = 9.0 \times 10^{-6} \,[mol/L]$$

㋓　塩化銀は過剰量のアンモニア水に解けるので，X^- は塩化物イオン Cl^- である。

㋔　（AgCl沈殿の物質量）＝（滴定の終点までに滴下した Ag^+ の物質量）

－（終点において水中に存在する Ag^+ の物質量）

なので，AgCl沈殿の物質量は

$$1.0 \times 10^{-1} \times \frac{5.0}{1000} - 2.0 \times 10^{-5} \times \frac{50}{1000} \text{〔mol〕} \quad \cdots\cdots ③$$

水溶液A 45mL に含まれていた Cl^- の物質量は，終点において水中に存在していた Cl^- と③の和であるので

$$9.0 \times 10^{-6} \times \frac{50}{1000} + 1.0 \times 10^{-1} \times \frac{5.0}{1000} - 2.0 \times 10^{-5} \times \frac{50}{1000}$$

$$= 4.99 \times 10^{-4} \text{〔mol〕}$$

したがって水溶液Aの Cl^- 濃度は

$$4.99 \times 10^{-4} \times \frac{1000}{45} = 1.10 \times 10^{-2} \fallingdotseq 1.1 \times 10^{-2} \text{〔mol/L〕}$$

(2)(カ)・(キ)　HA の電離平衡と，電離定数は次の通り。

$$HA \rightleftharpoons H^+ + A^-$$

$$K_a = \frac{[H^+][A^-]}{[HA]} \quad \cdots\cdots ①$$

①より

$$[HA] = \frac{[H^+][A^-]}{K_a} \quad \cdots\cdots ②$$

区画L，RにおけるA^-のモル濃度を $[A^-]_L$, $[A^-]_R$とする。区画LとRでHAのモル濃度は等しいので，②に数値を代入すると

$$[HA] = \frac{1.0 \times 10^{-7} \times [A^-]_L}{K_a} = \frac{1.0 \times 10^{-1} \times [A^-]_R}{K_a}$$

$$\therefore \quad [A^-]_R = 1.0 \times 10^{-6}[A^-]_L$$

また，$[HA]$ を $[A^-]_L$ を用いて表すと

$$[HA] = \frac{1.0 \times 10^{-7}[A^-]_L}{3.2 \times 10^{-4}}$$

$$= 3.12 \times 10^{-4}[A^-]_L \fallingdotseq 3.1 \times 10^{-4}[A^-]_L$$

(ク)　(カ)と(キ)の結果を用いると，求める濃度比は

$$\frac{[HA]+[A^-]_L}{[HA]+[A^-]_R} = \frac{3.12 \times 10^{-4}[A^-]_L + [A^-]_L}{3.12 \times 10^{-4}[A^-]_L + 1.0 \times 10^{-6}[A^-]_L}$$

$$= 3.19 \times 10^3 \fallingdotseq 3.2 \times 10^3$$

(3)(ケ)　密閉容器中のAとBの濃度の和は一定であり，これをXとすると

$[A] + [B] = X$ より

$\qquad [B] = X - [A]$

これを用いると

$\qquad v_b - v_a = k_b(X - [A]) - k_a[A]$

$\qquad\qquad\quad = -(k_a + k_b)[A] + k_b X$

$C = k_b X$ とすると，解を得る。

㈡　0 分から 1 分において

$\qquad [\overline{A}]_{0\sim1} = \dfrac{1.00 + 0.75}{2} = 0.875 \,〔\mathrm{mol/L}〕$

$\qquad \overline{v}_{0\sim1} = \dfrac{0.75 - 1.00}{1 - 0} = -0.250 \,〔\mathrm{mol/(L\cdot min)}〕$

1 分から 2 分においても同様に

$\qquad [\overline{A}]_{1\sim2} = \dfrac{0.75 + 0.60}{2} = 0.675 \,〔\mathrm{mol/L}〕$

$\qquad \overline{v}_{0\sim1} = \dfrac{0.60 - 0.75}{2 - 1} = -0.150 \,〔\mathrm{mol/(L\cdot min)}〕$

求める直線の傾きは

$\qquad \dfrac{\overline{v}\,\text{の変化量}}{[\overline{A}]\,\text{の変化量}} = \dfrac{-0.150 - (-0.250)}{0.675 - 0.875} = -0.500 \fallingdotseq -0.50 \,〔\mathrm{min}^{-1}〕$

㈤　平衡状態において $v_a = v_b$ が成り立つので

$\qquad k_a[A] = k_b[B]$

平衡定数は $K = \dfrac{[B]}{[A]}$ なので

$\qquad K = \dfrac{[B]}{[A]} = \dfrac{k_a}{k_b}$

また，平衡状態において $[A] = 0.40 \,〔\mathrm{mol/L}〕$ より

$\qquad [B] = 1.00 - 0.40 = 0.60 \,〔\mathrm{mol/L}〕$

であるので

$\qquad K = \dfrac{0.60}{0.40} = \dfrac{k_a}{k_b} \quad \cdots\cdots ①$

$[A]$ の平均変化速度と，A の平均濃度 $[\overline{A}]$ の関係は定義より

$\qquad \overline{V} = -(K_a + K_b)[\overline{A}] + C$

となる。

㋙の結果より

$$k_a + k_b = 0.500 \quad \cdots\cdots ②$$

①，②より

$$k_a = 0.30 \, (\text{min}^{-1}), \quad k_b = 0.20 \, (\text{min}^{-1})$$

3　解答

(1)㋐グリコシド　㋑342　㋒2　㋓エステル
㋔ジアセチルセルロース　㋕76.5

(2)(ⅰ)㋖アスパラギン酸　㋗フェニルアラニン

(ⅱ)㋘37.5

㋙
$$CH_3-\overset{\displaystyle CH_3}{\underset{\displaystyle CH_3}{C}}-CH_2-C\overset{\displaystyle O}{\underset{\displaystyle H}{\diagup}}$$

㋚ $C_{20}H_{30}N_2O_5$

(3)㋛
$$\overset{\displaystyle CH_3}{\underset{\displaystyle CH_3}{C}}=C\overset{\displaystyle H}{\diagdown}$$
（ベンゼン環に HO- が結合）

㋜
$$\overset{\displaystyle CH_3}{\underset{\displaystyle CH_3}{C}}-O-OH$$
（ベンゼン環に結合）

㋝
（ベンゼン環に CH_2-O と $O-CH-CH_3$ が結合）

━━━━━◀解　説▶━━━━━

≪スクロース，アセテートの計算問題，アスパルテームの構成アミノ酸，芳香族化合物の構造決定≫

(1)㋐　ヘミアセタールを構成するヒドロキシ基とほかの糖のヒドロキシ基が脱水縮合して生じる結合をグリコシド結合という。

㋑　単糖であるグルコースなどのヘキソースの分子量は

$$C_6H_{12}O_6 = 180$$

なので，二糖であるスクロースの分子量は

$$180 \times 2 - 18 = 342$$

である。

㋒　スクロースは，グルコースの 1 位とフルクトースの 2 位のヒドロキシ基が脱水縮合して，グリコシド結合したものである。

α－グルコース　　＋　　β－フルクトース

脱水縮合　　　　　　　　　　　　　　　　　＋H_2O

スクロース

㈑　セルロースの分子間には水素結合がはたらき，成形が困難なので，ヒドロキシ基の一部を無水酢酸と反応させてエステル化したものを繊維やフィルムとして利用する。

セルロースを無水酢酸と反応させてトリアセチルセルロースとし，トリアセチルセルロースのエステル結合の一部を加水分解したものをアセテート繊維という。

$$[C_6H_7O_2(OH)_3]_n + 3n(CH_3CO)_2O$$
$$\longrightarrow [C_6H_7O_2(OCOCH_3)_3]_n + 3nCH_3COOH \quad \cdots\cdots ①$$

トリアセチルセルロース

$$[C_6H_7O_2(OCOCH_3)_3]_n + nH_2O$$
$$\longrightarrow [C_6H_7O_2(OH)(OCOCH_3)_2]_n + nCH_3COOH$$

ジアセチルセルロース

㈍　①より，生成するトリアセチルセルロース（分子量 $288n$）と反応する無水酢酸（分子量 102）の物質量比は $1:3n$ である。求める質量を a〔g〕とすると

$$1:3n = \frac{72.0}{288n} : \frac{a}{102}$$

$$\therefore \quad a = 76.50 \fallingdotseq 76.5 〔g〕$$

(2)(ⅰ)㈔　アミノ酸 F は等電点が酸性なので，酸性アミノ酸である。アミノ酸 G はキサントプロテイン反応を示すので，分子中にベンゼン環を含む。F の側鎖を $-R_F-COOH$，G の側鎖を $-R_G-$⟨ベンゼン環⟩とする。

F．$H_2N-CH-COOH$　　　　G．$H_2N-CH-COOH$
　　　　　R_F-COOH　　　　　　　　　　　R_G——〔ベンゼン環〕

Fの分子量は $74+45+R_F$，Gの分子量は $74+77+R_G$，またメタノールの
分子量は 32 なので，Iの分子量について次の関係が成り立つ。

$$294 = 74+45+R_F+74+77+R_G+32-18\times2$$

$$\therefore\ R_F+R_G = 28$$

FもGも必須アミノ酸なので，$R_F=CH_2$，$R_G=CH_2$ であり，Fはアスパ
ラギン酸，Gはフェニルアラニンである。また，Iはアスパルテームであ
る。

F．$H_2N-CH-COOH$　　　　G．$H_2N-CH-COOH$
　　　　　CH_2-COOH　　　　　　　　　　　CH_2——〔ベンゼン環〕

I．$H_2N-CH-\overset{O}{\overset{\|}{C}}-\overset{H}{\underset{}{N}}-CH-\overset{O}{\overset{\|}{C}}-O-CH_3$
　　　　　CH_2-COOH　CH_2——〔ベンゼン環〕

　　　　　分子式：$C_{14}H_{18}N_2O_5$

(ii)(ケ)・(コ)　J 1分子に含まれる炭素と水素の物質量比は

$$C:H = \frac{99.0}{44.0} : \frac{40.5}{18.0}\times2 = 1:2$$

Jは1分子中に同じ環境にある3つのメチル基，1つのアルデヒド基があ
るので，1分子中の炭素数は5以上であるはずである。炭素数5，6の場
合の分子量を考えると

$$C_5H_{10}O_2 = 102$$

$$C_6H_{12}O = 100$$

となり，該当する分子式は $C_6H_{12}O$ である。不斉炭素原子をもたないので，
構造式は次のようになる。

$$CH_3-\overset{CH_3}{\underset{CH_3}{C}}-CH_2-C\overset{O}{\underset{H}{\diagdown}}$$

完全燃焼に用いた Jの質量を w〔mg〕とすると

$$\frac{w\times10^{-3}}{100}\times6\times44.0 = 99.0\times10^{-3}$$

$\therefore \quad w = 37.50 \fallingdotseq 37.5 \,[\mathrm{mg}]$

(サ)　還元的アミノ化反応の生成物の分子式は，反応物の分子式の和からO原子1個を差し引いたものになる。

$$\underbrace{C_{14}H_{18}N_2O_5}_{\text{Iの分子式}} + \underbrace{C_6H_{12}O}_{\text{Jの分子式}} - O = C_{20}H_{30}N_2O_5$$

(3)(ス)　イソプロピルベンゼン（クメン）を空気酸化して生じる過酸化物 **O** はクメンヒドロペルオキシド。クメンヒドロペルオキシドを希硫酸で分解してフェノールと共に生じる化合物 **M** はアセトンである。

(シ)・(セ)　**L** はベンゼン二置換体で，ヒドロキシ基ももつことと，オゾン分解生成物の1つがアセトンであることから次のような構造と考えられる。

$R_1 + R_2 = 94$

R_1, R_2 はヒドロキシ基（式量 17），二置換体ベンゼン環（式量 76）を含むので，それ以外に存在するのは水素原子のみになる。これより **N** はホルミル基（アルデヒド基），ヒドロキシ基が入ったベンゼン二置換体とわかるが，オルト体，メタ体，パラ体いずれかは不明である。

Q はヨードホルム反応を示し，塩化パラジウム（Ⅱ）と塩化銅（Ⅱ）を触媒に用いてエチレンを酸化して生じるので，アセトアルデヒドである。**P** は **N** のホルミル基（アルデヒド基）を還元して $-CH_2OH$ としたアルコールであり，これと **Q** が脱水縮合すると，新たに6員環と不斉炭素原子をもつ **R** を生じるので，**N** や **P** はオルト体と推定される。

❖講 評

　2021 年度も大問 3 題の出題で，理論，無機，有機の各分野から出題されている。問題の分量は 2020 年度とほぼ同程度であるが，難易度はやや難化している。各設問には難度の高いものも含まれ，設問数は多く，時間を要するので，全問を解くのは時間的にも厳しい。

　1 はアセチレンを題材とした熱化学，亜鉛の六方最密構造，トタンの腐食防止作用，水溶液の電気分解，亜鉛の性質，ブラウン運動の理由説明に関する問題である。(1)の熱化学に難問は含まれないが，計算量が多いので注意が必要であった。(2)の六方最密構造に関する設問は，二辺の長さが与えられているが，その数値のどちらが底面の辺なのか，高さなのかの記述はなく，過去に同様の問題を解いたことがないと判断は少し難しいと思われる。

　2 は溶解度積を利用した塩化物イオン濃度の定量（モール法），電離平衡，反応速度に関する問題である。(2)のアスピリンの電離平衡に関する設問は，設定条件を注意深く読み取る必要があった。(3)では反応速度の定義をよく理解しないと間違える可能性があった。

　3 はスクロース，アセテートの計算問題，アスパルテームの構成アミノ酸，芳香族化合物の構造決定に関する問題である。(3)の構造決定に関する設問は，問題文をはじめから順に読んでも解答できる形になっていないので，戸惑った受験生もいたと思われる。

　毎年のことであるが，時間内に全問題を解答するのは難しい。問題の難易度を見極め，短時間で解くことができる設問から解答する能力も合否を左右することになったと思われる。また六方最密構造の密度計算の問題のように，解いた経験がないと解答時間に差が出る問題もあるので，多くの問題演習を行うことにより，いろいろな問題に対応できるようにしておきたい。

2020
年度

解 答 編

解答編

■英語■

1 解答

[1]—(2)

[2] ①— 1　②— 2　③— 3　④— 5　⑤— 4

[3] (1)— 5　(2)— 4　(3)— 2　(4)— 4　(5)— 4　(6)— 1

[4] (い)— 2　(ろ)— 4　(は)— 1　(に)— 4

[5] 3 番目— 5　7 番目— 4

[6]— 3・4・5　（順不同）

◆全　訳◆

≪統計学に基づく生命保険基金の設立≫

　ニュートンは自然についての本は数学という言語で書かれることを示した。明確な方程式に要約される章もあるが，生物学，経済学，心理学を整然としたニュートンの方程式にまとめようとした学者たちは，これらの分野にはそのような願望を無益にする一定の複雑さがあることに気づいた。しかしながら，これによって，彼らが数学に見切りをつけるということにはならなかった。現実のより複雑な側面を処理するために，数学の新しい分野がこの 200 年にわたって発展した。つまり，統計学である。

B　1744 年に，スコットランドの 2 人のキリスト教長老派教会の牧師，アレクサンダー＝ウェブスターとロバート＝ウォレスが，亡くなった牧師の未亡人と遺児に年金を支給する生命保険の基金を設立することを決めた。教会のそれぞれの牧師が収入のほんの一部を基金に払い込み，その基金がそのお金を投資することを，彼らは提案した。牧師が亡くなれば，その未亡人は基金の利益で配当を受け取ることになる。これによって，彼女は余生を不自由なく暮らせるであろう。しかし，基金にその責務を履行できるだけのお金があるようにするには，牧師がいくら払い込まなければならないかを決定するために，ウェブスターとウォレスは毎年何人の牧師が亡くなり，何人の未亡人と遺児が残され，未亡人が夫より何年長生きするかを予

測することができなければならなかった。

D その２人の牧師がしなかったことに注目しよう。彼らは神が答えを啓示するように祈ることはなかった。彼らは聖書や古代の神学者の著作の中に答えを探し求めることもなかった。また，抽象的で哲学的な論争を始めることもなかった。スコットランド人なので，彼らは現実的なタイプであった。そこで，彼らはエディンバラ大学の数学教授であるコリン=マクローリンに連絡を取った。彼ら３人は，人々が亡くなる年齢についてデータを集め，ある１年間に何人の牧師が亡くなる可能性があるかを計算するために，そのデータを使った。

A 彼らの作業は統計学と確率の分野における，新しいいくつかのめざましい成果に基づいていた。これらのうちの１つはヤコブ=ベルヌーイの大数の法則であった。特定の人物の死のような，単一の事象を正確に予測するのは難しいかもしれないが，多くの類似の事象の平均的な結果を高い精度で予測するのは可能であるという原理を，ベルヌーイは体系化していた。すなわち，マクローリンが数学を使ってウェブスターとウォレスが翌年死ぬかどうかを予測することはできないが，十分なデータがあれば，スコットランド長老派教会の牧師が翌年ほぼ確実に何人亡くなるかを彼はウェブスターとウォレスに伝えることができた。幸いにも，彼らには使用できるおあつらえ向きのデータがあった。50 年前にエドモンド=ハレーによって発行された保険統計表は特に役に立つことがわかった。ハレーはドイツのブレスラウ市から入手した，1,238 件の出生と 1,174 件の死亡に関する記録を分析していた。ハレーの表によって，例えば，20 歳の人がその年に亡くなる確率は 100 分の１だが，50 歳の人の確率は 39 分の１であることがわかった。

C これらの数字を処理して，ウェブスターとウォレスは，平均すると，どの時点でもスコットランド人の長老派教会の牧師は 930 人生存しており，毎年平均 27 人の牧師が亡くなり，そのうち 18 人は未亡人を後に残すという結論を出した。未亡人を残さなかった牧師のうち５人が遺児を残し，未亡人を後に残した牧師のうち２人は，以前の結婚でもうけた，まだ 16 歳に達していない子供を後に残すだろう。彼らはさらに未亡人の死や再婚（こうした万一の事態の両方で，年金の支払いは止まる）までにどのくらいの時間が過ぎる可能性があるかを算出した。これらの数値のおかげで，

ウェブスターとウォレスは，基金に加入する牧師が家族を養うためにどの
くらいのお金を払わなければならないかを決定することができた。1 年に
約 2 ポンドを拠出することによって，牧師は確実に，自分の未亡人の妻が
1 年に少なくとも 10 ポンド——当時としては相当な金額——を受け取る
ようにすることができるだろう。それでは十分ではないと考えれば，1 年
に最高 6 ポンドまで，もっと多く払い込むことを選ぶことができた——
それによって未亡人には 1 年に 25 ポンドという，さらに手厚い額が保証
された。

　彼らの計算によれば，「スコットランド教会の牧師の未亡人と子供への
支給基金」は，1765 年までに，合計で 58,348 ポンドの資産を有すること
になるだろう。彼らの計算は驚くほど正確であることがわかった。その年
が来たときに，基金の資産は 58,347 ポンドであった——予測より 1 ポン
ド少ないだけであった。これはハバクク，エレミヤ，聖ヨハネの予言より
さらに優れていた。今日，略してスコティッシュ・ウィドウズとして知ら
れているウェブスターとウォレスの基金は，世界で最大の年金と保険の会
社の 1 つである。その会社は，1000 億ポンドの価値がある資産を持ち，
スコットランドの未亡人だけではなく，同社の保険証券を購入したい人な
ら誰とでも保険契約をする。

■■■■■■■■ ◀解　説▶ ■■■■■■■■

▶[1]　Ａ，Ｃ，Ｄの第 1 文にはそれぞれ，Their work, these numbers,
the two churchmen というように前段の内容を受ける語句があり，最初
の段落にはならないので，Ｂが最初の段落となる。Ｂでは 2 人の長老派教
会の牧師が登場し，彼らを指しているのがＤの the two churchmen であ
る。Ｄの最終文（The three of them …）に「ある 1 年間に何人の牧師が
亡くなる可能性があるかを計算するために」とあり，この作業をＡの
Their work が受けている。Ａの最終 3 文（Actuary tables published …
a 1:39 chance.）に「エドモンド=ハレーによって発行された保険統計表」
が紹介され，その表の数字をＣの these numbers で受けている。以上か
ら，ＢＤＡＣの順番になる。

▶[2]　① boil down to ～「～に要約される」とほぼ同義となる 1．
amount to ～「要するに～になる」が正解。2．「～を熱望する」　5．
「～に従わなければならない」

② futile「無益な」とほぼ同義となる 2．fruitless「無駄な」が正解。1．「いらいらさせる」　3．「無力な」　4．「無関心な」　5．「微妙な」

③ codify「体系化する」とほぼ同義となる 3．formulate「公式化する」が正解。

④ cease「止まる」とほぼ同義となる 5．terminate「終わる」が正解。1．「明らかにする」

⑤ handsome「多くの，かなりの」とほぼ同義となる 4．substantial「相当な」が正解。1．「それに代わる」　3．「合理的な」　5．「究極の，最高の」

▶[3]⑴空所の前に predict「予測する」という動詞があるので，空所を含む語句は「正確に」の意味になると考えられる。よって，with certainty，with accuracy となる 5 が正解。

⑵Ⓐ段第 3 文（Bernoulli had codified …）の具体例を第 4 文（（　2　），while Maclaurin could not use …）で挙げているので，4．That is「すなわち」が正解。1．「対照的に」　3．「それにもかかわらず」　5．「それとは反対に」

⑶Ⓑ段第 3 文（If a minister died, …）に「…その未亡人は基金の利益で配当を受け取ることになる」とあるので，未亡人が生活に困ることはないと考えられる。よって，2．comfortably「不自由なく」が正解。5．「厳密に」

⑷Ⓑ段第 5 文（But to determine …）の so that 以下は「基金にその責務を履行できるだけのお金があるようにするには」の意になるので，live up to ～「～を履行する」となる 4 が正解。

⑸Ⓓ段第 2 ～ 4 文（They did not pray … an abstract philosophical disputation.）に，2 人が行わなかったことが述べられ，第 6 文（So they contacted a professor …）には「彼らは数学の教授に連絡を取った」とある。神職者らしいことは行わず，数学に答えを求めたことから浮かび上がる人物像としては 4．practical「現実的な」が正解。1．「有益な」

⑹最終段第 1 文（According to their calculations, …）の予想額と第 3 文（When that year arrived, …）の実際額との差は 1 ポンドだけであったので，1．accurate「正確な」が正解。3．「具体的な」　5．「有意の」

▶[4]㈠第 3 音節。2 が第 3 音節。1・3 は第 2 音節。4 は第 1 音節。

㈥第 2 音節。 4 が第 2 音節。 1・2・3 は第 1 音節。

㈦第 1 音節。 1 が第 1 音節。 2・3 は第 3 音節。 4 は第 2 音節。

㈧第 1 音節。 4 が第 1 音節。 1・3 は第 3 音節。 2 は第 2 音節。

▶[5] 主語 The three of them に対して （　X　）の述語動詞と used these が and でつなげられている。to calculate how many ministers … 以下の内容から these は data を指していると考えられる。また，「〜についてのデータ」は data on 〜 になる。以上から，正しく並べ替えると，(The three of them) collected data on the ages at which people died (and used these …) となる。

▶[6] 1.「生物学者は動物の生命を数学の用語で記述することに成功した」 第 1 段第 2 文 (Some chapters boil down to …) のセミコロン以下に，「生物学…学者はこれらの分野にはそのような願望を無益にする一定の複雑さがあることに気づいた」とあり，生物学をニュートンの言うように，数学の方程式にあてはめることはできなかったことになり，不一致。

2.「ニュートンの方程式は複雑なので経済学や心理学で観察される現象を表すことができる」 1 と同様の箇所第 1 段第 2 文 (Some chapters boil down to …) のセミコロン以下に，「経済学，心理学…学者たちは，これらの分野にはそのような願望を無益にする一定の複雑さがあることに気づいた」とあり，複雑なのは生物学，経済学，心理学のことであり，また，方程式ではそれらの分野をとらえられない，と本文は言っているので不一致。

3.「スコットランドの長老派教会の牧師のおよそ 3 分の 2 は妻を後に残すと推定された」 Ⓒ段第 1 文 (Processing these numbers, …) に，「毎年平均 27 人の牧師が亡くなり，そのうち 18 人は未亡人を後に残す」とあるので，3 分の 2 という数字になる。

4.「統計学と確率は事象が大規模に発生する可能性を計算するのに役立つ」 Ⓐ段第 1 〜 3 文 (Their work was founded on … many similar events.) に，統計学と確率によって「多くの類似の事象の平均的な結果を高い精度で予測するのは可能である」とあるので，一致する。

5.「統計学の発展は今日の世界の保険業界を創立するのに寄与した」 Ⓐ段第 1 文 (Their work was founded on …) および最終段第 5 文 (Today, Webster and Wallace's fund, …) に，統計学と確率に基づいて

設立した「ウェブスターとウォレスの基金は，今日，世界で最大の年金と保険の会社の１つである」とあるので，一致する。

６．「ウェブスターとウォレスは生命保険の基金を設立する時に聖書を詳しく調べた」 Ｄ段第３文（Nor did they search for …）に，「彼らは聖書や古代の神学者の著書の中に答えを探し求めることもなかった」とあるので，一致しない。

７．「ウェブスターとウォレスは生命保険の基金はもうかると考えたので，それを始めた」 Ｂ段第１文（In 1744, two Presbyterian clergymen …）に，「亡くなった牧師の未亡人と遺児に年金を支給する生命保険の基金を設立することを決めた」とあり，目的は牧師の遺族の生活保障だったことがわかる。また，もうかるといった内容の記述はないので，不一致。

８．「ウェブスターとウォレスは自分の家族がいつ亡くなる可能性があるかを予測するのがうまかった」 本文中にこの記述がないので，不一致となる。

━━━━━━●語句・構文●━━━━━━

（第１段）Some chapters … 「…する章もある」 scholars の述語動詞は have discovered。reduce *A* to *B*「*A* を *B* に還元する」 make *A* *B*「*A* を *B* にする」 aspiration「願望」 this does not mean that ~「これによって~ということにはならない」 deal with ~「~を処理する」

（Ａ段）be founded on ~「~に基づいている」 recent breakthrough「最近のめざましい成果」 the principle that ~「~という原理」 while *A*, *B*「*A* だが，*B* である」 predict の目的語は a single event と the average outcome given ~「~があれば」 ready-made「都合よくできた，おあつらえ向きの」 actuary table「保険統計表，保険計算表」 第７文の関係代名詞 that の先行詞は records。*A* makes it possible to *do*「*A* によって~することができる」 a 1:100 chance「100 分の１の確率」

（Ｂ段）set up ~「~を設立する」 provide *A* for *B*「*B* に *A* を支給する」 pay *A* into *B*「*A* を *B* に払い込む」 which＝and it（＝the fund） *A* allows *B* to *do*「*A* によって *B* は~することができる」 so that *A* will *do*「*A* が~するように」 predict は３つの間接疑問文を目的語としている。

（Ｃ段）Processing …，は分詞構文。at any given moment「どの時点で

も」　eighteen of whom＝and eighteen of twenty-seven ministers　　be survived by ～「～が後に残る」　be outlived by ～「～が後に残る」　第2文2つ目の関係代名詞 who の先行詞は children　　be likely to *do*「～する可能性がある」　*A* enables *B* to *do*「*A* のおかげで *B* は～することができる」　provide for ～「～を養う」　loved ones「家族」　contribute「拠出する」　guarantee that ～「～することを確実にする」　up to ～「最高～まで」　guarantee *A* *B*「*A* に *B* を保証する」

(Ｄ段) take note of ～「～に注目する」　pray to *A* to *do*「*A* に～するように祈る」　enter into ～「～を始める」　pass away「亡くなる」　in any given year「ある1年間に」

(最終段) stand at ～「(値が) ～である」　simply「単に，略して」　insure「保険契約をする」　policy「保険証券」

2 解答

[1] ①－3　②－4　③－4　④－2　⑤－2
　　⑥－3
[2] (ア)－3　(イ)－3　(ウ)－1
[3] ア－3　イ－7　ウ－1　エ－6　オ－5　カ－2　キ－9
ク－8　ケ－4

━━━━━━◆全　訳◆━━━━━━

≪文化的・言語的背景が科学研究にもたらす影響≫

　昨日，東京のレストランで，私たちの隣のテーブルの誰かがタバコに火をつけた。私は日本人のホストに，喫煙者に外へ出るように頼んだ人は誰もいないのかと尋ねた。彼の返事は私を驚かせた──路上でタバコを吸うことは許されていないからね。屋内は大丈夫だが，屋外はよくないのだ。それは私たちが西洋で慣れていることの反対である。重要なのは，日本の規則の理由よりむしろ，文化的な相違が私たちをしばしば困惑させるという事実である。なぜなら，私たちは自分自身の視点が重要であるか，あるいは理にかなっている唯一のものだと考えているからである。同じことが霊長類学の分野にも当てはまるのだが，その霊長類学は日本人の先駆者たちに大きな恩恵をこうむっているのである。

　今日，私は京都で旧友の西田利貞に会ったのだが，彼は亡き伊谷純一郎の教え子であり，伊谷はまた日本の霊長類学の創始者である今西錦司の最

も傑出した教え子であった。今西は西洋の研究者よりかなり前に霊長類の行動と人間の進化の関係に興味を持っていた。1952 年に，今西は，動物を知性がなく機械的に行動するものと見なすことを批判する小冊子を書き，私たち自身以外の動物にも文化がある可能性を提起した。提案された文化の定義は単純なものであった——個々がお互いから学び合えば，時間がたつにつれて彼らの行動は他の集団の行動とは異なっていき，そうやって特有の文化を創り出すことになる。そのすぐ後に，彼の学生たちが，幸島の若い雌の猿によって始められた芋を洗う行動が，どのようにして次第にその群れの他のメンバーに広まったかを明らかにした。その群れは芋を洗う文化を発展させ，それは半世紀後の今日でも残っている。

また，今西は，観察者が動物に名前を付け，その血縁関係を理解するために何年も彼らを見守ることを主張した最初の人であった。彼の考え方は現在ではいたるところで見受けられ，本物のフィールドワーカーはみな個体の識別に基づいて長期的な研究を行い，動物で文化の伝達が行われるという考え方は今日の最も重要なテーマの１つである。しかし，それは現在のことであって，今西とその学生が 1958 年に調査結果を報告するためにアメリカの大学を訪ね歩いた時に彼らが受けたのは，嘲笑だけであった。動物に名前を付け彼らを社会的な存在であると見なすことによって動物を人間化する行為は，問題が多いと見なされていた。というのは，科学者は研究対象から距離を置くように訓練されていたからだ。当時のアメリカで最も偉大な霊長類学者のレイ゠カーペンターだけがその意味を理解し，日本の霊長類学の強力な支持者になった。彼は 3 回日本を訪れ，10 年以内には，霊長類を個別に識別するという実践が西洋の霊長類学分野の現場で取り入れられるようになった。

日本から西洋へこのような考え方の伝播が気づかれずにどのように行われたかをさらに理解するためには，私たちは東洋の文化を見る必要があり，言語の独占状態がどう科学に影響するかを認識する必要もある。プラトンの「存在の大いなる連鎖」は，人間を他のすべての動物の上に置くのだが，東洋哲学には存在しない。東洋のほとんどの伝統的な信念体系では，人間の魂が多くの形と外観で生まれ変わることができるので，すべての生き物が精神的に結びついている。人間は魚になることができるし，魚が神になることもできる。私たちの最も近い親類動物である霊長類が多くの東洋諸

国に生息しているという事実だけでも，生命の相互接続性に対する信念を強めるのに役立っている。進化が東洋では最小限にしか物議をかもさなかったのはほとんど驚くべきことではない。つまり，魂が猿から人間へ移りまた戻ってくることができると信じる場合には，進化は理にかなった考え方となる。伊谷が言ったように，「日本の文化は人々と動物の違いを強調しないので，動物を人間と見なすことに反対する考え方の呪縛から比較的自由な」のである。

　（動物文化を扱っている者のほとんどが今西に言及するのを忘れるか，もっと悪ければ，芋洗いの研究は単純で発想が悪いと主張するなど）日本人の手法が評価されないのは，一部には言葉の壁に起因するかもしれない。英語を母語としない人々が英語を母語とする世界で意見を聞いてもらうことは難しい。英語は私の母語ではないので，私は別の言語で書いて話すのに伴う努力をよく知っている——私の母語であるオランダ語は，たぶん他の言語と比べて最も英語に近いとしても，である。他の地域出身の科学者は 10 倍の努力をしなければならない。もちろん英語自体に問題はなく，他のどの言語よりも良くもなければ悪くもない。問題は英語を母語とする人々の態度である。

　下手な英語で表現されたすばらしい考えは，消えていくか，見栄えのするように作り直される。それは『ラ・カージュ・オ・フォール』のようなフランスの劇をハリウッドがリメイクするのに少し似ている。一旦『バードケージ』と名前が付くと，その原作はすぐに忘れられるのである。動物行動の研究に東洋の考え方が気づかれずに入り込んでいる 1 つの理由は，それがぎこちない表現と翻訳を通して文献に入り込み，その文献を英語を母語とする人がより良いものにできたからである。

　ある意味で，伝統的な西洋の二元主義と明らかに異なる見解が徐々に私たちの考えにどのように入っていくのかを見ることは喜ばしいことである。それは私たちが文化的な重荷を多少捨てるのに役立った。しかしながら，同時に，それが起こった方法は，他の文化や言語の集団が科学において声を求め適切な認知を得る時に経験する困難を示唆している。それぞれの文化は自身と自然との関係にあまりにも没頭しているので，一歩下がって自身をあるがままに見ることができない。全体像を得るためには，びっくりハウスのさまざまな鏡に映る像を比較するのに匹敵するような仕事をとも

に引き受ける，あらゆる種類の科学者を必要とする。そのひどく歪んだ情報のどこかに，真実が存在している。

■━━━━━━━━━◀解　説▶━━━━━━━━━■

▶[1] ① baffle「困惑させる」とほぼ同義となる 3. perplex「当惑させる」が正解。1.「誘惑する」　5.「嘲笑する」

② under our noses「気づかれぬが公然と」とほぼ同義となる 4. unnoticed「気づかれずに」が正解。1.「まともに」　2.「破滅的に」第 6 段第 3 文（One reason Eastern thinking could …）が同趣旨の内容を表し，unnoticed という語を使用しているのもヒントになる。

③ creep「（知らぬ間に）入り込む」とほぼ同義となる 4. slip「そっと入る」が正解。2.「こっそりのぞく」　3.「徹底的に調べる」

④ at odds with ～「～と異なって」とほぼ同義となる 2. incongruent with ～「～と一致しない」が正解。3.「～に無関心な」　4.「～に劣らない」

⑤ chuck out ～「～を捨てる」とほぼ同義となる 2. discard「放棄する」が正解。1.「記念する」

⑥ wrapped up「没頭して」とほぼ同義となる 3. immersed「熱中して」が正解。1.「気が散った」　5.「始められた」

▶[2] (ア)1.「自然は霊で満ちあふれているとする東洋の考え方」

2.「ダーウィンの進化論の考え方」

3.「動物を知性がなく機械的に行動するものと見なすこと」

4.「人間を知性がなく機械的に行動するものと見なすこと」

空所の前には criticized「批判した」とあり，空所の後では「私たち自身以外の動物にも文化がある可能性」に言及しているので，空所にはこれとは反対の内容の表現が入ると考えられる。よって，3 が正解。

(イ)1.「動物を人間と見なすことに反対する考え方」

2.「来世」

3.「生命の相互接続性」

4.「西洋の考え方の優越性」

空所直前の this belief の内容は，第 4 段第 3・4 文（In most traditional Eastern belief systems, … can become God.）に「人間の魂が…生まれ変わることができるので，すべての生き物が精神的に結びついている。人間

は魚になることができるし，魚が神になることもできる」であり，生命が相互に関連，接続していることを表す 3 が正解。

㈡ 1．「英語を母語とする人々の態度」

2．「フランスの劇の難しさ」

3．「東洋と西洋の哲学的な違い」

4．「オランダ人科学者の下手な英語」

第 5 段第 5 文（English itself is …）に「英語自体に問題はなく」とあるので，英語に関する他の部分に問題があることになる。よって，1 が正解。

▶［3］ア．名詞が入る。第 2 段第 3 文（In 1952, Imanishi wrote a little book …）の後半に「私たち自身以外の動物にも文化がある可能性を提起した」とあるので，3．culture が正解。

イ．形容詞が入る。第 3 段第 1 文（Imanishi was also the first to insist …）に「観察者が動物に名前を付け，…何年も彼らを見守ることを主張した最初の人」とあるので，7．radical「革新的な」が正解。

ウ．動詞が入る。第 3 段第 4 文（The act of humanizing animals …）に「…動物を人間化する行為は，問題が多いと考えられ，科学者は研究対象から距離を置くように訓練されていた」とあるように，今西の考え方は当時の西洋の考え方とは異なっていた。よって，1．challenged「異議を唱えた」が正解。

エ．動詞が入る。レイ＝カーペンターの行動であり，第 3 段第 5 文（Only the greatest American primatologist …）にレイ＝カーペンターが「日本の霊長類学の強力な支持者になった」とあるので，彼が今西の方法を西洋に導入する役割を果たしたと考えられる。よって，6．played が正解。

オ．動詞が入る。第 4 段最終文（As Itani put it, …）に，「日本の文化は人々と動物の違いを強調しないので，動物を人間と見なすことに反対する考え方の呪縛に比較的束縛されない」とあり，第 2・3 段にあるように，その考え方が日本の霊長類学に影響を与えているので，5．influences が正解。

カ．動詞が入る。第 5 段に，英語を母語としないが科学者が英語を母語とする地域で苦労することが述べられているが，それは裏返せば，西洋の科学は英語で書かれ話されていることを意味する。よって，2．circulates「読まれる」が正解。

キ．動名詞が入る。第5段第2文（It is hard for non-English speakers …）に「英語を母語としない人々が英語を母語とする世界で意見を聞いてもらうことは難しい」とあるので，そのような人々が「自分の研究」を世界に発信していくのは不利になる。よって，9．voicing「表明すること」が正解。

ク．動名詞が入る。最終段第4文（Each culture is too wrapped up …）に「それぞれの文化は…一歩下がって自身をあるがままに見ることができない」とあり，第5文（To gain a full picture …）には「全体像を得るためには，…ともに引き受けるあらゆる種類の科学者を必要とする」とある。自分の文化を絶対視するのではなく，あらゆる角度から検討する必要があると，著者は主張している。よって，8．relativizing「相対化すること」が正解。

ケ．名詞が入る。最終段最終文（Somewhere in that heavily distorted information …）に「そのひどく歪んだ情報のどこかに，真実が存在している」とある。相対化し他者と比較することで，本当の現実が垣間見えてくるのである。よって，4．glimpse「少し理解すること」が正解。

◆━◆━◆━●語句・構文●━◆━◆━◆━◆

（第1段）take *A* by surprise「*A* を驚かす」 be used to ～「～に慣れている」 not so much *A*, but *B*「*A* というよりむしろ *B*」 the fact that ～「～という事実」 assume *A* to be *B*「*A* を *B* と考える」 matter「重要である」 make sense「理にかなう」 apply to ～「～に当てはまる」 owe *A* to *B*「*A* について *B* の恩恵をこうむっている」

（第2段）meet with ～「(約束して)～と会う」 in turn「順に続いてそれがまた」 well before ～「～のかなり前に」 counterpart「(対応する)研究者」 raise「提起する」 the possibility that ～「～という可能性」 Soon thereafter「そのすぐ後に」 demonstrate「明らかにする」 cumulatively「次第に」

（第3段）so that ～「～するために」 all around us「いたるところで見受けられ」 based on ～「～に基づいて」 that is now「それは現在のことである」 see *A* as *B*「*A* を *B* と見なす」 keep a distance from ～「～から距離を置く」

（第4段）To further understand「さらに理解するために」 take place

「起こる」 appreciate「認識する」 be absent from ～「～には存在しない」 reincarnate「生まれ変わる」 The fact that ～「(同格)～という事実」の述語動詞は has helped。be native to ～「(土地) に生まれた，～に自生している」 help to *do*「～するのに役立つ」 as *A* put it「*A* が言ったように」 be free from ～「～に束縛されない」

(第 5 段) The lack of credit for ～「～が評価されないこと」 forget to *do*「～し忘れる」 or worse「さらに悪ければ」 be attributed to ～「～に起因する」 make themselves heard「自分たちの声を聞いてもらう，意見を聞いてもらう」 be familiar with ～「～をよく知っている」 *A* involved in *B*「*B* に伴う *A*」

(第 6 段) formulated「表現された」 be erased「忘れられる」 filter into ～「～に入り込む」 関係代名詞 that の先行詞は the literature「文献」。improve upon ～「～をより良いものにする」

(最終段) help *A do*「*A* が～するのに役立つ」 hint at ～「～を示唆する」 too *A* to *do*「あまりに *A* なので～できない」 as it is「あるがままに」 take on ～「～を引き受ける」 *A* equivalent to *B*「*B* に匹敵する *A*」 最終文は倒置形で the truth が主語。reside「存在する」

3 解答

[1]①－1　②－3　③－2　④－2　⑤－2
[2]－1　[3]－1・4・5 (順不同)

[4] (1)(… Mr. Hiyoshi is that she has) feelings / fallen (for him.)
(2) (To regain one's composure means to) become calm again (.)

━━━━━◆全　訳◆━━━━━━━━━━━━━━━━━━

≪レストランでの男女の会話≫

(静かなレストランで。奥のテーブルで，男女 2 人が話をしている。女性はイライラしているようだ。彼女は水の入ったグラスを何度も口元に持っていくが一口も飲んでいない)

ヤガミ：それで，結婚式の準備はどうなの？　すべて順調なの？

ヒヨシ：大体はね。招待状は来週発送されるよ。もちろん君も招待されているよ。

ヤガミ：(笑おうとして) それはすばらしいわね。あなた方 2 人は素敵な夫婦になると思うわ。

ヒヨシ：ところで，君たちの計画の方はどうなんだい？　すべてまだ４月
　　　　に向けて進んでいるんだよね？

　　　　（ヤガミさんは涙をこらえているように見える。彼女は何も言わない）

ヒヨシ：ぼくがまずいことを言ったなんて言わないでくれよ。君たち２人
　　　　の間は変わりはないんだろ？

ヤガミ：（落ち着きを取り戻そうとしながら）私たち結婚式はやめたわ。
　　　　何かしっくりしなかっただけ。

ヒヨシ：全く知らなかった。すまない。ぼくに何かできることはあるか
　　　　な？

ヤガミ：（再び少し感情的になりながら）私たちはお互いにもう会わない
　　　　ほうがいいわ。つまり，今みたいに。友人として。

ヒヨシ：でも，なぜ？　ぼくたちはいつもお互いに力になってきたよね？
　　　　つまり，友人としてね。

ヤガミ：（持ち物を集め立ち去る用意をしながら）こんなことをして申し
　　　　訳ないんだけど，今夜は勘定を払ってもらえないかしら？　もうここ
　　　　にはいられないの。

ヒヨシ：（ヤガミさんを後ろから呼び止めて）座ってくれ。ちょっと話さ
　　　　ないか？

　　　　（ヤガミさんは雨の夜へと歩み出していく。心の中で，彼女は自分の
　　　　人生はいつメロドラマのようになったのだろう，そして男は時々なぜ
　　　　鈍感になるのだろうかと考えている。彼女は急いでタクシーを呼び止
　　　　め，立ち去る）

━━━━■ ◀解　説▶ ■━━━━

▶[1]　①下線部の More or less は「大体は」という意味で使われる。2
は「概して」，3 は「大部分は」，4 は「全体としては」という意味で，下
線部と同じ意味になる。1 は「大きな困難にもかかわらず」という意味で，
これだけが下線部の意味と異なる。よって，1 が正解。

②下線部の put *one's* foot in it は「まずいことを言う」という意味なので，
say something tactless「機転の利かないことを言う」の 3 が正解。1．
「自分を傷つける」　2．「物事をあわてて行う」　4．「権威を何かに押し
付ける」

③下線部の call *A* off は「*A* を中止する」という意味なので，cancel it

「それを中止する」の２が正解。４．「それを延期する」

④下線部の be there for 〜 は「〜（人）の力になる」という意味なので，２．provide support「支援を提供する」が正解。１．「人に自由を与える」　３．「人を許す」

⑤下線部の foot the bill は「勘定を払う」という意味なので，pay the bill「勘定を払う」の２が正解。４．「割り勘にする」

▶［２］会話文の最後のト書きに「男は時々なぜ鈍感になるのだろうかと考えている」とあるので，表題としては，１．「彼は少しもわかっていない」が最適である。４．「秘密の恋人たち」

▶［３］１．「ヒヨシ氏の結婚式の計画はかなり順調に進んでいる」
ヒヨシ氏が１番目の発言で「招待状が来週発送される」と言っているので，一致する。

２．「ヤガミさんは婚約者と元の関係に戻ることにまだ楽観的である」
ヤガミさんの３番目の発言に，「しっくりしなかった」とあるので，一致しない。

３．「ヒヨシ氏は自分とヤガミさんが友人でいることは不可能だと同意している」
ヒヨシ氏が５番目の発言で，「なぜ（もう友人として会わない方がいいのか）？　ぼくたちはいつもお互いに力になってきたよね？　つまり，友人としてね」と言っているので，一致しない。

４．「ヤガミさんは，自分の人生はあまりにもドラマチックになっていると信じている」
会話文の最後のト書きに「彼女は自分の人生はいつメロドラマのようになってしまったのだろう…と考えている」とあるので，一致する。

５．「ヒヨシ氏はヤガミさんが結婚式を中止したと聞いて驚いた」
ヒヨシ氏の４番目の発言に，「全く知らなかった」とあるので，結婚式の中止を初めて聞いて，ヒヨシ氏は驚いたと考えられる。よって，一致する。

６．「ヤガミさんは経済的な理由で結婚式を中止した」
ヤガミさんの３番目の発言に，「しっくりしなかった」という理由を挙げているので，一致しない。

７．「ヤガミさんはレストランのサービスにがっかりした」
会話文中に記述がないので，不一致となる。

8.「ヤガミさんは過去にヒヨシ氏の婚約者を好ましくないと思うと表明している」

ヤガミさんが過去にそのような発言をしたという記述は会話文中にないので，不一致となる。

▶[4] (1)会話文の最後のト書きで，ヤガミさんは「男は時々なぜ鈍感になるのだろうかと考えている」とある。これはヤガミさんがヒヨシ氏に対して何らかの思いを抱いているのだが，ヒヨシ氏がそれに気づいてくれないことを示唆している。よって，「(強い) 感情，気持ち」を表す feelings が正解。複数形にする。「～に強く引きつけられる」という意味の fall for ～としてもよいだろう。

(2)波線部の regain *one's* composure は「落ち着きを取り戻す」という意味なので become calm again「再び冷静になる」が正解。

4 解答

① challenges　② desired　③ artificial　④ efficiency
⑤ reducing　⑥ potentially　⑦ enhanced
⑧ renewable

◀解　説▶

①和文第2文の「課題」にあたる名詞。複数形にする。

②和文第3文の「所望の」にあたる形容詞。「望ましい」と考える。desirable は人物・事柄が「望ましい」という意味なので，不適。

③和文第4文の「人工(の)」にあたる形容詞。

④和文第4文の「効率」にあたる名詞。

⑤和文第4文の「減らしつつあり」にあたる現在分詞。while (it is) reducing と補って考える。

⑥和文第6文の「潜在的に」にあたる副詞。

⑦和文第7文の「増強 (された)」にあたる過去分詞。improved と同様に後方の名詞を修飾する分詞形容詞。

⑧和文第7文の「再生可能 (な)」にあたる形容詞。

❖講　評

　2018 年度以降，大問数が２つ減って大問４題となったが，2020 年度も同じく大問４題で，読解問題２題，会話文問題１題，語彙問題１題という構成であった。アクセント問題と語形変化の問題は読解問題に含まれるようになった。

　読解問題：**1** は，教会の牧師が統計学に基づいて予測を立てて遺族年金基金を設立し，それが現在では世界で最大の年金と保険の会社の１つになっていることを扱った英文である。１文が長いものが多く，読みこなすのに慣れが必要である。段落整序という新傾向の設問が出題されているが，指示内容に注目すれば答えを出すことは難しくない。発音では，アクセント問題が出題されているが，標準的なものである。同意表現，空所補充も標準的なものなので，**1** でできるだけ高得点を取りたい。

　2 は，日本の霊長類研究の方法が西洋ではなかなか受け入れられなかったが，現在ではその方法が一般的になっていることを例として挙げ，言語的・文化的な背景が科学研究に影響を与え，その結果科学研究が欧米中心になっていることを批判する論説文である。語彙レベルが高く，後半の内容は哲学的で抽象度が高いので，高度な読解力が求められる。[3]の要約文の完成問題は品詞や語形を絞り込んで考えると，時間の節約になる。

　会話文問題：**3** は，レストランでの男女の会話で，男女間の感情の機微を扱ったものである。見慣れない会話表現もあるが，会話の流れや場面をしっかりと理解していけば，正解にたどり着く。ト書きの部分にも注意を払う必要がある。

　文法・語彙問題：**4** は，与えられた和文にあわせて，英文中の空所に単語を補充する問題である。補うべき語には最初の１文字が示されている。英文と和文を丁寧に照合していけば，正解を得られる。品詞や語形変化にも注意を払う必要がある。

　大問数は 2019 年度と同じだが，問題英文の量が **1**，**2** とも増加しているので，やや難化している。難解な科学的な素材が含まれ，高い語彙レベルも要求されるので，時間的な余裕はない。

数学

1 **◇発想◇** (1), (2)ともに軌跡の問題であるが，(1)は複素数平面，(2)は微分法，ベクトルとの融合問題になっている。

(1)(i)図を描けば直観的に答えられる。M を表す複素数を α として，α を z_2 で表すとよい。M の座標を (X, Y) として座標平面上で考えてもよい。(ii)$z_2\overline{z_1}=\dfrac{1}{2}+\dfrac{\sqrt{3}}{2}i$ は，$z_2=\left(\dfrac{1}{2}+\dfrac{\sqrt{3}}{2}i\right)z_1$ と変形できる。z_1 と z_2 はどのような位置関係にあるのだろうか。

(2)放物線 C_1 上の点の座標を文字で置いて，その点での接線の方程式を作り，点 P がその接線上にあると考える定型的な解法を用いればよい。ベクトルの部分は基本的である。点 R の軌跡の方程式を求めるには，R の座標が t で表されていなければならない。$\overrightarrow{PR}$ の成分から R の座標が求まるわけではないので注意しよう。$\overrightarrow{PR}=\overrightarrow{OR}-\overrightarrow{OP}$ のように始点を O に統一しなければならない。

解答 (1) (ア)$\dfrac{\pi}{8}$　(イ)$\dfrac{\sqrt{3}}{3}\pi$

(2) (ウ)$t-2$　(エ)$\dfrac{1}{5}$　(オ)$\dfrac{2}{5}$　(カ)$x^2+\dfrac{16}{25}$

◀解　説▶

≪複素数平面上の点の軌跡，放物線の接線と軌跡の方程式≫

▶(1)　$z=x+yi$（x, y は実数）が，$|z|=1$ かつ $y\geqq0$ を満たしながら動くとき，点 z の描く図形 C は，原点を中心とする半径 1 の円の上半分である（右図）。

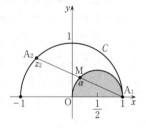

(i)　C 上の 2 点 $A_1(1)$，$A_2(z_2)$ の中点 M を表す複素数を α とすると

$$\alpha=\frac{1+z_2}{2} \quad\text{すなわち}\quad z_2=2\alpha-1$$

が成り立つ。z_2 が C 上にあることより，$|z_2|=1$ かつ $(z_2\text{ の虚部})=\dfrac{z_2-\overline{z_2}}{2i}$

$\geqq 0$ であるから

$$|2\alpha-1|=1 \quad\text{すなわち}\quad \left|\alpha-\dfrac{1}{2}\right|=\dfrac{1}{2}$$

$$\dfrac{(2\alpha-1)-(2\overline{\alpha}-1)}{2i}\geqq 0,\quad 2\times\dfrac{\alpha-\overline{\alpha}}{2i}\geqq 0 \quad\text{すなわち}\quad (\alpha\text{ の虚部})\geqq 0$$

となるので，$\mathrm{M}(\alpha)$ の描く図形は，点 $\dfrac{1}{2}$ を中心とする半径 $\dfrac{1}{2}$ の円の上半

分となる。したがって，求める面積（上図の網かけ部分の面積）は

$$\dfrac{1}{2}\pi\left(\dfrac{1}{2}\right)^2=\dfrac{\pi}{8}\quad\rightarrow\!(\mathcal{T})$$

である。

〔注〕　$z=x+yi$（x，y は実数）のとき，$\overline{z}=x-yi$ であるから

$$(z\text{ の実部})=x=\dfrac{z+\overline{z}}{2},\quad (z\text{ の虚部})=y=\dfrac{z-\overline{z}}{2i}$$

と表せる。

なお，$\overline{z_2}=\overline{2\alpha-1}=\overline{2\alpha}-\overline{1}=2\overline{\alpha}-1$ である。

(ii)　2 点 $\mathrm{A}_1(z_1)$，$\mathrm{A}_2(z_2)$ が $z_2\overline{z_1}=\dfrac{1}{2}+\dfrac{\sqrt3}{2}i$ を満たしながら C 上を動くと

き，2 点 A_1，A_2 の中点Mを表す複素数を β とする。$|z_1|^2=z_1\overline{z_1}=1$ より，

$\overline{z_1}=\dfrac{1}{z_1}$ であるから，$z_2\overline{z_1}=\dfrac{1}{2}+\dfrac{\sqrt3}{2}i$ は $z_2=\left(\dfrac{1}{2}+\dfrac{\sqrt3}{2}i\right)z_1$ と表せるので

$$\beta=\dfrac{z_1+z_2}{2}=\dfrac{z_1+\left(\dfrac{1}{2}+\dfrac{\sqrt3}{2}i\right)z_1}{2}=\dfrac{1}{2}\left(\dfrac{3}{2}+\dfrac{\sqrt3}{2}i\right)z_1$$

$$=\dfrac{\sqrt3}{2}\left(\dfrac{\sqrt3}{2}+\dfrac{1}{2}i\right)z_1=\dfrac{\sqrt3}{2}\left(\cos\dfrac{\pi}{6}+i\sin\dfrac{\pi}{6}\right)z_1$$

である。よって

$$|\beta|=\dfrac{\sqrt3}{2}\left|\cos\dfrac{\pi}{6}+i\sin\dfrac{\pi}{6}\right||z_1|=\dfrac{\sqrt3}{2}\times1\times1=\dfrac{\sqrt3}{2}$$

$$\arg\beta=\dfrac{\pi}{6}+\arg z_1$$

である。

$0 \leqq \arg z_1 \leqq \pi,\ 0 \leqq \arg z_2 \leqq \pi$ であるが，$z_2 = \left(\dfrac{1}{2} + \dfrac{\sqrt{3}}{2}i\right)z_1 = \left(\cos\dfrac{\pi}{3} + i\sin\dfrac{\pi}{3}\right)z_1$

より，$\arg z_2 = \dfrac{\pi}{3} + \arg z_1$ であるから

$$0 \leqq \arg z_1 \leqq \dfrac{2}{3}\pi \qquad \text{すなわち} \qquad \dfrac{\pi}{6} \leqq \arg\beta \leqq \dfrac{5}{6}\pi$$

である。よって，$M(\beta)$ の描く図形は，右図

の太線部分 $\left(\text{原点を中心とする半径}\dfrac{\sqrt{3}}{2}\text{の円の}\right.$

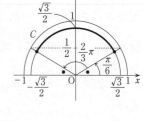

中心角 $\dfrac{2}{3}\pi$ に対する円弧$\Big)$ になる。この曲線の

長さは，（半径）×（中心角）により

$$\dfrac{\sqrt{3}}{2} \times \dfrac{2}{3}\pi = \dfrac{\sqrt{3}}{3}\pi \quad \rightarrow (イ)$$

である。

別解　（i）＜xy 座標を利用する方法＞

図形 C は，$x^2 + y^2 = 1$ かつ $y \geqq 0$ を満たす点の集合である。C 上の点
$A_1(1,\ 0)$，$A_2(x_2,\ y_2)$ に対して，線分 A_1A_2 の中点Mの座標を $(X,\ Y)$
とする。このとき

$$x_2{}^2 + y_2{}^2 = 1,\ y_2 \geqq 0$$

$$X = \dfrac{1 + x_2}{2},\ Y = \dfrac{0 + y_2}{2} \qquad \text{すなわち} \qquad x_2 = 2X - 1,\ y_2 = 2Y$$

が成り立つから

$$(2X - 1)^2 + (2Y)^2 = 1,\ 2Y \geqq 0$$

すなわち

$$\left(X - \dfrac{1}{2}\right)^2 + Y^2 = \left(\dfrac{1}{2}\right)^2,\ Y \geqq 0$$

となり，Mの描く図形は，点 $\left(\dfrac{1}{2},\ 0\right)$ を中心とする半径 $\dfrac{1}{2}$ の円の上半分

であることがわかる。よって，Mが描く曲線と実軸（x 軸）で囲まれた部

分の面積は，$\dfrac{1}{2} \times \pi\left(\dfrac{1}{2}\right)^2 = \dfrac{\pi}{8}$ である。

(ii) ＜図形的に考察する方法＞

条件 $z_2\overline{z_1}=\dfrac{1}{2}+\dfrac{\sqrt{3}}{2}i$ の両辺に z_1 をかける

と

$$z_2\overline{z_1}z_1=\left(\dfrac{1}{2}+\dfrac{\sqrt{3}}{2}i\right)z_1$$

ここで，$\overline{z_1}z_1=|z_1|^2=1$ であるから

$$z_2=\left(\dfrac{1}{2}+\dfrac{\sqrt{3}}{2}i\right)z_1=\left(\cos\dfrac{\pi}{3}+i\sin\dfrac{\pi}{3}\right)z_1$$

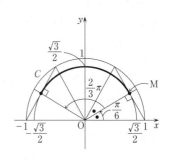

となるので，$\angle z_1 O z_2=\dfrac{\pi}{3}$ である。また，$|z_1|=|z_2|=1$ より，3 点 $A_1(z_1)$，$A_2(z_2)$，$O(0)$ を結んでできる三角形は正三角形である。したがって，原点と線分 A_1A_2 の中点 M の距離 OM はつねに $\dfrac{\sqrt{3}}{2}$ である。正三角形が成立する範囲を考えれば，M の描く図形は上図の太線（円弧）になる。この曲線の長さは，$\left(2\times\dfrac{\sqrt{3}}{2}\right)\pi\times\dfrac{\frac{2}{3}\pi}{2\pi}=\dfrac{\sqrt{3}}{3}\pi$ である。

▶(2)　$\begin{cases} C_1:y=x^2 \quad (y'=2x) \\ C_2:y=x^2-4 \end{cases}$

C_1 上の点 $(s,\ s^2)$ における C_1 の接線の方程式は

$$y-s^2=2s(x-s)$$

$$\therefore\quad y=2sx-s^2$$

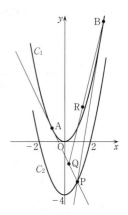

である。この接線が点 $P(t,\ t^2-4)$ を通るとき

$$t^2-4=2st-s^2$$

が成り立つ。これを s について解くと

$$s^2-2ts+t^2-4=0$$

$$\{s-(t+2)\}\{s-(t-2)\}=0$$

$$\therefore\quad s=t\pm 2$$

となる。接点 A の x 座標は接点 B の x 座標より小さいのであるから，点 A の x 座標は

$$t-2 \quad \rightarrow\text{(ウ)}$$

となる。A $(t-2,\ (t-2)^2)$, B $(t+2,\ (t+2)^2)$ である。線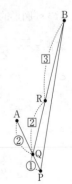
分 PA を $1:2$ に内分する点が Q であるから

$$\overrightarrow{PQ}=\frac{1}{3}\overrightarrow{PA}$$

であり，線分 QB を $2:3$ に内分する点が R であるから

$$\overrightarrow{QR}=\frac{2}{5}\overrightarrow{QB}$$

である。このとき

$$\overrightarrow{PR}=\overrightarrow{PQ}+\overrightarrow{QR}=\frac{1}{3}\overrightarrow{PA}+\frac{2}{5}\overrightarrow{QB}=\frac{1}{3}\overrightarrow{PA}+\frac{2}{5}\left(\overrightarrow{PB}-\overrightarrow{PQ}\right)$$

$$=\frac{1}{3}\overrightarrow{PA}+\frac{2}{5}\overrightarrow{PB}-\frac{2}{5}\times\frac{1}{3}\overrightarrow{PA}$$

$$=\frac{1}{3}\left(1-\frac{2}{5}\right)\overrightarrow{PA}+\frac{2}{5}\overrightarrow{PB}=\frac{1}{5}\overrightarrow{PA}+\frac{2}{5}\overrightarrow{PB}\quad\rightarrow(エ),\ (オ)$$

である。ベクトルの始点を O に変えると，これは

$$\overrightarrow{OR}-\overrightarrow{OP}=\frac{1}{5}\left(\overrightarrow{OA}-\overrightarrow{OP}\right)+\frac{2}{5}\left(\overrightarrow{OB}-\overrightarrow{OP}\right)$$

$$\therefore\quad \overrightarrow{OR}=\frac{1}{5}\overrightarrow{OA}+\frac{2}{5}\overrightarrow{OB}+\frac{2}{5}\overrightarrow{OP}$$

となる。ここに，$\overrightarrow{OA}=(t-2,\ (t-2)^2)$, $\overrightarrow{OB}=(t+2,\ (t+2)^2)$,
$\overrightarrow{OP}=(t,\ t^2-4)$ を用いると

$$\overrightarrow{OR}=\frac{1}{5}(t-2,\ (t-2)^2)+\frac{2}{5}(t+2,\ (t+2)^2)+\frac{2}{5}(t,\ t^2-4)$$

$$=\left(\frac{t-2+2(t+2)+2t}{5},\ \frac{(t-2)^2+2(t+2)^2+2(t^2-4)}{5}\right)$$

$$=\left(\frac{5t+2}{5},\ \frac{5t^2+4t+4}{5}\right)=\left(t+\frac{2}{5},\ t^2+\frac{4}{5}t+\frac{4}{5}\right)$$

となり，R の座標を $(X,\ Y)$ とおけば

$$X=t+\frac{2}{5},\ \ Y=t^2+\frac{4}{5}t+\frac{4}{5}=\left(t+\frac{2}{5}\right)^2+\frac{16}{25}$$

である。t を消去すると，$Y=X^2+\dfrac{16}{25}$ となるから，点 R $(x,\ y)$ の軌跡の
方程式は

$$y = x^2 + \frac{16}{25} \quad \to \text{(カ)}$$

である。

2

◆発想◆　(1)証明すべき命題を整理して，仮定と結論を逆にしないように注意する。

(2)図を描けば直観的に答えられる。論証には，放物線の方程式と円の方程式から y を消去した x の方程式 $F(x) = 0$ を考察する。微分法の応用である。4次関数のまま考察してもよいが，文字定数を分離して，分数関数のグラフを考えるとわかりやすい。

(3)図形的に(2)を答えた場合は，(1)を利用する。共有点が1つであれば $F(x) = 0$ が2重解をもつので，$F(\alpha) = 0$ かつ $F'(\alpha) = 0$ から α と k が求まる。(2)をきちんと考察すればその中に結論がある。

解答　(1)　整式 $P(x)$ に対して，$x = \alpha$ が方程式 $P(x) = 0$ の2重解であるならば，$P(x) = (x - \alpha)^2 Q(x)$ （$Q(x)$ は整式）と表せる。積の微分法を用いてこの式を x で微分すると

$$P'(x) = 2(x - \alpha)Q(x) + (x - \alpha)^2 Q'(x)$$
$$= (x - \alpha)\{2Q(x) + (x - \alpha)Q'(x)\}$$

となるから，$x = \alpha$ は方程式 $P'(x) = 0$ の解となる。

したがって，$x = \alpha$ が $P'(x) = 0$ の解となることは，$x = \alpha$ が $P(x) = 0$ の2重解となるための必要条件である。　　　　　　　　（証明終）

(2)　(キ) 2　(3)　(ク) 3　(ケ) $\pm\dfrac{\sqrt{3}}{9}$

━━━━━━◀解　説▶━━━━━━

≪放物線と円の共有点の個数≫

▶(1)　命題 $p \Longrightarrow q$ が真であるとき，q を p であるための必要条件，p を q であるための十分条件という。よって

$$\begin{pmatrix} x = \alpha \text{ が方程式 } P(x) = 0 \\ \text{の2重解となる} \end{pmatrix} \Longrightarrow \begin{pmatrix} x = \alpha \text{ が方程式 } P'(x) = 0 \\ \text{の解となる} \end{pmatrix}$$

を示せばよい。

▶(2)
$$\begin{cases} C_1 : y = kx^2 \quad (k \neq 0) \quad \cdots\cdots ① \\ C_2 : (x-5)^2 + y^2 = 7 \quad \cdots\cdots ② \end{cases}$$

放物線 C_1 と円 C_2 の共有点の個数は，①と②から y を消去してできる x の 4 次方程式

$$(x-5)^2 + (kx^2)^2 = 7$$

すなわち

$$k^2 x^4 + x^2 - 10x + 18 = 0 \quad \cdots\cdots ③$$

の異なる実数解の個数に一致する。ただし

$$y^2 = 7 - (x-5)^2 \geqq 0 \quad より \quad 5 - \sqrt{7} \leqq x \leqq 5 + \sqrt{7} \quad \cdots\cdots ④$$

である。③の左辺を $F(x)$ とおく。

$$F(x) = k^2 x^4 + x^2 - 10x + 18 \quad (k \neq 0) \quad \cdots\cdots ⑤$$

$x = 5 \pm \sqrt{7}$ は $x^2 - 10x + 18 = 0$ を満たす $(x = 5 \pm \sqrt{7} \Longrightarrow (x-5)^2 = (\pm\sqrt{7})^2 \Longrightarrow x^2 - 10x + 18 = 0)$ ので，⑤より

$$F(5 \pm \sqrt{7}) = k^2(5 \pm \sqrt{7})^4 \quad （複号同順）$$

であるから，$k \neq 0$, $0 < 5 - \sqrt{7} < 5 + \sqrt{7}$ により

$$0 < F(5 - \sqrt{7}) < F(5 + \sqrt{7})$$

が成り立つ。

$$F'(x) = 4k^2 x^3 + 2x - 10$$
$$F''(x) = 12k^2 x^2 + 2 > 0$$

$F''(x) > 0$ より $F'(x)$ は単調増加関数であり，$F'(0) < 0$, $F'(5) > 0$ より $F'(x) = 0$ は，ただ 1 つの実数解を 0 と 5 の間にもつ。その実数解を α とおくと，③が，④を満たす重解をもつための条件は

$$\begin{cases} 5 - \sqrt{7} \leqq \alpha \leqq 5 + \sqrt{7} \\ F'(\alpha) = 0 \\ F(\alpha) = 0 \end{cases}$$

x	$5 - \sqrt{7}$	$\cdots$	α	$\cdots$	$5 + \sqrt{7}$
$F'(x)$		$-$	0	$+$	
$F(x)$	正	↘	$F(\alpha)$	↗	正

が同時に成り立つことである。

$F'(\alpha) = 0$ より　$4k^2\alpha^3 + 2\alpha - 10 = 0$　∴　$4k^2\alpha^4 + 2\alpha^2 - 10\alpha = 0$

$F(\alpha) = 0$ より　$k^2\alpha^4 + \alpha^2 - 10\alpha + 18 = 0$　∴　$4k^2\alpha^4 + 4\alpha^2 - 40\alpha + 72 = 0$

辺々引いて k を消去すると

$$2\alpha^2 - 30\alpha + 72 = 0 \quad 2(\alpha - 3)(\alpha - 12) = 0$$

∴　$\alpha = 3,\ 12$

$5 - \sqrt{7} \leqq \alpha \leqq 5 + \sqrt{7}$ であるから，$\alpha = 3$ である。よって

$$F'(3)=4k^2\times3^3+2\times3-10=108k^2-4=0 \qquad \therefore \quad k^2=\frac{4}{108}=\frac{1}{27}$$

また，$F(3)=k^2\times3^4+3^2-10\times3+18=81k^2-3$ は極小値を表すので

$$81k^2-3<0 \qquad つまり \qquad k^2<\frac{1}{27}$$

のとき，③は④の範囲で異なる 2 つの実数解をもつ。

したがって，C_1 と C_2 の共有点の個数は最大で

　　2 個　→(キ)

である。

▶(3)　C_1 と C_2 の共有点の個数がちょうど 1 個となるとき，共有点の x 座標は，(2)の考察から，k の値によらず

　　3　→(ク)

である。また，このときの k の値は

$$k^2=\frac{1}{27} \qquad より \qquad k=\pm\frac{\sqrt{3}}{9} \quad →(ケ)$$

である。

〔注〕　右図から，C_1 と C_2 の共有点の個数は，0 個，1 個，2 個のいずれかであることがわかるから，(キ)には 2 が入る。このように答えた場合は，(3)を解くに当たって，(1)が重要になる。③を作り，⑤とおいて

　　$F'(\alpha)=0$　　かつ　　$F(\alpha)=0$

から α を求めることになる。ただし，α は④を満たさなければならない。

別解　(2)・(3)　＜定数 k^2 を分離する方法＞

放物線 $C_1：y=kx^2 \ (k\neq0)$ と円 $C_2：(x-5)^2+y^2=7$ の共有点の x 座標は，4 次方程式 $(x-5)^2+(kx^2)^2=7$ を変形した方程式

$$k^2=\frac{-x^2+10x-18}{x^4} \qquad (5-\sqrt{7}\leq x\leq5+\sqrt{7}) \quad \cdots\cdots(*)$$

の実数解で与えられる。この実数解は，直線 $y=k^2$ と，分数関数

$$f(x)=\frac{-x^2+10x-18}{x^4}$$

のグラフの共有点の x 座標となる。

$$f'(x) = \frac{(-2x+10)\,x^4 - (-x^2+10x-18) \times 4x^3}{x^8}$$

$$= \frac{2\,(x^2-15x+36)}{x^5}$$

$$= \frac{2\,(x-3)\,(x-12)}{x^5}$$

であるから，$5-\sqrt{7} \leqq x \leqq 5+\sqrt{7}$ における $f(x)$ の増減は右表のようになる。

x	$5-\sqrt{7}$	$\cdots$	3	$\cdots$	$5+\sqrt{7}$
$f'(x)$		$+$	0	$-$	
$f(x)$	0	$\nearrow$	$\dfrac{1}{27}$	$\searrow$	0

$x = 5 \pm \sqrt{7}$ のとき
$x^2 - 10x + 18 = 0$

$y = k^2$ は x 軸に平行な直線を表し，$y > 0$ であるから，(*) の実数解の個数は

$k^2 > \dfrac{1}{27}$ のとき　　0 個

$k^2 = \dfrac{1}{27}$ のとき　　1 個

$0 < k^2 < \dfrac{1}{27}$ のとき　　2 個

となる。

したがって，共有点の個数は最大で 2 個であり，共有点が 1 個となるときの共有点の x 座標は 3，k の値は $k^2 = \dfrac{1}{27}$ より，$k = \pm \dfrac{\sqrt{3}}{9}$ である。

---

3 ◆発想◆ (1)は復元抽出で，(2)，(3)は非復元抽出であることに注意しよう。

(1) 2 回の操作でコインの表裏の出方は 4 通りある。それぞれについて赤い玉だけが取り出される確率を求め加える。条件付き確率の方は，5 個の玉が取り出された時点で，それらがすべて赤い玉である確率を求めればよい。定義に従って計算してもよい。

(2) 取り出した玉を箱に戻さないから，2 回目の操作における確率を慎重に計算する。

(3)場合分けして丹念に計算すればできるが，少々複雑である。
上手に考えたい。赤い玉 3 個，白い玉 3 個が取り出される確率は
容易である。コイン投げで 3 回とも裏が出る確率に等しい。

解答

(1)　(コ)$\dfrac{49}{400}$　(サ)$\dfrac{1}{50}$　(2)　(シ)$\dfrac{3}{40}$

(3)　(ス)$\dfrac{9}{5}p^2(1-p)$　(セ)$\dfrac{5}{7}$

◀解　説▶

≪コインの表裏に応じて箱から玉を取り出すときの確率≫

▶(1)　赤い玉と白い玉が 3 個ずつ入った箱から 1 個の玉を取り出すとき，

その玉の色が赤である確率は $\dfrac{3}{6}=\dfrac{1}{2}$ であり，2 個の玉を同時に取り出すと

き，2 個とも赤である確率は $\dfrac{{}_3\mathrm{C}_2}{{}_6\mathrm{C}_2}=\dfrac{1}{5}$ である。

表の出る確率が $p=\dfrac{1}{2}$，裏の出る確率が $1-p=\dfrac{1}{2}$ のコインを投げて，表が

出た場合は 1 個の玉を箱から取り出し，裏が出た場合は 2 個の玉を同時に
箱から取り出す操作を繰り返すとき，各操作で取り出した玉はもとの箱に
戻すものとするから，事象 A, B を

A：コインの表が出て，赤い玉を 1 個取り出す

B：コインの裏が出て，赤い玉を 2 個取り出す

とするとき，A の起こる確率は $\dfrac{1}{2}\times\dfrac{1}{2}=\dfrac{1}{4}$，$B$ の起こる確率は $\dfrac{1}{2}\times\dfrac{1}{5}=\dfrac{1}{10}$

である。

2 回の操作で取り出した玉の色がすべて赤である確率は，互いに排反な 4
つの事象，$A\to A$, $A\to B$, $B\to A$, $B\to B$（$A\to B$ は，1 回目に A が起こり，
2 回目に B が起こることを表す）の確率の和として計算されるから

$$\left(\dfrac{1}{4}\right)^2+\dfrac{1}{4}\times\dfrac{1}{10}+\dfrac{1}{10}\times\dfrac{1}{4}+\left(\dfrac{1}{10}\right)^2=\dfrac{1}{16}+\dfrac{1}{40}+\dfrac{1}{40}+\dfrac{1}{100}=\dfrac{49}{400}\quad\to(コ)$$

である。次に事象 C, D を

C：3 回の操作で 5 個の玉を取り出す

D：3 回の操作で取り出した玉の色がすべて赤である

とする。C が起こるのは，3回の操作のうち，コインの表が出る回数が1回，裏が出る回数が2回の場合に限られる。このとき，コインの表・裏の出方は，何回目に表が出るかによって3通りあるから，C の起こる確率 $P(C)$ は

$$P(C) = 3 \times \left(\frac{1}{2}\right)^3 = \frac{3}{8}$$

である。また，$C \cap D$ の起こる確率 $P(C \cap D)$ は，互いに排反な3つの事象 $A \to B \to B$, $B \to A \to B$, $B \to B \to A$ の確率の和として計算されるから

$$P(C \cap D) = \frac{1}{4} \times \left(\frac{1}{10}\right)^2 + \frac{1}{10} \times \frac{1}{4} \times \frac{1}{10} + \left(\frac{1}{10}\right)^2 \times \frac{1}{4} = \frac{3}{400}$$

である。したがって，3回の操作で取り出した玉の総数が5個であるという条件の下で，取り出した玉の色がすべて赤である条件付き確率は

$$\frac{P(C \cap D)}{P(C)} = \frac{3}{400} \times \frac{8}{3} = \frac{1}{50} \quad \to(サ)$$

である。

参考 上では，条件付き確率の定義に従って計算したが，本問では，取り出した玉の総数が5個であることを前提として考えればよいので，次のように簡単に結果を得ることができる。

どのような順番であれ，コインは表が1回，裏が2回出たのであるから，そのとき取り出された玉の色がすべて赤である確率は，$\frac{1}{2} \times \frac{1}{5} \times \frac{1}{5} = \frac{1}{50}$ である。

▶(2)　各操作で取り出した玉は箱に戻さないものとするのだから，2回の操作で，2回ともコインの表が出て，取り出した玉の色が2個とも赤である確率は，$\left(p \times \frac{3}{6}\right) \times \left(p \times \frac{2}{5}\right) = p^2 \times \frac{3 \times 2}{6 \times 5}$ となり，これは $p^2 \times \frac{{}_3C_2}{{}_6C_2}$ に等しい。また，1回目にコインの表が出て，2回目に裏が出る場合の，取り出した玉の色が3個とも赤である確率は，$\left(p \times \frac{3}{6}\right) \times \left((1-p) \times \frac{{}_2C_2}{{}_5C_2}\right) = p(1-p)$

$\times \dfrac{3 \times \frac{2 \times 1}{2 \times 1}}{6 \times \frac{5 \times 4}{2 \times 1}} = p(1-p) \times \dfrac{{}_3C_3}{{}_6C_3}$ である。コインが裏，表の順に出る場合も同

様に考えれば（2 回とも裏が出ると必ず白い玉が取り出されてしまう），2 回の操作で取り出した玉の色がすべて赤である確率は，排反性により

$$p^2 \times \frac{{}_3C_2}{{}_6C_2} + p(1-p) \times \frac{{}_3C_3}{{}_6C_3} + (1-p)p \times \frac{{}_3C_3}{{}_6C_3}$$

と計算される。いま，$p = \dfrac{1}{2}$ であるから，求める確率は

$$\left(\frac{1}{2}\right)^2 \left(\frac{3}{15} + \frac{1}{20} + \frac{1}{20}\right) = \frac{3}{40} \quad \rightarrow (シ)$$

である。

▶(3)　3 回の操作で赤い玉と白い玉をちょうど 2 個ずつ計 4 個取り出すのは，コインの表が 2 回，裏が 1 回出る場合（これは，裏が何回目に出るかによって 3 通りの出方がある）に限られる。各操作で取り出した玉は箱に戻さないものとするのだから，その確率は

$$3 \times p^2(1-p) \times \frac{{}_3C_2 \times {}_3C_2}{{}_6C_4} = 3p^2(1-p) \times \frac{9}{15} = \frac{9}{5}p^2(1-p) \quad \rightarrow (ス)$$

である。

3 回の操作で取り出した赤い玉と白い玉の数が等しくなるのは，(i)赤い玉 2 個，白い玉 2 個の場合か，(ii)赤い玉 3 個，白い玉 3 個の場合に限られる。

(i)の場合の確率は $\dfrac{9}{5}p^2(1-p)$ であり，(ii)の場合の確率は $(1-p)^3$ である

（6 個の玉が取り出されるのは，コインの裏が 3 回出るときに限られる）。

(i)，(ii)は排反であるから，3 回の操作で取り出した赤い玉と白い玉の数が等しくなる確率は $\dfrac{9}{5}p^2(1-p) + (1-p)^3$ である。これが $1-p$ となるのは

$$\frac{9}{5}p^2(1-p) + (1-p)^3 = 1-p \qquad 整理して \qquad 14p(1-p)\left(p - \frac{5}{7}\right) = 0$$

これと，$0 < p < 1$ より

$$p = \frac{5}{7} \quad \rightarrow (セ)$$

である。

参考　（赤→赤→白白），（白→白→赤赤）と取り出される確率はいずれも

$$\left(p \times \frac{3}{6}\right) \times \left(p \times \frac{2}{5}\right) \times \left((1-p) \times \frac{{}_3C_2}{{}_4C_2}\right) = p^2(1-p) \times \frac{1}{10}$$

であり，（赤→白→赤白），（白→赤→赤白）と取り出される確率はいずれも

$$\left(p \times \frac{3}{6}\right) \times \left(p \times \frac{3}{5}\right) \times \left((1-p) \times \frac{{}_2C_1 \times {}_2C_1}{{}_4C_2}\right) = p^2(1-p) \times \frac{1}{5}$$

であるから，（表→表→裏）の場合の赤い玉，白い玉が2個ずつ取り出される確率は，$2 \times p^2(1-p)\left(\frac{1}{10}+\frac{1}{5}\right) = \frac{3}{5}p^2(1-p)$ となる。

（表→裏→表），（裏→表→表）の場合も結果は同じになり，求める確率は

$$3 \times \frac{3}{5}p^2(1-p) = \frac{9}{5}p^2(1-p)$$

となる。

4　◇発想◇　$g(x)$ は定積分で表された関数であるが，被積分関数に x が含まれているので，$g'(x)$ の計算には注意しよう。

(1)基本的な計算問題である。

(2)$g(-x) = -g(x)$ が成り立つことを示す。$t-x=u$ と置換するか，$t+x=u-x$ と置換する。

(3)定積分で表された関数の微分の公式 $\dfrac{d}{dx}\displaystyle\int_{h(x)}^{g(x)} f(t)\,dt$ $= f(g(x))g'(x) - f(h(x))h'(x)$ を知っていればそれを使えばよい。知らなくても，原始関数を自分で用意すれば対処できる。$\sin x$ は奇関数である。

(4)$f(x)$ が偶関数であることを使えば，$g'(x)$ が $f(x)$ を用いて表せるので，条件 $g(x) = x^3 + 3x$ と比べられる。最後の定積分は練習量がものをいうだろう。

解答　(1)　(ソ)$e^x - e^{-x}$

(2)　$g(x) = \displaystyle\int_0^{2x} e^{-f(t-x)}dt$ に対して，$g(-x) = -g(x)$ が成り立つことを示せばよい。

$$g(-x) = \int_0^{-2x} e^{-f(t+x)}dt$$

において，$t+x=u-x$ と置き換えると

$$\frac{t}{u}\begin{array}{|c}0\to -2x\\ 2x\to 0\end{array},\ \ \frac{dt}{du}=1$$

であるから

$$g\,(-x)=\int_{2x}^{0}e^{-f(u-x)}\frac{dt}{du}du=-\int_{0}^{2x}e^{-f(u-x)}du=-g\,(x)$$

となる。$g\,(x)$ は奇関数である。　　　　　　　　　　（証明終）

(3)　(タ)$e^{-\sin x}+e^{\sin x}$　(4)　(チ)$-\log\dfrac{3\,(x^2+1)}{2}$　(ツ)$2-\dfrac{\pi}{2}-\log 3$

━━━━━━ ◀解　説▶ ━━━━━━

≪定積分で表された関数，偶関数・奇関数の性質≫

▶(1)　$f\,(x)=x$ であるから，$f\,(t-x)=t-x$ であるので

$$g\,(x)=\int_{0}^{2x}e^{-(t-x)}dt=e^{x}\int_{0}^{2x}e^{-t}dt$$

$$=e^{x}\Big[-e^{-t}\Big]_{0}^{2x}=e^{x}(-e^{-2x}+e^{0})$$

$$=e^{x}-e^{-x}\ \ \to(\text{ソ})$$

である。

▶(2)　$g\,(-x)=-g\,(x)$ が成り立つとき，$g\,(x)$ を奇関数といい，$g\,(-x)=g\,(x)$ が成り立つとき，$g\,(x)$ を偶関数という。

▶(3)　$f\,(x)=\sin x$ のとき

$$g\,(x)=\int_{0}^{2x}e^{-\sin(t-x)}dt$$

である。$t-x=u$ と置換すると

$$\frac{t}{u}\begin{array}{|c}0\to 2x\\ -x\to x\end{array},\ \ \frac{dt}{du}=1$$

であるから

$$g\,(x)=\int_{-x}^{x}e^{-\sin u}du=\Big[F\,(u)\Big]_{-x}^{x}\ \ (F'(u)=e^{-\sin u}\ \text{とする})$$

$$=F\,(x)-F\,(-x)$$

となり，$\sin(-x)=-\sin x$ に注意すれば

$$g'(x)=F'(x)-(-x)'F'(-x)=e^{-\sin x}+e^{-\sin(-x)}$$

$$=e^{-\sin x}+e^{\sin x}\ \ \to(\text{タ})$$

である。

▶(4)　(3)の置換により

$$g(x) = \int_0^{2x} e^{-f(t-x)} dt$$

$$= \int_{-x}^{x} e^{-f(u)} du = \Big[F(u) \Big]_{-x}^{x} \quad (F'(u) = e^{-f(u)} \text{ とする})$$

$$= F(x) - F(-x)$$

となるから，$f(x)$ が偶関数，すなわち $f(-x) = f(x)$ であることに注意して

$$g'(x) = F'(x) - (-x)'F'(-x) = e^{-f(x)} + e^{-f(-x)}$$

$$= e^{-f(x)} + e^{-f(x)} = 2e^{-f(x)}$$

である。一方，$g(x) = x^3 + 3x$ であるので，$g'(x) = 3x^2 + 3$ であるから

$$2e^{-f(x)} = 3x^2 + 3 \quad \therefore \quad e^{-f(x)} = \frac{3(x^2+1)}{2}$$

となるので

$$f(x) = -\log \frac{3(x^2+1)}{2} \quad \rightarrow (\neq)$$

である。このとき

$$\int_0^1 f(x)\,dx = \int_0^1 \left\{ -\log \frac{3(x^2+1)}{2} \right\} dx = -\int_0^1 \log \left\{ \frac{3}{2} \times (x^2+1) \right\} dx$$

$$= -\int_0^1 \left\{ \log \frac{3}{2} + \log(x^2+1) \right\} dx$$

$$= -\log \frac{3}{2} - \int_0^1 \log(x^2+1)\,dx \quad \left(\int_0^1 dx = \Big[x \Big]_0^1 = 1 \right)$$

となるが，後ろの定積分に対して，部分積分法を用いると

$$\int_0^1 \log(x^2+1)\,dx = \Big[x \log(x^2+1) \Big]_0^1 - 2\int_0^1 \frac{x^2}{x^2+1}\,dx$$

$$= \log 2 - 2\int_0^1 \left(1 - \frac{1}{x^2+1} \right) dx$$

$$= \log 2 - 2 + 2\int_0^1 \frac{1}{x^2+1}\,dx \quad \left(\int_0^1 dx = 1 \right)$$

である。$x = \tan\theta$ と置換すると

$$x^2 + 1 = \tan^2\theta + 1 = \frac{1}{\cos^2\theta}, \quad \begin{array}{c|c} x & 0 \to 1 \\ \hline \theta & 0 \to \dfrac{\pi}{4} \end{array}, \quad \frac{dx}{d\theta} = \frac{1}{\cos^2\theta}$$

より

$$\int_0^1 \frac{1}{x^2+1}\,dx = \int_0^{\frac{\pi}{4}} \cos^2\theta \times \frac{1}{\cos^2\theta}\,d\theta = \Big[\theta\Big]_0^{\frac{\pi}{4}} = \frac{\pi}{4}$$

であるから

$$\int_0^1 \log(x^2+1)\,dx = \log 2 - 2 + 2 \times \frac{\pi}{4} = \log 2 - 2 + \frac{\pi}{2}$$

である。したがって

$$\begin{aligned} \int_0^1 f(x)\,dx &= -\log\frac{3}{2} - \left(\log 2 - 2 + \frac{\pi}{2}\right) \\ &= -(\log 3 - \log 2) - \log 2 + 2 - \frac{\pi}{2} \\ &= 2 - \frac{\pi}{2} - \log 3 \quad \to (ツ) \end{aligned}$$

である。

5　　◇発想◇　作図は容易である。必要な長さなどを書き込んでおく。

(1)△ABC の面積は平行四辺形 ABCD の面積 S の $\dfrac{1}{2}$ である。

T_1 はこの $\dfrac{S}{2}$ と三角形の辺の長さの比から求められる。

(2)△EFP の面積は △ABC の面積から △AEP と △BFE と △CPF の面積を引けばよい。結果が 3 次式になれば微分法を利用する。

(3)3 次方程式となるであろう。式の形をよく観察する。因数定理が使えるかもしれない。

(4)点 P が線分 EH 上にあるとき，△AEH の面積は△AEP の面積と△APH の面積の和になる。あるいは，$\overrightarrow{AC} = \overrightarrow{AB} + \overrightarrow{AD}$ が成り立つのでベクトルの利用も考えられる。

解答 (1) (テ)$\dfrac{x^3}{16}$ (2) (ト)$\dfrac{4}{3}$ (ナ)$\dfrac{10}{81}$ (3) (ニ)$\dfrac{2}{5}$ (4) (ヌ)$-5+\sqrt{37}$

◀解　説▶

≪三角形と平行四辺形の面積比と比の値の最大値など≫

▶(1) 右図の平行四辺形 ABCD
（AB＝2，BC＝3，AC＝4，面積は S）
の辺 AB，BC，CD，DA 上にそれぞれ
点 E，F，G，H があり

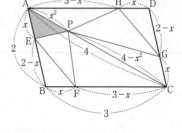

$$AE＝BF＝CG＝DH＝x$$
$$(0＜x＜2)$$

である。対角線 AC 上の点 P に対しては

$$AP＝x^2$$

である。△ABC の面積は $\dfrac{S}{2}＝\dfrac{1}{2}\times AB\times AC\times\sin\angle BAC$ であり，△AEP

の面積は $T_1＝\dfrac{1}{2}\times AE\times AP\times\sin\angle EAP$（$\angle EAP＝\angle BAC$）であるから

$$T_1＝\dfrac{S}{2}\times\dfrac{AE}{AB}\times\dfrac{AP}{AC}＝\dfrac{S}{2}\times\dfrac{x}{2}\times\dfrac{x^2}{4}＝\dfrac{Sx^3}{16}\qquad\therefore\quad\dfrac{T_1}{S}＝\dfrac{x^3}{16}\quad\rightarrow(テ)$$

となる。

▶(2) △EFP の面積 T_2 は，△ABC の面積 $\dfrac{S}{2}$ から，△AEP，△BFE，

△CPF の面積を引けばよいので，(1)と同様に△BFE，△CPF の面積を求
めて

$$T_2＝\dfrac{S}{2}-\dfrac{S}{16}x^3-\dfrac{S}{2}\times\dfrac{2-x}{2}\times\dfrac{x}{3}-\dfrac{S}{2}\times\dfrac{4-x^2}{4}\times\dfrac{3-x}{3}$$

となる。したがって

$$\dfrac{T_2}{S}＝\dfrac{1}{2}-\dfrac{x^3}{16}-\dfrac{2x-x^2}{12}-\dfrac{12-4x-3x^2+x^3}{24}$$

$$＝\dfrac{24-3x^3-8x+4x^2-24+8x+6x^2-2x^3}{48}$$

$$＝\dfrac{1}{48}(-5x^3+10x^2)$$

となる。この比の値を $f(x)$ とおくと

$$f(x) = \frac{-5}{48}(x^3 - 2x^2), \quad f'(x) = \frac{-5}{48}(3x^2 - 4x) = -\frac{5}{16}x\left(x - \frac{4}{3}\right)$$

となるから，$f(x)$ の $0 < x < 2$ における増減は右表のようになる。したがって，$\dfrac{T_2}{S}$ は

x	0	$\cdots$	$\dfrac{4}{3}$	$\cdots$	2
$f'(x)$		$+$	0	$-$	
$f(x)$		$\nearrow$	$f\left(\dfrac{4}{3}\right)$	$\searrow$	

$$x = \frac{4}{3} \quad \to(\text{ト})$$

のとき最大となり，最大値

$$f\left(\frac{4}{3}\right) = \frac{-5}{48}\left\{\left(\frac{4}{3}\right)^3 - 2\left(\frac{4}{3}\right)^2\right\} = \frac{-5}{3}\left(\frac{4-6}{27}\right) = \frac{10}{81} \quad \to(\text{ナ})$$

をとる。

▶(3)　△ACD の面積は $\dfrac{S}{2}$ であるから，△GHP の面積 T_3 も(2)と同様にして

$$T_3 = (\triangle\text{ACD の面積}) - (\triangle\text{CGP の面積}) - (\triangle\text{DHG の面積})$$
$$- (\triangle\text{APH の面積})$$

$$= \frac{S}{2} - \frac{S}{2} \times \frac{x}{2} \times \frac{4-x^2}{4} - \frac{S}{2} \times \frac{x}{3} \times \frac{2-x}{2} - \frac{S}{2} \times \frac{3-x}{3} \times \frac{x^2}{4}$$

となる。よって

$$\frac{T_3}{S} = \frac{1}{2} - \frac{4x - x^3}{16} - \frac{2x - x^2}{12} - \frac{3x^2 - x^3}{24}$$

$$= \frac{24 - 12x + 3x^3 - 8x + 4x^2 - 6x^2 + 2x^3}{48}$$

$$= \frac{1}{48}(5x^3 - 2x^2 - 20x + 24)$$

である。したがって，$\dfrac{T_3}{S} = \dfrac{1}{3}$ となる x は次の方程式の実数解である。

$$5x^3 - 2x^2 - 20x + 24 = 16$$

すなわち　　$5x^3 - 2x^2 - 20x + 8 = 0 \quad (0 < x < 2)$

因数定理を用いて左辺を因数分解すると

$$(x-2)(5x^2 + 8x - 4) = 0 \qquad (x-2)(x+2)(5x-2) = 0$$

となるから，$0 < x < 2$ を満たすものとして，次の解が得られる。

$$x = \frac{2}{5} \quad \rightarrow(\text{二})$$

▶(4) △ABD の面積は $\frac{S}{2}$ である。したがって，△AEH の面積は

$$\frac{S}{2} \times \frac{x}{2} \times \frac{3-x}{3} = \frac{S}{12}x(3-x)$$

である。点 P が線分 EH 上にあるとき，これは，△AEP と △APH の面積
の和になるから

$$\frac{S}{12}x(3-x) = \frac{S}{16}x^3 + \frac{S}{2} \times \frac{3-x}{3} \times \frac{x^2}{4} \quad (0<x<2)$$

が成り立つ。両辺に $\frac{48}{S}$ をかけると

$$4x(3-x) = 3x^3 + 2(3-x)x^2$$

両辺を $x\ (\neq 0)$ で割り，整理して，解の公式を用いれば

$$4(3-x) = 3x^2 + 2(3-x)x$$

$$x^2 + 10x - 12 = 0 \quad \therefore \quad x = -5 \pm \sqrt{25+12} = -5 \pm \sqrt{37}$$

となるから，求める x の値は，$0<x<2$ より

$$x = -5 + \sqrt{37} \quad \rightarrow(\text{ヌ})$$

である。

|別解| (4)〈ベクトルを利用する方法〉

点 P が線分 EH 上にあるとき

$$\overrightarrow{AP} = m\overrightarrow{AE} + n\overrightarrow{AH} \quad (m+n=1) \quad \cdots\cdots①$$

を満たす実数 m, n が存在する。

平行四辺形 ABCD に対して，$\overrightarrow{AC} = \overrightarrow{AB} + \overrightarrow{AD}$ が成り立ち，$\overrightarrow{AC} = \frac{4}{x^2}\overrightarrow{AP}$，

$\overrightarrow{AB} = \frac{2}{x}\overrightarrow{AE}$, $\overrightarrow{AD} = \frac{3}{3-x}\overrightarrow{AH}$ $(0<x<2)$ であるから

$$\frac{4}{x^2}\overrightarrow{AP} = \frac{2}{x}\overrightarrow{AE} + \frac{3}{3-x}\overrightarrow{AH}$$

$$\therefore \quad \overrightarrow{AP} = \frac{x}{2}\overrightarrow{AE} + \frac{3x^2}{4(3-x)}\overrightarrow{AH} \quad \cdots\cdots②$$

が成り立つ。$\overrightarrow{AE} \neq \vec{0}$, $\overrightarrow{AH} \neq \vec{0}$, $\overrightarrow{AE} \not\parallel \overrightarrow{AH}$ であるから，①，②より

$$m = \frac{x}{2}, \ n = \frac{3x^2}{4(3-x)}$$

である。$m+n=1$ であるから

$$\frac{x}{2}+\frac{3x^2}{4(3-x)}=1 \qquad 2x(3-x)+3x^2=4(3-x)$$

$$x^2+10x-12=0 \qquad \therefore \quad x=-5\pm\sqrt{37}$$

$0<x<2$ より，$x=-5+\sqrt{37}$ である。

❖講　評

　2020 年度も 120 分の試験時間に対し大問 5 題の出題であった。**2** と **4** が空所補充と記述式の混合で，他の 3 題は空所補充のみであった。記述式は **2** と **4** で各 1 問ずつ，いずれも証明問題であった。取り組みやすい問題が目立ち，計算量も多くないので，難度的には 2019 年度と同程度かやや易化というところである。

　1．(1)，(2)は独立した問題であるが，ともに軌跡の問題である。(1)は複素数平面で考えるもので，とくに(ii)の条件の解釈に複素数の理解力が試される。(2)は座標平面での軌跡の方程式を求めるもので，放物線の接線やベクトルの内容が含まれているが，基本的な問題である。

　2．放物線と円の共有点の個数を考える問題である。(1)は必要性の証明。(2)，(3)は 4 次関数として扱ってもよいし，文字定数を分離して分数関数を調べてもよい。(2)は図から直観的に答えられる。

　3．コインを投げて，その表裏により箱から取り出す玉の数と色が変わるときの確率計算である。復元抽出の問題も非復元抽出の問題もあるし，条件付き確率もある。複雑ではあるが，とくに難しい部分はない。

　4．定積分で表された関数 $g(x)$ は，被積分関数に未知の関数 $f(x)$ が含まれている。$f(x)$ を与えて $g(x)$ や $g'(x)$ を求めたり，逆に $g(x)$ を与えて $f(x)$ を求めたり，多彩である。関数の偶奇性がポイントになる。(2)が証明問題である。計算は複雑にならないが，慣れていないと難しいだろう。

　5．三角形と平行四辺形の面積比を扱うもので，比の値，3 次関数の最大値，3 次方程式，3 点が一直線上に並ぶ条件と盛り沢山である。計算がやや面倒かもしれないが，ひとつひとつは基本的である。

　取り組みやすい問題（たとえば，**1**(1)(i)，(2)，**2**(1)，(2)，**3**，**4**(1)，**5**）が多いので，各自，得意分野の問題からアタックするとよい。

1 解答

$(1)(\text{ア}_1) -KX-f$　$(\text{ア}_2) f$　$(\text{イ}) -\dfrac{2KX}{3}$

$(\text{ウ}) \dfrac{\pi}{2}\sqrt{\dfrac{3M}{K}}$　$(\text{エ}) \dfrac{1}{3}KL^2$

$(2)(\text{オ}) \dfrac{3\mu Mg}{K}$　$(\text{カ}) -\dfrac{2}{3}KX$　$(\text{キ}) \dfrac{\mu^2 M^2 g^2}{K}$

$(\text{ク}_1) -\dfrac{\mu Mg}{K}$　$(\text{ク}_2) \dfrac{2\mu Mg}{K}$　$(\text{ケ}) \dfrac{2}{3}\pi\sqrt{\dfrac{3M}{K}}$　$\left(2\pi\sqrt{\dfrac{M}{3K}}\ \text{も可}\right)$

━━━━◀ 解　説 ▶━━━━

≪隣接した 2 物体のばねによる単振動≫

▶(1)(ア₁)・(ア₂)　小物体 A，B にはたらく x 軸方向の力は，下図のようになる。特にばねから A にはたらく力は x 軸正方向であるので，$-KX$ と表現されることに注意する（$X<0$ より）。

よって，A，B の運動方程式は

　　　A：$Ma=-KX-f$　……①

　　　B：$2Ma=f$　　　　　……②

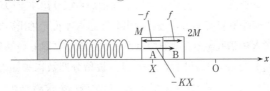

(イ)　①，②を連立して Ma を消去すると

　　　$-2KX-2f=f$

　　∴　$f=-\dfrac{2KX}{3}$

(ウ)　①＋② より

　　　$3Ma=-KX$

　　∴　$a=-\dfrac{K}{3M}X$

単振動の角振動数を ω とすると，$a = -\omega^2 X$ であるので

$$\omega = \sqrt{\frac{K}{3M}}$$

よって，周期を T とすると

$$T = \frac{2\pi}{\omega} = 2\pi\sqrt{\frac{3M}{K}}$$

手を離した位置が単振動の端，2 物体が離れたのが単振動の中心であるので，T_1 は周期の $\frac{1}{4}$ に等しく

$$T_1 = \frac{T}{4} = \frac{\pi}{2}\sqrt{\frac{3M}{K}}$$

㈎　L は単振動の振幅であり，T_1 での 2 物体の速さを v_1 とすると，これは単振動の中心の速さであるので

$$v_1 = L\omega = L\sqrt{\frac{K}{3M}}$$

$t \geqq T_1$ において，B は速さ v_1 で等速運動をするので，その運動エネルギーは

$$\frac{1}{2} \cdot 2M v_1^2 = M\left(L\sqrt{\frac{K}{3M}}\right)^2 = \frac{1}{3}KL^2$$

▶(2)㈠　A，B を質量 $3M$ の 1 つの物体と考える。物体が動き出す直前のばねの縮みを d，垂直抗力の大きさを N とすると

$$Kd = \mu N$$

$N = 3Mg$ より　　　$Kd = \mu \cdot 3Mg$

$$\therefore \quad d = \frac{3\mu Mg}{K}$$

㈎　$0 < t < T_2$ における A，B にはたらく x 軸方向の力は下図のようになる。A，B の加速度を a' とすると運動方程式は

$$A : Ma' = -KX - f - \frac{\mu}{3}Mg \quad \cdots\cdots ③$$

$$B : 2Ma' = f - \frac{\mu}{3} \cdot 2Mg \quad\quad \cdots\cdots ④$$

③，④を連立して Ma' を消去すると

$$-2KX - 2f - \frac{2}{3}\mu Mg = f - \frac{2}{3}\mu Mg$$

$$\therefore \quad f = -\frac{2}{3}KX$$

※よって，摩擦力がはたらく場合でも $X=0$（自然長）において $f=0$ となり，2物体が離れることがわかる。

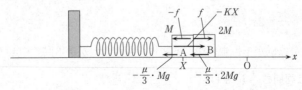

㋖ エネルギーの原理より，力学的エネルギーは動摩擦力がした仕事の分だけ減少するので，時刻 $t=T_2$ でのA，Bの速さを v_2 とすると

$$\frac{1}{2}Kd^2 - \frac{\mu}{3}\cdot 3Mgd = \frac{1}{2}\cdot 3Mv_2{}^2$$

$$v_2{}^2 = \frac{Kd^2}{3M} - \frac{2}{3}\mu gd = \frac{K}{3M}\left(\frac{3\mu Mg}{K}\right)^2 - \frac{2}{3}\mu g \times \frac{3\mu Mg}{K} = \frac{\mu^2 Mg^2}{K}$$

よって，$t=T_2$ でのBの運動エネルギーは

$$\frac{1}{2}\cdot 2Mv_2{}^2 = \frac{\mu^2 M^2 g^2}{K}$$

㋗ ③＋④ より

$$3Ma' = -KX - \frac{\mu}{3}\cdot 3Mg$$

$$a' = -\frac{KX}{3M} - \frac{\mu g}{3} = -\frac{K}{3M}\left(X + \frac{\mu Mg}{K}\right)$$

これより，2つの小物体は角振動数が $\omega = \sqrt{\dfrac{K}{3M}}$，中心が $X = -\dfrac{\mu Mg}{K}$ の単振動をする。

㋘ 振動の中心が $-\dfrac{\mu Mg}{K}$ で，振動の端が運動を始めた $X = -\dfrac{3\mu Mg}{K}$ であるので，振幅を A とすると

$$A = \left(-\frac{\mu Mg}{K}\right) - \left(-\frac{3\mu Mg}{K}\right) = \frac{2\mu Mg}{K}$$

㋙ 単振動の中心が $-\dfrac{d}{3}$ で，振幅が $\dfrac{2d}{3}$ の単振動の参考円運動は下図のようになる。円運動のPからQ間での時間が T_2 であるので，図より円運動

の $\dfrac{1}{3}$ 周期の時間を求めればよい。よって，周期を T' とすると

$$T_2 = T' \times \dfrac{1}{3} = \dfrac{2\pi}{\omega} \times \dfrac{1}{3} = \dfrac{2}{3}\pi\sqrt{\dfrac{3M}{K}}$$

2 **解答**　$(1)(ア)\dfrac{\mu_0 n E S}{R}$　$(イ)-\mu_0 n^2 S l$

$(2)(ウ_1)CE$　$(ウ_2)\dfrac{1}{2}CE^2$　$(エ)\dfrac{L_2}{L_1+L_2}$　$(オ)\dfrac{L_1 L_2}{L_1+L_2}$　$(カ)2\pi\sqrt{\dfrac{L_1 L_2}{L_1+L_2}\cdot C}$

$(3)(キ_1)\dfrac{L_2-M}{L_1+L_2-2M}$　$(キ_2)\dfrac{L_1-M}{L_1+L_2-2M}$　$(ク)2\pi\sqrt{\dfrac{L_1 L_2-M^2}{L_1+L_2-2M}\cdot C}$

━━━━━━━ ◀解　説▶ ━━━━━━━

≪コイルの誘導起電力と自己インダクタンスの合成≫

▶$(1)(ア)$　コイル内部の磁場の強さを H，流れる電流を I とすると

$\qquad H = nI$

オームの法則より $I = \dfrac{E}{R}$ なので　　$H = \dfrac{nE}{R}$

求める磁束を Φ，コイル内部の磁束密度を B とすると

$$\Phi = BS = \mu_0 HS = \dfrac{\mu_0 n E S}{R}$$

$(イ)$　コイルに生じる誘導起電力を V，コイルの総巻き数を N とすると

$$V = -N\dfrac{\Delta \Phi}{\Delta t} = -nl \times \dfrac{\Delta(\mu_0 n S I)}{\Delta t} = -\mu_0 n^2 S l \times \dfrac{\Delta I}{\Delta t}$$

▶$(2)(ウ)$　十分長い時間が経ったあとは電流は 0 となるので，抵抗での電圧降下はない。よって，コンデンサーにかかる電圧は E となり，求める

電荷を Q とすると

$$Q = CE$$

(ウ) 求める静電エネルギーを U とすると

$$U = \frac{1}{2}CE^2$$

(エ) 2つのコイルの誘導起電力が等しいことから

$$-L_1\frac{\Delta I_1}{\Delta t} = -L_2\frac{\Delta I_2}{\Delta t}$$

$$\therefore \quad \Delta I_2 = \frac{L_1}{L_2}\Delta I_1$$

また，与式より

$$\Delta I = \Delta I_1 + \Delta I_2 = \Delta I_1 + \frac{L_1}{L_2}\Delta I_1 = \frac{L_1+L_2}{L_2}\Delta I_1$$

$$\Delta I_1 = \frac{L_2}{L_1+L_2}\Delta I$$

$$\therefore \quad \frac{\Delta I_1}{\Delta t} = \frac{L_2}{L_1+L_2}\times\frac{\Delta I}{\Delta t}$$

(オ) 点 P_2 に対する点 P_1 の電位を V_{P_1} とすると，コイル1に生じる誘導起電力の正負が逆になるので

$$V_{P_1} = -\left(-L_1\frac{\Delta I_1}{\Delta t}\right) = \frac{L_1L_2}{L_1+L_2}\times\frac{\Delta I}{\Delta t}$$

(カ) 2つのコイルの合成インダクタンスを L とすると，電気振動の周期 T は

$$T = 2\pi\sqrt{LC} = 2\pi\sqrt{\frac{L_1L_2}{L_1+L_2}\cdot C}$$

▶(3)(キ)　2つのコイルの誘導起電力が等しいことから

$$-L_1\frac{\Delta I_1}{\Delta t} - M\frac{\Delta I_2}{\Delta t} = -L_2\frac{\Delta I_2}{\Delta t} - M\frac{\Delta I_1}{\Delta t}$$

$$(L_1-M)\Delta I_1 = (L_2-M)\Delta I_2$$

$$\Delta I_2 = \frac{L_1-M}{L_2-M}\Delta I_1$$

また，与式より

$$\Delta I = \Delta I_1 + \Delta I_2 = \Delta I_1 + \frac{L_1-M}{L_2-M}\Delta I_1 = \frac{L_1+L_2-2M}{L_2-M}\Delta I_1$$

$$\Delta I_1 = \frac{L_2 - M}{L_1 + L_2 - 2M} \Delta I$$

$$\therefore \quad \frac{\Delta I_1}{\Delta t} = \frac{L_2 - M}{L_1 + L_2 - 2M} \times \frac{\Delta I}{\Delta t}$$

(キ) (キ)と同様に，ΔI_1 を消去して

$$\frac{\Delta I_2}{\Delta t} = \frac{L_1 - M}{L_1 + L_2 - 2M} \times \frac{\Delta I}{\Delta t}$$

(ク) 点 P_2 に対する点 P_1 の電位を $V_{P_1}{}'$ とすると，これはコイル 1 に生じる誘導起電力の正負が逆になるので

$$V_{P_1}{}' = -\left(-L_1 \frac{\Delta I_1}{\Delta t} - M \frac{\Delta I_2}{\Delta t} \right) = \left(\frac{L_1 L_2 - L_1 M}{L_1 + L_2 - 2M} + \frac{L_1 M - M^2}{L_1 + L_2 - 2M} \right) \frac{\Delta I}{\Delta t}$$

$$= \frac{L_1 L_2 - M^2}{L_1 + L_2 - 2M} \times \frac{\Delta I}{\Delta t}$$

この式より，2つのコイルの合成インダクタンスを L' とすると

$$L' = \frac{L_1 L_2 - M^2}{L_1 + L_2 - 2M}$$

ここで，分子（$L_1 L_2 - M^2$）は題意（$L_1 L_2 > M^2$）より正。
分母は相加・相乗平均と，上記の題意から

$$L_1 + L_2 \geqq 2\sqrt{L_1 L_2} > 2\sqrt{M^2} = 2M$$

よって分母も正である。
よって，電気振動の周期を T' とすると

$$T' = 2\pi\sqrt{L'C} = 2\pi\sqrt{\frac{L_1 L_2 - M^2}{L_1 + L_2 - 2M} \cdot C}$$

3 解答 (1)(ア)$\dfrac{h}{\sqrt{2MeV}}$　(イ)-11

(2)(ウ)$2d\sin\theta$　(エ)$a\cos\phi_1 - a\cos\phi_2$ または $a\cos\phi_2 - a\cos\phi_1$

(3)(オ)$\dfrac{p^2}{2M}$

(カ)$\dfrac{2L}{n}$　(キ)$\dfrac{h^2 n^2}{8ML^2}$　(ク)$\dfrac{(2n+1)h}{8ML^2}$

◀解　説▶

≪電子線のブラッグ反射と往復運動する電子のボーアの理論≫

▶(1)(ア)　電場のした仕事が電子の運動エネルギーになるので，加速後の電子の速さを v とすると

$$\frac{1}{2}Mv^2 = eV \quad \text{より} \quad v = \sqrt{\frac{2eV}{M}}$$

よって，与式より

$$\lambda = \frac{h}{p} = \frac{h}{Mv} = \frac{h}{\sqrt{2MeV}}$$

(イ)　上式に与えられたデータを代入して

$$\lambda = \frac{6.6 \times 10^{-34}}{\sqrt{2 \times 9.1 \times 10^{-31} \times 1.6 \times 10^{-19} \times 10 \times 10^3}} = \frac{6.6}{\sqrt{29.12}} \times 10^{-11}$$

ここで，$5 < \sqrt{29.12} < 6$ なので，仮数部は 1.2 になる。

よって，指数部は　　　-11

▶(2)(ウ)　電子線が反射する部分を拡大してみると下図のようになる。経路差は $d\sin\theta$ の 2 倍になる。よって，強め合う干渉条件は

$$2d\sin\theta = n\lambda \quad (n = 1,\ 2,\ 3,\ \cdots)$$

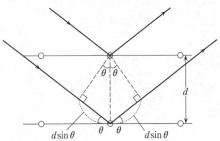

(エ)　反射する表面を拡大すると次図のようになる。電子線は入射する前に $a\cos\phi_1$ の経路差が生じ，反射した後にもう一方の電子線に $a\cos\phi_2$ の経路差が生じる。よって，強め合う干渉条件は

$$a\cos\phi_1 - a\cos\phi_2 = n\lambda \quad (n = 0,\ \pm 1,\ \pm 2,\ \cdots)$$

となる（$a\cos\phi_2 - a\cos\phi_1 = n\lambda$ でも可）。

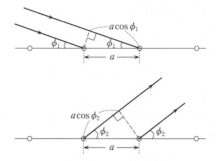

▶(3)(オ) 電子の速さを v とすると，求める運動エネルギーは

$$\frac{1}{2}Mv^2 = \frac{M^2v^2}{2M} = \frac{p^2}{2M}$$

(カ) n 倍振動は腹が n 個できた定常波なので，半波長が $\dfrac{L}{n}$ となる。よって

$$\frac{\lambda}{2} = \frac{L}{n} \quad \text{より} \quad \lambda = \frac{2L}{n} \quad (n = 1,\ 2,\ 3,\ \cdots)$$

(キ) $p = \dfrac{h}{\lambda}$ より

$$\frac{p^2}{2M} = \frac{1}{2M}\left(\frac{h}{\lambda}\right)^2 = \frac{h^2 \times n^2}{2M \times 4L^2} = \frac{h^2 n^2}{8ML^2}$$

(ク) 放出される光の振動数を ν とすると

$$h\nu = E_{n+1} - E_n = \left(\frac{h^2(n+1)^2}{8ML^2} - W\right) - \left(\frac{h^2 n^2}{8ML^2} - W\right)$$

$$h\nu = \frac{h^2(2n+1)}{8ML^2}$$

$$\therefore \quad \nu = \frac{(2n+1)\,h}{8ML^2}$$

❖講 評

　例年通り大問 3 題の出題で解答個数は 29 個。ここ 2 年間は 25 個と少なめだったが，2017 年度並みに戻った。2020 年度は素直でオーソドックスな良問ぞろいであった。もちろん標準レベル以上であるので，慎重にそしてスピーディーに解いていきたい。

　1 は，縮めたばねに物体を付け，もう 1 つの物体を隣接させる問題。

前半は摩擦がなく，後半は摩擦があるが，どちらも単振動の一部の運動となる。また，どちらもばねが自然長のときに 2 物体が離れる。それを問題を通して証明していく。運動方程式がきちんと書ければ証明はやさしい。また，摩擦がある場合は単振動の中心がずれ，自然長のときではないので，離れるまでの時間 T_2 を求めるのは難しい。〔解説〕に示した参考円運動で求めるのが一番やさしいが，単振動の式から導いた受験生も多いだろう。

　2 は，ソレノイドコイルの自己インダクタンスの導出と複数のコイル（並列）を使った電気振動の周期がテーマである。自己インダクタンスの導出は，基本的な電磁誘導の式から導ける。現在は教科書にも載っている内容である。並列コイルを用いた電気振動は，電圧が等しいことを利用し，題意に従って合成自己インダクタンスを求めてから導く。初めて見る受験生も多いだろう。相互インダクタンスが絡むと，計算がやや複雑になるが，基本的には同様の導き方である。目新しい問題である。

　3 は，原子分野からの出題。ド・ブロイ波長は基本中の基本であるが，実際の波長を計算させるとき，開平計算が不要になるように，指数部分だけ求めさせている。ブラッグ反射の条件は，低速電子の表面反射が目新しい。図を丁寧に描けば経路差はそれほど難しくはない。(3)の直線上を往復運動する電子を用いたボーアの理論も見慣れない設定である。ただ，計算自体は題意に従って解き進めれば，それほど難しくはない。

▟ 化学 ▟

1 **解答**

(ア) Ne　(イ) 黄　(ウ) 2.35×10^6　(エ) 0.300　(オ) Cl_2
(カ) アマルガム　(キ) NaOH　(ク) 0.225　(ケ)— b
(コ) ポリ塩化ビニル　(サ) Na_2CO_3

━━━━━◀解　説▶━━━━━

≪塩化ナトリウムを題材とした水溶液の浸透圧，水溶液の凝固点降下，水溶液の電気分解，ポリ塩化ビニルの生成，ソルベー法≫

(ア) Na の電子配置は K(2)L(8)M(1) であり，最外殻電子 1 個を放出したのが Na^+ なので，電子配置は K(2)L(8) となり，これはネオンの電子配置と一致する。

(イ) ナトリウムの炎色反応は黄色である。炎色反応は，清浄な白金線に試料の溶液をつけ，ガスバーナーの外炎にかざすことで確認する。

(ウ) 浸透圧は，水溶液中の溶質粒子のモル濃度に比例する。塩化ナトリウムは水中で次のように電離し，溶質粒子のモル濃度は塩化ナトリウムのモル濃度の 2 倍になる。

$$NaCl \longrightarrow Na^+ + Cl^-$$

NaCl＝58.5 より溶質粒子のモル濃度は

$$1000 \times 1.02 \times \frac{2.70}{100} \times \frac{1}{58.5} \times 2 = 0.9415 \,[\mathrm{mol/L}]$$

求める浸透圧は

$$0.9415 \times 8.31 \times 10^3 \times 300 = 2.347 \times 10^6 \fallingdotseq 2.35 \times 10^6 \,[\mathrm{Pa}]$$

(エ) 凝固点降下度は，水溶液中の溶質粒子の質量モル濃度に比例する。塩化ナトリウムの質量モル濃度を $m\,[\mathrm{mol/kg}]$ とすると

$$1.11 = 1.85 \times 2m \quad \therefore \quad m = 0.3000 \fallingdotseq 0.300 \,[\mathrm{mol/kg}]$$

(オ) 塩化ナトリウム水溶液を炭素電極を用いて電気分解したときの各電極で起こる反応は次の通り。

陰極：$2H_2O + 2e^- \longrightarrow H_2 + 2OH^-$　……①

陽極：$2Cl^- \longrightarrow Cl_2 + 2e^-$　……②

(カ) 陰極に水銀を用いると，陰極ではナトリウムイオンが還元されて，ナ

トリウムが生じる。

$$Na^+ + e^- \longrightarrow Na$$

これが水銀と化合してアマルガムとなり，水溶液中に溶ける。なお，広義のアマルガムは水銀とその他の金属との合金を指す。

㈗　このアマルガムを水に入れると，次の反応により水酸化ナトリウムが生じる。

$$2Na + 2H_2O \longrightarrow 2NaOH + H_2$$

また，図2(a)の装置の電気分解でも，㈪の①，②の反応が起こり，このとき陽イオン交換膜を通じて，陽極側の水溶液から陰極側の水溶液にナトリウムイオンが移動するため，陰極側に水酸化ナトリウムが生じることになる。

㈘　①より，流れた電子の物質量は陰極で発生した水素の物質量の2倍なので，その値は

$$\frac{0.252}{22.4} \times 2 = 0.02250 \, [mol]$$

このとき生成する水酸化ナトリウムの物質量は，流れた電子の物質量と等しいので，水酸化ナトリウムのモル濃度は

$$0.02250 \times \frac{1000}{100} = 0.2250 \fallingdotseq 0.225 \, [mol/L]$$

㈙　電気分解によるイオンの増減とイオン交換膜を通じたイオンの移動は次の通り。

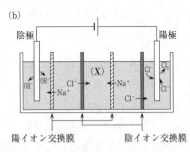

したがって，図中(**X**)の NaCl 水溶液の濃度は高くなる。

㈚　エチレンと塩素を反応させると，1,2-ジクロロエタンを生じる。

$$\underset{H}{\overset{H}{\diagdown}}C = C\underset{H}{\overset{H}{\diagup}} + Cl_2 \longrightarrow \underset{\underset{Cl}{|}}{CH_2} - \underset{\underset{Cl}{|}}{CH_2}$$

これを熱分解すると，塩化水素と塩化ビニルを生じる。

$$\underset{\underset{Cl}{|}}{CH_2}-\underset{\underset{Cl}{|}}{CH_2} \longrightarrow \underset{H}{\overset{H}{>}}C=C\underset{Cl}{\overset{H}{<}} + HCl$$

塩化ビニルを付加重合すると，ポリ塩化ビニルを生じる。

$$n\,\underset{H}{\overset{H}{>}}C=C\underset{Cl}{\overset{H}{<}} \longrightarrow \left[CH_2-\underset{\underset{Cl}{|}}{CH}\right]_n$$

(サ)　NaCl（岩塩）と $CaCO_3$（石灰石）から化学工業に必要な Na_2CO_3 をつくる方法をアンモニアソーダ法（ソルベー法）という。

NaCl の飽和水溶液に NH_3 を十分に吸収させてから，$CaCO_3$ の加熱で生じた CO_2 を吹き込むと比較的溶解度の小さい $NaHCO_3$ が沈殿する。

$$NaCl + H_2O + NH_3 + CO_2 \longrightarrow NH_4Cl + NaHCO_3$$

生成した $NaHCO_3$ の沈殿をろ別して，熱分解すると Na_2CO_3 を生じる。

$$2NaHCO_3 \longrightarrow Na_2CO_3 + CO_2 + H_2O$$

2　**解答**　(1)(ア)L　(イ)8　(ウ)0.154　(エ)3.58×10^2　(オ)9.65×10^2　(カ)4

(2)(キ)1　(ク)$4.0 \times 10 \, L/(mol \cdot s)$　(ケ)0.33　(コ)4.4×10　(サ)1.1

◀**解　説**▶

≪ダイヤモンドの結晶格子，熱化学，反応速度，アレニウスの式≫

▶(1)(ア)　炭素は最外殻 L 殻に電子 4 個を有する。

(イ)　単位格子は，面心立方格子の原子の位置と，単位格子を $\dfrac{1}{8}$ 等分した小立方体の中心に 2 個に 1 個の割合で原子が存在する。単位格子に含まれる原子の個数は

$$\frac{1}{2} \times 6 + \frac{1}{8} \times 8 + 4 = 8 個$$

(ウ)　単位格子の一辺の長さを a〔nm〕，炭素原子の中心間距離を b〔nm〕とする。

単位格子の $\dfrac{1}{8}$ 小立方体の対角線に注目すると次の関係が成り立つ。

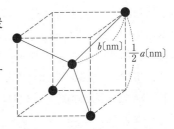

$$\frac{1}{2}a\times\sqrt{3}=2b$$

$$\therefore\quad b=\frac{\sqrt{3}}{4}a〔\mathrm{nm}〕$$

これに数値を代入すると

$$b=\frac{1}{4}\times1.73\times0.356=0.1539\fallingdotseq0.154〔\mathrm{nm}〕$$

(エ)　ダイヤモンドの燃焼熱を表す熱化学方程式は次の通り。

$$C（ダイヤモンド）+O_2（気）=CO_2（気）+395\,\mathrm{kJ}\quad\cdots\cdots①$$

ダイヤモンド中に含まれる C 原子 1 個は近接する C 原子 4 個と C–C 結合をしているが，C–C 結合は近接している C 原子どうしが共有しているので，C 原子 1 個あたりがもつ共有結合の数は

$$\frac{1}{2}\times4=2$$

C（ダイヤモンド）1 mol のもつ C–C 結合も 2 mol と考えられる。求める結合エネルギーを c〔kJ/mol〕とする。①式に次の関係を適用する。

（反応熱）＝（生成物の結合エネルギーの総和）

－（反応物の結合エネルギーの総和）　　……②

$$395=2\times804-(2c+498)$$

$$\therefore\quad c=357.5\fallingdotseq3.58\times10^2〔\mathrm{kJ/mol}〕$$

(オ)　問題文中の(a)式は次の通り。

$$2C（黒鉛）+H_2（気）=C_2H_2（気）-227\,\mathrm{kJ}\quad\cdots\cdots(a)$$

1 mol の C_2H_2（気）の C≡C を切断して 2 mol の CH（気）にするのに必要なエネルギーを d〔kJ〕とする。(a)式に②の関係を適用すると

$$-227=d+2\times339-(2\times717+436)$$

$$\therefore\quad d=9.65\times10^2〔\mathrm{kJ}〕$$

(カ)　アセチレン中の C≡C に共有されている価電子数は 6，ダイヤモンドの 1 つの C–C に共有されている価電子数は 2 である。

▶(2)(キ)　実験 1 と実験 2 を比べると，$[NO_2]$ は同じで，$[F_2]$ が 3 倍になると，初期の F_2 反応速度 v も 3 倍になっているので，$m=1$ である。また，実験 3 と実験 1 を比べると，$[F_2]$ は同じで，$[NO_2]$ が 2 倍になると，F_2 の初期の反応速度 v も 2 倍になっているので，$n=1$ である。

(ク)　反応速度式は次のように表される。

$$v = k\,[F_2]\,[NO_2]$$

ここに，実験 1 の数値を代入すると

$$4.0 \times 10^{-7} = k \times 5.0 \times 10^{-5} \times 2.0 \times 10^{-4}$$

$$\therefore\ k = 4.00 \times 10 \fallingdotseq 4.0 \times 10\,[L/(mol \cdot s)]$$

(ケ)　反応開始時から［NO_2］が反応開始時の $\dfrac{1}{2}$ 倍になるまでの濃度変化は次の通り。

	F_2	$+$	$2NO_2$	$\longrightarrow$	$2NO_2F$	
初　め	1.5×10^{-4}		2.0×10^{-4}		0	[mol/L]
反応量	-0.5×10^{-4}		-1.0×10^{-4}		$+1.0 \times 10^{-4}$	[mol/L]
反応後	1.0×10^{-4}		1.0×10^{-4}		1.0×10^{-4}	[mol/L]

このときの F_2 の反応速度 v は

$$v = 4.00 \times 10 \times 1.0 \times 10^{-4} \times 1.0 \times 10^{-4}$$

$$= 4.00 \times 10^{-7} \fallingdotseq 4.0 \times 10^{-7}\,[mol/L \cdot s]$$

初期の F_2 の反応速度に対する倍率は

$$\frac{4.00 \times 10^{-7}}{1.2 \times 10^{-6}} = 0.333 \fallingdotseq 0.33\ 倍$$

(コ)　この設問を解くには，アレニウスの式を覚えていることが必要である。アレニウスの式は次のように表される。

$$k = A \times e^{-\frac{E}{RT}}\quad \cdots\cdots ①\quad (k：反応速度定数，A：頻度因子，$$

$$E：活性化エネルギー，R：気体定数，T：絶対温度)$$

①式の両辺の自然対数をとると

$$\log_e k = -\frac{E}{R} \times \frac{1}{T} + \log_e A\quad \cdots\cdots ②$$

②式の傾きが $-5.3 \times 10^3\,K$ なので

$$-5.3 \times 10^3 = -\frac{E}{8.31}$$

$$\therefore\ E = 5.3 \times 10^3 \times 8.31 = 44.0 \times 10^3 \fallingdotseq 44 \times 10^3\,[J/mol]$$

$$= 4.4 \times 10\,[kJ/mol]$$

なお，本問を解くにあたっては，「反応速度定数の自然対数と温度の逆数の間に直線関係が得られた」と記してあるので，直線の傾きが $-\dfrac{E}{R}$ であ

ること，問題文中の「温度」が絶対温度であることさえわかっていれば，
①式を正確に覚えていなくても解答できる。ここでは②式を用いて考えた。

(サ)　②式に $T=300$ K，320 K を代入した式を③式，④式とする。

$$\log_e k_1 = -5.3 \times 10^3 \times \frac{1}{300} + \log_e A \quad \cdots\cdots③$$

$$\log_e k_2 = -5.3 \times 10^3 \times \frac{1}{320} + \log_e A \quad \cdots\cdots④$$

④式 − ③式を考えると

$$\log_e k_2 = \log_e k_1 + 5.3 \times 10^3 \times \left(\frac{1}{300} - \frac{1}{320}\right)$$

求める値は

$$5.3 \times 10^3 \times \left(\frac{1}{300} - \frac{1}{320}\right) = 1.10 \doteqdot 1.1$$

3　解答

(1)(ア) 39.1　(イ) $C_7H_7NO_2$　(ウ)サリチル酸

(エ) 　　(オ) $CH_3-$$-NO_2$

(カ) $CH_3-$$-NO_2$
Br

(2)(キ)ファンデルワールス　(ク)水素

(ケ)
$$CH_3-\overset{\overset{\displaystyle CH_3}{|}}{\underset{\underset{\displaystyle OH}{|}}{C}}-CH_3$$

(コ)フマル酸

(サ) $-NH-\overset{}{\underset{\underset{\displaystyle O}{\|}}{C}}-CH_2-CH_2-\overset{}{\underset{\underset{\displaystyle O}{\|}}{C}}-OH$

(3)(シ)グリセリン　(ス) 806　(セ) $C_{51}H_{98}O_6$

■━━━━━◀解　説▶━━━━━■

≪芳香族化合物の構造決定，脂肪族化合物の構造決定，油脂の分子式の決定≫

▶(1)(イ)　化合物Aに含まれるC原子，H原子の物質量比は

$$C : H = \frac{88.0}{44.0} : \frac{18.0}{18.0} \times 2 = 1 : 1$$

Aはアミド結合をもつので，分子中にN原子，O原子を必ずもつ。また，N原子，O原子の原子量は偶数，$CH = 13.0$ は奇数なので，分子量が奇数であるためには分子中に含まれるC原子数，H原子数は奇数であり，ベンゼン二置換体であるためには両原子数が7以上である必要がある。

$(CH)_7 = 91.0$，$(CH)_9 = 117.0$，$NO = 30.0$

より分子式が C_9H_9NO であるとすると，分子量は 147.0 となり，矛盾する。分子量が 137 を満たすのは $C_7H_7NO_2$ とわかる。

(ア)　求める質量を a〔mg〕とする。反応するAと生成する CO_2 のモル比は1 : 7になるので

$$1 : 7 = \frac{a \times 10^{-3}}{137} : \frac{88.0 \times 10^{-3}}{44.0}$$

∴　$a = 39.14 \fallingdotseq 39.1$〔mg〕

(ウ)・(エ)　A，BともにC原子の数は7で，ベンゼン二置換体であり，分子中にアミド結合を含むので，ベンゼン環，アミド結合以外にC原子は存在しない。ベンゼン環に結合するアミド結合以外の原子団を求める。

$$\underbrace{C_7H_7NO_2}_{\text{分子式}} - \underbrace{C_6H_4}_{\text{ベンゼン環}} - \underbrace{CH_2NO}_{\substack{\text{一端がHである}\\\text{アミド結合構造}}} = OH$$

A，Bの候補として考えられるのが次の2種類である。

加水分解で生成する芳香族化合物のうち，塩酸と中和反応を起こし，塩を生成するのは o-アミノフェノールのみである。これより，A，B，D，Eの構造が決まる。

A.（構造式：C-N-H, O, H, OH のベンゼン環）　→（加水分解）→　D.（構造式：C-OH, O, OH のベンゼン環）＋NH_3

サリチル酸

B.（構造式：N-C-H, H, O, OH のベンゼン環）　→（加水分解）→　E.（構造式：NH_2, OH のベンゼン環）＋$H-C-OH$, O

(オ)・(カ)　条件より化合物**C**のニトロ基が還元されて，化合物**F**が生じると考えられる。

$$-NO_2 \xrightarrow[\text{式量30 減少}]{\text{還元}} -NH_2$$

ニトロ基以外の置換基がメチル基であるのは明らかである。メチル基はオルト，パラ配向性，ニトロ基はメタ配向性を示すので，化合物**G**の構造もわかる。

C. CH_3-（ベンゼン環）-NO_2 $\xrightarrow{\text{還元}}$ F. CH_3-（ベンゼン環）-NH_2

$\xrightarrow[\text{置換}]{+Br_2}$ G. CH_3-（ベンゼン環、Br 付き）-NO_2＋HBr

▶(2)(キ)・(ク)　固体や液体分子間にはファンデルワールス力や水素結合がはたらく。直鎖状アルカンでは分子量が大きいほどファンデルワールス力が強くなる。アルコール分子間ではヒドロキシ基の間で水素結合がはたらくので，分子量が同程度のアルカンよりも分子間にはたらく力は強くなる。

(ケ)　ブタノールの構造異性体として考えられる4種類の構造は次の通り。

$CH_3-CH_2-CH_2-CH_2-OH$　　　$CH_3-CH-CH_2-OH$
　　　　　　　　　　　　　　　　　　　　　　CH_3

$CH_3-CH_2-CH-CH_3$　　　CH_3-C-CH_3
　　　　　　　OH　　　　　　　　OH（上に CH_3）

このうち，分子間力が一番強くはたらくのは，炭素骨格が直鎖の第一級アルコールである。逆にはたらく分子間力が最も弱いのは炭素骨格が枝分かれの第三級アルコールである 2-メチル-2-プロパノールである。

(コ)　分子式 $C_4H_4O_4$ の二価カルボン酸で，幾何異性体の関係にあるのはトランス形のフマル酸とシス形のマレイン酸である。

$$\text{HO-}\overset{\displaystyle O}{\underset{}{C}}\ \ \ \underset{\overset{\displaystyle \parallel}{\;}}{}$$

フマル酸　　　　　　　　　マレイン酸

マレイン酸では水素結合は分子間だけではなく，次のように分子内にもはたらくので，フマル酸よりも分子間力は弱く，融点は低い。

←水素結合

㊝　加熱により分子内脱水するのはシス形であるマレイン酸であり，無水マレイン酸が生じる。無水マレイン酸に水素を付加すると，無水コハク酸を生じる。

$$\xrightarrow{\text{加熱}} \qquad \xrightarrow{+\mathrm{H}_2}$$

無水コハク酸とアニリンから化合物 L が生じる反応は次の通り。

$$\mathrm{NH_2} + \quad \longrightarrow \quad \mathrm{NH\text{-}C\text{-}CH_2\text{-}CH_2\text{-}C\text{-}OH}$$

▶(3)(シ)　油脂は脂肪酸 3 分子とグリセリンからなるトリエステルである。

(ス)　油脂はトリエステルなので，油脂 M と水酸化ナトリウムは 1:3 のモル比で反応する。M の分子量を M とおくと

$$1:3 = \frac{1.00}{M} : \frac{0.150}{40.0} \qquad \therefore \quad M = 800.0$$

油脂 N の分子量は

$$800.0 + 2.0 \times 3 = 806.0 \fallingdotseq 806$$

㈦　Nを構成する脂肪酸は飽和脂肪酸なので，示性式は次のようになる。

$$(C_nH_{2n+1}COO)_3C_3H_5 = 806 \qquad \therefore \quad n = 15$$

Nの分子式は

$$(C_{15}H_{31}COO)_3C_3H_5 = C_{51}H_{98}O_6$$

❖講　評

　2020 年度も大問 3 題の出題で，理論，無機，有機の各分野から出題されている。難易度は 2019 年度よりもやや易化している。一部の教科書だけに記載のあるアレニウスの式に関する問題が 2 年連続で取り上げられた。設問はレベルの高いものも含まれ，設問数は多く，時間を要するので，全問を解くのは時間的にも厳しい。

　1 は塩化ナトリウムを題材とした水溶液の浸透圧，水溶液の凝固点降下，水溶液の電気分解，ポリ塩化ビニルの生成，ソルベー法に関する問題である。アマルガムに関する設問は，誘導もあるが過去に解いたことがないと少し難しい。例年の 1 と比べると解きやすい問題であった。

　2 はダイヤモンドの結晶格子，熱化学，反応速度，アレニウスの式に関する問題である。⑴のダイヤモンドの結合エネルギーに関する設問は，ダイヤモンドCの 1mol に C−C 結合が 2mol 含まれることに注意が必要である。⑵では 2 年連続でアレニウスの式に関する設問が出題された。教科書の発展学習として取り上げられている事項であるにもかかわらず，誘導はあるが，式を暗記していないと解きにくい設問もあり，解答しにくい問題であった。

　3 は芳香族化合物の構造決定，脂肪族化合物の構造決定，油脂の分子式の決定に関する問題である。⑴で配向性に関する設問もあったが，2020 年度の問題の中では一番解きやすい問題であった。

　時間内に全問題を解答するのは難しいかもしれないので，問題の難易度を見極め，短時間で解くことができる設問から解答することが合否を左右することにもなったと思われる。アレニウスの式のような教科書の発展学習に記載のある内容も出題されるので，内容理解とともに，暗記事項を前提とする設問にも対応できるようにしておきたい。

慶應義塾大学
理工学部

別冊問題編

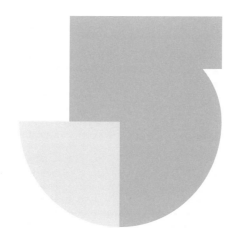

2025

矢印の方向に引くと
本体から取り外せます

教学社

目　次

$$\boxed{\text{問題編}}$$

2024

年度

問題編

一 般 選 抜

問 題 編

▶試験科目・配点

教　科	科　　　　　目	配　点
外国語	コミュニケーション英語Ⅰ・Ⅱ・Ⅲ, 英語表現Ⅰ・Ⅱ	150 点
数　学	数学Ⅰ・Ⅱ・Ⅲ・Ａ・Ｂ	150 点
理　科	「物理基礎・物理」,「化学基礎・化学」	200 点 (各 100 点)

▶備　考

　数学Ａは「場合の数と確率」・「整数の性質」・「図形の性質」を，数学Ｂは「数列」・「ベクトル」を出題範囲とする。

英　語

(90分)

1. 次の英文を読み，設問に答えなさい。

　　We live in remarkable times and face many challenges to our well-being that can often feel (1) and insurmountable. It's not uncommon these days to hear people describe a sense of despair and (2) when facing the social injustices and environmental destruction that surround us. Yet this challenging moment in the history of life on Earth, of humanity and of all nature, also provides an opportunity, a motivation for us to reimagine how we might live, individually and as a human and nature family on Earth, in ways that ①serve as collective inspiration for growth.

　　If the human mind is to blame for the difficulties we now face, then the human mind can be (3) for the awareness of these conditions and the actions that are possible to transform a (4) path into a constructive one. The mind shapes belonging, identity and self. If we clarify the mental lens through which we see the self and deepen our understanding of identity and belonging, we may be able to ②shift how we live and then create a path that cultivates more personal, public, and planetary health for us all. We are proposing that many of the challenges to global health we now experience in multiple ways (ア) humanity—what can be called pandemics, a term that means involving all people, something affecting humanity—are caused by a limited and limiting view of "self".

　　One form of pandemic we currently face is infectious disease—COVID-19, caused by the novel coronavirus SARS-CoV-2. But many pandemics affect us now. Another pandemic we face today is social injustice; the dehumanization and (5) that emerges from in-group domination (イ) out-groups that are subordinate in the social hierarchy. A third pandemic is environmental destruction; we now live in the Anthropocene era, (X) on Earth and the environments that sustain us. A fourth pandemic is of misinformation and polarization, made rampant (ウ) the internet's capacity to create self-sustaining bubbles of isolated information sharing. A fifth pandemic is of attention addiction, the draw of our attentional focus (エ) compelling states of endless comparison and competition and the ensuing feeling of (6), inferiority, and incompleteness.

　　And there is a sixth pandemic; the modern cultural, or what some might call Western, view of an (7), separate identity—the "solo-self". While this perspective may have originated in the West—in European-originated colonialist nations—it has now spread around the globe so extensively that a geographical indicator may no longer apply to this wide-spread cultural construction of self. This solo-self is not just the inner, private aspect of who we are but rather the concept and belief that the totality of our identity is separate from others, especially other, not ③"like-me" people, as well as separate from other nonhuman species. The ④consequences of this excessively differentiated identity and the disconnection from belonging that it creates are responsible for much suffering, both as the chaos and rigidity we may experience internally and as ⑤turmoil in our lives. By "relational", I mean the way the bodily, inner self is connected to other people and to the planet, the whole of nature. These connections, involving patterns in the exchange of energy and information, may not be as visible to the eye as is the body, but they are equally real. When we live as a solo-self and ignore these important yet invisible connections, we experience our identity as centered ⑥<u>predominantly</u> in the body, and we feel relationally connected only to those who are like-me. This solo-self pandemic clearly has a negative impact on each of the other five pandemics—and may be a fundamental source of them. If how we have constructed what the self is, what our identity and belonging are based upon, is the source of many of the troubles we now face—then we can now change this pattern and move in a more ⑦<u>integrative</u> pathway forward.

(Adapted from Daniel J. Siegel, *IntraConnected*, 2023)

[1]　下線部①〜⑦の意味に最も近いものを選択肢1〜5の中から選び，マークシートの解答欄 (1) から (7) にマークしなさい。

①	1. contribute to	2. nullify	3. predict	4. question	5. throw away
②	1. alter	2. bargain	3. criticize	4. justify	5. slur
③	1. "enemy-like"	2. "kin-like"	3. "lovely"	4. "nice"	5. "stranger-like"
④	1. anguish	2. blame	3. creativity	4. readiness	5. reverberations
⑤	1. commotion	2. genesis	3. leisure	4. sadness	5. transformation
⑥	1. actively	2. carelessly	3. mainly	4. precisely	5. questionably
⑦	1. aggressive	2. complex	3. futile	4. holistic	5. hopeful

[2]　空所（1）〜（7）に入る最も適切な語を選択肢1〜5の中から選び，マークシートの解答欄 (8) から (14) にマークしなさい。

（1）	1. occasional	2. ordinary	3. ornate	4. ostentatious	5. overwhelming
（2）	1. hopeful	2. hopefulness	3. hopeless	4. hopelessness	5. hoping
（3）	1. dying	2. estimated	3. exclusively	4. longing	5. responsible
（4）	1. conclusive	2. derivative	3. destructive	4. massive	5. substantive
（5）	1. magnification	2. marginalization	3. memorization	4. mobilization	5. mystification
（6）	1. illiteracy	2. immunity	3. inadequacy	4. inspiration	5. interdependency
（7）	1. illuminated	2. imminent	3. interconnected	4. irresistible	5. isolated

[3]　空所（ ア ）〜（ エ ）に入る最も適切な語句を選択肢1〜5の中から選び，マークシートの解答欄 (15) から (18) にマークしなさい。

（ア）	1. across	2. by	3. into	4. to	5. under
（イ）	1. besides	2. in front of	3. over	4. toward	5. under
（ウ）	1. at	2. besides	3. for	4. into	5. with
（エ）	1. against	2. inside	3. outside	4. toward	5. under

[4]　次の語句を文法的・内容的に最も適切な順に並びかえて（ X ）を完成させたとき，6番目にくるものの番号を解答欄 (19) に，8番目にくるものの番号を (20) にマークしなさい。

1. consequences　2. devastating　3. for　4. having　5. human activity　6. is　7. life　8. when

[5]　英文中の "pandemic" が指す内容に最も一致するものを選択肢1〜8の中から4つ選び，マークシートの解答欄 (21) から (24) にマークしなさい。ただし，解答の順序は問いません。

1.　Injustice toward persons who are recognized as "other"

2. Our inability to hold on to and control our own attention

3. The relationship between humans and animals

4. The sense of connection and empathy toward strangers

5. The so-called "Western" notion of self as a separate identity

6. The spread of Western capitalism

7. The uncovering of the mystery of life

8. Social disintegration caused by the internet

2. 次の英文を読み，設問に答えなさい。

It is widely accepted that Plato defined art as imitation, though whether this was a theory or merely an observation is difficult to say, since there was nothing else by way of art in Athens in his time. All that seems clear is that imitation in Plato meant pretty much what it means in English: looks like the real thing but isn't the real thing. But Plato was mainly negatively interested in art, since he was attempting to design an ideal society—a Republic!—and was eager to ①get rid of the artists on the ②grounds that art was of minimal practical use. (X) achieve this goal, he drew up a map of human knowledge, placing art at the lowest possible level—with reflections, shadows, dreams, and illusions. These Plato regarded as mere appearances, a category to which belonged the kinds of things an artist knew how to make. Thus artists could draw a table, meaning that they knew how tables appear. But could they actually make a table? Not likely but what good really was the appearance of a table?

In Book Ten of *The Republic*, Plato's character—Socrates—suggested that if you want to imitate, nothing could be better for that than a mirror, which will give you perfect reflections of whatever you aim the mirror at, and better than an artist can usually achieve. So let's get rid of the artists. But philosophers know the highest things, what Plato called ideas. Once the artists were out of the way, philosophers could teach and serve as rulers not ③susceptible to corruption.

In any case, no one can deny that art as practiced consisted in imitations or capturing appearances. How different from the present situation! "I am interested in how one approaches that topic—What is Art," writes my friend the artist Tom Rose in a personal note. "The question that comes up in every class and in every context." It is as if imitation disappeared, and something else took its place. So what is art? What we know from the cacophony of artistic argument is that there is too much art that is nonimitational for us to read Plato except for the sake of his views.

My thought is that if some art is imitation and some art is not, neither term belongs to the definition of art as philosophically understood. ④A property is part of the definition only if it belongs to every work of art there is. With the ⑤advent of Modernism, art backed away from mirror images, or, better, photography set the standard of ⑥fidelity.

There are degrees of fidelity in imitation, so Plato's definition of art remained in place, with little to argue about until it stopped capturing the seeming essence of art. How could this have happened? Historically it happened with the advent of Modernism, with certain revolutionary changes that took place in France, mainly in Paris. In my view, to get a definition better than Plato's you have to look to more recent artists, since they are most likely to subtract from their theories properties that were earlier thought to be essential to art, like beauty. Marcel Duchamp found a way of ⑦eradicating beauty in 1915, and Andy Warhol discovered that a work of art could exactly resemble a real thing in 1964, though the great movements of the 1960s—Fluxus, Pop Art, Minimalism, and Conceptual Art—made art that was not exactly imitation. Oddly, sculpture and photography shifted the center of artistic self-awareness in the seventies. After that, everything was feasible. Anything went, leaving it uncertain whether a definition of art is any longer possible. Anything cannot be art.

　　It was basically decided by leading aestheticians that art was indefinable, since there is no overarching feature. (　Y　), art is an open concept. My view is that it has to be a closed concept. There must be some overarching properties that explain why art in some form is universal. What makes art so powerful a force as it appears to be in song and story is due to what makes it art to begin with. There is really nothing like it when it comes to stirring the spirit. If one believes that art is ⑧all of a piece, one needs to show that what makes it so is to be found throughout its history.

(Adapted from Arthur C. Danto, What Art Is, 2013)

[1]　下線部 ① ～ ⑧ の意味に最も近いものを選択肢 1 ～ 5 の中から選び，マークシートの解答欄　(25)　から　(32)　にマークしなさい。

①	1. accuse	2. persecute	3. prosecute	4. receive	5. remove
②	1. list	2. premise	3. region	4. soil	5. suspicious
③	1. biased against	2. engaged in	3. impressed by	4. tolerant of	5. vulnerable to
④	1. An attribute	2. An asset	3. A gift	4. A legacy	5. A possession
⑤	1. dawn	2. end	3. fall	4. prosperity	5. success
⑥	1. accuracy	2. beauty	3. devotion	4. talent	5. technique
⑦	1. criticizing	2. expressing	3. extinguishing	4. redefining	5. upholding
⑧	1. consistent	2. impressive	3. masterpiece	4. profound	5. spiritual

[2]　空所(　X　)と(　Y　)のそれぞれに入る最も適切なものを選択肢 1 ～ 4 の中から選び，マークシートの解答欄　(33)　から　(34)　にマークしなさい。

X :　1. By way of　　2. In order to　　3. Were it not to　　4. Whether or not to

Y :　1. At best　　2. Ideally　　3. On the contrary　　4. Without a doubt

[3]　次の文は英文全体の要旨を述べたものである。下記の空所（　ア　）～（　コ　）に入る表現として最も適切なものを選択肢 1 ～ 4 の中から選び，マークシートの解答欄　(35)　から　(44)　にマークしなさい。

　　As shown in his work The Republic, Plato regarded art and artists as of (　ア　) significance to society. In his view, what artists created were mere imitations of the real world, which had no practical use. In (　イ　), philosophers reigned the realm of human intellect, who could educate and rule the public (　ウ　). Far from the time of Plato, art today is no longer a mirror image of what we see. The definition of art given by Plato thus does not (　エ　) anymore, and people are questioning what art really is. In fact, in order to (　オ　) the meaning of art, we need to (　カ　) the art in the age of Modernism and (　キ　), when artists stopped copying what they saw. Furthermore, art in recent times has (　ク　) such concepts as beauty and imitation, qualities that were believed in the past to be (　ケ　) elements of art. Now anything seems feasible in art, and, according to many experts, no fixed definition is available. The author, however, argues that there must be an all-embracing definition of art, which can be found by examining the history of art. Art, for (　コ　) thing, has the power to touch people's hearts.

（ア）1. great　　　　　2. minimal　　　　　3. potential　　　　4. symbolic

（イ）1. conclusion　　2. contrast　　　　　3. hindsight　　　　4. other words

（ウ）	1. absentmindedly	2. greedily	3. righteously	4. ruthlessly
（エ）	1. hold	2. mean	3. need	4. take
（オ）	1. paraphrase	2. redefine	3. summarize	4. twist
（カ）	1. keep away from	2. look down on	3. put up with	4. take into account
（キ）	1. about	2. before	3. beneath	4. thereafter
（ク）	1. come up with	2. gotten away with	3. made sense of	4. turned away from
（ケ）	1. disposable	2. essential	3. negligible	4. superfluous
（コ）	1. any	2. first	3. good	4. one

3. Read the following dialogue between a man and a woman reuniting at an airport and answer the questions which follow.

Mr. Hiyoshi: Wow, ①you're a sight for sore eyes! How long has it been? Six months?

Ms. Yagami: Six months, one week, and five days, to be exact. But who's counting?

Mr. Hiyoshi: (*grinning from ear to ear*) I can't believe I'm finally here. So how do we get to your university? Do we need to catch a taxi?

Ms. Yagami: No, Stanford's here. He's kindly offered to give us a ride.

Mr. Hiyoshi: Stanford?

Ms. Yagami: You know Stanford. We're in the same lab together. I talk about him all the time. Maybe his name just slipped your mind.

Mr. Hiyoshi: He's not someone I need to be worried about, is he?

Ms. Yagami: That's not ②the green-eyed monster I hear in your voice, is it? Stanford's not somebody you need to lose sleep over. He is definitely in the friend zone.

Mr. Hiyoshi: Sorry, maybe I didn't get enough sleep on the plane. I'm ③reading too much into things. Now that you mention it, maybe I do remember Stanford. His name ④rings a bell.

Ms. Yagami: (*pushing a speed dial on her cellphone*) Sorry for keeping you waiting, Stan-chan. We're out in front of arrivals. Could you drive around and pick us up?

[1] Choose the word or phrase with the most similar meaning for each of the underlined expressions ① through ④ in the dialogue. Mark your answers on the mark sheet in 　(45)　 through 　(48)　 .

① 1. I can't see properly　　　　　　2. I hardly recognize you
　 3. I'm so happy to see you　　　　4. my eyes are tired from the flight

② 1. anger　　2. disappointment　　3. jealousy　　4. sadness

③ 1. overanalyzing　2. over-intellectualizing　3. oversimplifying　4. overstating

④ 1. sounds clear　2. sounds familiar　3. sounds silly　4. sounds hollow

[2] The following was written by Mr. Hiyoshi in his journal the evening after reuniting with Ms. Yagami. Read the journal entry and answer the questions below.

　　Finally arrived in California. Didn't get a (1) of sleep on the plane. Was met at the airport by Ms. Yagami and Stanford. Don't like the guy one bit. Ms. Yagami (2) up on my suspicions. Assured me he was definitely in the friend zone. But she called him Stan-chan on the phone! I felt like the (3) wheel during the entire drive to the campus. All they wanted to talk about was people in their lab. Situation is (4). Must act soon. The ring is in my bag. It may be time to (5) the question. At the airport I tried to (6) the situation down. I said I might be reading too much into things. Make no mistake about it, that's definitely not the case. Stanford is not happy in the friend zone. I can smell it a (7) away. Anyway, better get some sleep. Maybe it's just the jet lag talking. I'll see things more clearly after a good night's (8).

Choose the best options below for numbers (1) through (4). Mark your answers on the mark sheet in ⬚(49)⬚ through ⬚(52)⬚.

1. first   2. held   3. humorous   4. picked   5. serious   6. sound   7. steering   8. third   9. wink

Choose the best options below for numbers (5) through (8). Mark your answers on the mark sheet in ⬚(53)⬚ through ⬚(56)⬚.

1. asleep   2. choose   3. dream   4. kitchen   5. make   6. mile   7. play   8. pop   9. rest

4.

(1)〜(4)の各文の空所に入る語として最も適切なものを選択肢1〜6の中から選び，マークシートの解答欄 ⬚(57)⬚ から ⬚(60)⬚ にマークしなさい。

(1) Blockchain is a technological foundation to a new way of conducting (   ), securing networks, and recording the validity and origin of data.

   1. communications   2. exchanges   3. interactions   4. operations
   5. processes   6. transactions

(2) Cloud computing has become a scalable service and delivery (   ) in the modern IT infrastructure.

   1. application   2. database   3. interface   4. operation
   5. platform   6. software

(3) Brain computing is developing new approaches to interface the brain with machines for (   ) the effects of neurological disease and injury.

   1. administrating   2. enhancing   3. heightening   4. magnifying
   5. maximizing   6. mitigating

(4) Green metrics such as energy consumption and atmospheric (   ) are correlated with socio-economic impacts.

   1. combinations   2. distance   3. effects   4. emissions
   5. features   6. pressure

5. 次の和文を読み，下線部分をひとつのセンテンスに英訳しなさい。解答は解答用紙（記述式）に記入しなさい。

　　大学に入るときに東京に出て，そこで結婚して仕事を持ち，それからあとはあまり阪神間には戻らなくなった。たまに帰郷することがあっても，用事が済むとすぐに新幹線に乗って東京に帰った。生活が忙しかったこともあるし，外国で暮らした期間も長かった。それに加えて，いくつかの個人的な事情がある。世の中には故郷にたえず引き戻される人もいるし，逆にそこにはもう戻ることができないと感じ続ける人もいる。両者を隔てるのは，多くの場合一種の運命の力であって，それは故郷に対する想いの軽重とはまた少し違うものだ。どうやら，好むと好まざるとにかかわらず，僕は後者のグループに属しているらしい。

（村上春樹，『辺境・近境』，1998年より一部改変）

数　学

（120分）

注　意　　問題1, 2, 3, 4, 5の解答を，**解答用紙**の所定の欄に記入しなさい。空欄（ア）〜（ネ）については，分数は既約分数にするなど最もふさわしいもの（数，式など）を**解答用紙**の所定の欄に記入しなさい。

1

（1）　2024の約数の中で1番大きいものは2024だが，6番目に大きいものは　（ア）　である。2024の6乗根に最も近い自然数は　（イ）　である。

（2）　関数$f(x)$は実数全体で定義されており，$x \leqq 2$において

$$\frac{2}{3} - \frac{1}{3}x \leqq f(x) \leqq 2 - x$$

を満たしているものとする。数列$\{a_n\}$は漸化式

$$a_{n+1} = a_n + f(a_n)$$

を満たしているものとする。

（ i ）　$a_1 \leqq 2$ならば，すべての自然数nに対して$a_1 \leqq a_n \leqq 2$となることを証明しなさい。

（ ii ）　$a_1 \leqq 2$ならば，a_1の値によらず$\displaystyle \lim_{n \to \infty} a_n = 2$となることを証明しなさい。

2

3つのタイプのコインがある。タイプⅠは，両面にHが書かれている。タイプⅡは，両面にTが書かれている。タイプⅢは，片面にH，もう片面にTが書かれている。袋の中にタイプⅠのコインが1枚，タイプⅡのコインが2枚，タイプⅢのコインが3枚入っている。袋の中からコインを1枚取り出す。

（1） 取り出したコインを投げたとき，Hが出る確率は （ウ） である。

（2） 取り出したコインを投げてHが出たという条件の下で，そのコインがタイプⅢである条件付き確率は （エ） である。

（3） 取り出したコインを2回投げたときに2回ともTが出たという条件の下で，そのコインがタイプⅡである条件付き確率は （オ） である。

（4） 取り出したコインを2回投げたとき，その結果からコインのタイプが分かる確率は （カ） である。

（5） nを2以上の自然数とする。取り出したコインをn回投げたとき，その結果からコインのタイプが分からない確率は （キ） である。

3

連続関数 $f(x)$ は $f(x) > 0$ を満たし，$1 \leqq x \leqq 3$ で単調に減少するものとする。a を実数とし，S を

$$S = \int_1^3 |f(x) - ax|\, dx$$

と定める。

（1）　$I = \displaystyle\int_1^3 f(x)\,dx$ と定める。I と a を用いて S を表すと，$a \leqq \dfrac{f(3)}{3}$ のとき $S = \boxed{\text{（ク）}}$ となり，$a \geqq f(1)$ のとき $S = -\boxed{\text{（ク）}}$ となる。

（2）　a が $\dfrac{f(3)}{3} < a < f(1)$ を満たしているとき，$1 < x < 3$ の範囲で方程式 $f(x) - ax = 0$ は解をただ 1 つ持つことを証明しなさい。

（3）　a は $\dfrac{f(3)}{3} < a < f(1)$ を満たしているとする。$1 < x < 3$ の範囲にある方程式 $f(x) - ax = 0$ の解を $x = t$ とおく。このとき，a を関数 $f(x)$ と実数 t を用いて表すと $a = \boxed{\text{（ケ）}}$ となる。また，関数 $F(x) = \displaystyle\int_1^x f(s)\,ds$ と，t に関する分数式 $q(t) = \boxed{\text{（コ）}}$ を用いて，$S = 2F(t) - F(3) + q(t)f(t)$ と表される。

（4）　$F(x)$ を（3）で定めた関数，t_0 を $1 < t_0 < 3$ を満たす実数とする。$1 \leqq x \leqq 3$ を満たすすべての実数 x に対し $F(x) - F(t_0) \geqq (x - t_0)f(x)$ が成り立つことを証明しなさい。

（5）　$p(x)$ を $1 \leqq x \leqq 3$ で $p''(x) > 0$ を満たす分数関数とし，t_0 を $1 < t_0 < 3$ を満たす実数とする。$p(t_0) = 0$ かつ $p'(t_0) = \boxed{\text{（サ）}}$ ならば，$1 \leqq x \leqq 3$ を満たすすべての実数 x に対し $2(x - t_0)f(x) + p(x)f(x) \geqq 0$ が成り立つ。

（6）　$a = \boxed{\text{（シ）}}$ のときに，S は最小になる。

4

平行六面体 OAGB－CDEF において，$\overrightarrow{OA}=\vec{a}$，$\overrightarrow{OB}=\vec{b}$，$\overrightarrow{OC}=\vec{c}$ とおき，$|\vec{a}|=1$，$|\vec{b}|=2$，$|\vec{c}|=2$，$\vec{a}\cdot\vec{b}=1$，$\vec{a}\cdot\vec{c}=-1$，$\vec{b}\cdot\vec{c}=0$ とする。

(1)　三角形 OAB の面積は $\boxed{}$ である。頂点 C から 3 点 O, A, B を通る平面に垂線を下ろし，この平面との交点を H とすると，$\overrightarrow{CH}=\boxed{}\,\vec{a}+\boxed{}\,\vec{b}-\vec{c}$ である。四面体 OABC の体積は $\boxed{}$ である。

辺 OA を $t:1-t$ に内分する点を I，辺 OB の中点を J，辺 BF の中点を K とする。ただし，$0<t<1$ とする。

(2)　$\overrightarrow{JI}\cdot\overrightarrow{JK}=\boxed{}$ であり，三角形 IJK の面積は $\boxed{}$ である。

(3)　3 点 I, J, K を通る平面が辺 DE と共有点を持つのは，$\boxed{}\leqq t<1$ のときである。

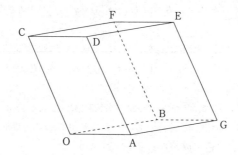

5

複素数平面上で，原点 O を中心とする半径 1 の円 C_1，および C_1 に内接する半径 r $(0 < r < 1)$ の円 C_2 を考える。C_2 上に点 P を固定し，P の位置を表す複素数が 1 になるように C_2 を配置する。時刻 $t = 0$ から C_2 を C_1 に沿ってすべることなく回転させる。ただし，C_1 と C_2 の接点は C_1 上を反時計回りに速さ 1 で移動するものとする。すなわち時刻 $t \geqq 0$ における C_1 と C_2 の接点を表す複素数は $\cos t + i \sin t$ である。

（1） P が C_1 上に位置するような時刻 $t > 0$ で最小のものは $t = \boxed{\text{（ト）}}$ である。

（2） 時刻 $t \geqq 0$ における C_2 の中心を表す複素数を $w(t)$，P の位置を表す複素数を $z(t)$ とすると，$w(t) = \boxed{\text{（ナ）}}$，$z(t) = w(t) + \boxed{\text{（ニ）}}$ である。

（3） 時刻 0 から時刻 $\boxed{\text{（ト）}}$ の間に P が動く道のりは $\boxed{\text{（ヌ）}}$ である。

（4） 時刻 0 から時刻 $t > 0$ の間に P が動く道のりを $l(t)$ とすると，$\displaystyle\lim_{t \to \infty} \frac{l(t)}{t} = \boxed{\text{（ネ）}}$ である。

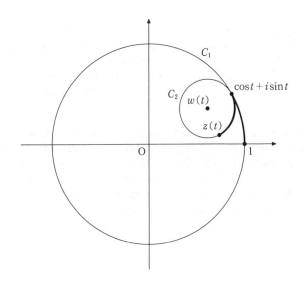

物　理

（2 科目 120 分）

1. 以下の文章中の ［(ア)］ 〜 ［(コ)］ に適切な式を記入しなさい。

密度 ρ の水に浮かぶ，底面積 S，質量 M の円柱状の物体の運動を考える。物体は傾くことなく鉛直方向のみで運動し，物体が水面下に完全に沈むことはないものとする。空気抵抗，および，水面の高さや水面の形状の変化は無視する。物体が水から受ける力は浮力のみとし，運動している物体が受ける浮力は，静止している物体が受ける浮力と同じとする。また，物体上面は滑らかであるとする。重力加速度の大きさを g とする。

（1） 図 1 のように，物体上面が水面と平行で静止するように浮かべた。このとき，アルキメデスの原理により，物体が水から受ける浮力の大きさは，物体の水中にある部分の体積と同じ体積の水の重さに等しい。したがって，物体にはたらく重力と浮力のつり合いを考えると，物体の水面から下に沈んでいる部分の長さは ［(ア)］ であることがわかる。次に，物体上面に鉛直下向きに力を加え，物体をゆっくりと沈めた。図 2 のように，物体を図 1 の状態から x だけ沈めたときに加えている力の大きさは ［(イ)］ である。また，物体上面に加える力は物体を沈めた長さに応じて変化することから，その関係のグラフを考えると，図 1 から図 2 の状態にいたるまでに物体上面に加えた力がした仕事は ［(ウ)］ となる。

（2） 次に，力を取り除き，物体を再び図 1 の状態で静止させた。その後，図 3 のように，物体上面から高さ d，物体上面の円の中心から水平距離 L の位置にある質量 m（$m < M$）の小球が，水平方向に投げ出された。小球は物体上面の円の中心に落下し，弾性衝突をしてはね返った（反発係数は 1 である）。小球が投げ出されてから物体に衝突するまでの時間は ［(エ)］ であるから，小球が水平方向に投げ出されたときの速さは ［(オ)］ である。小球と物体の衝突が弾性衝突であることと，衝突前後の運動量保存を考えると，衝突直後の小球の速度の鉛直成分の大きさは ［(カ)］ であり，衝突直後の物体の速度の鉛直成分の大きさは ［(キ)］ である。

（3） 小球と物体が衝突した後のそれぞれの運動を考える。衝突後に小球が上昇し最高点に達したときの高さは，衝突前の物体上面を基準として ［(ク)］ である。また，衝突後に物体のもつ運動エネルギーは，物体が沈むにつれて徐々に減少し，衝突前の状態から ［(ケ)］ の長さだけ沈んだときに 0 となった。物体にはたらく浮力は，物体の水面から下に沈んでいる部分の長さに比例する。また，物体にはたらく重力と浮力の合力は，物体を図 1 の位置に戻そうとする復元力と考えることができる。これらのことから，衝突してから物体の運動エネルギーが 0 になるまでに経過した時間は ［(コ)］ である。ただし，物体と小球は一度しか衝突しなかった。

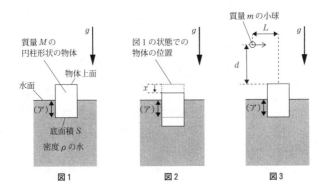

図1　　　　　　　　　　図2　　　　　　　　　　図3

2. 以下の文章中の　(ア)　～　(キ)　および　(コ)　に適切な式を記入しなさい。　(ク)　および　(ケ)　には解答群から適切なグラフを選び，記号 a～d で答えなさい。ただし，解答に T，I を用いてはならない。

　図1のように，$x \geqq 0$ かつ $y \geqq 0$ の領域において一様な磁束密度（大きさ B）の磁場が，紙面に垂直に裏から表へ向かう向きにかかっている。それ以外の領域には磁場はかかっていない。長方形状のコイル ABCDE（以降，長方形コイルとよぶ）が磁場と垂直な x-y 平面内にあり，x 軸となす角 45° の方向へ一定の速さ $\sqrt{2}\,u$（速度の x 成分は u，y 成分は u）で移動している。時刻 $t < 0$ では長方形コイルが $x < 0$ かつ $y < 0$ の領域にあり，時刻 $t = 0$ において点 C が原点 O を通過した。長方形コイルの辺 AB および BC は，それぞれ常に x 軸および y 軸と平行であり，それらの長さはそれぞれ a および $2a$ である。図2は，電気抵抗 R の抵抗器，電気容量 C のコンデンサー，自己インダクタンス L のコイル，およびスイッチ S_1，S_2 からなる回路である。図1の点 A，E がつながる図1の端子 P，Q は，それぞれ図2の同じ記号の端子 P，Q と常につながっている。時刻 $t \leqq 0$ では，コンデンサーに蓄積されている電荷は 0 であった。図2の回路には図1に示す磁場は常にかかっていない。AE 間は十分に短く，長方形コイルの面積は長方形 ABCD の面積と考えて良い。導線の太さ，抵抗器以外の電気抵抗，長方形コイルおよび図2のコイル以外の部分で生じる誘導起電力，図2のコイル以外の自己誘導は無視する。また，長方形コイルの変形は考えない。

(1) 時刻 $t < \dfrac{a}{u}$ では，スイッチ S_1 は閉じられ，スイッチ S_2 は開いていた。時刻 $t\left(0 < t < \dfrac{a}{u}\right)$ における長方形コイルを貫く磁束は　(ア)　である。微小時間 Δt だけ経過する間の（ア）の変化を考えると，時刻 $t\left(0 < t < \dfrac{a}{u}\right)$ における AE 間に生じる誘導起電力の大きさは　(イ)　であり，抵抗器で消費される電力は　(ウ)　である。ただし，磁束の変化を計算するときには，Δt は十分小さいとして，$(\Delta t)^2$ を含む項は無視しなさい。

(2) 時刻 $t = \dfrac{a}{u}$ において，点 D が $x \geqq 0$ かつ $y \geqq 0$ の領域に入った。その直後，AE 間に生じる誘導起電力は一定となり，スイッチ S_1 を開き，スイッチ S_2 を閉じた。スイッチ S_2 を閉じた直後，スイッチ S_2 に流れる電流の大きさは　(エ)　である。時刻 $t = \dfrac{2a}{u}$ までに，図2のコイルに流れる電流は一定となった。このとき，抵抗器にかかる電圧の大きさは　(オ)　であり，図2のコイルに蓄えられているエネルギーは　(カ)　である。

(3) その後，時刻 $t = \dfrac{2a}{u}$ においてスイッチ S_2 を開いたところ，点 F，G を含む閉回路で電気振動が起こった。このときの電気振動の周期 T は $T =$ 　(キ)　であり，点 F から図2のコイルをとおり点 G へ流れる電流 I の時間変化のグラフを解答群から選ぶと　(ク)　である。また，点 F を電位の基準としたとき，点 G の電位の時間変化のグラフを解答群から選ぶと　(ケ)　であり，点 G の電位の最大値は　(コ)　である。なお，解答群のグラフの横軸を $t - \dfrac{2a}{u}$ とし，左端を原点とする。したがって，左端において $t = \dfrac{2a}{u}$ である。また，解答群のグラフの縦軸は，(ク)

の場合は電流，（ケ）の場合は電位を表す。

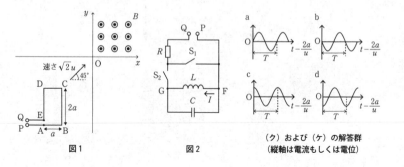

（ク）および（ケ）の解答群
（縦軸は電流もしくは電位）

図1   図2

3. 以下の文章中の　(ア)　～　(ク)　に適切な式を記入しなさい。ただし，電子の電気量を $-e\,(e>0)$，電子の質量を m，プランク定数を h，光の速さを c とする。

(1) 図1は光電効果を調べるための装置である。光電管の内部にある陰極Cに対する陽極Pの電位 V は，すべり抵抗器によって変えることができる。一定の強度，振動数 ν の単色光を陰極Cに当てる。陰極表面から飛び出して陽極に到達し，回路に流れ込む光電子の単位時間あたりの個数を N とするとき，電流計を流れる光電流 I の大きさは　(ア)　と表される。陽極Pの電位 V を変化させると，光電流 I は図2 (a) のグラフのようになり，$V=-V_0\,(V_0>0)$ より低い電位では光電流が流れなくなった。このとき，V_0 は阻止電圧と呼ばれる。$V<0$ のとき，陽極に向かう光電子は逆向きの力を受けて減速し，その運動エネルギーが失われる。このことを考慮すると，陰極表面から飛び出したときの光電子の速さの最大値は，V_0, e, m を用いて　(イ)　と表される。単色光の振動数 ν をいろいろと変えたとき，阻止電圧 V_0 は，図2 (b) のような直線状のグラフとなった。図2 (b) の結果は光の強度には依存しないことから，光は光子という粒子の集まりであることが提唱された。陰極金属中の各電子は光子からエネルギー $h\nu$ を受け取るが，光電子が発生するにはこのエネルギーが金属固有の仕事関数 $W\,(W>0)$ 以上である必要がある。飛び出す光電子の運動エネルギーの最大値を考えると，阻止電圧 V_0 は，ν, W, e, h を用いて $V_0=$　(ウ)　と表すことができる。

(2) 光の粒子性を示す別の現象としてコンプトン効果が知られている。ここでは，この効果を利用した物質中の電子の速度の決定について考える。図3のように，波長 λ のX線が x 軸に平行に入射し，物質中の電子は x 方向に速度 v で動いていたとする。入射X線の光子と電子が原点Oで衝突すると，X線は波長 λ' に変わり，x 軸に対して角度 θ の方向に散乱された。また，このとき，電子は角度 φ の方向に速さ v' ではね飛ばされた。ただし，θ と φ はそれぞれ図3に示された方向を正とする。波長 λ の入射X線の一つの光子は大きさ $\dfrac{h}{\lambda}$ の運動量を持ち，散乱後のX線では一つの光子の運動量の大きさ $\dfrac{h}{\lambda'}$ に変化する。一つの光子と一つの電子の衝突前後の運動量保存を考えると，はね飛ばされた電子の速度の x 成分 $(v'\cos\varphi)$，y 成分 $(-v'\sin\varphi)$ は，v, λ, λ', θ, m, h の中から必要なものを用いて，それぞれ $v'\cos\varphi=$　(エ)　，$-v'\sin\varphi=$　(オ)　と表すことができる。入射X線の一つの光子のエネルギーは，h と入射X線の振動数の積であり，このエネルギーは λ, h, c を用いて　(カ)　と表すことができる。光子と電子の衝突前後のエネルギー保存を考えると，はね飛ばされた電子の運動エネルギー $\dfrac{1}{2}mv'^2$ は，v, λ, λ', m, h, c を用いて $\dfrac{1}{2}mv'^2=$　(キ)　と表すことができる。

以上の関係式より，散乱前後のX線の波長 λ, λ' から物質中の電子の速度 v を求める。ここでは，$\theta=90°$ の場合を考える。このとき，散乱前の物質中の電子の速度 v は，$v=$　(ク)　$-\dfrac{h}{2m\lambda'}\left(\dfrac{\lambda'}{\lambda}+\dfrac{\lambda}{\lambda'}\right)$ となる。ただし，（ク）は λ, λ', c を用いて表しなさい。

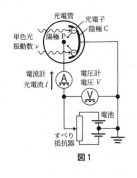

図1

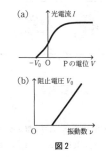

図2

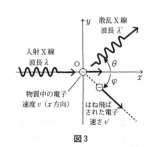

図3

化　学

（2 科目 120 分）

（注意） 必要であれば次の原子量と数値を用いなさい。なお，気体はすべて理想気体とする。

H = 1.0, Li = 6.9, C = 12.0, N = 14.0, O = 16.0, Na = 23.0, S = 32.1, K = 39.1, Co = 58.9

$\sqrt{2}$ = 1.4, $\sqrt{3}$ = 1.7, $\sqrt{5}$ = 2.2, $\sqrt{7}$ = 2.6, $\sqrt{11}$ = 3.3, $\sqrt{13}$ = 3.6, $\sqrt{17}$ = 4.1, $\sqrt{19}$ = 4.4

アボガドロ定数：6.0×10^{23}/mol，ファラデー定数：9.6×10^4 C/mol，気体定数：8.3×10^3 Pa・L/(K・mol)

1. 次の文章を読み，(ア)～(キ)には化学式，(イ)(ウ)(エ)には適切な語句，(オ)(カ)には**有効数字3桁**の数値，(ケ)(コ)(サ)には**有効数字2桁**の数値を入れなさい。(ク)には選択肢の中から適切な語句を選んで記号 a～d で答えなさい。なお，必要であれば，表に示す 25℃，1.013×10^5 Pa における生成熱を用いなさい。また，25℃，1.013×10^5 Pa における水 H_2O（液）の蒸発熱は 44.0 kJ/mol である。

（1） 窒素原子は 5 個の価電子をもち，アンモニア NH_3 を形成する際，3 個の価電子は水素原子との結合に用いられ，残り 2 個は非共有電子対となる。NH_3 の非共有電子対は様々な原子，分子，イオンと相互作用する。例えば，金属イオン Ag^+，Cu^{2+}，Fe^{2+}，Zn^{2+} の硝酸塩をそれぞれ含む 4 種の水溶液に過剰量の NH_3 水を加えると，1 種の金属イオンのみ (ア) を生成して沈殿する。それ以外の金属イオンは，非共有電子対をもつ NH_3 が (イ) 結合して錯イオンを形成する。一方，NH_3 の沸点がメタン CH_4 の沸点よりも (ウ) のは，NH_3 の極性が大きく，分子間に (エ) 結合が生じるためである。

（2） 工業的な NH_3 合成の原料である水素 H_2 は，金属触媒存在下，主に天然ガスと水蒸気を用いて製造される。天然ガスの主成分である CH_4（気）を H_2O（気）と反応させると，H_2（気）と一酸化炭素 CO（気）が生成する。この反応の熱化学方程式は，

$$CH_4（気）+ H_2O（気）= 3H_2（気）+ CO（気）+ Q [kJ]$$

表　生成熱 [kJ/mol]	
CO（気）	110.5
CO_2（気）	393.5
CH_4（気）	74.9
H_2O（液）	285.8

と表される。25℃，1.013×10^5 Pa における反応熱 Q は (オ) kJ である。さらに，発生した CO（気）が H_2O（気）と反応することで，H_2（気）と二酸化炭素 CO_2（気）の混合気体が得られる。この反応の 25℃，1.013×10^5 Pa における H_2（気）1.00 mol あたりの反応熱は (カ) kJ である。また，混合気体中の CO_2 は，炭酸カリウム K_2CO_3 水溶液に通し，(キ) に変換することで除去できる。

（3） 気体の N_2 と H_2 から NH_3 が生成する反応は可逆反応であり，その熱化学方程式は下記のように表される。

$$N_2（気）+ 3H_2（気）= 2NH_3（気）+ 92 kJ$$

この反応の平衡は，(ク) になるほど右向きに移動する。ここで，体積が 0.22 L の密閉容器に，1.0 mol の N_2 と 3.0 mol の H_2 を封入した。温度を 540 K に保ったところ，1.8 mol の NH_3 が得られた。このときの容器内の圧力は (ケ) Pa で，平衡定数は (コ) $(mol/L)^{-2}$ である。また，容器内の温度を 800 K に変えて圧平衡定数を求めたところ，3.5×10^{-14} Pa^{-2} であった。このときの平衡定数は (サ) $(mol/L)^{-2}$ である。

《 (ク) の選択肢　　a：高温高圧　　　b：高温低圧　　　c：低温高圧　　　d：低温低圧 》

2. 次の文章を読み，(ア)(イ) には分子式，(ウ)(エ)(キ) には適切な語句，(オ)(カ)(ケ)(コ)(サ) には**有効数字 2 桁の数値**，(ク) には整数をそれぞれ入れなさい。

（1）硫黄にはいくつかの同素体が存在する。常温で安定に存在する斜方硫黄は環状分子であり，その分子式は (ア) である。硫黄を燃焼し，さらに酸化バナジウムを触媒として空気中で酸化すると (イ) が得られる。(イ) を濃硫酸に吸収させて (ウ) とし，これを希硫酸と混合して濃硫酸にする。このような硫酸の工業的製法を (エ) という。

　ある濃度範囲の硫酸では，H_2SO_4 は，水素イオン H^+，硫酸水素イオン HSO_4^-，硫酸イオン SO_4^{2-} になっており，以下のように電離している。以下の式の 1 段目の電離は完全に進むが，2 段目の電離は必ずしも完全には進まない。

$$1 段目 \quad H_2SO_4 \longrightarrow H^+ + HSO_4^-$$
$$2 段目 \quad HSO_4^- \rightleftharpoons H^+ + SO_4^{2-}$$

上記電離式の 2 段目の電離定数が $K = 1.0 \times 10^{-2}$ mol/L であるとき，5.0×10^{-3} mol/L の硫酸において，1 段目の電離で生じた HSO_4^- のうち，H^+ と SO_4^{2-} に電離する HSO_4^- の物質量の割合は (オ)，H^+ の濃度は (カ) mol/L と求められる。

（2）黒鉛は右図に示すように 6 つの炭素原子を頂点とする正六角形を基本単位とする平面構造が層状に積み重なった結晶構造をもつ。基本単位となる正六角形の位置は 1 層おきにちょうど上にくる。この平面構造どうしは (キ) 力で結びついているため，層に沿ってはがれやすい。右図の太線で示す正六角柱中には (ク) 個の炭素原子が含まれており，密度は (ケ) g/cm³ となる。

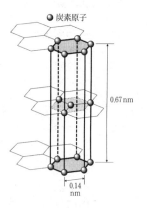

　黒鉛はリチウムイオン電池の負極に用いられている。負極の黒鉛では層間に炭素原子 6 個あたりリチウムが 1 個まで出入りできる。また，正極のコバルト酸リチウム $LiCoO_2$ も層状構造になっており，リチウムが出入りできる。充電すると $LiCoO_2$ から一部のリチウムがとれて $Li_{1-x}CoO_2\,(0 < x \leqq 0.50)$ となる。電解液にはリチウム塩を溶解させた有機溶媒を用いる。充電時のイオン反応式は次のとおりであり，放電時は逆反応となる。

$$負極 \quad 6C + Li^+ + e^- \longrightarrow LiC_6$$
$$正極 \quad LiCoO_2 \longrightarrow Li_{1-x}CoO_2 + xLi^+ + xe^-$$

負極である炭素の充電反応では炭素 1.0 g あたり (コ) Ah の電気量を貯めることができる。このリチウムイオン電池について，負極は黒鉛のみ，正極は $LiCoO_2$ のみの状態から充電を行なった。この電池に 2.0 Ah の電気量を貯めることで，$LiCoO_2$ から $Li_{0.50}CoO_2$ までリチウムがとれたとする。このとき，黒鉛と $LiCoO_2$ の質量は合計で (サ) g 必要である。ただし，充電時のイオン反応式以外の反応は起こらないとする。また，Ah は電気量を表す単位であり，$1\,Ah = 3.6 \times 10^3$ C である。

3. 次の文章を読み，(ア)(ケ)(サ)(ス)(セ)には構造式，(イ)(カ)には**有効数字3桁**の数値，(ウ)(キ)(ク)には分子式，(エ)(コ)(シ)には化合物名，(オ)には適切な語句を入れなさい。なお，構造式は例にならって書きなさい。

構造式の例：

(1) 植物や動物に含まれている油脂は，グリセリンと高級脂肪酸のエステルである。グリセリンの構造式は(ア)である。動物由来の油脂 A は，炭素数が 18 の 3 種の脂肪酸から構成され，それらの脂肪酸の不飽和度はすべて異なる。1.00 mol の油脂 A にニッケルを触媒として水素を付加すると，4.00 mol の水素分子が消費され，飽和脂肪酸のみからなる油脂 B が生成した。また，1.00 g の油脂 A を完全にけん化するのに必要な水酸化ナトリウムの質量は(イ) mg であった。油脂 A のけん化により得られた脂肪酸塩に塩酸を加えることにより 3 種の脂肪酸が得られた。3 種の脂肪酸のうち，最も融点が低い脂肪酸の分子式は(ウ)である。

(2) 合成繊維であるナイロン66は，二価カルボン酸の(エ)と二価アミンのヘキサメチレンジアミンとの(オ)反応により得られる(オ)重合体である。1分子のナイロン66に225個のアミド結合が含まれるとすると，その分子量は(カ)である。

(3) 炭素，水素，酸素，窒素のみから構成されている化合物 C，D は，分子量 177 で互いに構造異性体であり，いずれも二置換のベンゼン環をもつ。化合物 C はアミド結合をもつが，化合物 D はアミド結合をもたない。
   (i) 化合物 C はオルト位に置換基をもつ二置換芳香族化合物であり，2 つのカルボニル基（>C=O）がベンゼン環の炭素に直接結合している。化合物 C 88.5 mg を完全燃焼させたところ，二酸化炭素 220 mg と水 49.5 mg が生成した。したがって，化合物 C の分子式は(キ)である。化合物 C にヨウ素と水酸化ナトリウム水溶液を加えて温めると，特異臭をもつ黄色結晶である化合物 E が生じた。また，化合物 C を塩酸で加水分解すると，カルボキシ基を1つもつ芳香族化合物 F が得られた。化合物 F のカルボキシ基とカルボニル基を還元することで，分子量 152 で 2 つのヒドロキシ基をもつ芳香族化合物 G が生成した。次に，1 mol の化合物 G と 1 mol の化合物 H を，酸触媒を用いて反応させたところ，七員環構造をもつ芳香族化合物 I と水が 1 mol ずつ得られた。なお，化合物 H は触媒を用いてアセチレンに水を付加することにより得られる。したがって，化合物 E の分子式は(ク)，化合物 C の構造式は(ケ)，化合物 H の化合物名は(コ)，化合物 I の構造式は(サ)である。
   (ii) 化合物 D はパラ位に置換基をもつ二置換芳香族化合物である。化合物 D をさらし粉水溶液に加えると，呈色した。また，化合物 D を水酸化ナトリウム水溶液で加水分解して中和すると，芳香族化合物 J と化合物 K が得られた。化合物 J を塩酸に溶かし，冷却しながら亜硝酸ナトリウム水溶液とナトリウムフェノキシド水溶液を加えてジアゾカップリングを行うと，アゾ染料として用いられる芳香族化合物 L が得られた。カルボキシ基をもつ化合物 K は，分子量が 86.0 で，炭素原子間に不飽和結合をもつが，シス-トランス異性体は存在しない。また，化合物 K をメタノールによりエステル化した化合物 M から得られるアクリル樹脂は，有機ガラスともよばれる。したがって，化合物 K の化合物名は(シ)，化合物 L の構造式は(ス)，化合物 D の構造式は(セ)である。

■一般選抜

問題編

▶試験科目・配点

教　科	科　　　　　目	配　点
外国語	コミュニケーション英語 I・II・III，英語表現 I・II	150 点
数　学	数学 I・II・III・A・B	150 点
理　科	「物理基礎・物理」，「化学基礎・化学」	200 点 (各 100 点)

▶備　考

　数学 A は「場合の数と確率」・「整数の性質」・「図形の性質」を，数学 B は「数列」・「ベクトル」を出題範囲とする。

（90 分）

1. 次の英文を読み，設問に答えなさい。

　Robot ethics is a growing interdisciplinary research effort roughly in the intersection of applied ethics and robotics with the aim of understanding the ethical implications and consequences of robotic technology. This article argues that the best approach to robot ethics addresses researchers, theorists, and scholars from areas as diverse as robotics, computer science, psychology, law, philosophy, and others. Many areas of robotics are (い) (1. impact, 2. impacted, 3. impacting, 4. impacts), especially those where robots interact with humans, ranging from elder care and medical robotics, to robots for various search and rescue missions, including military robots, to all kinds of service and entertainment robots [A]. (1) military robots were initially a main focus of the discussion (e.g., whether and when autonomous robots should be allowed to use lethal force or to make those decisions autonomously, etc.), in recent years, the impact of other types of robots, in particular social robots, has become an increasingly important topic as well.

　Consider, for example, robot R supporting an elder person P who just had a very bad night and is in agonizing pain [B]. (2) R has a goal to minimize P's pain, it asks whether it could help P find a more comfortable position in bed, but P asks for pain medication instead. R has an obligation to consult with P's remote human supervisor before giving P any medication, but (ろ) (1. duplicated, 2. duplicating, 3. repeated, 4. repeating) attempts to contact the supervisor fail. What should R do? Leave P in pain or give P the pain medication (e.g., because it knows that in P's case taking pain medication is inconsequential). What would a human health-care provider do? This is one of many possible, even likely, scenarios where future autonomous robots with (limited) decision-making capabilities might find moral dilemmas in social situations [C]. The question (3) becomes how such robots should react, whether they should be allowed to override rules, be capable of employing moral emotions (such as empathy), and be capable of some general ethical understanding (based on some ethical theory) that can guide their reasoning, decision-making, and ultimately, justifications of their decisions and actions.

　Robot ethics is a nascent interdisciplinary field, and none of the questions raised above have been answered conclusively yet [D]. In fact, the field has yet to develop its own integrated methodology. While there have been an (は) (1. enlarged, 2. enlarging, 3. increased, 4. increasing) number of research publications on this topic, especially from the philosophy and robotics communities, that discuss ethical questions related to robot technology from different perspectives, we started to see more attempts to employ empirical methods to evaluate human attitudes and judgments about autonomous robots in ethical contexts in recent periods. There is a clear trend toward applying more integrated methods and empirical studies (in addition to conceptual analysis) for determining the possible effects autonomous robots can have on humans. This will be a critical direction for forthcoming research. (4), it will be significant to investigate computational architectures for autonomous robots that integrate techniques for ethical reasoning and decision-making (e.g., from machine ethics) to constrain the robot's actions and behaviors (e.g., to prevent it from performing actions that in a (に) (1. gifted, 2. give, 3. given, 4. giving) context are impermissible). On the （　X　） side, we will have to thoroughly answer the questions about the human impact, both at the individual and societal levels, of robot technology. And on the （　Y　） side, we have to develop algorithms that minimize the potential hazard robots can cause, especially as automation is moving forward rapidly, and mobile autonomous robots are increasingly being (ほ) (1. deployed, 2. deploying, 3. displaced, 4. displacing) (e.g., from self-driving vehicles for agriculture to toys).

(Adapted from Matthias Scheutz, "What Is Robot Ethics?" *IEEE ROBOTICS & AUTOMATION MAGAZINE*, December, 2013)

［1］　空所 （　1　）～（　4　）に入る最も適切な表現を選択肢 1～4 の中から選び, マークシートの解答欄　(1)　から　(4)　にマークしなさい。なお, 文頭にくるべき語も頭文字を小文字にしてあります。

1. similarly　　　　　　2. since　　　　　　3. then　　　　　　4. while

［2］　本文中の （　い　）～（　ほ　）のそれぞれに入る文脈から最も適切な表現を選択肢 1～4 の中から選び, マークシートの解答欄　(5)　から　(9)　にマークしなさい。

［3］　下記の【　】内の文が入る本文中の位置として最も適切なものを選択肢 1～4 の中から選び, マークシートの解答欄　(10)　にマークしなさい。

【: no matter what they do, they are likely to cause humans pain and suffering】

1. [A]　　　　　　2. [B]　　　　　　3. [C]　　　　　　4. [D]

［4］　空所 （　X　）と（　Y　）に入る最も適切な表現の対を選択肢 1～4 の中から選び, マークシートの解答欄　(11)　にマークしなさい。

1. X: engineering, Y: science　　　　　　2. X: science,　　Y: engineering

3. X: science,　　Y: reverse engineering　　4. X: technology, Y: science

［5］　次の文は英文全体の要旨を述べたものである。下記の空所 （　ア　）～（　コ　）に入る表現として最も適切なものを選択肢 1～4 の中から選び, マークシートの解答欄　(12)　から　(21)　にマークしなさい。

The field of robot ethics integrates ideas from various academic （　ア　） to think about the ethical challenges that developments in robotics bring. While robots for （　イ　） use were one of the earliest areas of consideration (e.g., should a robot be allowed to kill somebody without human （　ウ　）), more recently questions related to social robots have also gained attention. Consider, for example, a robot facing this （　エ　）: a patient it is watching over is in terrible pain and wants pain medication. However, （　オ　） requires that it needs the （　カ　） of a human supervisor who is currently unavailable. What should the robot do? Should it be able to override rules based on principles of （　キ　）? While such questions are interesting, the field is so （　ク　） that we do not yet have the methodology necessary to answer them. We need more empirical studies and explorations of computer architecture to help robots （　ケ　） complex situations. We have to study the impact robots have on humans and develop algorithms that can minimize any potential （　コ　） they might do.

（ア）　1. disciplines　　2. philosophies　　3. industries　　4. think tanks

（イ）　1. military　　2. medical　　3. elderly　　4. personal

（ウ）　1. operator　　2. error　　3. dignity　　4. oversight

（エ）	1. program	2. conundrum	3. metaphor	4. achievement
（オ）	1. protocol	2. empathy	3. common sense	4. reason
（カ）	1. interest	2. button	3. service	4. permission
（キ）	1. compassion	2. error	3. medicine	4. history
（ク）	1. big	2. exciting	3. confusing	4. new
（ケ）	1. reject	2. avoid	3. navigate	4. adopt
（コ）	1. danger	2. harm	3. responses	4. problems

2.　次の英文を読み，設問に答えなさい。

Leave the door open for the unknown, the door into the dark. That's where the most important things come from, where you yourself came from, and where you will go. Three years ago, I was giving a workshop in the Rockies. A student came in bearing a quote from what she said was the pre-Socratic philosopher Meno. It read, "How will you go about finding that thing the nature of which is totally unknown to you?" I copied it down, and it has stayed with me since. The student made big transparent photographs of swimmers underwater and hung them from the ceiling with the light shining through them, so that to walk among them was to have the shadows of swimmers travel across your body in a space that itself came to seem aquatic and mysterious. The question she carried struck me as the basic ①tactical question in life. The things we want are transformative, and we don't know or only think we know what is on the other side of that transformation. Love, wisdom, grace, inspiration—how do you go about finding these things that are in some ways about extending the boundaries of the self into unknown territory, about becoming someone else?

Certainly for artists of all stripes, the unknown, the idea or the form or the take that has not yet arrived, is what must be found. It is the job of artists to open doors and invite in (1), the unknown, the unfamiliar; it's where their work comes from, although its arrival signals the beginning of the long disciplined process of making it their own. Scientists too, as J. Robert Oppenheimer once remarked, "live always at the 'edge of mystery'—the boundary of the unknown." But they transform the unknown into the known, haul it in like fishermen; artists get you out into that dark sea.

Edgar Allan Poe declared, "All experience, in matters of philosophical discovery, teaches us that, in such discovery, it is the unforeseen upon which we must calculate most largely." Poe is (2) the word "calculate," which implies a cold counting up of the facts or measurements, with "the unforeseen," that which cannot be measured or counted, only ②anticipated. How do you calculate upon the unforeseen? It seems to be an art of recognizing the role of the unforeseen, of keeping your balance amid surprises, of collaborating with chance, of recognizing that there are some essential mysteries in the world and thereby a limit to calculation, to planning, to control. To calculate the unforeseen is perhaps exactly the paradoxical operation that life most requires of us.

On a celebrated midwinter's night in 1817 the poet John Keats walked home talking with some friends "and several things dovetailed in my mind, and at once it struck me what quality went to form a Man of Achievement, especially in Literature.... I mean Negative Capability, that is, when a man is capable of being in uncertainties, mysteries, doubts, without any irritable reaching after fact and reason." One way or another this notion occurs over and over again, like the spots labeled "terra incognita" on old maps.

"Not to find one's way in a city may well be uninteresting and (3). It requires ignorance—nothing more," says the twentieth century philosopher-essayist Walter Benjamin. "But to lose oneself in a city—as one loses oneself in a forest—that calls for quite a different schooling." To lose yourself: a voluptuous surrender, lost in your arms, lost to the world, utterly immersed in what is present so that its surroundings fade away. In Benjamin's terms, to be lost is to be fully present, and to be fully present is to be capable of being in uncertainty and mystery. And one does not get lost but loses oneself, with the implication that it is a ③conscious choice, a chosen surrender, a psychic state achievable through geography.

　　That thing the nature of which is totally unknown to you is usually what you need to find, and finding it is a matter of getting lost. The word "lost" comes from the Old Norse *los*, meaning the disbanding of an army, and this origin suggests soldiers falling out of formation to go home, a ④truce with the wide world. I worry now that many people never disband their armies, never go (4) what they know. Advertising, alarmist news, technology, incessant busyness, and the design of public and private space conspire to make it so.

　　　　　　　　　　　　(Adapted from Rebecca Solnit, *A Field Guide to Getting Lost*, 2005)

［1］　下線部①〜④の意味に最も近いものを選択肢1〜4から選び，マークシートの解答欄　(22)　から　(25)　にマークしなさい。

① 1. illusory　　　2. strategic　　　3. sufficient　　　4. urgent
② 1. conjectured　2. created　　　　3. mimicked　　　4. understood
③ 1. considerate　2. deliberate　　　3. spontaneous　　4. wise
④ 1. call to action　2. fight　　　　3. pact of peace　　4. surrender

［2］　空所（ 1 ）〜（ 4 ）に入る最も適切な語を選択肢1〜4の中から選び，マークシートの解答欄　(26)　から　(29)　にマークしなさい。

(1) 1. facts　　　2. history　　　　3. laws　　　　4. prophesies
(2) 1. citing　　　2. criticizing　　3. juxtaposing　　4. suggesting
(3) 1. banal　　　2. complicated　　3. destructive　　4. exciting
(4) 1. after　　　2. beyond　　　　3. inside　　　　4. towards

［3］　英文の内容に最も一致するものを選択肢1〜6から2つ選び，マークシートの解答欄　(30)　と　(31)　にマークしなさい。ただし，解答の順序は問いません。

1. A man (or a woman) of achievement in literature tends to believe that their achievement is negative.
2. It is impossible to get lost on purpose.
3. Meno's student hung see-through photos of swimmers and let light shine through them to project images onto people's bodies.
4. The Old Norse word *los* means for an army to disperse and for its soldiers to go home.
5. The things which truly transform us are things which are difficult to know in advance.
6. You should leave your door open for people you don't know.

［4］　英文には5名の人物の発言が引用されている。各人物の発言の主旨に最も近いものを選択肢1〜9から選び，マークシートの解答欄　(32)　から　(36)　にマークしなさい。

J. Robert Oppenheimer:　(32)　　　Meno:　(33)　　　John Keats:　(34)

Edgar Allan Poe:　(35)　　　Walter Benjamin:　(36)

1. How will you find something if you don't know what it really is?
2. People who write literature do not care about facts or reason.
3. A city education does not prepare you for walking in a forest.
4. Learning something new in philosophy requires you to know, most of all, that there are

things you cannot know in advance.

5. People who achieve something in literature have the ability to live with uncertainty without an appeal to facts or reason.

6. How will you find something if you don't know its name?

7. Philosophically speaking, if you can't see something in advance, you can't learn it.

8. Scientists live on the borderline of the known and the unknown.

9. To surrender yourself in a city in the same way you surrender yourself in a forest takes a special type of education.

3.

Read the following dialogue between a man and a woman at an airport and answer the questions which follow.

Mr. Hiyoshi: I'm going to miss you, you know! I wish I could have ①talked you out of this!

Ms. Yagami: This is something I've been wanting to do since I was a little girl. When I come back, you're going to have to call me Dr. Yagami!

Mr. Hiyoshi: I'll come and visit you the first chance I get. I hope you'll have time for me. I know you're going to be hitting the books pretty hard.

Ms. Yagami: I'll always make time for you. We can go and visit the Grand Canyon or something.

Mr. Hiyoshi: That sounds great. I'll try to keep my head down and work hard, too. If I can just manage to keep busy, I know the time will fly by. Now don't go falling in love with some brainiac the moment you get there. You know I'm ②head over heels for you.

Ms. Yagami: You worry too much! The only thing I'll be falling in love with is quantum mechanics. You know what I always say: girls, be ambitious!

Mr. Hiyoshi: That sums you up ③to a T. I guess this is the price I pay for falling in love with ④a go-getter. They say absence makes the heart grow fonder. Well, I'm going to be growing even fonder of you over the next three years.

Ms. Yagami: I'd better go now. I'll message you the moment I get there.

[1] Choose the word or phrase with the most similar meaning for each of the underlined expressions ① through ④ in the dialogue. Mark your answers on the mark sheet in ___(37)___ through ___(40)___.

　① 1. confessed my feelings for you　　　2. convinced you not to go
　　 3. explained my position better　　　4. reassured you things are going to be okay
　② 1. concerned　　2. confused　　3. crazy　　4. happy
　③ 1. alphabetically　　2. mathematically　　3. perfectly　　4. terribly
　④ 1. an active person　　2. an ambitious person　　3. a fast person　　4. a greedy person

[2] The following message was written by Ms. Yagami to Mr. Hiyoshi following her arrival in California. Read the message and answer the questions below.

　I'm happy to report I've (1) it safely to California. The weather is warm, and I'm already missing you! It was so nice of you to see me (2) at the airport. I'm glad we had a chance to chat. As I mentioned, this is something I've been wanting to do since I was young. I want to (3) myself and see how far I can go. I know you were only joking when you talked about me falling in love with some (4), but I meant what I said. My only love (5), after you of course, is quantum mechanics. I know you called me a go-getter yesterday, and that's exactly what I am. I'm going out into the world to make my (6). I hope you'll keep working hard in Japan, too. I can't wait until you get here. I'll do some (7) around and find the best places to take you. I have a week or so to (8) in and then the real work begins. Wish me luck!

Choose the best options below for numbers (1) through (4). Mark your answers on the mark sheet in ☐(41)☐ through ☐(44)☐.

1. arrived　　2. brain surgeon　　3. intellectual　　4. landed　　5. made
6. off　　7. on　　8. push　　9. pull

Choose the best options below for numbers (5) through (8). Mark your answers on the mark sheet in ☐(45)☐ through ☐(48)☐.

1. be　　2. hobby　　3. interest　　4. mark　　5. memory
6. potion　　7. scouting　　8. settle　　9. shopping

4.

［1］　次の英文を読み，その主旨を 90 〜 110 字の日本語で述べなさい。句読点も字数に含めます。

　　The basic question that I should like to consider is this: Why are scientists in many cases so deeply interested in their work? Is it merely because it is useful? It is only necessary to talk to such scientists to discover that the utilitarian possibilities of their work are generally of secondary interest to them. Something else is primary. What is it?

　　Is it then that the scientist likes to solve puzzles? Does he want to get a "kick" out of meeting the challenge of explaining a natural process, by showing how it works? Of course, a scientist may often find this aspect of his work enjoyable. Nevertheless, such enjoyment has properly to come as a by-product of something else that goes much deeper than this. Indeed, if a scientist worked mainly in order to get hold of such pleasures and continue them as long as possible, his activity would be not only rather meaningless and trivial, but also contrary to what is needed for carrying out his research effectively.

　　It seems, then, that the answer to the question of why the scientists are so deeply interested in their work is not to be found on such a superficial level. Scientists are seeking something that is much more significant to them than pleasure. One aspect of what this something might be can be indicated by noting that the search is ultimately aimed at the discovery of something new that had previously been unknown. But, of course, it is not merely the novel experience of working on something different and out of the ordinary that the scientist wants—this would indeed be little more than another kind of "kick." Rather, what he is really seeking is to learn something new that has a certain fundamental kind of significance: a hitherto unknown lawfulness in the order of nature, which exhibits unity in a broad range of phenomena. Thus, he wishes to find in the reality in which he lives a certain oneness and totality, or wholeness, constituting a kind of harmony that is felt to be beautiful.

　　　　　　　　　　　　　　　　　　　（Adapted from David Bohm, *On Creativity*, 1998）

［2］　次の和文を読み，下線部分を英語に翻訳しなさい。

　　差別について，「足を踏まれた者はそのことに敏感に気付くが，踏んでいる者は気付かない」という

ことがよく言われる。「マジョリティー」とは，「気付かずにいられる人々」のことだという定義もある（ケイン樹里安）。自分が傷つく立場ではないからこそ気付かないでいられ，鈍感でいられる。それが「特権」だ。

　女性たちの境遇を想像できない鈍感さ。地域や階層にまつわる屈折やルサンチマンを経験しないで済むことの特権性。ぼくには，ネット上で衝突し合っている両者は，互いに，自分自身には敏感だが，他者には鈍感であり，被害には過敏で，加害には無感覚なように見えた。

　恐れるのは，互いに「中央のブルジョア」「女性差別主義者」といったレッテルを貼り，「敵／味方」の構図と「分断」が生じる事態だ。いったん「敵／味方」の構図ができると，人は想像や共感を麻痺させることを正当化しやすい。

　しかし，様々な人が多種多様な背景，経験，個性を表現し，交流できるインターネットを，このように使うのは，もったいない。

　　　　　（藤田直哉，『『セレブバイト』炎上，悲しい他者への鈍感さ』，朝日デジタル2021年6月19日より一部改変）

数学

（120 分）

注　意　　問題 1, 2, 3, 4, 5 の解答を，**解答用紙**の所定の欄に記入しなさい。空欄（ア）〜
（ナ）については，分数は既約分数にするなど最もふさわしいもの（数，式など）
を**解答用紙**の所定の欄に記入しなさい。

1

（1）　$f(x) = x^4$ とする。$f(x)$ の $x = a$ における微分係数を，定義に従って求めなさい。
計算過程も記述しなさい。

（2）　$g(x) = |x|\sqrt{x^2 + 1}$ とする。$g(x)$ が $x = 0$ で微分可能でないことを証明しなさい。

（3）　閉区間 $[0, 1]$ 上で定義された連続関数 $h(x)$ が，開区間 $(0, 1)$ で微分可能であり，
この区間で常に $h'(x) < 0$ であるとする。このとき，$h(x)$ が区間 $[0, 1]$ で減少する
ことを，平均値の定理を用いて証明しなさい。

2

k を正の実数とし，空間内に点 O$(0, 0, 0)$，A$(4k, -4k, -4\sqrt{2}k)$，B$(7, 5, -\sqrt{2})$ をとる。点 C は O, A, B を含む平面上の点であり，OA $= 4$BC で，四角形 OACB は OA を底辺とする台形であるとする。

(1) $\cos\angle$AOB $=$ ［　(ア)　］ である。台形 OACB の面積を k を用いて表すと ［　(イ)　］ となる。また，線分 AC の長さを k を用いて表すと ［　(ウ)　］ となる。

(2) 台形 OACB が円に内接するとき，$k =$ ［　(エ)　］ である。

(3) $k =$ ［(エ)］ であるとし，直線 OB と直線 AC の交点を D とする。△OBP と △ACP の面積が等しい，という条件を満たす空間内の点 P 全体は，点 D を通る 2 つの平面上の点全体から点 D を除いたものとなる。これら 2 つの平面のうち，線分 OA と交わらないものを α とする。点 O から平面 α に下ろした垂線の長さは ［　(オ)　］ である。

3

何も入っていない 2 つの袋 A, B がある。いま，「硬貨を 1 枚投げて表が出たら袋 A，裏が出たら袋 B を選び，以下のルールに従って選んだ袋の中に玉を入れる」という操作を繰り返す。

---- ルール ----

● 選んだ袋の中に入っている玉の数がもう一方の袋の中に入っている玉の数より多いか，2 つの袋の中に入っている玉の数が同じとき，選んだ袋の中に玉を 1 個入れる。

● 選んだ袋の中に入っている玉の数がもう一方の袋の中に入っている玉の数より少ないとき，選んだ袋の中に入っている玉の数が，もう一方の袋の中に入っている玉の数と同じになるまで選んだ袋の中に玉を入れる。

たとえば，上の操作を 3 回行ったとき，硬貨が順に表，表，裏と出たとすると，A, B 2 つの袋の中の玉の数は次のように変化する。

| A：0 個 | → | A：1 個 | → | A：2 個 | → | A：2 個 |
| B：0 個 | | B：0 個 | | B：0 個 | | B：2 個 |

（1）　4 回目の操作を終えたとき，袋 A の中に 3 個以上の玉が入っている確率は $\boxed{\text{（カ）}}$ である。また，4 回目の操作を終えた時点で袋 A の中に 3 個以上の玉が入っているという条件の下で，7 回目の操作を終えたとき袋 B の中に入っている玉の数が 3 個以下である条件付き確率は $\boxed{\text{（キ）}}$ である。

（2）　n 回目の操作を終えたとき，袋 A の中に入っている玉の数のほうが，袋 B の中に入っている玉の数より多い確率を p_n とする。p_{n+1} を p_n を用いて表すと $p_{n+1}=\boxed{\text{（ク）}}$ となり，これより p_n を n を用いて表すと $p_n=\boxed{\text{（ケ）}}$ となる。

（3）　n 回目（$n \geqq 4$）の操作を終えたとき，袋 A の中に $n-1$ 個以上の玉が入っている確率は $\boxed{\text{（コ）}}$ であり，$n-2$ 個以上の玉が入っている確率は $\boxed{\text{（サ）}}$ である。

4

（1）　$0 \leqq x \leqq \dfrac{\pi}{2}$ において常に不等式 $|b| \leqq |b+1-b\cos x|$ が成り立つような実数 b の値の範囲は $\boxed{\text{（シ）}} \leqq b \leqq \boxed{\text{（ス）}}$ である。

以下，b を $\boxed{\text{（シ）}} \leqq b \leqq \boxed{\text{（ス）}}$ を満たす 0 でない実数とし，数列 $\{a_n\}$ を

$$a_n = \int_0^{\frac{\pi}{2}} \frac{\sin x (\cos x)^{n-1}}{(b+1-b\cos x)^n} dx \quad (n=1,\,2,\,3,\,\cdots\cdots)$$

で定義する。

（2）　$\displaystyle\lim_{n\to\infty} b^n a_n = 0$ が成り立つことを証明しなさい。

（3）　$a_1 = \boxed{\text{（セ）}}$ である。

（4）　a_{n+1} を a_n, n, b を用いて表すと，$a_{n+1} = \boxed{\text{（ソ）}}$ となる。

（5）　$\displaystyle\lim_{n\to\infty}\left\{ \frac{1}{1\cdot2} - \frac{1}{2\cdot2^2} + \frac{1}{3\cdot2^3} - \cdots + \frac{(-1)^{n+1}}{n\cdot2^n} \right\} = \boxed{\text{（タ）}}$ である。

5

（1）　α を ± 1 ではない複素数とする。複素数平面上で $\left|\dfrac{\alpha z + 1}{z + \alpha}\right| = 2$ を満たす点 z 全体から
なる図形を C とする。C は α が　（チ）　を満たすとき直線となり，（チ）を満たさない
とき円となる。α が（チ）を満たさないとき，円 C の中心を α を用いて表すと　（ツ）
となる。α が（チ）を満たすとき，直線 C 上の点 z のうち，その絶対値が最小となるもの
を α を用いて表すと　（テ）　となる。

（2）　$f(x) = x - \dfrac{1}{x}$ とする。自然数 a, b, c の組で，$a \leqq b \leqq c$ かつ $f(a) + f(b) + f(c)$ が
自然数であるものの総数は，　（ト）　個である。その中で $f(a) + f(b) + f(c)$ の値が
最大になるのは $(a, b, c) = $　（ナ）　のときである。

物理

（2 科目 120 分）

1. 以下の文章中の　(ア)　～　(ケ)　に適切な式を記入しなさい。ただし，(ア)，(イ) は α と θ を用いずに解答しなさい。なお，文章中の角度の単位はラジアンである。

　図 1 から図 3 のように，直方体から半径 R の円柱を円筒状にくり抜いた物体 K（質量 M）が，なめらかで水平な床の上に置かれている。この物体 K と，物体 K の内面（以降，物体内面とよぶ）上にある質量 m の小球の運動を考える。物体内面と小球の間に摩擦はない。また，物体 K が床面から離れることはない。図 1 のように，円筒の中心軸より鉛直におろした直線から測った角度を，反時計回り方向を正として θ（$-\pi < \theta \leqq \pi$）とする。また，物体内面上の $\theta = 0$ の位置を点 O とする。重力加速度の大きさを g として，紙面に垂直な方向の運動は考えない。空気抵抗は無視できる。

（1） 図 1 のように，物体 K が固定器具で床に固定されている場合を考える。小球を点 O に置き，水平方向右向きに速さ v_0 の初速度を与えた。小球は物体内面に沿って運動した。角度 $\theta = \dfrac{\pi}{3}$ での小球の速さは　(ア)　であり，このときに小球が物体内面から受ける垂直抗力の大きさは　(イ)　である。その後，小球は物体内面に沿って運動を続け，$\theta = \alpha$（$\dfrac{\pi}{2} < \alpha < \pi$）で物体内面から離れた。このことから $v_0 = $　(ウ)　である。

（2） 次に，物体 K が床に固定されていない場合を考える。はじめ物体 K は静止している。図 2 のように，小球を点 O に置き，水平方向右向きに速さ v_1 の初速度を与えた。このとき，物体 K の初速度の大きさは 0 のままであった。その後，小球は物体内面に沿って上昇し，物体 K から見て物体内面上でいったん静止した。このときの物体 K の床に対する速さは　(エ)　であり，点 O を通る水平面を基準とした小球の高さは　(オ)　であった。その後，小球は物体内面に沿って下降しはじめ，再び点 O に達した。このときの物体 K の床に対する速さは v_1 の　(カ)　倍であった。

（3） 図 3 のように，物体 K が固定器具で床に固定されている場合を考える。質量 m の 2 つの小球 A と B を，それぞれ物体内面上の $\theta = -\dfrac{\pi}{2}$ ならびに $\theta = \dfrac{\pi}{2}$ の位置から初速度の大きさ 0 で同時に放した。小球 A と B は点 O ではじめて衝突し，反発係数 e ではね返った。その後，小球 B は物体内面に沿って上昇し，θ が最大到達角度 θ_1 に達して，再び物体内面に沿って下降した。このとき $\cos\theta_1 = $　(キ)　である。小球 B が角度 θ（$< \theta_1$）の位置にあるとき，物体内面の円弧に接する方向に沿って小球 B にはたらく力は，反時計回り方向を正として　(ク)　である。その後，小球 A と B は衝突を繰り返し，小球 B の運動範囲の角度は 1 より十分小さくなった。このときの小球 B の運動を直線上での往復運動と近似すれば，衝突と次の衝突の間の小球の運動は，単振動する物体の運動の一部とみなすことができる。このことから，衝突と次の衝突の間の時間は　(ケ)　となる。ただし，1 より十分小さい θ に対しては，$\sin\theta \fallingdotseq \theta$ としてよい。

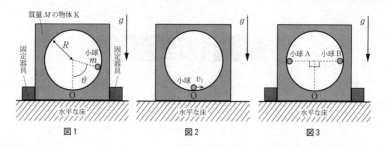

図1　　　　図2　　　　図3

2. 以下の文章中の $\boxed{(ア)}$ ～ $\boxed{(エ)}$ および $\boxed{(カ)}$ ～ $\boxed{(コ)}$ に適切な式を記入しなさい。$\boxed{(オ)}$ には文章中の指示にしたがって適切なグラフを描きなさい。ただし，解答に I_1, t_1 を用いてはならない。なお，文章中の角度の単位はラジアンである。

図1のように，$x \geqq 0$ の領域において一様な磁束密度（大きさ B）の磁場がかかっている。磁場の向きは，図1の右図において，紙面の手前から奥に向かう方向である。$x < 0$ の領域には磁場はかかっていない。半径が a で中心角が $\dfrac{\pi}{2}$ の扇形コイル OHKL が磁場と垂直な x-y 平面内にあり，原点 O を中心として x-y 平面内でなめらかに回転できる。O と L は，図1の左図の端子 P，Q をとおして，電気抵抗 R の抵抗器，電気容量 C のコンデンサー，およびスイッチ S_1，S_2 からなる図2の回路の端子 P，Q と常につながっている。OL は十分に短く，KL の長さを a とみなし，扇形コイルを貫く磁束は，半径が a で中心角が $\dfrac{\pi}{2}$ の扇形の面積を貫く磁束と考える。導線の太さや質量および電気抵抗，扇形コイル以外の部分で生じる誘導起電力，自己誘導，および空気抵抗の効果は無視する。また，扇形コイルの変形は考えない。

(1) スイッチ S_1 を閉じ，S_2 を開いた状態で，点 H に外力を加えることで，扇形コイルを一定の角速度 ω (> 0) で図1のように反時計回りに回転させた。時刻 $t = 0$ において点 H は x-y 平面内の座標 $(0, a)$ の位置にあった。微小時間経過後に，扇形コイルを貫く磁束が減少し，端子 P に対する端子 Q の電位は $\boxed{(ア)}$ となった。このとき扇形コイルには，K→L の方向を正として $I_1 = (ア) \times \boxed{(イ)}$ の電流が流れ，導線 KL が磁場から受ける力の大きさは $\boxed{(ウ)}$ であった。その後，時刻 $t_1 = \boxed{(エ)}$ で，はじめて扇形コイルに流れる電流が0となった。$t = 0$ から扇形コイルが一回転する $t = \dfrac{2\pi}{\omega}$ までの時間の，K→L 方向を正とした電流の時間変化を実線で描くと $\boxed{(オ)}$ となる。扇形コイルが一回転するまでに抵抗器で生じたジュール熱は $\boxed{(カ)}$ であった。扇形コイルに加えた外力がした仕事が抵抗器で発生したジュール熱と等しいので，時刻 t $(0 < t < t_1)$ において点 H に加えた外力は $\boxed{(キ)}$ であることがわかる。ただし，外力は常に扇形コイルの円弧の接線方向にかけるものとする。

(2) スイッチ S_2 を閉じ，S_1 を開いた状態で，点 H に外力を加えることで，扇形コイルを一定の角速度 ω (> 0) で図1のように反時計回りに回転させた。時刻 $t = 0$ において点 H は x-y 平面内の座標 $(0, a)$ の位置にあり，このときコンデンサーには電荷が蓄えられていなかった。微小時間経過後に扇形コイルには電流が流れ，コンデンサーは充電されはじめた。その後，時刻 $t_1 = \boxed{(エ)}$ までにコンデンサーは十分に充電され，回路を流れる電流は0となった。このときコンデンサーに蓄えられた電気量は $\boxed{(ク)}$ であった。時刻 t_1 から $2t_1$ の間に，コンデンサーは放電し蓄えられた電気量は0となった。時刻 t_1 から $2t_1$ の間に抵抗器で発生したジュール熱は $\boxed{(ケ)}$ であった。また，時刻 t_1 から $2t_1$ の間に回路に流れる，時間とともに変化する電流の大きさを I とおく。このとき，コンデンサーに蓄えられている，時間とともに変化する電気量の大きさは $\boxed{(コ)}$ となる。

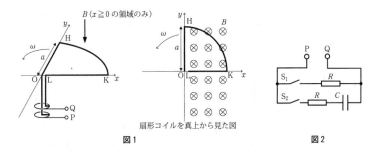

扇形コイルを真上から見た図

図1　　　　　　　　　　　　　　図2

3. 以下の文章中の (ア)〜(ケ) に適切な式を記入しなさい。

図1のように，ピストン付きのシリンダーが大気中で水平な台の上に置かれている。ピストンの厚さは無視でき，その質量は M，断面積は S である。シリンダーの内部には，物質量1モルの単原子分子からなる理想気体が閉じ込められている。シリンダー内壁には，小さなストッパー A，B がシリンダー内側の底面から高さ L，$\frac{5}{3}L$ の位置にそれぞれ取り付けられており，ピストンはその間を傾かずになめらかに動く。ピストンの上側には，質量の無視できるフックが取り付けられている。また，シリンダー内には体積の無視できる加熱冷却器が設置されており，理想気体を加熱・冷却できる。ピストンとシリンダーは断熱材でできており，加熱冷却器以外では，シリンダー内の理想気体と外部の間に熱の移動はない。大気圧を p_0，重力加速度の大きさを g，気体定数を R とする。

(1) 図1のように，はじめピストンはストッパー A の上に置かれており，シリンダー内の理想気体の圧力は大気圧と同じ p_0 であった。このときの理想気体の温度（絶対温度）は (ア) であった（状態1）。シリンダー内の理想気体を加熱冷却器でゆっくりと加熱したところ，その圧力が (イ) に達したとき（状態2），ピストンは上昇をはじめた。状態1→状態2の過程で，理想気体の内部エネルギーは (ウ) だけ増加した。さらに加熱を続けたところ，ピストンは，理想気体の圧力を (イ) に保ったままゆっくりと上昇し，やがてストッパー B に到達した（状態3）。状態2→状態3の過程で，理想気体が外部にした仕事は (エ) であった。また状態2→状態3の過程で，加熱冷却器から理想気体に加えられた熱量は (オ) であった。

(2) 図2のように，ばね定数 k のばねの一方の端をピストンに取り付けたフックに固定し，他端を天井に固定した。加熱冷却器で理想気体の温度を調整し，その圧力を大気圧と同じ p_0 にした。このとき，ピストンはストッパー B の位置で静止しており，ばねは自然長から $\frac{1}{3}L$ だけ伸びていた（状態4）。状態4から理想気体を冷却したところ，理想気体の温度（絶対温度）が (カ) に達したとき（状態5），ピストンは下降をはじめた。状態4→状態5の過程で加熱冷却器が理想気体から吸収した熱量は (キ) であった。さらに冷却を続けたところ，ピストンは，力のつりあいを保ちながらゆっくりと下降し，やがてストッパー A に到達した（状態6）。このときの理想気体の圧力は (ク) であった。圧力-体積グラフ（p-V グラフ）を考えると，状態5→状態6の過程で理想気体が外部にした仕事は (ケ) であった。

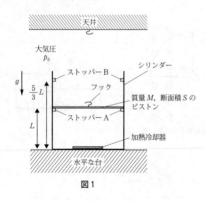

図 1

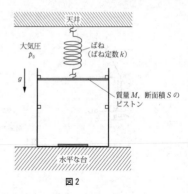

図 2

化学

（2 科目 120 分）

（注意） 必要であれば次の原子量と数値を用いなさい。なお，気体はすべて理想気体とする。

H = 1.00, C = 12.0, N = 14.0, O = 16.0, Na = 23.0, S = 32.1, K = 39.1, Ti = 47.9, Fe = 55.8, I = 127

$\sqrt{2} = 1.41$, $\sqrt{3} = 1.73$

アボガドロ定数：6.02×10^{23}/mol, 気体定数：8.31×10^3 Pa・L/(K・mol) = 8.31 J/(K・mol),

ファラデー定数：9.65×10^4 C/mol

1. 次の文章を読み，$\boxed{(ア)}$ $\boxed{(エ)}$ $\boxed{(オ)}$ $\boxed{(カ)}$ $\boxed{(ク)}$ には**有効数字 3 桁**の数値，$\boxed{(イ)}$ $\boxed{(キ)}$ $\boxed{(ケ)}$ には適切な語句，$\boxed{(ウ)}$ には整数，$\boxed{(コ)}$ $\boxed{(サ)}$ には化学式を入れなさい。

（1）鉄 Fe とチタン Ti からなる Fe-Ti 合金の結晶では，図のように体心立方

格子の中心に Fe 原子が，頂点に Ti 原子が配列している。Fe 原子の半径を 0.124 nm, Ti 原子の半径を 0.146 nm とし，隣り合う Fe 原子と Ti 原子が接しているとすると，単位格子の一辺の長さは $\boxed{(ア)}$ nm となる。

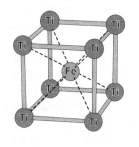

Fe-Ti 合金は，水素 H_2 分子を H 原子として取り込み金属水素化合物となる。このような性質をもつ合金を $\boxed{(イ)}$ 合金と呼ぶ。Fe-Ti 合金の結晶中で，2 個の Fe 原子と，その両方に隣接する 4 個の Ti 原子からなる八面体の中心に，H 原子がすべて取り込まれると仮定すると，一つの単位格子に取り込まれる H 原子の数は $\boxed{(ウ)}$ 個である。このとき，

すべての H 原子が Fe 原子または Ti 原子と接しており，H 原子の半径を 0.0370 nm とすると，H 原子を取り込んだ結晶の単位格子の一辺の長さは $\boxed{(エ)}$ nm と求まる。ただし，各原子の半径は変化せず，H 原子を取り込んだ結晶の単位格子は立方体であるとする。

しかし，実際の Fe-Ti 合金では，取り込まれる H 原子の数は温度や水素の圧力に依存する。水素で満たされた容器に Fe-Ti 合金を入れたところ，298 K, 1.00×10^6 Pa のとき，Fe：Ti：H の原子数の比が 1：1：1 の金属水素化合物 FeTiH が得られた。FeTiH の密度を 6.19 g/cm³ とすると，1.00 L の FeTiH に含まれる H 原子の数は $\boxed{(オ)}$ 個である。$\boxed{(オ)}$ 個の H 原子が 298 K, 1.00×10^6 Pa で H_2 分子の気体として占める体積は $\boxed{(カ)}$ L である。一方，$\boxed{(オ)}$ 個の H 原子を H_2 分子として 298 K で 1.00 L の密閉容器に充填すると $\boxed{(キ)}$ 流体となる。なお，水素の気体と液体の密度は 33.2 K, 1.32×10^6 Pa で等しくなる。

（2）298 K の純粋な水酸化ナトリウム NaOH の固体 8.24 g を，断熱容器に入れた 298 K の水に完全に溶解した。この水溶液の質量は 890 g であり，その温度は溶解熱で上昇し $\boxed{(ク)}$ K となった。ただし，この水溶液の比熱を 4.12 J/(g・K), NaOH の水への溶解熱を 44.5 kJ/mol とし，水の蒸発，断熱容器の比熱は無視する。

NaOH の固体を空気中に放置すると空気中の水分を吸収して溶ける。この現象を $\boxed{(ケ)}$ という。また，NaOH は，大気中に体積で約 0.04 ％含まれる気体 A を吸収し，$\boxed{(コ)}$ を生じる。$\boxed{(コ)}$ は，工業的には，塩化

ナトリウムの飽和水溶液にアンモニアを十分に吸収させたのち，気体 A を吹き込むと沈殿する ボックス（サ） を熱分解して得られる。

2. 次の文章を読み，ボックス（ア） には適切なアルファベット，ボックス（イ） には整数，ボックス（ウ） には適切な語句，ボックス（エ） ボックス（キ）ボックス（ク） ボックス（ケ） ボックス（コ）ボックス（サ） には**有効数字 3 桁**の数値，ボックス（オ） には化学式，ボックス（カ） には物質名を入れなさい。

（1） 資源小国の日本において，海底堆積物などから得られるヨウ素は貴重な資源の一つである。ヨウ素原子は最外殻の ボックス（ア） 殻に ボックス（イ） 個の電子をもつ。ヨウ素の固体は，ヨウ素分子 I_2 どうしが ボックス（ウ） 力によって結びつけられた分子結晶である。

（2） 図のように電解槽を陽イオンだけを通過させるイオン交換膜で仕切り，陽極側と陰極側共に 1.00 mol/L のヨウ化カリウム KI 水溶液を 100 mL ずつ入れ，白金電極を用いて 0.500 A の直流電流を 5790 秒流し続けて電気分解した。このとき，陰極側では ボックス（エ） mol の水素 H_2 が発生した。一方，陽極側では気体の発生や固体の析出は見られず，水溶液の色が褐色に変化した。これは陽極で生成した I_2 が ボックス（オ） として水に溶解したためである。陽極側の水溶液 50.0 mL を，指示薬として ボックス（カ） 水溶液を加え，1.00 mol/L のチオ硫酸ナトリウム $Na_2S_2O_3$ 水溶液で酸化還元滴定したところ，ボックス（キ） mL の $Na_2S_2O_3$ 水溶液を加えたところで終点に達し，水溶液の色が青紫色から無色に変化した。ただし，電気分解の前後で，陽極側の水溶液の体積は変化しないとする。

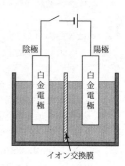

（3） I_2 は高温で H_2 と反応し，ヨウ化水素 HI となる。この反応は可逆反応であり，H_2（気）$+ I_2$（気）$\rightleftarrows 2HI$（気）と表される。H_2 のモル濃度を $[H_2]$，I_2 のモル濃度を $[I_2]$，HI のモル濃度を $[HI]$ と表すと，HI の生成速度 v_1 は $v_1 = k_1[H_2][I_2]$，HI の分解速度 v_2 は $v_2 = k_2[HI]^2$ である。ここで，k_1，k_2 は反応速度定数である。ある一定の温度で，5.00 L の密閉容器に H_2 と I_2 をそれぞれ 0.600 mol ずつ入れたところ，100 秒後に 0.400 mol の HI が生成した。ここで，0 秒から 100 秒までの $[H_2]$ の変化から，$[H_2]$ の平均の減少速度は ボックス（ク） mol/(L・s) であり，HI の分解を無視すると，k_1 は ボックス（ケ） L/(mol・s) となる。さらに，この反応が平衡に達したとき，容器内の HI の物質量が 1.02 mol であったことから，平衡定数は ボックス（コ） である。異なる温度で，HI 生成反応の k_1 とその自然対数を求めると下表のようになった。これより，HI 生成反応の活性化エネルギーは ボックス（サ） kJ/mol となる。ただし，活性化エネルギーは 667 K から 714 K の範囲内で一定とする。

表 温度 T における HI 生成反応の k_1 とその自然対数

T [K]	T^{-1} [K^{-1}]	k_1 [L/(mol・s)]	$\log_e k_1$
667	1.50×10^{-3}	15.6	2.75
714	1.40×10^{-3}	128	4.85

3. 次の文章を読み，(ア)(エ)(キ)(ク)(ケ)には構造式，(イ)(コ)には化合物名，(ウ)には有効数字 2 桁の数値，(オ)には分子式，(カ)には**有効数字 3 桁**の数値，(サ)(シ)には適切な語句を入れなさい。なお，構造式は例にならって書きなさい。

構造式の例：

（1）化合物 A は，分子量 102 の炭素と水素のみから構成される化合物であり，環状構造としてベンゼン環のみをもつ。化合物 A に適切な触媒を用いて水素を付加させると，熱可塑性樹脂の単量体として知られる芳香族化合物 B が得られた。化合物 A の構造式は (ア) であり，化合物 B の化合物名は (イ) である。化合物 A を十分な量の臭素のみと反応させると，1.0 mol の化合物 A に対して，(ウ) mol の臭素分子が反応した化合物 C が主生成物として得られた。また，化合物 B に塩化水素を付加させると主生成物として化合物 D が得られた。化合物 D の構造式は (エ) である。

（2）炭素，水素，酸素のみから構成される分子量 300 の β-グリコシド結合をもつ化合物 E を加水分解したところ，糖化合物 F と芳香族化合物 G が生成した。また，化合物 E 450 mg を完全燃焼したところ，二酸化炭素 924 mg と水 270 mg が生成した。糖化合物 F は，セロビオースをセロビアーゼで加水分解することによって得られる化合物と同じであった。

　（ⅰ）化合物 E の分子式は (オ) であり，芳香族化合物 G の分子量は (カ) である。

　（ⅱ）化合物 G に塩化鉄 (Ⅲ) 水溶液を加えると呈色した。また，化合物 G を硫酸酸性の二クロム酸カリウム水溶液を用いて酸化すると化合物 H が得られた。適切な触媒を用いると，化合物 H の分子内で脱水縮合が起こり，新たに五員環を生じた。化合物 G の構造式は (キ) である。

　（ⅲ）化合物 E は，塩化鉄 (Ⅲ) 水溶液によって呈色せず，フェーリング液とも反応しなかった。化合物 E の構造式は (ク) である。

（3）化合物 I は，天然タンパク質を構成している主要な α-アミノ酸からなるジペプチドである。化合物 I を加水分解すると，いずれも α-アミノ酸である化合物 J と化合物 K が得られた。化合物 J の分子式は $C_4H_9NO_3$ であり，化合物 J にヨウ素と水酸化ナトリウム水溶液を加えて加熱すると，特有の臭気をもつ黄色の沈殿が得られた。また，化合物 K に水酸化ナトリウム水溶液を加えて加熱後，酢酸鉛 (Ⅱ) 水溶液を加えたところ黒色沈殿が生成した。化合物 J の構造式は (ケ) であり，化合物 K の化合物名は (コ) である。

　　タンパク質分子は，ペプチド結合中の N－H 基と分子内の他のペプチド結合中の C＝O 基との水素結合により，らせん状構造の α-ヘリックスや，ひだ状構造の (サ) などの二次構造を形成している。また，タンパク質の三次構造の形成には，イオン結合や，化合物 K の側鎖が関わる (シ) 結合などが関与している。

2022
年度

問題編

■一般選抜

問題編

▶試験科目・配点

教　科	科　　　　　目	配　点
外国語	コミュニケーション英語Ⅰ・Ⅱ・Ⅲ，英語表現Ⅰ・Ⅱ	150 点
数　学	数学Ⅰ・Ⅱ・Ⅲ・A・B	150 点
理　科	「物理基礎・物理」，「化学基礎・化学」	200 点 （各 100 点）

▶備　考

　数学Aは「場合の数と確率」・「整数の性質」・「図形の性質」を，数学B
は「数列」・「ベクトル」を出題範囲とする。

英語

（90 分）

1. 次の英文を読み，設問に答えなさい。

"Some twenty years ago ①I saw, or thought I saw, a synchronal or simultaneous flashing of fireflies. I could hardly believe my eyes, for such a thing to occur among insects is certainly contrary to all natural laws."

So wrote Philip Laurent in the journal *Science* in 1917, as he joined the debate about this perplexing phenomenon. For 300 years, Western travelers to Southeast Asia had been returning with tales of enormous congregations of fireflies blinking on and off in unison, in displays that supposedly stretched for miles along the riverbanks. These anecdotal reports, often written in the romantic style favored by authors of travel books, provoked ②widespread disbelief. How could thousands of fireflies orchestrate their flashings so precisely and on such a vast scale?

For decades, no one could come up with a plausible theory, (1) by the late 1960s, the pieces of the puzzle began to fall into place. One clue was so obvious that nearly everyone missed it. Synchronous fireflies not only flash in unison—they flash in *rhythm*, at a constant tempo. Even when isolated from one another, they still keep to a steady beat. That implies that each insect must have its own means of keeping time, some sort of internal clock. This hypothetical oscillator is still unidentified anatomically but is presumed to be a cluster of neurons somewhere in the firefly's tiny brain. Much like the natural pacemaker in our hearts, the oscillator fires repetitively, generating an electrical rhythm that travels downstream to the firefly's lantern and ultimately triggers its periodic flash.

The second clue came from the work of the biologist John Buck, who did more than anyone else to make the study of synchronous fireflies scientifically respectable. In the mid-1960s, he and his wife, Elisabeth, traveled to Thailand for the first time, in hopes of seeing the spectacular displays for themselves. In an informal but revealing experiment, they captured scores of fireflies along the tidal rivers near Bangkok and released them in their darkened hotel room. The insects flitted about nervously, then gradually settled down all over the walls and ceiling, always spacing themselves at least 10 centimeters apart. (2) they twinkled incoherently. As the Bucks watched in silent wonderment, pairs and then trios began to pulse in unison. Pockets of synchrony continued to emerge and grow, (3) as many as a dozen fireflies were blinking on and off in perfect concert.

These observations suggested that the fireflies must somehow be adjusting their rhythms in response to the flashes of others. To test that hypothesis directly, Buck and his colleagues later conducted laboratory studies where they flashed an artificial light at a firefly (to mimic the flash of another) and measured its response. They found that an individual firefly will shift the timing of its subsequent flashes in a consistent, predictable manner, and that the size and direction of the shift depend on when in the cycle the stimulus was received. For some species, the stimulus always advanced the firefly's rhythm, as if setting its clock ahead; for other species, the clock could be either delayed or advanced, depending on whether the firefly was just about to flash, whether it was halfway between flashes, and so on.

(4), the two clues suggested that the flash rhythm was regulated by an internal, resettable oscillator. (5) that immediately suggested a possible synchronization mechanism: In a congregation of flashing fireflies, every one is continually sending and receiving signals, shifting the rhythms of others and being shifted by them in turn. Out of the hubbub, sync somehow emerges spontaneously.

We are (6) led to entertain an explanation that seemed unthinkable just a few decades ago—the fireflies organize themselves. No maestro is required, and it doesn't matter what the weather is like. Sync occurs through mutual cuing, in the same way that an orchestra can keep perfect time without a conductor. What's counterintuitive here is that the insects don't need to be intelligent. They have all the ingredients they need: Each firefly contains an oscillator—a little metronome—whose timing adjusts automatically in response to the flashes of others.

(Adapted from Steven H. Strogatz, *Sync: How Order Emerges from Chaos in the Universe, Nature, and Daily Life*, 2003)

［1］　下線部 ① が示す Philip Laurent の心境に最も近いものを選択肢 1 〜 4 の中から選び，マークシートの解答欄　(1)　にマークしなさい。

1. What he saw was disgusting.　　　　2. What he saw was dreadful.
3. What he saw was incredible.　　　　4. What he saw was scary.

［2］　下線部 ② が指す事柄として最も適切なものを選択肢 1 〜 4 の中から選び，マークシートの解答欄　(2)　にマークしなさい。

1. Fireflies coordinate the flashing of their lights.　2. Fireflies emit light along the riverbanks.
3. Fireflies flock together in Southeast Asia.　4. Fireflies move in liaison with other fireflies.

［3］　空所 (1)〜(6) に入る最も適切な接続表現を選択肢 1 〜 6 の中から選び，マークシートの解答欄　(3)　から　(8)　にマークしなさい。同じ選択肢を二度選んではいけません。なお，文頭にくるべき語も小文字にしてあります。

1. and　　2. at first　　3. but　　4. taken together　　5. thus　　6. until

［4］　次の文は英文全体の要旨を述べたものである。下記の空所 (ア)〜(カ) に入る語として最も適切なものを選択肢 1 〜 9 の中から選び，マークシートの解答欄　(9)　から　(14)　にマークしなさい。同じ選択肢を二度選んではいけません。

Though some people questioned their (ア), for several hundred years, many Western travelers to Southeast Asia reported on a particular natural phenomenon—the synchronized blinking of groups of fireflies. It was not until the 1960s that a (イ) theory came together to account for how this is possible. Firstly, what people noticed is that the fireflies blinked at a steady tempo. This ability, people reasoned, must come from something internal to the fireflies, though nobody has yet determined where this ability (ウ), anatomically speaking.

Another piece of the puzzle was solved by John Buck, who, together with his wife, captured fireflies in Thailand and released them into their darkened hotel room. What they noticed was the way the fireflies spaced themselves on the walls and ceiling and slowly began to synchronize their flashes based on the fireflies nearest them. This synchronization increasingly spread to other fireflies. Buck later tested his ideas in the laboratory, using the flash of an artificial light to explore how fireflies adjust their own flashes accordingly. Like a clock being adjusted forwards or backwards, some fireflies advanced their flashes and some delayed them to achieve synchronization with the (エ). Through simple (オ) fireflies achieve a (カ) that to us might seem like it would require greater intelligence.

1. accounts　　2. adjust　　3. credible　　4. feat　　5. mechanisms
6. memory　　7. resides　　8. resonates　　9. stimulus

［5］　英文で用いられている比喩を考慮して，下記の空所 (1)〜(5) に入る語として最も適切なものを選択肢 1 〜 9 の中から選び，マークシートの解答欄　(15)　から　(19)　にマークしなさい。ただし，空所 (2) と (3) の解答，つまりマークシートの解答欄　(16)　と　(17)　の順序は問いません。同じ選択肢を二度選んではいけません。

Fireflies congregate like (1). The light in each of their tails blinks steadily like (2) or (3). They adjust their blinks according to the fireflies flashing around them like (4). Through this process, they gradually sync together with other fireflies like (5).

1. a beating heart　　2. a changing traffic light　　3. a group of musicians playing without a conductor
4. a metronome　　5. an oscillating fan　　6. people gathering at a church
7. people traveling to Southeast Asia　　8. someone changing their schedule
9. someone changing the time on a clock

2.　次の英文を読み，設問に答えなさい。

Many people ①retain an interest in politics – we all would like laws made to suit us – but fewer and fewer people seem interested in being politicians. It's simply not a very attractive job. In a world of myriad possibilities, especially for those who have the technical abilities that bring lavish rewards in the private sector, politics looks like a real ②grind. Politicians have to work very hard, under intense scrutiny, for little reward. They sometimes suffer public contempt and media abuse; more often their hard work is greeted with indifference. Unsurprisingly, the class of people interested in doing politics is shrinking. This is good news if you do happen to have an appetite (　1　) it. The competition is not what it was, so that a desire to get into politics is often all it takes to be given that chance. In Britain the current crop of leading politicians is drawn from a remarkably narrow set of political careerists, most of who have been doing politics since they were at university. Many of them were at university together.

The present British prime minister, foreign secretary, chancellor of the exchequer, education secretary, leader of the opposition, shadow chancellor and shadow home secretary were all part of the same generation of Oxford politics students. I didn't go to Oxford, but I did go to the same school as David Cameron – Eton – at the same time he did. When we were there, he was pointed out to me as someone who wanted to be prime minister. We were sixteen. Eton is an ③absurdly privileged school full of well-connected and ambitious boys, but few had an interest in politics: most wanted to be bankers or film stars. I only heard of one other who wanted to be prime minister. His name was Boris Johnson. (A) Watching these two rise effortlessly to the top of British politics makes it hard to believe that the greasy pole is as greasy as it used to be.

Does it matter that the political class is shrinking? In one sense, no. It is a (　2　) of broad satisfaction with the political system that most people don't want to have anything to do with politics if they can help it. If they were really unhappy, the high entry barriers would not put them off. More likely in their ④rage they would tear them down.

However, there are real dangers to this narrowing of the political class. It opens up a gap between politicians and the rest of us, which can ⑤breed contempt both ways. ☐X☐, we will start to look down on them as weirdos. Meanwhile, the politicians will start to look down on us as fools, because we don't understand the business they are in. The disdain many voters feel for professional politicians is matched by the disdain many professional politicians feel for the voters. Each thinks the other lot don't get (　3　). As the gap grows, it becomes easier for politicians to gravitate towards their fellow elites, who at least have a respect for insider knowledge. The political network interlocks with networks of financial, technological and military expertise, which locks the public out. A narrow class of politicians is bound to have a ⑥skewed view of the world it inhabits, because members rarely get to see how their world looks from the outside. The failure to anticipate the financial crisis of 2008 is evidence of how easily closed-off groups can lose sight of what they are doing.

Above all, there is the danger that Benjamin Constant warned against. If we leave routine politics in the hands of a narrow group of specialists, we won't know how to take it back from them when we need it. People who think they can pick up politics when they need it often find that when they really need it they don't know (4) to find it. The only way to learn how to do politics is to keep on doing it, in good times as well as bad. We need more politics and we need more politicians.

(Adapted from David Runciman, *Politics*, 2014)

［1］　下線部 ① ～ ⑥ の意味に最も近いものを選択肢 1 ～ 5 の中から選び，マークシートの解答欄 (20) から (25) にマークしなさい。

① 1. are encouraged to have　2. continue to have　　3. obtain　　4. regain　　5. remain
② 1. dull work　　2. groundbreaking discovery　3. hike　　4. joy　　5. reward
③ 1. appropriately　　2. fortunately　　3. obviously　　4. ridiculously　5. unfortunately
④ 1. ambition　　2. anger　　3. love　　4. panic　　5. sadness
⑤ 1. cancel　　2. cause to weaken　　3. give birth to 4. inhale　　5. intensify
⑥ 1. comprehensive　　2. distorted　　3. grand　　4. identical　　5. tiny

［2］　空所 (1) ～ (4) に入る最も適切な語を選択肢 1 ～ 5 の中から選び，マークシートの解答欄 (26) から (29) にマークしなさい。

(1)　1. for　　2. in　　3. of　　4. to　　5. with
(2)　1. design　　2. fantasy　　3. hope　　4. post　　5. sign
(3)　1. along　　2. it　　3. on　　4. sick　　5. with
(4)　1. this　　2. whatever　　3. when　　4. where　　5. who

［3］　次の語句を文法的・内容的に最も適切な順に並べかえて　X　を完成させたとき，2 番目にくるものの番号をマークシートの解答欄 (30) に，5 番目にくるものの番号をマークシートの解答欄 (31) にマークしなさい。なお，文頭にくるべき語も小文字にしてあります。

1. have a peculiar　　2. if we　　3. interest in politics　　4. is only for people who happen
5. politics　　6. think that professional　　7. to

［4］　下線部（A）の意味に最も一致するものを選択肢 1 ～ 5 から選び，マークシートの解答欄 (32) にマークしなさい。

1. イギリス政界で出世するには，以前より時間がかかる。
2. イギリス政界で出世するためには，以前ほど油を売っている暇はない。
3. イギリス政界で出世するためには，以前ほどおべっかを使う必要がない。
4. イギリス政界で出世するのは，以前ほど困難ではない。
5. イギリス政界で出世するのは，以前ほど珍しくない。

［5］　英文の内容に最もふさわしいタイトルを選択肢 1 ～ 5 から選び，マークシートの解答欄 (33) にマークしなさい。

1. Engineers: The New British Elites　　2. Mutual Hate　　3. No Pain, No Gain
4. Get Involved in Politics Before It's Too Late　5. Why We Shouldn't Trust Politicians

［6］　英文の内容に最も一致するものを選択肢 1 ～ 7 の中から 3 つ選び，マークシートの解答欄 (34) から (36) にマークしなさい。ただし，解答の順序は問いません。

1. Many students at Eton College wanted to become law-makers.
2. People lose sight of what they are doing when they are in closed groups.
3. People with technical expertise tend not to be interested in becoming politicians.
4. Politicians inevitably respect the voters.
5. The more politicians and people look down on each other, the more they will bond with the people in their class.
6. The writer attended the University of Oxford with David Cameron.
7. Ultimately, it does not matter whether the political class is getting smaller.

3. Read the following radio interview transcript between Lulu Garcia-Navarro (LGN) and Joyce Poole (JP) and answer the questions which follow.

LGN : For almost half a century, Joyce Poole has been listening to what elephants have to say and studying the way they behave and communicate. Now she and her husband, Petter Granli, have created the African Elephant Ethogram, a ①comprehensive audio-visual library of the animals. Tell us about these recordings. What is an ethogram, and how does it work?

JP :　Well, an ethogram is really a library of all the behaviors of a species. And so this ethogram is not just the vocalizations, the calls of elephants. But it's also all their behaviors. So the way they communicate, using their ears and their trunk and also the other things they do, for instance, different techniques they use to feed. But, of course, people are—especially radio programs—would be very interested in the sounds that they make.

LGN : Indeed, we are. And I want to play a few of these. Let's listen to something called the baroo rumble.

(soundbite of elephant rumbling)

JP :　Baroo rumbles are made when a calf or elephant is feeling ②hard done by. It's a kind of ③woe is me, and please come and make me feel better and comfort me.

LGN : All right. Let's hear now what you call a greeting ceremony.

(soundbite of elephant trumpeting)

LGN : Wow. Tell us about this one.

JP :　Well, you know, elephants live in families. Elephants live up to 70 years old. And so members of a family stay together for life. But they're like our families. They're not always together. So the families will split up. And then when they come back together, they have greeting ceremonies. So they rumble. And they trumpet. They urinate and defecate and spin around and clank their tusks together. It's an extraordinary sight.

(Adapted from National Public Radio, "Scientist Joyce Poole on What Elephants Have to Say." May 30, 2021)

[1] Choose the most similar meaning for each underlined word or expression ① through ③. Mark your answers on the mark sheet in ⬚(37)⬚ through ⬚(39)⬚.

① 1. broad and in-depth　　　　　　　2. clear and concise
　 3. fixed and permanent　　　　　　 4. sound and sight
② 1. hardy and strong　　　　　　　　2. strong and stroppy
　 3. treated fairly but stern　　　　　 4. treated harshly or unfairly
③ 1. my life is so rewarding　　　　　 2. my life is so simple
　 3. my life is so tough　　　　　　　 4. my life is so wonderful

[2] Which of the three statements listed below are most strongly supported by the interview? Mark your answers on the mark sheet in ⬚(40)⬚ through ⬚(42)⬚. Your answers may be in any order.

1. An ethogram is more than just a collection of animal sounds.
2. Elephants and calves use the baroo rumble in different ways.
3. Elephants stay together for life, never leaving each other's side.
4. Elephants urinate and defecate when they see something extraordinary.
5. Elephants use more than one part of their body to communicate.
6. Elephants will only bang their tusks with other elephants when they are upset.
7. Poole has been studying elephants for longer than an elephant can live.
8. Rumbles are used by elephants to express both pleasure and displeasure.

[3] Complete the following paragraph by filling in the blanks (1) through (6) from the options below and based on the content of the interview above. Mark your answers on the mark sheet in ⬚(43)⬚ through ⬚(48)⬚.

I heard this interview the other day on the radio about elephants. Did you know that elephants have a special sound they make when they (1)? They also have a sound they make when they're (2) after a long separation. There is this couple who have made it their life's (3) to record all of their calls and stuff. You know, I thought only humans had ceremonies, but it (4) out elephants do, too. When they see each other again after a long separation, they get all excited, start trumpeting, and (5) themselves. I think I might try trumpeting when I get home tonight. Who knows, maybe I will start a (6). I think I'd better leave the rest of the ceremony to the elephants, though.

(1)　1. are over the hill　　　　　　　　　2. are over the moon
　　　　3. have a crush on another elephant　4. think the world's against them
(2)　1. breaking up　　2. catching up　　3. keeping up　　4. making up
(3)　1. lesson　　　　2. mission　　　　3. savings　　　　4. time
(4)　1. breaks　　　　2. finds　　　　　3. turns　　　　　4. works
(5)　1. feed　　　　　2. pamper　　　　3. relieve　　　　4. wash
(6)　1. history　　　　2. memory　　　　3. trend　　　　　4. war

4. （ 1 ）～（ 5 ）の空所に入る語句として最も適切なものを選択肢 1 ～ 4 の中から選び，マークシートの解答欄　(49)　から　(53)　にマークしなさい。

(1)　She is one of those professors who (　　　) smartphones in class.
　　　　1. refuse allowing　2. refuse to allow　3. refuses allowing　4. refuses to allow

(2)　The restaurant is closed until (　　　) notice.
　　　　1. brief　　　　　2. farther　　　　3. further　　　　4. more

(3)　Some studies show that listening to Mozart does not have a positive (　　　) on your mental health.
　　　　1. affect　　　　2. care　　　　　3. effect　　　　4. stain

(4)　Please give this letter to (　　　) the door.
　　　　1. whoever answer　　　　　　2. whoever answers
　　　　3. whomever answer　　　　　4. whomever answers

(5)　If I had been able to speak Spanish, I (　　　) in Mexico last summer.
　　　　1. did not get lost　　　　　　2. must not get lost
　　　　3. would not get lost　　　　　4. would not have got lost

5. 以下の英文は，人工知能研究の倫理的側面について述べたものである。（ 1 ）～（ 7 ）の空所に入る語として最も適切なものを選択肢 1 ～ 9 の中から選び，マークシートの解答欄 (54) から (60) にマークしなさい。同じ選択肢を二度選んではいけません。

　　Many kinds of researchers—biologists, psychologists, anthropologists, and so on—encounter (1) at which they are asked about the ethics of their research. For now, A.I. research is mostly self-regulated—a matter of (2), not rules. "The fact that papers on A.I. do come up on Twitter nontrivially often" has made an (3), Brent Hecht, a computer-science professor at Northwestern University, said. "The vast majority of researchers don't want to be the subject of these types of discussions." Last year, I participated in an online workshop organized by Partnership on A.I., a nonprofit coalition (4) by several of the biggest tech firms. In the workshop, which was focused on (5) more responsible research in the field, we discussed alternative release strategies: sharing new work in stages, or with specific audiences, or only after risks have been (6). Hecht, who helped write the Association for Computing Machinery blog post that called for a more organized ethics process, predicts that increasing numbers of researchers, (7) what their babies could grow up to become, will begin avoiding certain research topics.

(Adapted from Matthew Hutson, "Who should stop unethical A.I.?" *The New Yorker*, February 15, 2021)

　　1. checkpoints　　2. concluded　　3. contemplating　　4. encouraging　　5. expression
　　6. impression　　7. founded　　8. mitigated　　9. norms

数学

（120 分）

注　意　問題1, 2, 3, 4, 5 の解答を，**解答用紙**の所定の欄に記入しなさい。空欄（ア）〜
（ヌ）については，分数は既約分数にするなど最もふさわしいもの（数，式など）
を**解答用紙**の所定の欄に記入しなさい。

1

（1）$\vec{a} = (\sqrt{3},\ 0,\ 1)$ とする。空間のベクトル $\vec{b}$, $\vec{c}$ はともに大きさが 1 であり，$\vec{a} \perp \vec{b}$，
　　 $\vec{b} \perp \vec{c}$, $\vec{c} \perp \vec{a}$ とする。

　　（i）$p,\ q,\ r$ を実数とし，$\vec{x} = p\vec{a} + q\vec{b} + r\vec{c}$ とするとき，内積 $\vec{x} \cdot \vec{a}$ と $\vec{x}$ の大きさ $|\vec{x}|$
　　　　を $p,\ q,\ r$ を用いて表すと，$\vec{x} \cdot \vec{a} = \boxed{\ （ア）\ }$，$|\vec{x}| = \boxed{\ （イ）\ }$ である。

　　（ii）$(5,\ 0,\ z) = s\vec{a} + (\cos\theta)\vec{b} + (\sin\theta)\vec{c}$ を満たす実数 $s,\ \theta$ が存在するような実数 z
　　　　は 2 個あるが，それらをすべて求めると $z = \boxed{\ （ウ）\ }$ である。

（2）n を奇数とする。n と $\left[\dfrac{3n+2}{2}\right]$ の積が 6 の倍数であるための必要十分条件は，n を
　　 $\boxed{\ （エ）\ }$ で割ったときの余りが $\boxed{\ （オ）\ }$ となることである。ただし，実数 x に対し
　　 x を超えない最大の整数を $[x]$ と表す。また，$\boxed{\ （エ）\ }$，$\boxed{\ （オ）\ }$ は $0 \leqq \boxed{\ （オ）\ } < \boxed{\ （エ）\ }$
　　 を満たす整数である。$\boxed{\ （エ）\ }$，$\boxed{\ （オ）\ }$ を求める過程を解答欄（2）に記述しなさい。

2

r を正の実数とし，円 $C_1 : (x-2)^2 + y^2 = r^2$，楕円 $C_2 : \dfrac{x^2}{9} + y^2 = 1$ を考える。

（1）　円 C_1 と楕円 C_2 の共有点が存在するような r の値の範囲は　$\boxed{\text{（カ）}} \leqq r \leqq \boxed{\text{（キ）}}$　である。

（2）　$r = 1$ のとき，C_1 と C_2 の共有点の座標をすべて求めると　$\boxed{\text{（ク）}}$　である。これらの共有点のうち y 座標が正となる点の y 座標を y_0 とする。連立不等式

$$\begin{cases} (x-2)^2 + y^2 \leqq 1 \\ 0 \leqq y \leqq y_0 \end{cases}$$

の表す領域の面積は　$\boxed{\text{（ケ）}}$　である。

（3）　連立不等式

$$\begin{cases} (x-2)^2 + y^2 \leqq 1 \\ \dfrac{x^2}{9} + y^2 \geqq 1 \\ y \geqq 0 \end{cases}$$

の表す領域を D とする。D を y 軸のまわりに 1 回転させてできる立体の体積は　$\boxed{\text{（コ）}}$　である。

3

　最初に袋の中に白玉が 1 個入っている。次の規則に従って，1 回の操作につき白玉または赤玉を 1 個ずつ加えていく。

- 　1 回目の操作では，コインを投げ，表が出たときには赤玉を袋の中に 1 個加え，裏が出たときには白玉を袋の中に 1 個加える。

- 　2 回目以降の操作では，コインを投げ，表が出たときには赤玉を袋の中に 1 個加え，裏が出たときには袋から玉を 1 個無作為に取り出し，その色を見てから袋に戻し，さらに同じ色の玉を袋の中に 1 個加える。

（1）　2 回目の操作を終えたとき，袋の中に白玉がちょうど 2 個入っている確率は　 (サ) 　である。

（2）　3 回目の操作を終えたとき，コインの表が 2 回，裏が 1 回出ていたという条件の下で，袋の中に白玉がちょうど 2 個入っている条件つき確率は　 (シ) 　である。

　以下，k は 2 以上の整数とし，k 回目の操作を終えたときを考える。

（3）　袋の中に白玉のみが入っている確率は　 (ス) 　である。

（4）　1 回目の操作で赤玉を加えたという条件の下で，袋の中に白玉がちょうど k 個入っている条件つき確率は　 (セ) 　である。

（5）　袋の中に白玉がちょうど k 個入っている確率は　 (ソ) 　である。

4

曲線 $C : y = e^x$ を考える。

（1）　a, b を実数とし，$a \geqq 0$ とする。曲線 C と直線 $y = ax + b$ が共有点をもつための a と b の条件を求め，求める過程とともに解答欄（1）に記述しなさい。

（2）　正の実数 t に対し，C 上の点 $A(t, e^t)$ を中心とし，直線 $y = x$ に接する円 D を考える。直線 $y = x$ と円 D の接点 B の x 座標は　(タ)　であり，円 D の半径は　(チ)　である。線分 AB を $3 : 2$ に内分する点を P とし，P の x 座標，y 座標をそれぞれ $X(t)$，$Y(t)$ とする。このとき，等式

$$\lim_{t \to \infty} \frac{Y(t) - kX(t)}{\sqrt{\{X(t)\}^2 + \{Y(t)\}^2}} = 0$$

が成り立つような実数 k を求めると $k =$　(ツ)　である。ただし，$\lim\limits_{t \to \infty} te^{-t} = 0$ である。

5

半径 $4\sqrt{2}$ の球面 S 上に 3 点 A, B, C があり，線分 AB, BC, CA の長さはそれぞれ AB $= 4\sqrt{6}$，BC $= 10$，CA $= 6$ とする。

（1）　$\cos \angle ABC =$　(テ)　である。平面 ABC で球面 S を切った切り口の円を T とする。T の半径は　(ト)　である。点 D が円 T 上を動くとき，$\triangle DAB$ の面積の最大値は　(ナ)　である。

（2）　球面 S の中心 O から平面 ABC に下ろした垂線 OH の長さは　(ニ)　である。

（3）　点 E が球面 S 上を動くとき，三角錐 EABC の体積の最大値は　(ヌ)　である。

物理

（2 科目 120 分）

1.

以下の文章中の　(ア)　～　(ク)　に適切な式を記入しなさい。

図のように，幅が一定で水平な床面をもつ溝があり，質量 M の三角柱が溝に挟まれて床面上に置かれている。溝は，床面に沿って定義した x 軸の方向に無限に続いている。三角柱は，x 軸の正の向きに対し $30°$ をなす斜面をもち，x 軸に沿ってのみ運動できる。三角柱の斜面と x 軸の交点を点 O とし，図のように，点 O から斜面に沿って斜面の底辺から垂直に伸びる直線上に点 A をとる。点 A に質量が無視できる長さ L の糸を結び，その先端に質量 m の質点を取り付ける。線分 AO と糸がなす角度を θ とする。斜面は十分に広く，質点は糸が張った状態で斜面上を一周できる。鉛直下向きの重力加速度の大きさを g とする。以下の設問において，三角柱の底面は床面を離れることはない。

（1） 三角柱が床面に固定されており，三角柱の斜面と質点との間に摩擦がない場合を考える。糸が張った状態で質点を $\theta = 90°$ から初速度の大きさ 0 で放すと，質点は斜面に沿って単振り子運動をした。$\theta = 0°$ での質点の速度の大きさは　(ア)　となる。また，$\theta = 0°$ のとき，質点が斜面から受ける垂直抗力は　(イ)　，糸の張力は　(ウ)　となる。次に，糸が張った状態で質点を微小な角度 θ から初速度の大きさ 0 で放した。このとき，重力加速度 g の斜面に沿う成分を考慮すると，質点の単振り子運動の周期は　(エ)　となる。

（2） 三角柱と溝（側面および床面）との間に摩擦はなく，三角柱が x 軸方向に運動できる場合を考える。三角柱を床面に対し静止させ，糸が張った状態で $\theta = 90°$ から，斜面の下向きに沿って大きさ v_0 の初速度を質点に与える。このとき，三角柱の床面に対する初速度の大きさは 0 のままであった。その後，三角柱が x 軸方向に運動を始め，質点は，糸が張ったままの状態で三角柱から見て斜面上を単振り子運動する。

三角柱の斜面と質点との間に摩擦がないとき，力学的エネルギー保存則および x 軸方向の運動量保存則から，三角柱から見た質点の速度の大きさは，$\theta = 0°$ のとき　(オ)　となる。

三角柱の斜面と質点との間に摩擦があるとき，質点の単振り子運動は減衰し，やがて質点と三角柱は同じ速度　(カ)　で x 軸方向に運動する。

（3） 三角柱に加速度を与えて運動させる場合を考える。三角柱の斜面と質点との間に摩擦はない。はじめに，三角柱を静止させ，次に，x 軸の正の向きに徐々に加速度の大きさを増加させていった。この過程で，$\theta = 0°$ の位置で三角柱に対して静止していた質点は，三角柱の加速度の大きさが　(キ)　より大きくなったとき斜面から離れた。次に，三角柱を (キ) よりも小さい一定の加速度 $a\,(a > 0)$ で動かしたとき，糸が張った状態で，斜面から見て振れ角の小さい質点の単振り子運動をさせた。その周期は　(ク)　であった。

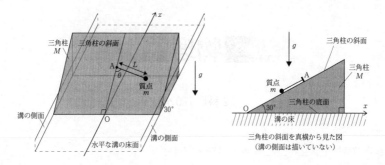

2. 以下の文章中の　(ア)　〜　(ケ)　に適切な式を記入しなさい。

　図1のように，真空中に置かれた，同じ面積をもつ長方形の金属平板 A と B を平行に向かい合わせたコンデンサー，抵抗，スイッチ S，起電力 V の電池からなる回路がある。AB 間の距離が d のとき，コンデンサーの真空中の電気容量は C である。コンデンサーの下端にある金属平板 A は常に接地されている。コンデンサー上端の金属平板 B は位置を上下に移動でき，AB 間の距離を調節することができる。また，回路には端子 a，b があり，図2の回路の端子 a，b とそれぞれ接続することができる。図2の回路は電気容量 C_1，C_2 のコンデンサー，自己インダクタンス L のコイル，およびスイッチ S_1 から構成されている。スイッチ S と S_1 は，はじめ開いている。どのコンデンサーにも，はじめに電荷が蓄えられておらず，また，金属平板の端での電界（電場）の不均一さは無視できる。金属平板の質量および重力の影響や，導線およびコイルの抵抗は無視できる。

(1) 図1の「回路の状態1」から始める一連の操作について考える。コンデンサーのはじめの静電エネルギーを 0 とする。最初に，AB 間の距離を d に固定した。「回路の状態1」からスイッチ S を閉じて十分に時間が経ったとき，コンデンサーに蓄えられる電気量は　(ア)　であった。また，このときのコンデンサーの静電エネルギーは　(イ)　であり，金属平板間の電界の大きさは　(ウ)　であった。その後，再びスイッチ S を開き，電荷が金属平板に蓄えられた状態で B の位置を上向きにゆっくりと動かし，AB 間の距離を d から $2d$ に変化させた。このとき B を動かすために外部からした仕事は　(エ)　である。さらにこの状態から，図1の「回路の状態2」に示すように，金属平板 A，B と同じ長方形の底面をもち，高さ $\frac{3}{2}d$ の直方体の形状をした比誘電率 6 の誘電体を，金属平板 A に接するように完全に挿入した。その結果，コンデンサーの電気容量は　(オ)　になった。その後，スイッチ S を閉じるとコンデンサーに蓄えられる電気量が変化し，十分に時間が経つと一定値になった。この間に電池がした仕事は，　(カ)　である。

(2) 図1の「回路の状態1」に戻し，スイッチ S を閉じ，十分に時間をかけて電気量（ア）をコンデンサーに蓄えた。その後スイッチ S を開き，回路の端子 a，b を図2の回路の端子 a，b にそれぞれ接続した。十分に時間が経つと，A に対する B の電位は　(キ)　になった。次に，図2の回路のコンデンサーに電気量が蓄えられた状態で，端子 a，b の接続を外した。その後，スイッチ S_1 を閉じると，図2の回路に周期　(ク)　の電気振動が観測された。図2のように，電気容量が C_1，C_2 のコンデンサーに接続した導線に流れる電流を，図の下向きを正としてそれぞれ I_1，I_2 と書くと，常に $I_1 \times C_2 = I_2 \times C_1$ の関係が成立している。このことから，I_2 の大きさの最大値は，（キ）×　(ケ)　となる。

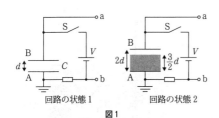

回路の状態 1　　　回路の状態 2

図1

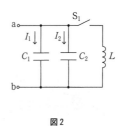

図2

3.

以下の文章中の $\boxed{(ア)}$ ～ $\boxed{(ク)}$ に適切な式を記入しなさい。以下の設問では，真空の屈折率を1とする。

(1) 図1のように，真空中に置かれた屈折率 n $(n>1)$ の直方体形状の透明な固体に，入射角 θ $(0° < \theta < 90°)$ で単色光が入射する。真空での光の速さを c とすると，固体中での光の速さは $\boxed{(ア)}$ である。点 A での屈折角 θ_1 は，n と θ を使って $\sin\theta_1 = \boxed{(イ)}$ の関係を満たす。屈折した光は固体中を進み，点 B において固体と真空の境界面に達する。点 A での入射角が，n を使って $\sin\theta < \boxed{(ウ)}$ を満たすとき，点 B で全反射が起きる。

(2) 図2のように，屈折率 n $(n>1)$ のガラスでできた直方体の上面を円柱状にくりぬいて円筒空洞をもつ容器を作り，その容器を真空中で水平な台の上に置いた。この容器の上に，屈折率 n の平凸レンズを，凸面が下になるように置いた。平凸レンズは，一方の面が平面で台と平行であり，もう一方の凸面が半径 R の球面の一部になっている。円筒空洞の底面の中心を点 C とし，レンズの凸面の中心を点 D とする。点 C と点 D は距離 w $(w>0)$ だけ離れている。波長を自由に変更できる単色光をレンズの真上から一様に当て，真上から反射光を観察すると，同心円状の明暗のしま模様（ニュートンリング）が観察された。平凸レンズの平面，および容器と台が接する面での光の反射の効果は無視できる。

単色光の真空での波長が λ のとき，ニュートンリングの中心部分は最も暗くなった。点 C で反射した光と点 D で反射した光が弱め合って暗くなる w の条件は，λ と任意の正の整数 m を使って $w = \boxed{(エ)}$ となる。また，図2に示すように，円筒の中心軸から距離 L の場所でのレンズ凸面と円筒空洞底面との間の距離を d とする。$d - w$ は R に比べて十分に小さいので，$d \approx w + \dfrac{L^2}{2R}$ と近似できる。この近似式，および2つの反射光が強め合う光路差の条件より，中心部分から数えて4番目の明環の半径は，R, λ を使って $\boxed{(オ)}$ となる。ただし（オ）は円筒空洞の半径よりも小さい。単色光の真空での波長を λ から徐々に大きくすると，ニュートンリングの中心が一度明るくなり，真空での波長が λ_1 のときに再び最も暗くなった。この結果から，w は，λ, λ_1 を使って $\boxed{(カ)}$ となる。

次に，円筒空洞を屈折率 n_1 $(n_1 > n)$ の透明な液体で満たした。真空での波長が λ である単色光を真上から一様に当て，真上から反射光を観察すると，ニュートンリングの中心部分が最も暗くなった。中心部分から数えて4番目の明環の半径を L_1 とおくと，L_1 は（オ）の $\boxed{(キ)}$ 倍となる。円筒空洞を液体で満たした状態で，真空での波長を λ から徐々に小さくすると，ニュートンリングの中心が徐々に明るくなり，真空での波長が λ_2 に達したとき最も明るくなった。この過程において，真空での波長が λ のとき半径 L_1 であった明環は，波長の変化とともに徐々に小さくなり，真空での波長が λ_2 に達したとき，その半径は n_1, λ_2, R を使って $\boxed{(ク)}$ となった。

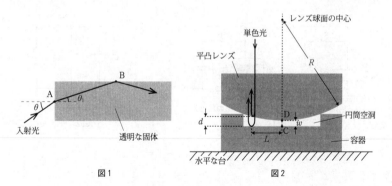

図1　　　　　　　　　　　　　図2

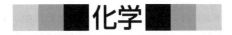

（2 科目 120 分）

（注意）必要であれば次の原子量と数値を用いなさい。なお，気体はすべて理想気体とする。
H = 1.00，C = 12.0，N = 14.0，O = 16.0，アボガドロ定数：6.02×10^{23}/mol，
気体定数：8.31×10^3 Pa·L/(K·mol)，ファラデー定数：9.65×10^4 C/mol

1. 次の文章を読み，$\boxed{（ア）}$$\boxed{（サ）}$ には適切な語句，$\boxed{（イ）}$$\boxed{（ウ）}$ には化学式，$\boxed{（エ）}$$\boxed{（オ）}$$\boxed{（ク）}$$\boxed{（ケ）}$ $\boxed{（コ）}$ には**有効数字 2 桁**の数値，$\boxed{（カ）}$$\boxed{（キ）}$ には整数を入れなさい。

（1） アンモニアは，高温・高圧・触媒存在下において，水素と窒素から $\boxed{（ア）}$ 法によって工業的に合成されている。アンモニアは産業を支える重要な物質であり，樹脂の原料や肥料などに用いられる有機化合物である $\boxed{（イ）}$ は，アンモニアと二酸化炭素から工業的に合成される。また，アンモニアは金属イオンの定性分析にも利用されている。例えば，Al^{3+}，K^+，Ca^{2+}，Zn^{2+} を含む混合水溶液に過剰量のアンモニア水を加えると，$\boxed{（ウ）}$ の沈殿が得られる。

（2） 強電解質である硝酸アンモニウム 60 g を水に溶解した水溶液 3.0 L を調製した。この水溶液では，アンモニウムイオンが加水分解してアンモニアが生じる。アンモニアの電離定数 K_b を 2.5×10^{-5} mol/L とするとき，加水分解するアンモニウムイオンの割合 h は $\boxed{（エ）}$ である。ただし，$1 - h \fallingdotseq 1$ としてよい。また，硝酸アンモニウム 240 g を水に溶解した 3.0 L の水溶液中の水素イオン濃度は $\boxed{（オ）}$ mol/L である。なお，温度はすべて 25 ℃ とし，アンモニアの揮発は無視する。

（3） 水素のかわりにアンモニアを燃料電池の燃料として用いる研究が行われている。塩基性の電解質水溶液を用いる場合，正極では酸素 1 分子が $\boxed{（カ）}$ 個の電子を受け取って還元され，水酸化物イオンを生じる。一方，負極ではアンモニアが 1 分子あたり $\boxed{（キ）}$ 個の電子を放出して酸化され，窒素分子と水のみを生じる。この燃料電池から 3.5×10^5 C の電気量を取り出すために必要なアンモニアの物質量は $\boxed{（ク）}$ mol である。

（4） 一定体積の密閉空間内を分圧 5.4 Pa のアンモニアを含む空気で満たした。時間 0 分のとき，この空間内に水を水槽に入れて置いたところ，5 分経過したときのアンモニア分圧は 3.6 Pa となった。アンモニア分圧は場所によらず同じであるとし，アンモニアの水への吸収のみによってアンモニア分圧が変化しているとすると，時間 0〜5 分間におけるアンモニアの平均の吸収速度は $\boxed{（ケ）}$ Pa/min である。一定の時間間隔におけるアンモニアの水への平均の吸収速度が，空間内のアンモニアの平均の分圧のみに比例するとき，時間 10 分におけるアンモニア分圧は $\boxed{（コ）}$ Pa である。一方，同じ密閉空間内を分圧 5.4 Pa のアンモニアを含む空気で満たし，時間 0 分のとき，この空間内に水を水槽に入れて置くかわりに同量の水を霧状にして導入したところ，5 分経過したときのアンモニア分圧は 3.6 Pa よりも低くなった。この理由は，アンモニアを吸収する水の $\boxed{（サ）}$ が大きくなったためである。ただし，密閉空間内の温度は一定とし，水の蒸発は無視する。

2. 次の文章を読み，$\boxed{(ア)}$～$\boxed{(サ)}$に**有効数字 2 桁**の数値を入れなさい。

(1) 希薄溶液の凝固点は純溶媒の凝固点より低く，その凝固点降下度は溶質の種類によらない。例えば，ベンゼンの凝固点は 5.53 ℃ であるが，50.0 g のベンゼンに 5.00×10^{-3} mol のトルエンを溶解した希薄溶液の凝固点は 5.02 ℃ となる。したがって，ベンゼンのモル凝固点降下は $\boxed{(ア)}$ K・kg/mol と求められる。ただし，ベンゼン中でトルエンは会合しないとする。一方で，50.0 g のベンゼンに 5.00×10^{-3} mol の安息香酸を溶解した希薄溶液の凝固点は 5.22 ℃ となった。このとき，凝固点降下度から見積もられる質量モル濃度は $\boxed{(イ)}$ mol/kg となり，ベンゼンに加えた安息香酸の物質量から計算される質量モル濃度とは異なる。これは，ベンゼン中では，安息香酸が単量体と二量体として存在しており，溶解した安息香酸の $\boxed{(ウ)}$ ％が二量体を形成しているためである。

(2) スクロースを溶解した希薄な水溶液について，溶媒のみを通す半透膜を用いて測定した浸透圧は，27.0 ℃ において 5.54×10^4 Pa であった。したがって，この水溶液のスクロース濃度は $\boxed{(エ)}$ mol/L と求められる。また，このスクロース水溶液にごく少量の酵素スクラーゼを加えて，スクロースの 80 ％ が反応したとき，27.0 ℃ における浸透圧は $\boxed{(オ)}$ Pa となる。ただし，加えたスクラーゼそのものによる浸透圧の変化は無視でき，水溶液の体積は一定とする。

(3) 気体分子中の共有結合を切断してばらばらの原子（気体）にするために必要なエネルギーを，その共有結合の結合エネルギーという。25.0 ℃，1.01×10^5 Pa におけるメタンの燃焼熱を，表に示す結合エネルギーの値と，次の式 1 と式 2 の熱化学方程式から求める。ただし，式 1 において Q は反応熱である。

$$CH_4 \,(気) + 2O_2 \,(気) = CO_2 \,(気) + 2H_2O \,(気) + Q \text{ [kJ]} \qquad (式1)$$

$$H_2O \,(液) = H_2O \,(気) - 44.0 \text{ kJ} \qquad (式2)$$

式 1 において，反応物の結合エネルギーの総和は $\boxed{(カ)}$ kJ となり，生成物の結合エネルギーの総和は $\boxed{(キ)}$ kJ となる。したがって，メタンの燃焼熱は $\boxed{(ク)}$ kJ/mol と計算される。

表　25.0 ℃，1.01×10^5 Pa における結合エネルギー [kJ/mol]

結合	結合エネルギー	結合	結合エネルギー
C＝O	803	C－H	415
O－H	463	O＝O	498

(4) 温度が 27.0 ℃ に保たれた密閉可能な 1.00 L の反応容器の内部をいったん真空にした後に，圧力が 2.50×10^4 Pa となるまで，反応容器内に酸素分子を導入した。引き続き，この反応容器内に，全圧が 2.75×10^4 Pa となるまでプロパンを導入した。このとき，反応容器内にあるプロパンの物質量は $\boxed{(ケ)}$ mol である。その後，反応容器内のプロパンを完全燃焼させると，$\boxed{(コ)}$ mol の水分子が生成し，27.0 ℃ において，反応容器内の全圧は $\boxed{(サ)}$ Pa となった。ただし，27.0 ℃ における水の飽和蒸気圧を 3.50×10^3 Pa とし，水に対する気体の溶解や，液体が占める体積は無視する。

3. 次の文章を読み，(ア)(エ)(キ)には化合物名，(イ)には分子式，(ウ)(オ)(カ)(ク)(コ)(サ)には構造式，(ケ)には**有効数字 4 桁**の数値，(シ)には適切な語句を入れなさい。なお，構造式は例にならって書きなさい。

構造式の例：

(1) 炭素，水素，酸素のみから構成されている化合物 **A**，**B**，**C** は，互いに構造異性体であり，いずれの化合物もベンゼン環上に 2 つの置換基をもつ炭素数 13 の芳香族化合物である。化合物 **A**，**B**，**C** に，それぞれ炭酸水素ナトリウム水溶液を加えると，化合物 **A**，**B** においてのみ気体が発生した。一方，化合物 **A** を<u>水酸化ナトリウム水溶液で完全に加水分解した後，塩酸を加えて酸性にすると，</u>芳香族化合物 **D** と化合物 **E** が生成した。下線部と同じ操作により，化合物 **B** からは芳香族化合物 **F** と化合物 **G** が生成し，化合物 **C** からは芳香族化合物 **H** と化合物 **I**，**J** が生成した。化合物 **D**，**F** は互いに構造異性体であり，化合物 **E**，**G** も互いに構造異性体であった。化合物 **E**，**G**，**I** はいずれも環状構造を含んでいた。

(i) 化合物 **A** 117 mg を完全燃焼させたところ，二酸化炭素 286 mg と水 63.0 mg が生成した。化合物 **D** はポリエチレンテレフタラートの原料であった。化合物 **E** は不斉炭素をもたない第二級アルコールであった。また，化合物 **E** に濃硫酸を加えて加熱すると，分子内に対称面があるシクロアルケンと水が生成した。したがって，化合物 **D** の化合物名は (ア)，化合物 **E** の分子式は (イ)，化合物 **A** の構造式は (ウ) である。

(ii) 化合物 **F** を加熱すると分子内で脱水反応が進行した。一方，ヒドロキシ基をもつ化合物 **G** を酸化して得られた化合物は，ヨードホルム反応を示し，その際に化合物 **I** の塩が生成した。したがって，化合物 **F** の化合物名は (エ)，化合物 **G** の構造式は (オ)，化合物 **B** の構造式は (カ) である。

(iii) 化合物 **H** は，ナトリウムフェノキシドと二酸化炭素を加熱・加圧して反応させた後，希硫酸を作用させることで工業的に合成されている。また，化合物 **J** は，工業的にはリン酸を触媒に用い，加熱・加圧してエチレンに水を付加することで合成されている。したがって，化合物 **H** の化合物名は (キ)，化合物 **C** の構造式は (ク) である。

(2) 7 個の α-グルコースが 1，4 位のみでグリコシド結合し，環状に連結した分子量 (ケ) の化合物を，β-シクロデキストリンという。β-シクロデキストリンがもつすべてのヒドロキシ基をメチル化して -O-CH$_3$ に変化させてから，グリコシド結合のみを完全に加水分解すると，生成物の 1 つとして六員環の α-グルコース誘導体である化合物 **K** が得られた。化合物 **K** の構造式は (コ) である。

(3) 食品トレイや包装用フィルムなどで用いられるポリ乳酸は，乳酸 2 分子の脱水縮合で得られる環状化合物 **L** を開環重合させて合成される。化合物 **L** の構造式は (サ) である。ポリ乳酸のように，生体内の酵素や自然界の微生物によって分解される高分子を (シ) 高分子という。

/////////////// · **memo** · ///////////////

2021
年度

問
題
編

■一般選抜

問題編

▶試験科目・配点

教　科	科　　　　　　　目	配　点
外国語	コミュニケーション英語Ⅰ・Ⅱ・Ⅲ，英語表現Ⅰ・Ⅱ	150 点
数　学	数学Ⅰ・Ⅱ・Ⅲ・A・B	150 点
理　科	「物理基礎・物理」，「化学基礎・化学」	200 点 （各 100 点）

▶備　考

　数学Aは「場合の数と確率」・「整数の性質」・「図形の性質」を，数学B
は「数列」・「ベクトル」を出題範囲とする。

英語

(90 分)

1. 次の英文を読み，設問に答えなさい。

Listening to speech is one of the most refined skills that we humans have. It is a skill which is exquisitely (1) to the native language; this happens during the first year of life, even before the little listener has become a little speaker. It is an extraordinarily ①robust skill. As listeners we have no problem understanding speakers whose voices we have never heard before. We can understand men and women and children though their (A) vocal apparatus will produce enormously different acoustic signals. We can comprehend speech against (B) considerable background noise, and we can compensate for the effects of arbitrary blockages of the vocal tract such as (X). The radical bandpass restrictions imposed by communication systems do not prevent us from conversing on the telephone. Listening to our native language seems simple and virtually effortless.

But the impression of simplicity covers a highly complex perceptual performance. Although to listeners it seems as if speakers utter one word after another, in fact speakers do not make it particularly easy for listeners to (2) words in sequence. Speech signals are produced as a continuous stream, and they contain no consistent and obvious cues - except perhaps at the boundaries of larger syntactic units - to inform the listener where one word ends and the next begins. There are, furthermore, far-reaching contextual effects of ᴵphonemes upon one another, so that simple invariant cues to phoneme identity can also not be counted upon. Listeners have to decode the speech signal to extract from it the (3) words which the speaker originally encoded. It is, after all, the words which form the common knowledge base upon which speakers and listeners draw. Each utterance may be entirely new, but it should be made up of words which both parties to spoken interaction know. Recognition of an utterance as the sequence of individual words which compose it constitutes quite a ②feat, given the continuity and the contextual (4) of speech; nevertheless, it is a feat which we perform with ③heedless ease.

Only very occasionally does the process go (5). Slips of the ear do not happen regularly, every few listening minutes, as a matter of routine. Why not, given the complexity of the listening task? The struggle to answer this question has kept speech scientists and psycholinguists busy for generations. The answer draws, as one would expect given the robustness of human listening, on the (6) of our perceptual system. This system is, one might say, "overengineered": it is full of backup and fail-safe features. Indecision or inadequacy at one processing level can be resolved or (7) for at another level. The comprehension system is not a fragile chain that is only as strong as its weakest link; it is more like a well-practiced team where (C) any member may be called upon to deliver greater or lesser performance in a given operation. When the process does then go awry, it is because the team as a whole has been unable to complete the task, not because one element has fallen (8).

It follows from this that when slips of the ear do occur, they provide researchers with data about the way the team performs, i.e., about the comprehension system as a whole. Thus when a listener reports hearing "oregano nose" in place of "a ring in her nose," the implications are not confined to the fact that a higher front vowel may be misperceived as a mid front vowel, and a ᴵᴵvelar nasal as a ᴵᴵᴵvelar stop; experiments in perceptual confusion, and indeed comparison of acoustic signals, could already have led us to expect that. The error allows us the further ④insight that the comprehension system does not necessarily prevent such a misperception from gaining access to conscious awareness. A listener who hears "you can spend a minute" when the speaker actually said "you can spend a mint" provides us information about more than the evidence requirements for the perception of weak vowels in English; the error also ⑤sheds light on listener's choices between sequences of greater or lesser transitional probability. This is also true, of course, of the listener who hears the nonword "chine" for "chain," since the probability of nonwords occurring in casual conversation is very low.

†phoneme: 音素,　‖velar nasal: 軟口蓋鼻音,　‖velar stop: 軟口蓋閉鎖音

(Adapted from Anne Cutler, "Foreword." In Z.S. Bond, *Slips of the Ear: Errors in the Perception of Casual Conversation*, Brill, 1999)

[1]　空所（ 1 ）〜（ 8 ）に最も適切な語を選択肢 1 〜 5 の中からそれぞれ選び，マークシートの解答欄 (1) 〜 (8) にマークしなさい。

（1）1. classified　　2. elaborated　　3. purified　　4. retained　　5. tailored
（2）1. apprehend　　2. generalize　　3. increment　　4. notify　　5. yield
（3）1. boisterous　　2. censored　　3. discrete　　4. neutral　　5. optimistic
（4）1. encounter　　2. integrity　　3. landmark　　4. readiness　　5. variability
（5）1. down　　2. beyond　　3. through　　4. up　　5. wrong
（6）1. compatibility　　2. flexibility　　3. originality　　4. restorability　　5. simplicity
（7）1. compared　　2. compensated　　3. competed　　4. completed　　5. computed
（8）1. across　　2. for　　3. in　　4. short　　5. together

[2]　下線部 ① の意味として最も適切なものを選択肢 1 〜 4 の中から選び，マークシートの解答欄 (9) にマークしなさい。

1. marked by richness and fullness of flavor　　　　2. rough and crude
3. strong enough to overcome intellectual challenges　　4. sturdy and healthy

[3]　下線部 ② 〜 ⑤ の意味として最も適切なものを選択肢 1 〜 5 の中から選び，マークシートの解答欄 (10) 〜 (13) にマークしなさい。

② 1. achievement　　2. competence　　3. dexterity　　4. intelligence　　5. proficiency
③ 1. baseless　　2. clueless　　3. helpless　　4. mindless　　5. selfless
④ 1. concentration　　2. development　　3. fascination　　4. tendency　　5. understanding
⑤ 1. eliminates　　2. elucidates　　3. emerges　　4. enriches　　5. entails

[4]　下線部（A），（B），（C）が示す内容として適切ではないものを選択肢 1 〜 4 の中から選び，マークシートの解答欄 (14) 〜 (16) にマークしなさい。

（A）1. eardrum　　　　　2. tongue　　　　　3. vocal cords　　　4. windpipe
（B）1. a train announcement　2. birds chirping　3. flashy decorations　4. strong winds
（C）1. audition　　　　　2. luminance　　　3. memory　　　　4. vocabulary

[5]　文中の（ X ）に入るものとして適切ではないものを選択肢 1 〜 4 の中から選び，マークシートの解答欄 (17) にマークしなさい。

1. a cold in the nose　　　　　　　　2. a mouthful of food
3. a pipe clenched between the teeth　　4. a tumor in the intestine

[6]　英文の内容に最もよく一致するものを選択肢 1 〜 8 の中から 3 つ選び，マークシートの解答欄 (18) 〜 (20) にマークしなさい。ただし，解答の順序は問いません。

1. A regular occurrence of misperception is expected when acoustic conditions are met.
2. A well-versed knowledge of a particular language prevents listeners from experiencing slips of the ear.
3. Listeners understand speech based on the probability of a particular word in a certain context.
4. Misperception of speech is induced when a listener cannot recognize a phoneme by itself.
5. Shared common knowledge between speakers and listeners guarantees the accurate recognition

of speech.
6. Slips of the ear take place even when a listener is paying attention to a speaker.
7. Speech is understood by integrating information processed at an acoustic, lexical, and syntactic level.
8. Word boundaries are identified effortlessly when a listener decodes speech signals.

2. 次の英文を読み，設問に答えなさい。

It is commonly said, even by the English themselves, that English cooking is the worst in the world. It is supposed to be not merely incompetent, but also ①imitative, and I even read quite recently, in a book by a French writer, the remark: 'The best English cooking is, of course, simply French cooking'.

Now that is simply not true, as anyone who has lived long abroad will know, there is a whole host of ②delicacies which it is quite impossible to obtain outside the English-speaking countries. No doubt the list could be added to, but here are some of the things that I myself have sought for in foreign countries and failed to find.

First of all, kippers, Yorkshire pudding, Devonshire cream, muffins and crumpets. Then a list of puddings that would be interminable if I gave it (　あ　) full: I will pick out for special mention Christmas pudding, treacle tart and apple dumplings. Then an almost equally long list of cakes: for instance, dark plum cake, short-bread and saffron buns. Also ③innumerable kinds of biscuit, which exist, of course, elsewhere, but are generally admitted to be better and crisper in England.

Then there are the various ways of cooking potatoes that are peculiar to our own country. Where else do you see potatoes roasted under the joint, which is far and away the best way of cooking them? Or the delicious potato cakes that you get in the north of England? And it is far better to cook new potatoes in the English way – that is, boiled with mint and then served with a little melted butter or (ア)margarine – than to fry them as is done in most countries.

Then there are the various sauces peculiar to England. For instance, bread sauce, horse-radish sauce, mint sauce and apple sauce; not to mention redcurrant jelly, which is excellent with (イ)mutton as well as with (ウ)hare, and various kinds of sweet pickle, which we seem to have in greater ④profusion than most countries.

Then there are the English cheeses. There are not many of them but I fancy Stilton is the best cheese of its type in the world, with Wensleydale not far behind. English apples are also outstandingly good, particularly the Cox's Orange Pippin.

No doubt some of the things I have named above could be obtained in continental Europe, just as it is possible in London to obtain vodka or bird's nest soup. But they are all native (　い　) our shores, and over huge areas they are literally unheard of.

South of, (　う　), Brussels, I do not imagine that you would be able to get hold of a suet pudding. In French there is not even a word that exactly translates 'suet'. The French, also, never use mint in cookery and do not use black (エ)currants except as a basis of a drink.

It will be seen that we have no cause to be ashamed of our cookery, so far as originality goes or so far as the ingredients go. And yet it must be admitted that there is a serious ⁺snag from the foreign visitor's point of view. This is, that you practically don't find good English cooking outside a private house. If you want, for instance, a good, rich slice of Yorkshire pudding you are more likely to get it in the poorest English home than in a restaurant, which is where the visitor necessarily eats most of his meals.

It is a fact that restaurants which are ⑤distinctively English and which also sell good food are very hard to find. Pubs, as a (　え　), sell no food at all, other than potato crisps and tasteless sandwiches. The expensive restaurants and hotels almost all imitate French cookery and write their menus in French, while if you want a good cheap meal you naturally ⑥gravitate towards a Greek, Italian or Chinese restaurant. We are not likely to succeed (　お　) attracting tourists while England is thought of as a country of bad food and unintelligible by-laws. At present one cannot do much about it, but sooner or later ⁺rationing will come to an end, and then will be the moment for our national cookery to revive. (　X　), and the first step towards an improvement will be a less long-suffering attitude in the British public itself.

†snag: difficulty or obstacle,　‖rationing: system of limiting and sharing food, clothing, etc., in times of shortage

(Adapted from George Orwell, 'In Defence of English Cooking', 1945)

［1］　下線部 ① ～ ⑥ の意味に最も近いものを選択肢 1 ～ 5 の中から選び，マークシートの解答欄 (21) から (26) にマークしなさい。

①	1. iconic	2. imaginative	3. influential	4. scrumptious	5. unoriginal
②	1. good manners	2. take-away	3. take-out	4. tasty food	5. tender feelings
③	1. calculable	2. considerable	3. countess	4. countable	5. countless
④	1. abundance	2. quality	3. shapes	4. sizes	5. textures
⑤	1. ambiguously	2. deceptively	3. partly	4. surprisingly	5. uniquely
⑥	1. are attracted to	2. bump into	3. come across	4. get stuck at	5. spend more money at

［2］　空所 (　あ　) ～ (　お　) に入る最も適切な語句を選択肢 1 ～ 5 の中から選び，マークシートの解答欄 (27) から (31) にマークしなさい。

(あ)	1. at	2. in	3. more	4. to	5. with
(い)	1. by	2. from	3. of	4. to	5. toward
(う)	1. additionally	2. recently	3. say	4. that	5. this
(え)	1. general	2. golden	3. nature	4. rule	5. thumb
(お)	1. about	2. in	3. of	4. on	5. to

［3］　次の語句を文法的・内容的に最も適切な順に並びかえて (　X　) を完成させたとき，4 番目にくるものの番号を解答欄 (32) に，6 番目にくるものの番号を解答欄 (33) にマークしなさい。なお，文頭にくるべき語も小文字にしてあります。

1. be either	2. foreign or bad	3. in England should	4. it is not a
5. law	6. of nature	7. that every restaurant	

［4］　下線部 (ア) ～ (エ) と発音が同じものを選択肢 1 ～ 4 の中から選び，マークシートの解答欄 (34) から (37) にマークしなさい。

(ア)	margarine	1. garage	2. genetic	3. giggle	4. gone
(イ)	mutton	1. mute	2. put	3. putative	4. putt
(ウ)	hare	1. dare	2. fake	3. fathom	4. harness
(エ)	currant	1. cue	2. cure	3. curiosity	4. currency

［5］　英文の内容に最もよく一致するものを選択肢 1 ～ 7 の中から 3 つ選び，マークシートの解答欄 (38) から (40) にマークしなさい。ただし，解答の順序は問いません。

1. English people often admit that English cooking is bad.
2. The writer was able to find Yorkshire pudding in continental Europe.
3. The writer does not think Wensleydale is a good tasting cheese.
4. The English have many original sauces.
5. The writer believes that the English should not be ashamed of English cooking.

6. Pubs are distinctively English and sell fairly good tasting food.

7. The writer believes that food rationing is the only reason why English food is not more popular internationally.

3. 次の対話文を読み，設問に答えなさい。

(*An online video call between a man and a woman some time during April, 2020.*)

Ms. Yagami : So ①a little birdie told me. The Olympics aren't the only thing that've been postponed this year. I suppose you don't know yet when you'll be able to hold the ceremony.

Mr. Hiyoshi : There isn't going to be a wedding anymore. I guess ②it wasn't meant to be.

Ms. Yagami : I'm sorry to hear that. The coronavirus has spoiled a lot of plans this year.

Mr. Hiyoshi : To be honest, it wasn't all the virus's fault. She ③picked up on the fact that deep down I have feelings for somebody else.
(*There is a pause. Ms. Yagami waits for Mr. Hiyoshi to continue.*)

Mr. Hiyoshi : I'm sick of social distancing. I'm sick of quarantines. I'm sick of self-restraint. (*another pause*). I'm just going to ④come out and say it. I want you Ms. Yagami. I always have.

Ms. Yagami : Well it's about time! To tell you the truth, I'm sick of social distancing, too!

Mr. Hiyoshi : Maybe this current situation ⑤has a silver lining after all. Maybe I just needed some time alone to sort out my feelings. I'm sorry it took so long.

Ms. Yagami : Better late than never, I say. At least we got there in the end. Or at least we will get there when this state of emergency ends.

Mr. Hiyoshi : It can't end soon enough for me.

Ms. Yagami : Me too.

[1] 下線部 ① ～ ⑤ の意味に最も近いものを選択肢 1 ～ 4 の中から選び，マークシートの解答欄 (41) から (45) にマークしなさい。

① 1. birds of a feather flock together　　　2. call it women's intuition
　 3. I don't want to make a big deal out of this　4. I heard a rumor

② 1. I let the team down　　　　　　　　2. it's true what they say
　 3. it was fate　　　　　　　　　　　　4. you can't teach an old dog new tricks

③ 1. denied　　　　　　　　　　　　　　2. doubted
　 3. noticed　　　　　　　　　　　　　　4. speculated

④ 1. count my chickens before they're hatched　2. lay my cards on the table
　 3. make a mountain out of a molehill　　　4. make hay while the sun shines

⑤ 1. has something good about it　　　　2. is not as serious as we thought
　 3. is treatable　　　　　　　　　　　　4. will hit us financially

[2] 対話文の内容に一致するものを選択肢 1 ～ 8 の中から 3 つ選び，マークシートの解答欄 (46) から (48) にマークしなさい。ただし，解答の順序は問いません。

1. Ms. Yagami is disappointed that the Olympics have been postponed.

2. Mr. Hiyoshi blames the coronavirus for ending his engagement.

3. Ms. Yagami believes Mr. Hiyoshi should have confessed his feelings for her much sooner.

4. Mr. Hiyoshi does not support the government's state of emergency.

5. Ms. Yagami can't wait for the state of emergency to end.

6. Mr. Hiyoshi believes the state of emergency was not all bad.

7. Ms. Yagami is willing to ignore the state of emergency for the sake of love.

8. Mr. Hiyoshi says it is unhealthy to restrain your emotions.

[3]　以下の文は対話文の要約である。文中の空所AとB，CとD，EとF，GとHをペアとしたとき，それぞれに当てはまるものを選択肢1〜4の中から選び，マークシートの解答欄 (49) から (52) にマークしなさい。ただし，ペアの前後は入れ替えてはいけません。

At first, Ms. Yagami believes that Mr. Hiyoshi's wedding has been __A__ when in fact it has been __B__. When she learns the truth, she at first assumes it was because of __C__, but actually it was because of __D__. Mr. Hiyoshi says he is sick of self-restraint, but reading between the lines he is likely talking more about __E__ than he is about __F__. For the time being, while __G__ has reached a conclusion, the same cannot be said of __H__.

(49)　[A/B]　1. [broken / fixed]　　　　　　2. [dialed down / dialed up]
　　　　　　　　3. [put on hold / called off]　4. [put on the back burner / fired up]

(50)　[C/D]　1. [fate / common sense]　2. [her / him]
　　　　　　　　3. [the Olympics / love]　　4. [the virus / his desire to be with her]

(51)　[E/F]　1. [holding back his feelings / limiting social contact with others]
　　　　　　　　2. [the state of emergency / the state of his own heart]
　　　　　　　　3. [holding back / holding it in]
　　　　　　　　4. [discipline / freedom]

(52)　[G/H]　1. [Mr. Hiyoshi / Ms. Yagami]
　　　　　　　　2. [Mr. Hiyoshi and Ms. Yagami's relationship / the state of emergency]
　　　　　　　　3. [the virus / the Olympics]
　　　　　　　　4. [the virus / the state of emergency].

4. （1）～（8）の各文の空所に入る語として最も適切なものを選択肢1～6の中から選び，マークシートの
解答欄　(53)　から　(60)　にマークしなさい。

（1）Newton's second law states that the acceleration of an object is directly (　　) to the net force
acting on it.

1. equilibrant　　2. exponential　　3. integral　　4. parallel　　　　5. perpendicular
6. proportional

（2）Albert Einstein's theory of general (　　) predicted the existence of black holes.

1. correlation　　2. differentiation　3. gravitation　4. quantum　　5. relativity
6. symmetry

（3）A rainbow in the sky is created in seven colors by the (　　) and internal reflection of light
in water droplets in the atmosphere.

1. absorption　　2. collision　　3. dispersion　　4. elasticity　　5. evaporation
6. variance

（4）Dr. Hideki Shirakawa won the Nobel Prize in Chemistry in 2000 for the discovery and development
of (　　) polymers, which are used in touchscreens and organic light-emitting devices.

1. conductive　　2. fluorescent　　3. hydrophilic　4. hydrosoluble　5. resistive
6. thermosensitive

（5）The (　　) table of elements is an array organized in order of increasing number of protons
in the atomic nucleus where elements in the same column have similar properties.

1. atomic　　　2. characteristic　3. ionic　　　4. molecular　　5. periodic
6. substance

（6）^{14}C, one of the carbon (　　), has a half-life of 5,730 years and is used for dating objects from
the past.

1. aggregates　　2. allotropes　　3. complexes　4. derivatives　　5. isomers
6. radioisotopes

（7）Enzymes are proteins that (　　) a chemical reaction by lowering the activation energy
required for that reaction.

1. catalyze　　　2. moderate　　3. perpetuate　4. reverse　　　5. substitute
6. terminate

（8）(　　) is a reaction in which glucose and O_2 are produced from H_2O and CO_2 by light energy.

1. Luminescence　2. Neutralization　3. Oxidation　　4. Photosynthesis　5. Respiration
6. Scattering

■■■■数学■■

(120 分)

注 意 　問題1, 2, 3, 4, 5 の解答を，**解答用紙**の所定の欄に記入しなさい。空欄（ア）～（ヌ）については，分数は既約分数にするなど最もふさわしいもの（数，式など）を**解答用紙**の所定の欄に記入しなさい。

1

t を実数とし，座標平面上の直線 $l : (2t^2 - 4t + 2)x - (t^2 + 2)y + 4t + 2 = 0$ を考える。

（1）　直線 l は t の値によらず，定点を通る。その定点の座標は 　(ア)　 である。

（2）　直線 l の傾きを $f(t)$ とする。$f(t)$ の値が最小となるのは $t =$ 　(イ)　 のときであり，最大となるのは $t =$ 　(ウ)　 のときである。また，a を実数とするとき，t に関する方程式 $f(t) = a$ がちょうど 1 個の実数解をもつような a の値をすべて求めると，$a =$ 　(エ)　 である。

（3）　t が実数全体を動くとき，直線 l が通過する領域を S とする。また，k を実数とする。放物線 $y = \dfrac{1}{2}(x - k)^2 + \dfrac{1}{2}(k - 1)^2$ が領域 S と共有点を持つような k の値の範囲は 　(オ)　 $\leq k \leq$ 　(カ)　 である。

2

（1）　複素数 α は $\alpha^2 + 3\alpha + 3 = 0$ を満たすとする。このとき，$(\alpha + 1)^2(\alpha + 2)^5 =$ 　(キ)　 である。また，$(\alpha + 2)^s(\alpha + 3)^t = 3$ となる整数 s, t の組をすべて求め，求める過程とともに解答欄（1）に記述しなさい。

（2）　多項式 $(x + 1)^3(x + 2)^2$ を $x^2 + 3x + 3$ で割ったときの商は 　(ク)　 ，余りは 　(ケ)　 である。また，$(x + 1)^{2021}$ を $x^2 + 3x + 3$ で割ったときの余りは 　(コ)　 である。

3

n を自然数とする。1個のさいころを繰り返し投げる実験を行い，繰り返す回数が $2n+1$ 回に達するか，5以上の目が2回連続して出た場合に実験を終了する。下の表は，$n=2$ の場合の例である。例 a では，5以上の目が2回連続して出ず，5回で実験を終了した。例 b では，5以上の目が2回連続して出たため，3回で実験を終了した。

	1回目	2回目	3回目	4回目	5回目
例 a	⚅	⚄	⚀	⚁	⚀
例 b	⚃	⚄	⚅		

この実験において，A を「5以上の目が2回連続して出る」事象，非負の整数 k に対し B_k を「5未満の目が出た回数がちょうど k である」事象とする。一般に，事象 C の確率を $P(C)$，C が起こったときの事象 D が起こる条件付き確率を $P_C(D)$ と表す。

（1）　$n=1$ のとき，$P(B_1) = \boxed{\text{（サ）}}$ である。

（2）　$n=2$ のとき，$P_{B_2}(A) = \boxed{\text{（シ）}}$ である。

以下，$n \geqq 1$ とする。

（3）　$P_{B_k}(A) = 1$ となる k の値の範囲は，$0 \leqq k \leqq K_n$ と表すことができる。この K_n を n の式で表すと $K_n = \boxed{\text{（ス）}}$ である。

（4）　$p_k = P(A \cap B_k)$ とおく。$0 \leqq k \leqq K_n$ のとき，p_k を求めると $p_k = \boxed{\text{（セ）}}$ である。また，$S_n = \displaystyle\sum_{k=0}^{K_n} k p_k$ とおくと $\displaystyle\lim_{n \to \infty} S_n = \boxed{\text{（ソ）}}$ である。

4

（1）　a は $0 < a \le \dfrac{1}{2}$ を満たす定数とする。$x \ge 0$ の範囲で不等式

$$a\left(x - \frac{x^2}{4}\right) \le \log(1 + ax)$$

が成り立つことを示しなさい。

（2）　b を実数の定数とする。$x \ge 0$ の範囲で不等式

$$\log\left(1 + \frac{1}{2}x\right) \le bx$$

が成り立つような b の最小値は　(タ)　である。

（3）　n と k を自然数とし，

$$I(n,\,k) = \lim_{t \to +0} \int_0^{\frac{k}{n}} \frac{\log\left(1 + \dfrac{1}{2}tx\right)}{t(1+x)}\,dx$$

とおく。$I(n,\,k)$ を求めると，$I(n,\,k) =$　(チ)　である。また

$$\lim_{n \to \infty} \frac{1}{n} \sum_{k=1}^{n} I(n,\,k) =$$　(ツ)

である。

5

　座標平面上で，原点 O を通り，$\vec{u} = (\cos\theta,\ \sin\theta)$ を方向ベクトルとする直線を l とおく。ただし，$-\dfrac{\pi}{2} < \theta \le \dfrac{\pi}{2}$ とする。

（1）　$\theta \neq \dfrac{\pi}{2}$ とする。直線 l の法線ベクトルで，y 成分が正であり，大きさが 1 のベクトルを $\vec{n}$ とおく。点 P$(1,\ 1)$ に対し，$\overrightarrow{\text{OP}} = s\vec{u} + t\vec{n}$ と表す。$a = \cos\theta$，$b = \sin\theta$ として，$s,\ t$ のそれぞれを $a,\ b$ についての 1 次式で表すと $s = \boxed{\ \ (テ)\ \ }$，$t = \boxed{\ \ (ト)\ \ }$ である。

点 P$(1,\ 1)$ から直線 l に垂線を下ろし，直線 l との交点を Q とする。ただし，点 P が直線 l 上にあるときは，点 Q は P とする。以下では，$-\dfrac{\pi}{2} < \theta \le \dfrac{\pi}{2}$ とする。

（2）　線分 PQ の長さは，$\theta = \boxed{\ \ (ナ)\ \ }$ のとき最大となる。

さらに，点 R$(-3,\ 1)$ から直線 l に垂線を下ろし，直線 l との交点を S とする。ただし，点 R が直線 l 上にあるときは，点 S は R とする。

（3）　線分 QS を $1 : 3$ に内分する点を T とおく。θ が $-\dfrac{\pi}{2} < \theta \le \dfrac{\pi}{2}$ を満たしながら動くとき，点 T$(x,\ y)$ がえがく軌跡の方程式は $\boxed{\ \ (ニ)\ \ } = 0$ である。

（4）　PQ^2 + RS^2 の最大値は $\boxed{\ \ (ヌ)\ \ }$ である。

物理

（2 科目 120 分）

1. 以下の文章中の ［（ア）］～［（ケ）］ に適切な式を記入しなさい。

図のように，質量 M の逆 U 字型の物体が水平な床の上に置かれている。この物体は，鉛直に立つ高さ h の 2 枚の平板と，その上に接続された半径 h の半円筒からなっている。図は真横から見た物体の断面，つまり平板と床に垂直な断面を示している。この物体は，密度が一様な材質でできており，その厚さは無視できる。断面内における物体の左端を原点として，水平右向きを正とするように床上に x 軸をとる。また，質量 m の小球が，物体の内壁の右端 $x = 2h$ の位置に置かれている。小球は断面内でのみ運動し，小球と物体の内壁との間に生じる摩擦は無視できる。鉛直下向きの重力加速度の大きさを g とする。

（1） 逆 U 字型の物体を床に固定し，上下左右に運動できない状況を考える。小球を内壁の右端の床面から鉛直上向きに打ち上げたところ，小球は高さ h まで到達し，物体の半円筒の領域には入らず，そのまま鉛直下向きに落下した。打ち上げてから床に戻るまでの時間は，g と h を用いると ［（ア）］ と書ける。次に，より大きな初速度で小球を打ち上げたところ，小球は物体の内壁に沿って半円筒の領域に入り，図中の角度 α（$0° < \alpha < 180°$）の位置でも内壁に沿って運動していた。初速度を v_0 とすると，角度 α の位置での小球の速度の大きさは ［（イ）］ となる。また，この位置で小球が内壁から受ける垂直抗力は ［（ウ）］ と書ける。

（2） 次に，逆 U 字型の物体を床に固定せずに，床の上でなめらかに動ける状態にした。小球を内壁の右端の床面から大きさ v_0 の初速度で鉛直上向きに打ち上げると，小球は物体の内壁に沿って半円筒の領域に入り，物体は小球から力を受けて水平方向に床を離れずに運動した。水平方向には外力がはたらいていないことから，角度 α の位置における小球の速度の大きさを v_a とすると，逆 U 字型の物体の速度は，m, M, α, v_a を用いて ［（エ）］ と書ける。さらに，力学的エネルギー保存の法則から，小球の速度の大きさ v_a は，m, M, g, h, α, v_0 を用いて $v_a = $ ［（オ）］ と書ける。v_0 が十分に大きいとき，小球は内壁に沿って運動し，物体の左端の位置で床に衝突した。衝突後，小球は高さ h まで上昇し，再び落下した。このことから，床と小球の間の反発係数は ［（カ）］ である。また，物体と小球の水平方向の重心の位置は常に変わらないことから，小球は $x = $ ［（キ）］ の位置で床に衝突することがわかる。

（3） 次に，逆 U 字型の物体を，x 軸の負の方向に大きさ g の等加速度で動かす場合を考える。ここで，g は重力加速度の大きさと同じである。物体とともに動く座標系で，小球を内壁の右端の床面から大きさ v_0 の初速度で鉛直上向きに打ち上げた。この座標系で見ると，大きさが ［（ク）］ の見かけの重力加速度が右下斜め 45° 方向に生じているとみなすことができる。小球は物体の内壁に沿って運動し，$\alpha = 90°$ の位置で内壁を離れた。このとき，見かけの重力加速度を使った力学的エネルギー保存の法則と，小球が内壁からうける垂直抗力が 0 になることを用いると，v_0 は，g, h を用いて $v_0 = $ ［（ケ）］ と書ける。

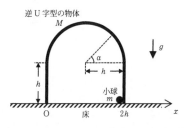

2. 以下の文章中の ア ～ ク に適切な式を記入しなさい。ただし， カ には ｛ ｝の中の正しい記述の番号（①～⑤のいずれか１つ）を選んで記入しなさい。

図のように，導体棒 OP が組み込まれた回路 I がある。導体棒 OP は，長さ L で抵抗が無視でき，OQ を軸にして，水平面内におかれた半径 L の円状導線に接触しながらなめらかに回転できる。回路 I は，内部抵抗が無視できる起電力 E の電池，抵抗値 R の抵抗，スイッチ S を含み，端子 a, b には回路 II を接続することができる。回路 II には，長さ $2L$ で抵抗値 r の抵抗を持つ導体棒 O'P' が組み込まれており，導体棒 O'P' は，水平面内におかれた半径 $2L$ の円状導線に接触しながらなめらかに回転できる。回転軸 OQ, O'Q' の向きは常に鉛直方向に固定され，点 Q, Q' では回転に伴う摩擦は生じない。抵抗値 R の抵抗と，導体棒 O'P' 以外の部分では，抵抗は無視できる。また，２つの円状導線内には鉛直下向きに一様な磁界をかけることができる。ただし，以下では電流が作る磁界は無視する。

(1) 回路 I において，端子 a, b には何も接続せず，磁界を加えない状態でスイッチ S を閉じた。回路 I には一定の電流が流れ，単位時間あたり ア のジュール熱が発生した。次に，導体棒 OP を固定し，鉛直下向きに磁束密度 B の一様な磁界を加えた。このとき，導体棒 OP には磁界から イ の大きさの力がはたらいている。

(2) 回路 I において，スイッチ S を開き，鉛直下向きに磁束密度 B の一様な磁界を加えた。さらに，外部の力で導体棒 OP を，図中の矢印のように上方から見て時計回りに角速度 ω で回転させた。導体棒 OP 内部で O から P の方向へ距離 d だけ離れた場所にある電子は，その電気量を $-q\,(q>0)$ とすると，O から P の向きに磁界から ウ の力を受ける。導体棒 OP が単位時間あたりに磁界を横切る面積は $\frac{1}{2}\omega L^2$ なので，O に対して P に生じる誘導起電力は， エ となる。次に，スイッチ S を閉じ，十分に時間が経つと，回路には一定の電流が流れるようになった。導体棒 OP を動かす単位時間あたりの仕事は，回路に発生するジュール熱と電池がする仕事を考慮すると， オ となる。

(3) 回路 I において，スイッチ S を閉じ，磁束密度 B の一様な磁界を鉛直下向きに加えた。導体棒 OP を上方から見て時計回りに角速度 ω で回転させると，一定電流が回路 I に流れ，単位時間あたり J のジュール熱が発生した。次に，導体棒 O'P' を固定しながら，回路 I の端子 a, b に回路 II の端子 a, b をそれぞれ接続した。回路 II にも磁束密度 B の一様な磁界を鉛直下向きに加えると，導体棒 O'P' は磁界によって， カ ｛① O' から P' の向き，② P' から O' の向き，③ 上方から見て時計回りの向き，④ 上方から見て反時計回りの向き，⑤ 鉛直下向き｝の方向に力をうける。十分に時間が経ったとき，回路全体で発生する単位時間あたりのジュール熱は，J の キ 倍であった。その後，スイッチ S を開き，導体棒 O'P' を固定するのをやめ，自由に回転できるようにした。十分に時間が経つと，導体棒 O'P' は，導体棒 OP と同じ角速度 ω で回転していた。このとき，磁界から導体棒 O'P' が受ける力がなくなることから，角速度 ω は ク であることがわかる。

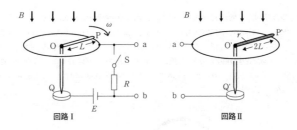

回路 I　　　　　　　　　　　　　　回路 II

3.

以下の文章中の $\boxed{(ア)}$ ～ $\boxed{(ク)}$ に適切な式を記入しなさい。

図のように，水平に固定された体積 V_0 の容器 A と，ピストン付きの容器 B がコック付の細管でつながっている。ピストンはなめらかに動くことができ，細管は十分に細長く体積は無視できる。全部で 1 mol の単原子分子理想気体を容器 A，B 全体に閉じ込める。容器，細管，ピストン，コックは断熱材でできている。容器 A，B 内への熱の出入りを加熱冷却器によって調節し，容器 A 内の気体温度を T_0 に常に保ち，容器 B 内の気体温度を変化させる。外気圧は P_0 に保たれている。加熱冷却器の体積と熱容量は無視できる。気体定数を R とする。

（1）　図 1 のように，コックを開いた状態で各容器内の気体温度を T_0 に保つと，容器 B の体積が V_0 でピストンが静止した。このとき，容器 A，B 内には，それぞれ $\frac{1}{2}$ mol の気体が存在する。容器内の気体圧力は外気圧 P_0 と等しく，R，V_0，T_0 を用いて $P_0 = \boxed{(ア)}$ と書ける。容器 B 内の気体の内部エネルギー U は，R，T_0 を用いて $U = \boxed{(イ)}$ と書ける。

（2）　次に，図 2 のように，コックを閉じ，容器 A，B 間の気体と熱の移動を遮断した。容器 B 内の気体をゆっくり加熱して熱量 Q を与えると，ピストンが動いて容器 B の体積が V_0 から V_1 に増加した。容器 B 内の気体温度は T_0 から T_1 に上昇したが，気体圧力は P_0 のままであった。熱力学の第一法則と状態方程式より Q，R を用いて $T_1 - T_0 = \boxed{(ウ)}$，Q，P_0 を用いて $V_1 - V_0 = \boxed{(エ)}$ と書ける。

（3）　図 3 のように，コックを開き，壁に固定されたばね（ばね定数 K）をピストンに水平に接続した場合を考える。ピストンの断面積は S である。最初，ばねの長さは自然長であり，容器 A，B どちらも体積が V_0，気体圧力は P_0，気体温度は T_0 であった。この状況で容器 B 内の気体のみゆっくり加熱する。細管は十分に細長いので，容器 A，B 内の気体温度は別々に保たれ，圧力は等しくつりあう。加熱後，ピストンが移動してばねの長さは L 縮んだので，容器 B の体積は V_0 から $V_2 = V_0 + SL$ に増加し，気体温度は T_0 から T_2 に上昇した。このとき，容器 A 内の気体温度は加熱冷却器により T_0 に保たれた。容器 A，B 内の気体圧力 P は，P_0，K，S，L を用いて $P = \boxed{(オ)}$ である。気体が外部にする仕事 W は，気体がばねに対して行う仕事と，外気に対して行う仕事に分けられるので，P_0，K，S，L を用いて $W = \boxed{(カ)}$ と書ける。また，容器 B 内の気体温度 T_2 は，P，R，T_0，V_0，V_2 を用いて $T_2 = \boxed{(キ)}$ と書ける。この加熱の前後で，容器 A，B 内の気体の内部エネルギーの変化は，V_0，V_2，R，T_0，T_2 を用いて $\boxed{(ク)}$ と書ける。

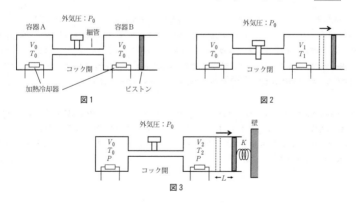

図 1　　　　　　　　　　　図 2

図 3

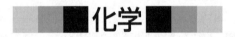

（2科目120分）

（注意）必要であれば次の原子量と数値を用いなさい。なお，気体はすべて理想気体とする。

$H = 1.00$，$C = 12.0$，$N = 14.0$，$O = 16.0$，$Na = 23.0$，$Zn = 65.4$，$\sqrt{2} = 1.41$，$\sqrt{3} = 1.73$，$\sqrt{5} = 2.24$

アボガドロ定数：6.02×10^{23}/mol，気体定数：8.31×10^3 Pa·L /(K·mol)，ファラデー定数：9.65×10^4 C/mol

1. 次の文章を読み， (ア) (イ) (ウ) (ク) には**有効数字 3 桁**の数値， (エ) には整数， (オ) には**有効数字 2 桁**の数値， (カ) (キ) には適切な語句， (ケ) には物質名， (コ) には化学反応式， (サ) には**30字程度の適切な日本語**を入れなさい。

（1） 気体の二酸化炭素の生成熱が $394 \, kJ/mol$，液体の水の生成熱が $286 \, kJ/mol$，気体のアセチレンの燃焼熱が $1300 \, kJ/mol$ であるとき，気体のアセチレンの生成熱は (ア) kJ/mol である。温度 300 K，圧力 1.01×10^5 Pa におけるアセチレン 260 mg の体積は (イ) L である。この 260 mg のアセチレンを完全燃焼させたときに発生する燃焼熱のすべてが，300 K の水 100 g の加熱に使われるとすると，水の温度は (ウ) K となる。ただし，水はすべて液体とし，水の比熱は温度によらず $4.20 \, J/(g·K)$ で一定とする。

（2） 六方最密構造をとる金属結晶の単位格子中に含まれる金属原子の数は (エ) 個である。亜鉛の結晶は六方最密構造をとり，その単位格子は 2.60×10^{-8} cm と 5.00×10^{-8} cm の長さの辺で構成されているとする。このとき，亜鉛の結晶の密度は (オ) g/cm^3 である。

（3） 鉄の表面に亜鉛をめっきしたものを (カ) という。 (カ) の表面が傷つけられ，鉄が露出したとしても，亜鉛は鉄よりも (キ) が大きいため，鉄の腐食を防ぐ効果がある。鉄の表面に亜鉛をめっきするために，硫酸亜鉛水溶液に鉄電極と白金電極を浸し，電極を電源につないで 0.250 A の一定電流を (ク) 秒間流した。そのとき，陽極である白金電極では (ケ) が発生し，陰極である鉄電極では 3.27 mg の亜鉛が析出した。ただし，流れた電気量はすべて陽極における (ケ) の発生と陰極における亜鉛の析出に使われたものとする。

（4） 亜鉛の単体を水酸化ナトリウム水溶液と反応させると気体が発生する。このときの化学反応式は (コ) である。この水溶液に塩酸を加えると白色のコロイド粒子が生成した。このコロイド溶液を限外顕微鏡で観察したところ，光った粒子が不規則に動く様子が見られた。このような粒子の運動をブラウン運動という。コロイド粒子がブラウン運動をする理由は (サ) である。

2.

次の文章を読み，(ア)(エ)には適切な化学式，(イ)(ウ)(オ)(ク)(コ)(サ)には**有効数字2 桁**の数値，(カ)(キ)(ケ)には適切な式を入れなさい。

(1) 銀イオン Ag^+ とハロゲン化物イオン X^- からなるハロゲン化銀 AgX のうち，(ア)以外は水に溶けにくい。(ア)を除く AgX の水への溶解度が小さいという性質を利用して，水溶液に含まれる X^- の濃度を定量する方法がある。いま，濃度が未知の X^- と 1.0×10^{-2} mol/L のクロム酸カリウム K_2CrO_4 の両方を含む 45 mL の水溶液 A に，1.0×10^{-1} mol/L の硝酸銀 $AgNO_3$ 水溶液を徐々に加えると，白色の沈殿が生じた。その後，$AgNO_3$ 水溶液の添加量の合計が 5.0 mL となったときに，クロム酸銀 Ag_2CrO_4 の暗赤色沈殿が生成しはじめた。このときの液体の体積は 50 mL で，白色沈殿と暗赤色沈殿の溶解度積が，それぞれ 1.8×10^{-10} $(mol/L)^2$ と 3.6×10^{-12} $(mol/L)^3$ であるとした場合，液体中に残存する Ag^+ の濃度は(イ)mol/L，X^- の濃度は(ウ)mol/L と求められる。また，得られた白色沈殿はアンモニア水によく溶けた。以上のことを考慮すると，水溶液 A に含まれていた X^- は(エ)であり，その濃度は(オ)mol/L と求められる。

(2) 内服薬のアスピリンとして知られるアセチルサリチル酸（HA）は，水中で水素イオン H^+ と陰イオン A^- に電離する弱酸であり，pH がおよそ 1.0 の胃から吸収される。そのメカニズムを理解するために，特殊な膜で仕切られた体積の等しい 2 つの区画 L と R を考える。HA はこの膜を自由に透過できるのに対して，H^+ や A^- などのイオンは透過できない。また，膜で仕切られた区画 L と R は，pH がそれぞれ 7.0 と 1.0 に常に保たれた水溶液で満たされている。いま，区画 R の水溶液に HA を少量添加して，一定時間が経過すると，両区画の HA の濃度 [HA] が等しくなって平衡に達した。このとき，温度は 25℃ で一定とし，HA の電離定数は 3.2×10^{-4} mol/L とすると，区画 R における A^- の濃度 $[A^-]_R$ は，区画 L における A^- の濃度 $[A^-]_L$ を使って(カ)と表される。また，[HA] は $[A^-]_L$ を使って(キ)と表される。よって，平衡に達した際の区画 L における HA と A^- の濃度の和は，区画 R の HA と A^- の濃度の和の(ク)倍であることがわかる。ただし，2 つの区画において，HA は電離平衡の状態にあり，それ以外の化学反応は無視できるものとする。

(3) 温度と体積が一定の密閉容器において，理想気体の可逆反応 $A \rightleftarrows B$ を考える。正反応（A → B）の反応速度 v_a は，A の濃度 [A] と反応速度定数 k_a を使って k_a[A] と表され，逆反応（B → A）の反応速度 v_b は，B の濃度 [B] と反応速度定数 k_b を使って k_b[B] と表される。密閉容器に含まれる A と B の濃度の和は常に一定とし，[A] が変化する速度 v を $v_b - v_a$ とすると，$v = $ (ケ) $\times$ [A]$+ C$（C は定数）となる。いま，密閉容器に A だけが存在する状態から [A] の時間変化を追跡したところ，下の表に示す結果が得られた。時間 t_1 での A の濃度を $[A]_1$，時間 t_2 での A の濃度を $[A]_2$ とすると，t_1 から t_2 までの間において，A の平均の濃度 $\overline{[A]}$ は $([A]_1 + [A]_2)/2$ と表され，[A] の平均の変化速度 $\overline{v}$ は $([A]_2 - [A]_1)/(t_2 - t_1)$ と表される。(ケ)は，$\overline{[A]}$ に対する $\overline{v}$ をグラフにして得られる直線の傾きと考えられ，下に示す表から 1 分ごとの間隔で計算した $\overline{[A]}$ と $\overline{v}$ を使うと，(コ)/min と求められる。さらに，A と B の濃度に変化が見られなくなった平衡状態（表における時間 ∞）では，正反応と逆反応の反応速度が等しいことを考えると，k_a は(サ)/min と求めることができる。

時間〔min〕	0	1	2	∞
[A]〔mol/L〕	1.00	0.75	0.60	0.40

3. 次の文章を読み，[(ア)]〜[(エ)]には適切な語句，[(イ)][(カ)][(ケ)]には**有効数字3桁**の数値，[(ウ)]には整数，[(オ)][(キ)][(ク)]には化合物名，[(コ)][(シ)][(ス)][(セ)]には構造式，[(サ)]には分子式を入れなさい。なお，構造式は例にならって書きなさい。

構造式の例：

(1) 化合物 A，B はともに，2つのヘキソースが[(ア)]結合により連結した分子量[(イ)]の二糖である。化合物 A は，グルコースの1位のヒドロキシ基とフルクトースの[(ウ)]位のヒドロキシ基との間で脱水縮合したスクロースである。一方，化合物 B が縮合重合した化合物 C は，ある天然繊維の主成分で，化学繊維の原料としても広く利用されている。例えば，この化学繊維の1つであるアセテート繊維は次のようにつくられる。まず，化合物 C と無水酢酸を反応させて，すべてのヒドロキシ基を[(エ)]化した化合物 D を得る。次に，化合物 D の[(エ)]結合を部分的に加水分解して化合物 E を得る。その後，化合物 E を有機溶媒に溶かして紡糸することで，アセテート繊維を得る。ここで，化合物 E の化合物名は[(オ)]である。また，化合物 C と無水酢酸を用いて化合物 D を 72.0 g 合成するためには，[(カ)]g の無水酢酸が必要である。ただし，化合物 C，D の両端の単糖構造は考慮しないものとし，化合物 C の各ヒドロキシ基と無水酢酸は1:1の比で完全に反応するものとする。

(2)(i) 化合物 F，G は，天然タンパク質を構成している主要な α-アミノ酸である。化合物 F は植物のタンパク質に多く含まれ，2.8 の等電点を示す。一方，化合物 G はヒトの必須アミノ酸であり，キサントプロテイン反応を示す。化合物 F の α 位の炭素に直接結合したカルボキシ基と，化合物 G のカルボキシ基がメタノールでエステル化された化合物 H のアミノ基を脱水縮合させると，分子量 294 の人工甘味料 I が生成する。化合物 F の化合物名は[(キ)]，化合物 G の化合物名は[(ク)]である。

(ii) 式1に示すように，適切な還元剤の存在下でアミンとアルデヒドを反応し，窒素原子に結合している水素原子がアルキル基で置換されたアミンを生じる反応を，還元的アミノ化反応とよんでいる。

$$R^1-NH_2 \ + \ \begin{matrix} O \\ \parallel \\ R^2 \end{matrix}\!\!-\!\!H \ \xrightarrow{\text{還元剤}} \ R^1 \!\!-\!\! \underset{H}{N} \!\!-\!\! CH_2 \!\!-\!\! R^2 \quad (1)$$

この還元的アミノ化反応により，人工甘味料 I と分子量 100 の化合物 J から異なる人工甘味料 K をつくることができる。化合物 J は，炭素，水素，酸素だけから構成され，不斉炭素原子をもたず，同じ環境にある（等価な）3つのメチル基と，1つのアルデヒド基をもっている。[(ケ)]mg の化合物 J を完全燃焼させたところ，二酸化炭素 99.0 mg と水 40.5 mg が生成した。したがって，化合物 J の構造式は[(コ)]であり，人工甘味料 K の分子式は[(サ)]である。

(3) 化合物 L は，炭素，水素，酸素だけから構成される分子量 148 の化合物であり，ベンゼン環上に2つの置換基をもっている。化合物 L にナトリウムを反応させると，水素が発生した。また，化合物 L をオゾン分解すると，化合物 M と化合物 N が得られる。化合物 M は，イソプロピルベンゼンを空気酸化して得た過酸化物 O を希硫酸で分解することにより，フェノールと共に生成する化合物である。化合物 N のカルボニル基を還元することで，化合物 P が得られた。次に，1 mol の化合物 P と 1 mol の化合物 Q を，酸触媒を用いて反応させたところ，新たな6員環が形成され，不斉炭素原子を1つもつ化合物 R と水が，それぞれ 1 mol 得られた。なお，化合物 Q はヨードホルム反応を示し，工業的には塩化パラジウム (II) と塩化銅 (II) を触媒に用いたエチレンの酸化により製造される。したがって，化合物 L の構造式は[(シ)]，化合物 O の構造式は[(ス)]，化合物 R の構造式は[(セ)]である。

問題編

■一般入試

▶試験科目・配点

教　科	科　　　　　　　　目	配　点
外国語	コミュニケーション英語 I・II・III，英語表現 I・II	150 点
数　学	数学 I・II・III・A・B	150 点
理　科	「物理基礎・物理」，「化学基礎・化学」	200 点 （各 100 点）

▶備　考

　数学Aは「場合の数と確率」・「整数の性質」・「図形の性質」を，数学B
は「数列」・「ベクトル」を出題範囲とする。

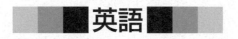

(90 分)

1. 次の英文を読み，設問に答えなさい。なお，段落 $\boxed{A}$ から $\boxed{D}$ は順番が原文とは入れ替えてある。

　Newton showed that the book of nature is written in the language of mathematics. Some chapters ①boil down to a clear-cut equation; but scholars who attempted to reduce biology, (い)economics and psychology to neat Newtonian equations have discovered that these fields have a level of complexity that makes such an aspiration ②futile. This did not mean, however, that they gave up on mathematics. A new branch of mathematics was developed over the last 200 years to deal with the more complex aspects of reality: statistics.

　$\boxed{A}$ Their work was founded on several recent breakthroughs in the fields of statistics and probability. One of these was Jacob Bernoulli's Law of Large Numbers. Bernoulli had ③codified the principle that while it might be difficult to predict (1) certainty a single (ろ)event, such as the death of a particular person, it was possible to predict (1) great accuracy the average outcome of many similar events. (2), while Maclaurin could not use maths to predict whether Webster and Wallace would die next year, he could, given enough data, tell Webster and Wallace how many †Presbyterian ministers in Scotland would almost certainly die next year. Fortunately, they had ready-made data that they could use. Actuary tables published fifty years previously by Edmond Halley proved particularly useful. Halley had analysed records of 1,238 births and 1,174 deaths that he obtained from the city of Breslau, Germany. Halley's tables made it possible to see that, for example, a twenty-year-old person has a 1:100 chance of dying in a given year, but a fifty-year-old person has a 1:39 chance.

　$\boxed{B}$ In 1744, two Presbyterian clergymen in Scotland, Alexander Webster and Robert Wallace, decided to set up a life-insurance fund that would provide pensions for the widows and orphans of dead clergymen. They proposed that each of their church's ministers would pay a small portion of his income into the fund, which would invest the money. If a minister died, his widow would receive dividends on the fund's profits. This would allow her to live (3) for the rest of her life. But to determine how much the ministers had to pay in so that the fund would have enough money to live up (4) its obligations, Webster and Wallace had to be able to predict how many ministers would die each year, how many widows and orphans they would leave behind, and by how many years the widows would outlive their husbands.

　$\boxed{C}$ Processing these numbers, Webster and Wallace concluded that, on average, there would be 930 living Scottish Presbyterian ministers at any given moment, and an average of twenty-seven ministers would die each year, eighteen of whom would be survived by widows. Five of those who did not leave widows would leave orphaned children, and two of those survived by widows would also be outlived by children from previous marriages who had not yet reached the age of sixteen. They further computed how much time was likely to go by before the widows' death or remarriage (in both these eventualities, payment of the pension would ④cease). These figures enabled Webster and Wallace to determine how much money the ministers who joined their fund had to pay in order to provide for their loved ones. By contributing about £2 a year, a minister could guarantee that his widowed wife would receive at least £10 a year – a hefty sum in those days. If he thought that was not enough he could choose to pay in more, up to a level of about £6 a year – which would guarantee his widow the even more ⑤handsome sum of £25 a year.

　$\boxed{D}$ Take note of what the two churchmen did not do. They did not pray to God to reveal the answer. Nor did they search for an answer in the Holy Scriptures or among the works of ancient theologians. Nor did they enter into an abstract philosophical disputation. Being Scots, they were (5) types. So they contacted a professor of mathematics from the University of Edinburgh, Colin

Maclaurin. The three of them (　X　) and used these to (14) <u>calculate</u> how many ministers were likely to pass away in any given year.

　　According to their calculations, by the year 1765 the Fund for a Provision for the Widows and Children of the Ministers of the Church of Scotland would have capital totalling £58,348. Their calculations proved amazingly (　6　). When that year arrived, the fund's capital stood at £58,347 – just £1 less than the prediction! This was even better than the prophecies of Habakkuk, Jeremiah or St John. Today, Webster and Wallace's fund, known simply as Scottish Widows, is one of the largest pension and insurance companies in the world. With assets worth £100 billion, it insures not only Scottish widows, but anyone willing to buy its (に) <u>policies.</u>

†Presbyterian: キリスト教長老派教会

(Adapted from Yuval N. Harari, *Sapiens: A Brief History of Humankind*, 2011)

[1]　段落 A から D を最も適切な順に並び替えたものを選択肢（1）〜（5）の中から選び，マークシートの解答欄　(1)　にマークしなさい。

　　（1）A D C B　（2）B D A C　（3）C A B D　（4）C B D A　（5）D C B A

[2]　下線部①〜⑤の意味の説明として最も適切なものを選択肢 1 〜 5 の中から選び，マークシートの解答欄　(2)　から　(6)　にマークしなさい。

	1.	2.	3.	4.	5.
①	amount to	aspire to	belong to	respond to	subject to
②	annoying	fruitless	helpless	indifferent	subtle
③	decided	estimated	formulated	predicted	suggested
④	clarify	decrease	justify	succeed	terminate
⑤	alternative	good-looking	rational	substantial	ultimate

[3]　空所（ 1 ）〜（ 6 ）に入る最も適切な語句を選択肢 1 〜 5 の中から選び，マークシートの解答欄　(7)　から　(12)　にマークしなさい。

	1.	2.	3.	4.	5.
（1）	above	by	in	over	with
（2）	By contrast	In addition	Regardless	That is	To the contrary
（3）	anxiously	comfortably	dramatically	energetically	precisely
（4）	at	by	on	to	with
（5）	beneficial	generous	lazy	practical	religious
（6）	accurate	clear	concrete	economic	significant

[4]　下線部（い）〜（に）の語と第 1 アクセント（第 1 強勢）の位置が同じ単語を選択肢 1 〜 4 の中から選び，マークシートの解答欄　(13)　から　(16)　にマークしなさい。

		1.	2.	3.	4.
（い）	ec-o-nom-ics	ac-ces-so-ry	ben-e-fi-cial	pa-ram-e-ter	vol-un-tar-y
（ろ）	e-vent	bal-ance	im-age	pat-tern	tech-nique
（は）	cal-cu-late	al-ler-gy	en-gi-neer	in-ter-fere	suf-fi-cient
（に）	pol-i-cies	ex-per-tise	in-ter-pret	rep-re-sent	sym-me-try

[5]　次の語句を文法的・内容的に最も適切な順に並びかえて（　X　）を完成させたとき，3 番目にくるものの番号を解答欄　(17)　に，7 番目にくるものの番号を解答欄　(18)　にマークしなさい。

1. at which　　2. collected　　3. data　　4. died　　5. on　　6. people　　7. the ages

[6]　英文の内容に最もよく一致するものを選択肢 1 〜 8 の中から 3 つ選び，マークシートの解答欄　(19)　から　(21)　にマークしなさい。ただし，解答の順序は問いません。

1. Biologists succeeded in describing the life of animals in mathematical terms.
2. Newtonian equations are complex enough to capture phenomena observed in economics and psychology.
3. Roughly two thirds of Scottish Presbyterian ministers were estimated to be outlived by their wives.
4. Statistics and probability are useful in calculating the likelihood of an event's occurrence on a large scale.
5. The development of statistics contributed to establishing the insurance industry in the world today.

6. Webster and Wallace closely examined the Bible as they set up their life-insurance fund.

7. Webster and Wallace started a life-insurance fund because they thought it would be profitable.

8. Webster and Wallace were good at predicting when their family members were likely to die.

2.　次の英文を読み，設問に答えなさい。

Yesterday in a restaurant in Tokyo, someone at the table next to us lit a cigarette. I asked my Japanese host if no one ever asked smokers to go outside. His answer took me by surprise; one is not allowed to smoke on the street. Inside is fine, outside is wrong. It's the opposite of what we are used to in the West. The point is not so much the reason for the Japanese rule, but the fact that cultural differences often ⓪baffle us. This is because we assume our own perspective to be the only one that matters or makes sense. The same applies very much to my field of †primatology, which owes much to Japanese pioneers.

Today I met in Kyoto with my old friend Toshisada Nishida, who is a student of the late Jun'ichiro Itani, who in turn was the most prominent student of Kinji Imanishi, the founder of Japanese primatology. Imanishi was interested in the connection between primate behavior and human evolution well before his counterparts in the West. In 1952, Imanishi wrote a little book that criticized (　ア　), and raised the possibility that animals other than ourselves might have culture. The proposed definition of culture was simple: if individuals learn from one another, their behavior may, over time, become different from that of other groups, thus creating a characteristic culture. Soon thereafter, his students demonstrated how potato-washing behavior that was started by a juvenile female monkey on Koshima Island, cumulatively spread to other members of her troop. The troop had developed a potato-washing culture, which still remains today, half a century later.

Imanishi was also the first to insist that observers give their animals names and follow them for years so that they understand their kinship relations. His concepts are now all around us: every self-respecting field worker conducts long-term studies based on individual identification, and the idea of cultural transmission in animals is one of the hottest topics of today. But that is now: when Imanishi and his students toured American universities to report their findings in 1958, all they got was ridicule. The act of humanizing animals by giving them names and seeing them as social beings was seen as problematic; scientists were trained to keep a distance from their research subjects. Only the greatest American primatologist of the day, Ray Carpenter, saw the point and became a strong supporter of Japanese primatology. He visited Japan three times, and within a decade, the practice of identifying primates individually had been widely adopted at Western primatological field sites.

To further understand how this transmission of ideas from Japan to the West could have taken place ②under our noses, we need to look at Eastern culture, and also appreciate how linguistic monopoly affects science. Plato's "great chain of being," which places humans above all other animals, is absent from Eastern philosophy. In most traditional Eastern belief systems, the human soul can reincarnate in many shapes and forms, so all living things are spiritually connected. A man can become a fish and a fish can become God. The fact that primates, our closest animal relatives, are native to many Eastern countries, has only helped to strengthen this belief in (　イ　). It's hardly surprising that evolution was minimally controversial in the East: if we believe that the soul can move from monkey to human and back, evolution becomes a logical thought. As Itani put it, "Japanese culture does not emphasize the difference between people and animals and so is relatively free from the spell of †anti-anthropomorphism."

The lack of credit for the Japanese approach (most treatments of animal culture either forget to mention Imanishi, or worse, claim that the studies of potato-washing were naive and ill-conceived) can be partly attributed to the language barrier. It is hard for non-English speakers to make themselves heard in an English-speaking world. Since English is not my native tongue, I am familiar with the effort involved in writing and speaking another language – even though my native Dutch is probably the closest another language can come to English. Scientists from other places have to make ten times the effort. English itself is of course not the problem: it is not better or worse than any other language. The problem is (　ウ　).

Good ideas formulated in bad English either die or get repackaged. It is a bit like a Hollywood remake of a French play such as *La Cage aux Folles:* its origins are immediately erased once it's called *The Birdcage.* One reason Eastern thinking could ③creep into the study of animal behavior unnoticed, is that it filtered into the literature through awkward formulations and translations that native English speakers could then improve upon.

In a way, it is delightful to see how views that were clearly ④at odds with the traditional Western dualism could gradually enter our thinking. It helped us ⑤chuck out some of our cultural baggage. At the same time, however, the way it happened hints at the difficulties other cultural and linguistic groups experience when they seek a voice in science and gain proper acknowledgement. Each culture is too ⑥wrapped up in its own relation with nature to step back and see it as it is. To gain a full picture requires all kinds of scientists, who together take on a task equivalent to comparing the images in a range of fun-house mirrors. Somewhere in that heavily distorted information resides the truth.

†primatology: 霊長類学,　†anti-anthropomorphism: 動物を人間と見なすことに反対する考え方

(Adapted from Frans de Waal, "Rousseau Meets Japanese Primatology," *3 Quarks Daily*, March 2010)

［1］　下線部 ①〜⑥ の意味に最も近いものを選択肢 1〜5 の中から選び，マークシートの解答欄 [(22)] から [(27)] にマークしなさい。

①	1. entice	2. misunderstand	3. perplex	4. question	5. ridicule
②	1. decently	2. disastrously	3. unethically	4. unnoticed	5. unplanned
③	1. care	2. peep	3. probe	4. slip	5. slope
④	1. in agreement with	2. incongruent with	3. indifferent to	4. on a par with	5. with respect to
⑤	1. commemorate	2. discard	3. fight	4. organize	5. remember
⑥	1. distracted	2. driven	3. immersed	4. suited	5. undertaken

［2］　空所 （ ア ）〜（ ウ ）に入る最も適切な文を選択し，マークシートの解答欄 [(28)] から [(30)] にマークしなさい。

（ア）　1. the Eastern view of nature being imbued with spirit
　　　　2. the view of Darwinian evolutionary theory
　　　　3. the view of animals as mindless automatons
　　　　4. the view of humans as mindless automatons

（イ）　1. anti-anthropomorphism　　　　　　　　2. the afterlife
　　　　3. the interconnectedness of life　　　　4. the superiority of Western thinking

（ウ）　1. the attitude of native English speakers
　　　　2. the difficulty of French plays
　　　　3. the philosophical differences between East and West
　　　　4. the poor English of Dutch scientists

［3］　次の文は英文全体の要旨を述べたものである。下記の空所 （ ア ）〜（ ケ ）に入る単語として最も適切なものを選択肢 1〜9 の中から選び，マークシートの解答欄 [(31)] から [(39)] にマークしなさい。同じ選択肢を 2 度選んではいけません。

In this blog post, Frans de Waal describes how and why in his field of primatology, Japanese pioneers, most notably Kinji Imanishi, have left an important yet often unnoticed influence. In the 1950s, Imanishi suggested that animals other than humans might have （ ア ）, a view that contradicted the Western belief that humans and animals are fundamentally different. Imanishi was also （ イ ） in his method; he gave names to the animals he studied and spent extended time with them. Today, this method of long-term fieldwork is the norm in primatology, but at the time, it （ ウ ） the belief that animals should not be anthropomorphized, and that a distance should be kept between the researcher and the animal subject. The American primatologist, Ray Carpenter, became interested in this Japanese approach, and （ エ ） the role of introducing it to the West. Today, Imanishi's approach is accepted as the norm around the world. Frans de Waal points out how cultural background （ オ ） scientific discovery, such as the Eastern belief that assumes all creatures to be spiritually and interdependently connected. He also points out that the reason why the Japanese contribution to primatology is relatively hidden is the language barrier. Western science （ カ ） in the English language, and those who are from non-Anglophone countries are in a less favorable position for （ キ ） their research globally. Moreover, once ideas enter the English language, their origins are often forgotten. De Waal ends with the suggestion of （ ク ） one's own cultural views and beliefs, and of comparing them with those of others for a 'truer' （ ケ ） of reality.

1. challenged	2. circulates	3. culture	4. glimpse	5. influences
6. played	7. radical	8. relativizing	9. voicing	

3.
次の対話文を読み，設問に答えなさい。

(*A quiet restaurant. At a back table two people, a man and a woman, are talking. The woman appears nervous. She keeps putting her glass of water to her mouth but not taking a sip.*)

Ms. Yagami : So how are the marriage preparations going? Is everything on track?

Mr. Hiyoshi : ①More or less. The invitations go out next week. You're invited of course.

Ms. Yagami : (*trying to smile*). That's terrific. I think you two are going to make a great couple.

Mr. Hiyoshi : And how about your plans? Is everything still on for April?
(*Ms. Yagami looks like she is holding back tears. She doesn't say anything.*)

Mr. Hiyoshi : Don't tell me I've ②put my foot in it. Are things still on between you two?

Ms. Yagami : (*trying to regain her composure*). We've ③called the wedding off. It just wasn't feeling right.

Mr. Hiyoshi : I had no idea. I'm so sorry. Is there anything I can do?

Ms. Yagami : (*becoming a little emotional again*). It may be better if we don't see each other again. Like this I mean. As friends.

Mr. Hiyoshi : But why? We've always ④been there for each other, haven't we? As friends I mean.

Ms. Yagami : (*gathering her things and getting ready to leave*). I'm sorry to do this to you, but would you be able to ⑤foot the bill tonight? I can't stay here any longer.

Mr. Hiyoshi : (*calling after Ms. Yagami*). Please sit down. Can't we just talk?
(*Ms. Yagami steps out into the rainy night. In her mind she is wondering when her life became such a soap opera and why men can be so slow at times. She quickly hails a taxi and leaves.*)

[1] 下線部①〜⑤に関する以下の質問において最も適切なものを選択肢1〜4の中から選び，マークシートの解答欄 (40) から (44) にマークしなさい。

① Which expression does **not** share the same meaning as Underline{More or less} in the dialogue?
　　1. Against all odds　2. By and large　3. For the most part　4. On the whole

② What does it mean to put one's foot in it?
　　1. dirty oneself　　　　2. rush things
　　3. say something tactless　4. stamp your authority on something

③ What does it mean to call something off?
　　1. advertise it　2. cancel it　3. postpone it　4. reschedule it

④ What does it mean to be there for someone?
　　1. give someone space　2. provide support
　　3. tolerate someone　4. travel somewhere for someone

⑤ What does it mean to foot the bill?
　　1. ignore the bill　2. pay the bill　3. send the bill to someone else　4. split the bill

[2] 以下の問いに答えなさい。解答はマークシートの解答欄 (45) にマークしなさい。

What would be the most appropriate title for this dialogue?
　　1. He Just Doesn't Get It　　2. Restaurant Rivals
　　3. Singing in the Rain　　　4. Undercover Lovers

[3] 対話文の内容に一致するものを選択肢1〜8の中から3つ選び，マークシートの解答欄 (46) から (48) にマークしなさい。ただし，解答の順序は問いません。

1. Mr. Hiyoshi's wedding plans are going fairly smoothly.
2. Ms. Yagami is still optimistic about getting back with her fiancé.
3. Mr. Hiyoshi agrees that it is impossible for him and Ms. Yagami to remain friends.
4. Ms. Yagami believes her life has become overly dramatic.
5. Mr. Hiyoshi was caught off guard to hear that Ms. Yagami has called off her wedding.
6. Ms. Yagami called her wedding off for financial reasons.
7. Ms. Yagami was disappointed by the service at the restaurant.
8. Ms. Yagami has expressed her disapproval of Mr. Hiyoshi's fiancé in the past.

[4] 対話文に関する以下の問題に答えなさい。解答は解答用紙（記述式）に英語で記入しなさい。

(1) What word starting with the letter "f" could complete the following sentence?

One possible reason for why Ms. Yagami believes she can no longer be friends with Mr. Hiyoshi is that she has **f_____** for him.

（2）Complete the following sentence.
To regain one's composure means to _____.

4. 和文の内容とほぼ同じ意味になるように，指定された文字から始まる適切な1語を空所 ① ～ ⑧ に入れて，英文を完成させなさい。解答は解答用紙（記述式）に記入しなさい。

Want to design a new material for solar energy, a drug to fight cancer or a compound that stops a virus from attacking a crop? First, you must tackle two ①(c   ): finding the right chemical structure for the substance and determining which chemical reactions will link up the right atoms into the ②(d   ) molecules or combinations of molecules. Now, ③(a   ) intelligence is starting to increase the ④(e   ) of both design and synthesis, making the enterprise faster, easier and cheaper while ⑤(r   ) chemical waste. In AI, machine-learning algorithms analyze all known past experiments that have attempted to discover and synthesize the substances of interest – those that worked and, importantly, those that failed. Based on the patterns they discern, the algorithms predict the structures of ⑥(p   ) useful new molecules and ways of manufacturing them. The technologies may provide such benefits as improved health care and agriculture, greater conservation of resources, and ⑦(e   ) production and storage of ⑧(r   ) energy.

(Adapted from Jeff Carbeck, "AI for Molecular Design," *Scientific American*, December 2018)

太陽エネルギーのための新たな物質，がん治療薬，あるいは農作物へのウィルス感染を防ぐ化合物をデザインしてみませんか？　そのためにはまず，2つの課題に取り組まねばなりません。すなわち，その物質の正しい化学構造を見いだすことと，どの化学反応が適切な原子を所望の分子や分子化合物に連結するのかを決定することです。現在，人工知能はデザインと合成の効率を高めつつあり，それによってその事業を迅速に，簡単に，安価に実現させ，同時に化学廃棄物を減らしつつあります。人工知能では，機械学習アルゴリズムが目的の物質の発見と合成を試みた過去の既知の実験―機能したものだけでなく，重要なのは，失敗したものも含め―全てを分析します。アルゴリズムは，それが見分けたパターンを基に，潜在的に有用な新しい分子の構造とそれらの製造方法を予測します。その技術は医療や農業の改善，さらなる資源保護，そして再生可能エネルギーの産生と貯蔵の増強など，様々な分野に恩恵を与えるでしょう。

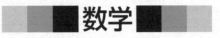

数学

(120 分)

注 意　問題1, 2, 3, 4, 5の解答を, **解答用紙**の所定の欄に記入しなさい。空欄（ア）〜
（ヌ）については, 分数は既約分数にするなど最もふさわしいもの（数, 式など）
を**解答用紙**の所定の欄に記入しなさい。

1

（1）　i を虚数単位とする。複素数平面上で $z = x + yi$ は, $|z| = 1$ かつ $y \geqq 0$ を満たしながら
動くとする。ただし, x と y は実数である。このとき, 点 z のえがく図形を C とする。
また, C 上に 2 点 $A_1(z_1)$, $A_2(z_2)$ をとったとき, 線分 A_1A_2 の中点を M とする。

（ i ）　$z_1 = 1$ とする。点 $A_2(z_2)$ が C 上を動くとき, M がえがく曲線と実軸で囲まれた
部分の面積は　（ア）　である。

（ ii ）　2 点 $A_1(z_1)$, $A_2(z_2)$ が $z_2 \overline{z_1} = \dfrac{1}{2} + \dfrac{\sqrt{3}}{2} i$ を満たしながら C 上を動くとき, M が
えがく曲線の長さは　（イ）　である。ただし, $\overline{z_1}$ は z_1 と共役な複素数である。

（2）　次の 2 つの放物線

$$C_1 : y = x^2, \ \ C_2 : y = x^2 - 4$$

を考える。C_2 上の点 $P(t, t^2 - 4)$ から C_1 に 2 本の接線を引く。これら 2 本の接線と
C_1 の接点を A, B とする。ただし, 点 A の x 座標は点 B の x 座標より小さいとする。
このとき, 点 A の x 座標は, t を用いて表すと　（ウ）　となる。

次に, 線分 PA を $1:2$ に内分する点を Q, 線分 QB を $2:3$ に内分する点を R とする。
このとき, $\overrightarrow{PR} = $　（エ）　$\overrightarrow{PA} + $　（オ）　$\overrightarrow{PB}$ である。点 P が C_2 上を動くとき,
点 R (x, y) の軌跡の方程式は $y = $　（カ）　である。

2

(1) $P(x)$を整式とし，$P'(x)$を$P(x)$の導関数とする。このとき，$x = \alpha$が方程式$P'(x) = 0$の解となることは，$x = \alpha$が方程式$P(x) = 0$の2重解となるための必要条件であることを証明しなさい。

(2) kが0でない実数を動くとき，放物線$C_1 : y = kx^2$と円$C_2 : (x-5)^2 + y^2 = 7$の共有点の個数は最大で　(キ)　個である。

(3) (2)において，放物線C_1と円C_2の共有点の個数がちょうど1個となるkを考える。このとき，共有点のx座標はkの値によらず　(ク)　である。また，kの取り得る値は　(ケ)　である。

3

赤い玉と白い玉が3個ずつ入った箱があり，次のような操作を繰り返す。表の出る確率がp，裏の出る確率が$1-p$のコインを投げ，

● 表が出た場合，1個の玉を箱から取り出す。

● 裏が出た場合，2個の玉を同時に箱から取り出す。

(1) $p = \dfrac{1}{2}$とし，各操作で取り出した玉はもとの箱に戻すものとする。2回の操作で取り出した玉の色がすべて赤である確率は　(コ)　である。

また，3回の操作で取り出した玉の総数が5個であるという条件の下で，取り出した玉の色がすべて赤である確率は　(サ)　である。

(2) $p = \dfrac{1}{2}$とし，各操作で取り出した玉は箱に戻さないものとする。2回の操作で取り出した玉の色がすべて赤である確率は　(シ)　である。

(3) $0 < p < 1$とし，各操作で取り出した玉は箱に戻さないものとする。3回の操作で赤い玉と白い玉をちょうど2個ずつ取り出す確率は　(ス)　である。

また，3回の操作で取り出した赤い玉と白い玉の数が等しい確率が$1-p$となるのは$p = $　(セ)　のときである。

4

実数全体で定義された連続な関数 $f(x)$ に対し,

$$g(x) = \int_0^{2x} e^{-f(t-x)} dt$$

とおく.

（1）　$f(x) = x$ のとき，$g(x) =$ [(ソ)] である.

（2）　実数全体で定義された連続な関数 $f(x)$ に対し，$g(x)$ は奇関数であることを示しなさい.

（3）　$f(x) = \sin x$ のとき，$g(x)$ の導関数 $g'(x)$ を求めると，$g'(x) =$ [(タ)] である.

（4）　$f(x)$ が偶関数であり，$g(x) = x^3 + 3x$ となるとき，$f(x) =$ [(チ)] である. このとき，$\int_0^1 f(x)dx$ の値は [(ツ)] である.

5

平行四辺形 ABCD において，AB $= 2$，BC $= 3$ とし，対角線 AC の長さを 4 とする. 辺 AB, BC, CD, DA 上にそれぞれ点 E, F, G, H を AE $=$ BF $=$ CG $=$ DH $= x$ を満たすようにとる. ただし，x は $0 < x < 2$ の範囲を動くとする. さらに，対角線 AC 上に点 P を AP $= x^2$ を満たすようにとる. 以下では，平行四辺形 ABCD の面積を S とする.

（1）　$\triangle$AEP の面積を T_1 とする. $\dfrac{T_1}{S}$ は，x を用いて表すと [(テ)] となる.

（2）　$\triangle$EFP の面積を T_2 とする. $\dfrac{T_2}{S}$ は，$x =$ [(ト)] のとき最大値 [(ナ)] をとる.

（3）　$\triangle$GHP の面積を T_3 とする. $\dfrac{T_3}{S} = \dfrac{1}{3}$ となるのは $x =$ [(ニ)] のときである.

（4）　点 P が線分 EH 上にあるのは $x =$ [(ヌ)] のときである.

物理

（2 科目 120 分）

1. 以下の文章中の $(ア_1)$ ～ $(ケ)$ に適切な式を記入しなさい。円周率が必要な場合は π を用いなさい。

　質量 M の小物体 A と質量 $2M$ の小物体 B が水平な床の上に置かれている。小物体 A は，ばね定数 K の軽いばねで床に垂直に立てられた壁につながれ，床の上を x 軸方向に運動する。最初，小物体 A と小物体 B は隣接して静止している。各小物体の運動は壁から離れる向きを正とし，小物体 A の x 座標を X で表す。

（1） 床がなめらかで，2 つの小物体との間に摩擦力がはたらかない場合を考える。壁の位置を固定し，ばねが自然長のときに $X = 0$ となるように x 座標の原点 O を定める。図 1 のように，小物体 B に手で力を加え，ばねを自然長から長さ L だけ縮める。時刻 $t = 0$ で静かに手を離したところ，2 つの小物体は一緒に運動を始め，時刻 $t = T_1$ で互いに離れた。$0 < t < T_1$ のとき，2 つの小物体の加速度を a，小物体 A が B を押す力を f とすると，小物体 A の運動方程式は $Ma = $ $(ア_1)$ ，小物体 B の運動方程式は $2Ma = $ $(ア_2)$ である。この 2 つの式を a および f について解く。f は X と K を用いて $f = $ $(イ)$ と表されるので，2 つの小物体は $X = 0$ で離れることがわかる。一方，a の式から，$0 < t < T_1$ で 2 つの小物体の運動は単振動の式に従うことがわかるので，$T_1 = $ $(ウ)$ となる。$t \geqq T_1$ での小物体 B の運動エネルギーは $(エ)$ である。

（2） 2 つの小物体と床の間に摩擦力がはたらく場合を考える。静止摩擦係数を μ，動摩擦係数を $\frac{1}{3}\mu$，重力加速度の大きさを g とする。図 2 のように，壁の位置をゆっくりと右に動かすと，ばねが自然長から長さ $(オ)$ だけ縮んだ瞬間に 2 つの小物体は運動を始める。その時刻を $t = 0$ として，それ以降壁の位置を固定し，ばねが自然長のときに $X = 0$ となるように x 座標の原点 O を定める。時刻 $t = 0$ で 2 つの小物体は一緒に運動を始め，時刻 $t = T_2$ で互いに離れた。$0 < t < T_2$ のとき，小物体 A が B を押す力 f を X と K を用いて表すと $f = $ $(カ)$ となる。時刻 $t = 0$ から時刻 $t = T_2$ までの間に摩擦力が 2 つの小物体にする仕事を考慮すると，時刻 $t = T_2$ での小物体 B の運動エネルギーは $(キ)$ となる。$0 < t < T_2$ で，2 つの小物体は中心が $(ク_1)$ ，振幅が $(ク_2)$ の単振動の式に従って運動する。また，$T_2 = $ $(ケ)$ である。

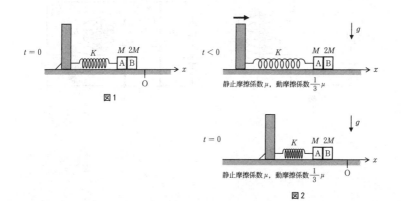

図1　図2

2. 以下の文章中の ［(ア)］〜［(ク)］に適切な式を記入しなさい。円周率が必要な場合は π を用いなさい。

　導線を円筒状に密に巻いた十分に長いコイル（ソレノイド）を含む電気回路が真空中にある。μ_0 を真空の透磁率（磁気定数）とし、電池の内部抵抗は無視できるとする。

(1) 図1のように、単位長さ当たりの巻数が n、断面積が S、長さが ℓ のコイルを、起電力 E の電池、抵抗値 R の抵抗、スイッチ SW につなぐ。SW を閉じて十分長い時間が経ったとき、コイルを貫く磁束は、μ_0, n, S, E, R を用いると ［(ア)］と表される。その後、SW を開く。微小時間 Δt の間に回路を流れる電流 I が ΔI 変化したとき、コイルの両端に発生する誘導起電力は ［(イ)］$\times \frac{\Delta I}{\Delta t}$ である。［(イ)］の大きさを自己インダクタンスと呼ぶ。

(2) 図2のように、起電力 E の電池、抵抗値 R の抵抗に、コンデンサーと2つのコイルが接続された電気回路を考える。コンデンサーの電気容量を C とし、コイル1、コイル2の自己インダクタンスをそれぞれ L_1, L_2 とする。この設問では、2つのコイルが十分離れているとして、一方のコイルの作る磁束が他方のコイルを貫く効果を無視する。

　最初、2つのスイッチ SW_1, SW_2 はどちらも開いていて、コンデンサーには電荷はなく、コイルには電流が流れていなかった。まず、SW_1 を閉じる。十分長い時間が経ったとき、コンデンサーに蓄えられる電荷は ［(ウ₁)］であり、静電エネルギーは ［(ウ₂)］である。次に SW_1 を開き、SW_2 を閉じたところ、コンデンサーは放電を始め、矢印の向きに電流 I が流れ始めた。コイル1、コイル2に、矢印の向きに流れる電流をそれぞれ I_1, I_2 とする。微小時間 Δt の間に、I が ΔI、I_1 が ΔI_1、I_2 が ΔI_2 変化したとき、2つのコイルに発生する誘導起電力が互いに等しいこと、および $\Delta I = \Delta I_1 + \Delta I_2$ が成立することを用いて ΔI_2 を消去すると、$\frac{\Delta I_1}{\Delta t} = ［(エ)］\times \frac{\Delta I}{\Delta t}$ となる。したがって、点 P_1 の点 P_2 に対する電位は ［(オ)］$\times \frac{\Delta I}{\Delta t}$ となり、2つの並列に接続されたコイルを ［(オ)］の大きさの自己インダクタンスを持つ1つのコイルと見なすことができる。電流 I は時間と共に振動し、この電気振動の周期は ［(カ)］である。

(3) 設問（2）において、2つのコイルを近づけて、一方のコイルが作る磁束の一部が他方のコイルを貫く効果を取り入れる。2つのコイルの間の相互インダクタンスを M とする。ただし、$L_1 L_2 > M^2$ である。

　SW_1 を閉じてコンデンサーを充電させたのち、SW_1 を開き、SW_2 を閉じる。微小時間 Δt の間に I_1 が ΔI_1、I_2 が ΔI_2 変化したとき、コイル1に発生する誘導起電力は $-L_1 \frac{\Delta I_1}{\Delta t} - M \frac{\Delta I_2}{\Delta t}$、コイル2に発生する誘導起電力は $-L_2 \frac{\Delta I_2}{\Delta t} - M \frac{\Delta I_1}{\Delta t}$ と表される。両者が等しいこと、および $\Delta I = \Delta I_1 + \Delta I_2$ が成立することを用いると、$\frac{\Delta I_1}{\Delta t} = ［(キ₁)］\times \frac{\Delta I}{\Delta t}$, $\frac{\Delta I_2}{\Delta t} = ［(キ₂)］\times \frac{\Delta I}{\Delta t}$ となる。このとき、電気振動の周期は ［(ク)］である。

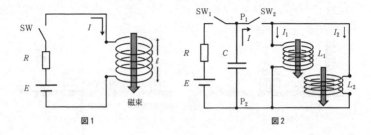

図1　　　　　　　　　　　　　　　　　　　　図2

3. 以下の文章中の (ア), (ウ)～(ク) に適切な式を記入しなさい。(イ) には指数を書きなさい。

古典的な波の概念を量子の世界へ応用することを考える。

(1) 電子は粒子としての性質と波動としての性質をあわせもつ。波動としてふるまうときの波を電子波と呼び, その波長 (ド・ブロイ波長) λ は, プランク定数 h, 電子の運動量の大きさ p を用いて $\lambda = \dfrac{h}{p}$ と表される。最初, 静止していた電子を電圧 V で加速させたとき, 電子の質量を M, 電気素量を e とすると, $\lambda = $ (ア) となる。λ の値を計算してみよう。物理定数に以下の近似値を用いると, 加速電圧 $V = 10\,\mathrm{kV}$ では, $\lambda = 1.2 \times 10^{\boxed{(イ)}}$ m (メートル) となる。

電気素量: $e = 1.6 \times 10^{-19}\,\mathrm{C}$, 電子の質量: $M = 9.1 \times 10^{-31}\,\mathrm{kg}$, プランク定数: $h = 6.6 \times 10^{-34}\,\mathrm{J \cdot s}$

(2) 図1(a) のように, 電子線を結晶内部に入射させる。規則正しく配列した原子の作る面 (結晶面) の面間距離を d, 入射する電子線と結晶面のなす角度を θ とする。反射の法則を満たす方向で観測すると, 散乱された電子線が干渉して強め合うのは, 隣り合う 2 つの結晶面で反射された電子線が同位相になる場合である。その条件は, 結晶内部での電子のド・ブロイ波長を λ とすると (ウ) $= n\lambda$ ($n = 1, 2, 3, \cdots$) と表される。

電子の加速電圧が低くなると, 電子線は結晶に深く侵入せず, 表面の原子によって散乱される効果が大きくなる。図1(b) のように, 原子が規則正しく配列した表面に, 電子線を入射させた場合を考えよう。図1(b) の紙面内で電子線が入射, 散乱されると仮定する。表面内の原子間距離を a, 入射する電子線と表面のなす角を ϕ_1, 表面で散乱された電子線が表面となす角を ϕ_2 とする。干渉して強め合うのは, 隣り合う原子によって散乱された電子線が同位相になる場合である。その条件は, 電子のド・ブロイ波長を λ とすると (エ) $= n\lambda$ ($n = 0, \pm 1, \pm 2, \pm 3, \cdots$) となる。

(3) ボーアの理論では, 原子には定常状態があり, 電子の軌道 1 周の長さが電子波の波長の整数倍になると考える。同様の考え方で, x 方向にのみ運動する 1 つの電子が, 長さ L の空間に閉じ込められた場合に定常状態になる条件を導こう。閉じ込められた電子を粒子と考えた場合, 図2(a) のように, 電子は両端の壁に弾性衝突して往復運動する。このとき, 電子の運動エネルギーは, 運動量の大きさ p と質量 M を用いて (オ) と表される。一方, 電子を波と考えた場合, 図2(b) のように, 電子は両壁を固定端とした弦の振動のように振る舞う。エネルギーの低い方から数えて n 番目の定常状態にある電子のド・ブロイ波長は, L と n を用いて (カ) ($n = 1, 2, 3, \cdots$) となり, その運動エネルギー (オ) は, h, M, L, n を用いて (キ) と表される。n 番目のエネルギー準位 E_n が, W を定数として (キ) $- W$ であると仮定すると, 電子が E_{n+1} から E_n に移るときに放出される光の振動数は, h, M, L, n を用いて (ク) と表される。

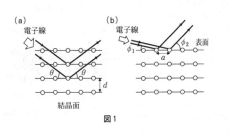

図1

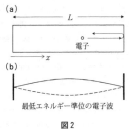

図2

化学

（2 科目 120 分）

（注意） 必要であれば次の原子量と数値を用いなさい。なお，気体はすべて理想気体とする。

H = 1.00, C = 12.0, N = 14.0, O = 16.0, Na = 23.0, Cl = 35.5, $\sqrt{2} = 1.41$, $\sqrt{3} = 1.73$

アボガドロ定数：6.02×10^{23}/mol, 標準状態（0 ℃, 1.01×10^5 Pa）における気体のモル体積：22.4 L/mol,

気体定数：8.31×10^3 Pa·L/(K·mol) = 8.31 J/(K·mol), ファラデー定数：9.65×10^4 C/mol

1. 次の文章を読み，　(ア)　には適切な元素記号，(イ)　(カ)　(コ)　には適切な語句，(ウ)　(エ)　(ク)　には**有効数字 3 桁**の数値，(オ)　(キ)　(サ)　には適切な化学式，(ケ)　には選択肢の中から適切な語句を選んで記号 a〜c で答えなさい。

塩化ナトリウム NaCl は Na$^+$と Cl$^-$からなる塩である。このうち，Na$^+$は　(ア)　と同じ電子配置をとり，炎の中では炎色反応により　(イ)　色を示す。

300 K において，図 1 のような半透膜で仕切った左右の管に，質量パーセント濃度 2.70 %，密度 1.02 g/cm³ の NaCl 水溶液と純水を液面の高さが等しくなるように入れた。この NaCl 水溶液が希薄溶液とみなせるとき，左右の液面の高さを等しく保つには，NaCl 水溶液に　(ウ)　Pa の圧力を余分に加える必要がある。一方，NaCl 水溶液の凝固点は純水よりも低下する。凝固点降下度が 1.11 K である希薄な NaCl 水溶液について，純水のモル凝固点降下を 1.85 K·kg/mol とすると，NaCl 水溶液の質量モル濃度は　(エ)　mol/kg と求まる。ただし，水の蒸発は無視でき，NaCl は完全に電離しているとする。

海水に近いモル濃度 0.600 mol/L の NaCl 水溶液を，仕切りのない電解槽に入れて炭素電極を用いて電気分解すると，陰極では気体の H$_2$，陽極では気体の　(オ)　がそれぞれ発生する。しかし，陰極に Hg を用いると，H$_2$ はほとんど発生せず，Na$^+$ が還元されて，Hg と Na の合金である　(カ)　が生成する。Na の　(カ)　を純水と反応させると，H$_2$ と　(キ)　が得られる。

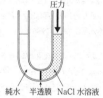

図 2（a）のように，陽イオンのみを通過させる陽イオン交換膜で電解槽を 2 つの部屋に仕切った。0.600 mol/L NaCl 水溶液 100 mL を両室にそれぞれ入れ，陰極と陽極に炭素電極を用いて電気分解したところ，陰極からは標準状態で 252 mL の H$_2$ が発生し，陰極室の水溶液中には　(キ)　が得られた。発生する気体は水に溶解せず，陰極室の水溶液の体積変化を無視すると，　(キ)　の濃度は　(ク)　mol/L である。一方，図 2（b）のように，陰極と陽極の間に，陽イオン交換膜と陰イオン交換膜を交互に配置して，電解槽を 5 つの部屋に仕切り，それぞれの部屋に 0.600 mol/L NaCl 水溶液 100 mL を入れて電気分解した。このとき，図中（**X**）で示した部屋の NaCl 水溶液の濃度は　(ケ)　。

《　(ケ)　の選択肢　　**a**：変わらなかった　　**b**：高くなった　　**c**：低くなった》

NaCl 水溶液の電気分解によって発生する　(オ)　を，エチレンと反応させ，その生成物を熱分解して得られる単量体を付加重合すると，水道パイプや電気絶縁体などに用いられる　(コ)　が得られる。また，NaCl 飽和水溶液に，石灰石を強熱することで発生する気体とアンモニアを吹き込むと沈殿が生じる。この沈殿を熱分解して得られる無水の　(サ)　は，ガラスや洗剤の製造に利用されている。

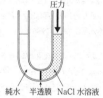

圧力

純水　半透膜　NaCl 水溶液

図 1　半透膜を用いた実験装置

（a）

陰極　　　陽極

陽イオン交換膜

（b）

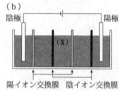

陰極　　　（X）　　　陽極

陽イオン交換膜　陰イオン交換膜

図 2　NaCl 水溶液の電気分解装置

2. 次の文章を読み，(ア) には適切なアルファベット，(イ)(カ)(キ) には整数，(ウ)(エ)(オ) には
有効数字 3 桁の数値，(ク) には**有効数字 2 桁の数値と単位**，(ケ)(コ)(サ) には**有効数字 2 桁の数値**を入れ
なさい。

（1）炭素原子の (ア) 殻には 4 個の価電子がある。ダイヤモンドでは各炭素
原子は隣接する 4 個の炭素原子と共有結合し，正四面体を基本単位とする立
体構造を形成している。ダイヤモンドの単位格子は，図に示すような立方体
であり，単位格子には (イ) 個の炭素原子が含まれる。この単位格子の一
辺の長さが 0.356 nm のとき，ダイヤモンドの単結合（C−C）における炭素
原子どうしの中心間の距離は (ウ) nm となる。これは，アセチレンの三重
結合（C≡C）における炭素原子間距離に比べてかなり長い。

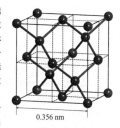

0.356 nm

　　ダイヤモンドの燃焼熱を 395 kJ/mol，二酸化炭素 CO_2 の C＝O の結合
エネルギーを 804 kJ/mol，酸素 O_2 の O＝O の結合エネルギーを 498 kJ/mol
とすると，ダイヤモンドの C−C の結合エネルギーは (エ) kJ/mol となる。一方，下記の（a）〜（d）の
熱化学方程式を使うと，1 mol のアセチレン C_2H_2（気）の C≡C を切断して 2 mol の CH（気）にするのに必要
なエネルギーは (オ) kJ となる。

$$2C（黒鉛）+ H_2（気）= C_2H_2（気）- 227 \text{ kJ} \qquad （a）$$
$$C（黒鉛）= C（気）- 717 \text{ kJ} \qquad （b）$$
$$H_2（気）= 2H（気）- 436 \text{ kJ} \qquad （c）$$
$$CH（気）= C（気）+ H（気）- 339 \text{ kJ} \qquad （d）$$

　　炭素原子間の結合の距離や強さは共有されている価電子の数に影響される。アセチレンの C≡C に共有され
ている価電子の数は，ダイヤモンドの 1 つの C−C に共有されている価電子の数よりも (カ) 個多い。

（2）フッ素 F_2 の気体と二酸化窒素 NO_2 の気体を混ぜると次の反応が起こる。

$$F_2 + 2NO_2 \longrightarrow 2NO_2F \qquad （e）$$

ある温度において，F_2 と NO_2 の初濃度が異なる 3 通りの実験 1〜3 を体積一定の密閉容器中でおこなった。
実験から得られた初期の F_2 の反応速度を下の表に示す。F_2 の反応速度を v，反応速度定数を k，F_2 と NO_2 の
濃度をそれぞれ $[F_2]$，$[NO_2]$ として，反応速度式を $v = k[F_2]^m[NO_2]^n$ と表せば，実験結果より，m と n は
整数となった。このとき，n は (キ) であり，反応速度定数 k は単位まで含めると (ク) となる。これより，
同じ温度において，表の実験 2 の NO_2 の濃度が初濃度の $\frac{1}{2}$ になるときの F_2 の反応速度は，初期の F_2 の反応
速度の (ケ) 倍になる。ただし，反応（e）以外の反応は無視できるものとする。

　　反応（e）に対して，300〜343 K 温度範囲で反応速度定数を求めたところ，反応速度定数の自然対数と
温度の逆数の間に直線関係が得られた。この直線の傾きが -5.3×10^3 K のとき，反応（e）の活性化エネルギー
は (コ) kJ/mol と求められる。また，300 K での反応速度定数を k_1 とすると，320 K での反応速度定数 k_2 は
以下の式から求めることができる。

$$\log_e k_2 = \log_e k_1 + \boxed{（サ）}$$

実験	F_2 の初濃度 [mol/L]	NO_2 の初濃度 [mol/L]	初期の F_2 の反応速度 [mol/(L·s)]
1	5.0×10^{-5}	2.0×10^{-4}	4.0×10^{-7}
2	1.5×10^{-4}	2.0×10^{-4}	1.2×10^{-6}
3	5.0×10^{-5}	1.0×10^{-4}	2.0×10^{-7}

3. 次の文章を読み， 　(ア)　 (ス)　 には**有効数字 3 桁**の数値， (イ)　 (セ)　 には分子式， (ウ)　 (コ)　 (シ)　 には化合物名， (エ)　 (オ)　 (カ)　 (ケ)　 (サ)　 には構造式， (キ)　 (ク)　 には適切な語句を入れなさい。なお，構造式は例にならって書きなさい。

構造式の例：

(1) 炭素，水素，酸素，窒素だけから構成されている化合物 A，B，C は，分子量 137 で互いに構造異性体である。いずれの化合物も二置換のベンゼン環をもっている。

　　 (ア)　 mg の化合物 A を完全燃焼させたところ，二酸化炭素 88.0 mg と水 18.0 mg が生成した。よって，化合物 A の分子式は (イ)　 である。化合物 A，B はともに，ベンゼン環にある置換基にアミド結合を含み，もう一方の置換基をオルト位にもつ。化合物 A を水酸化ナトリウム水溶液で加水分解して中和すると，芳香族化合物 D が生成した。化合物 B を同様の条件で加水分解して中和すると，芳香族化合物 E が生成した。また，化合物 E を塩酸と反応させると，塩が生じた。化合物 D の化合物名は (ウ)　 であり，化合物 B の構造式は (エ)　 である。

　　化合物 C にスズと塩酸を加えて加熱し，水酸化ナトリウム水溶液で中和すると，2 つの置換基が互いにパラ位にある分子量 107 の芳香族化合物 F が得られた。また，化合物 C に触媒として鉄粉を加えて臭素と共に加熱すると，ベンゼン環に 3 つの置換基をもつ化合物 G が生成した。化合物 C の構造式は (オ)　，化合物 G の構造式は (カ)　 である。

(2) 分子間にはたらく引力である分子間力には， (キ)　 力や (ク)　 結合があり，有機化合物の沸点や融点に大きく影響する。直鎖状のアルカンでは，分子量が大きいほど， (キ)　 力が強くなるため沸点が高くなる。アルコールでは，ヒドロキシ基部分での (ク)　 結合により分子間に強い引力がはたらくため，同程度の分子量をもつアルカンに比べて沸点が高くなる。ブタノールでは，4 つの構造異性体のうち， (キ)　 力が最も弱く，分子間で (ク)　 結合が形成されにくい異性体 H の沸点が最も低い。異性体 H の構造式は (ケ)　 である。

　　化合物 I および化合物 J は，分子式 $C_4H_4O_4$ で互いに幾何異性体であり，2 つのカルボキシ基をもつ。融点を測定したところ，化合物 I は 300 ℃，化合物 J は 133 ℃であった。化合物 I の融点の方が高いのは，化合物 I では分子間に加えて分子内でも (ク)　 結合を形成するのに対し，化合物 I では分子間でのみ (ク)　 結合を形成するためである。したがって，化合物 I の化合物名は (コ)　 である。化合物 I と化合物 J をそれぞれ加熱すると，一方からのみ環状の化合物 K が得られた。化合物 K にニッケルを触媒として水素を付加したのち，アニリンを作用させると，分子量 193 の化合物 L が生成した。化合物 L の構造式は (サ)　 である。

(3) 油脂は，脂肪酸と (シ)　 のエステルである。一種類の不飽和脂肪酸のみから構成される 1.00 mol の油脂 M に，ニッケルを触媒として 3.00 mol の水素を付加すると，飽和脂肪酸のみから構成される油脂 N が生成した。また，1.00 g の油脂 M を完全にけん化するには，0.150 g の水酸化ナトリウムが必要であった。油脂 N の分子量は (ス)　 であり，分子式は (セ)　 である。

//////////////// · **memo** · ////////////////

/////////////// · memo · ///////////////

教学社 刊行一覧

2025年版　大学赤本シリーズ

国公立大学（都道府県順）

374大学556点 全都道府県を網羅

全国の書店で取り扱っています。店頭にない場合は，お取り寄せができます。

1 北海道大学(文系-前期日程)
2 北海道大学(理系-前期日程) 医
3 北海道大学(後期日程)
4 旭川医科大学(医学部〈医学科〉) 医
5 小樽商科大学
6 帯広畜産大学
7 北海道教育大学
8 室蘭工業大学／北見工業大学
9 釧路公立大学
10 公立千歳科学技術大学
11 公立はこだて未来大学 総推
12 札幌医科大学(医学部) 医
13 弘前大学 医
14 岩手大学
15 岩手県立大学・盛岡短期大学部・宮古短期大学部
16 東北大学(文系-前期日程)
17 東北大学(理系-前期日程) 医
18 東北大学(後期日程)
19 宮城教育大学
20 宮城大学
21 秋田大学 医
22 秋田県立大学
23 国際教養大学 総推
24 山形大学 医
25 福島大学
26 会津大学
27 福島県立医科大学(医・保健科学部) 医
28 茨城大学(文系)
29 茨城大学(理系)
30 筑波大学(推薦入試) 医 総推
31 筑波大学(文系-前期日程)
32 筑波大学(理系-前期日程) 医
33 筑波大学(後期日程)
34 宇都宮大学
35 群馬大学 医
36 群馬県立女子大学
37 高崎経済大学
38 前橋工科大学
39 埼玉大学(文系)
40 埼玉大学(理系)
41 千葉大学(文系-前期日程)
42 千葉大学(理系-前期日程) 医
43 千葉大学(後期日程)
44 東京大学(文科) DL
45 東京大学(理科) DL 医
46 お茶の水女子大学
47 電気通信大学
48 東京外国語大学 DL
49 東京海洋大学
50 東京科学大学(旧 東京工業大学)
51 東京科学大学(旧 東京医科歯科大学) 医
52 東京学芸大学
53 東京藝術大学
54 東京農工大学
55 一橋大学(前期日程)
56 一橋大学(後期日程)
57 東京都立大学(文系)
58 東京都立大学(理系)
59 横浜国立大学(文系)
60 横浜国立大学(理系)
61 横浜市立大学(国際教養・国際商・理・データサイエンス・医〈看護〉学部)

62 横浜市立大学(医学部〈医学科〉) 医
63 新潟大学(人文・教育〈文系〉・法・経済科・医〈看護〉・創生学部)
64 新潟大学(教育〈理系〉・理・医〈看護を除く〉・歯・工・農学部) 医
65 新潟県立大学
66 富山大学(文系)
67 富山大学(理系) 医
68 富山県立大学
69 金沢大学(文系)
70 金沢大学(理系) 医
71 福井大学(教育・医〈看護〉・工・国際地域学部)
72 福井大学(医学部〈医学科〉) 医
73 福井県立大学
74 山梨大学(教育・医〈看護〉・工・生命環境学部)
75 山梨大学(医学部〈医学科〉) 医
76 都留文科大学
77 信州大学(文系-前期日程)
78 信州大学(理系-前期日程) 医
79 信州大学(後期日程)
80 公立諏訪東京理科大学 総推
81 岐阜大学(前期日程) 医
82 岐阜大学(後期日程)
83 岐阜薬科大学
84 静岡大学(前期日程)
85 静岡大学(後期日程)
86 浜松医科大学(医学部〈医学科〉) 医
87 静岡県立大学
88 静岡文化芸術大学
89 名古屋大学(文系)
90 名古屋大学(理系) 医
91 愛知教育大学
92 名古屋工業大学
93 愛知県立大学
94 名古屋市立大学(経済・人文社会・芸術工・看護・総合生命理・データサイエンス学部)
95 名古屋市立大学(医学部〈医学科〉) 医
96 名古屋市立大学(薬学部)
97 三重大学(人文・教育・医〈看護〉学部)
98 三重大学(医〈医〉・工・生物資源学部) 医
99 滋賀大学
100 滋賀医科大学(医学部〈医学科〉) 医
101 滋賀県立大学
102 京都大学(文系)
103 京都大学(理系) 医
104 京都教育大学
105 京都工芸繊維大学
106 京都府立大学
107 京都府立医科大学(医学部〈医学科〉) 医
108 大阪大学(文系) DL
109 大阪大学(理系) 医
110 大阪教育大学
111 大阪公立大学(現代システム科学域〈文系〉・文・法・経済・商・看護・生活科〈居住環境・人間福祉〉学部-前期日程)
112 大阪公立大学(現代システム科学域〈理系〉・理・工・農・獣医・医・生活科〈食栄養〉学部-前期日程) 医
113 大阪公立大学(中期日程)
114 大阪公立大学(後期日程)
115 神戸大学(文系-前期日程)
116 神戸大学(理系-前期日程) 医

117 神戸大学(後期日程)
118 神戸市外国語大学 DL
119 兵庫県立大学(国際経済・社会情報科・看護学部)
120 兵庫県立大学(工・理・環境人間学部)
121 奈良教育大学／奈良県立大学
122 奈良女子大学
123 奈良県立医科大学(医学部〈医学科〉) 医
124 和歌山大学
125 和歌山県立医科大学(医・薬学部) 医
126 鳥取大学 医
127 公立鳥取環境大学
128 島根大学 医
129 岡山大学(文系)
130 岡山大学(理系) 医
131 岡山県立大学
132 広島大学(文系-前期日程)
133 広島大学(理系-前期日程) 医
134 広島大学(後期日程)
135 尾道市立大学 総推
136 県立広島大学
137 広島市立大学
138 福山市立大学 総推
139 山口大学(人文・教育〈文系〉・経済・医〈看護〉・国際総合科学部)
140 山口大学(教育〈理系〉・理・医〈看護を除く〉・工・農・共同獣医学部) 医
141 山陽小野田市立山口東京理科大学 総推
142 下関市立大学／山口県立大学
143 周南公立大学 新 総推
144 徳島大学 医
145 香川大学 医
146 愛媛大学 医
147 高知大学 医
148 高知工科大学
149 九州大学(文系-前期日程)
150 九州大学(理系-前期日程) 医
151 九州大学(後期日程)
152 九州工業大学
153 福岡教育大学
154 北九州市立大学
155 九州歯科大学
156 福岡県立大学／福岡女子大学
157 佐賀大学 医
158 長崎大学(多文化社会・教育〈文系〉・経済・医〈保健〉・環境科〈文系〉学部)
159 長崎大学(教育〈理系〉・医・歯・薬・情報データ科・工・環境科〈理系〉・水産学部) 医
160 長崎県立大学 総推
161 熊本大学(文・教育・法・医〈看護〉学部・情報融合学環〈文系型〉)
162 熊本大学(理・医〈看護を除く〉・薬・工学部・情報融合学環〈理系型〉) 医
163 熊本県立大学
164 大分大学(教育・経済・医〈看護〉・理工・福祉健康科学部)
165 大分大学(医学部〈医・先進医療科学科〉) 医
166 宮崎大学(教育・医〈看護〉・工・農・地域資源創成学部)
167 宮崎大学(医学部〈医学科〉) 医
168 鹿児島大学(文系)
169 鹿児島大学(理系) 医
170 琉球大学 医

2025年版 大学赤本シリーズ

国公立大学 その他

※ No.171〜174の収載大学は赤本ウェブサイト(http://akahon.net/)でご確認ください。

私立大学①

2025年版 大学赤本シリーズ

私立大学③

医 医学部医学科を含む
総推 総合型選抜または学校推薦型選抜を含む
DL リスニング音声配信 新 2024年 新刊・復刊

掲載している入試の種類や試験科目、収録年数などはそれぞれ異なります。詳細については、それぞれの本の目次や赤本ウェブサイトでご確認ください。

akahon.net

赤本 | 検索

難関校過去問シリーズ

出題形式別・分野別に収録した「入試問題事典」
20大学 73点
定価2,310~2,640円(本体2,100~2,400円)

先輩合格者はこう使った!「難関校過去問シリーズの使い方」

61年、全部載せ!
要約演習で、総合力を鍛える

東大の英語 要約問題 UNLIMITED

いつも受験生のそばに──赤本

大学入試シリーズ＋α
入試対策も共通テスト対策も赤本で

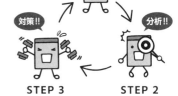
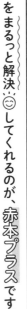

大学赤本シリーズ

別冊問題編

2025